卡尔维诺经典 | ITALO CALVINO

ITALO CALVINO (1923-1985)

SONO NATO IN AMERICA · ITALO CALVINO
伊塔洛·卡尔维诺 | 我生于美洲

毕艳红/译

译林出版社

图书在版编目（CIP）数据

我生于美洲 /（意）卡尔维诺著；毕艳红译 . —南京：译林出版社，2022.5
（卡尔维诺经典）
ISBN 978-7-5447-8805-2

Ⅰ.①我… Ⅱ.①卡… ②毕… Ⅲ.①卡尔维诺(Calvino, Italo 1923–1985) – 访问记 Ⅳ.①K835.465.6

中国版本图书馆 CIP 数据核字（2021）第 155444 号

*Sono nato in America*  by Italo Calvino
Copyright © 2002, The Estate of Italo Calvino
This edition arranged with The Wylie Agency (UK) LTD
Simplified Chinese edition copyright © 2022 by Yilin Press, Ltd
All rights reserved.

著作权合同登记号　图字：10-2018-427 号

**我生于美洲　[意大利] 伊塔洛·卡尔维诺／著　毕艳红／译**

| | |
|---|---|
| 责任编辑 | 金　薇 |
| 装帧设计 | 合和工作室 |
| 校　　对 | 戴小娥　孙玉兰 |
| 责任印制 | 颜　亮 |

| | |
|---|---|
| 原文出版 | Arnoldo Mondadori Editore S.p.A., Milano, Italia, 2002 |
| 出版发行 | 译林出版社 |
| 地　　址 | 南京市湖南路 1 号 A 楼 |
| 邮　　箱 | yilin@yilin.com |
| 网　　址 | www.yilin.com |
| 市场热线 | 025-86633278 |
| 排　　版 | 南京展望文化发展有限公司 |
| 印　　刷 | 南京爱德印刷有限公司 |
| 开　　本 | 850 毫米 ×1168 毫米　1/32 |
| 印　　张 | 25 |
| 插　　页 | 4 |
| 版　　次 | 2022 年 5 月第 1 版 |
| 印　　次 | 2022 年 5 月第 1 次印刷 |
| 书　　号 | ISBN 978-7-5447-8805-2 |
| 定　　价 | 138.00 元 |

版权所有　·　侵权必究

译林版图书若有印装错误可向出版社调换。质量热线：025-83658316

# 前　言[1]

"我生于圣雷莫……我既生于圣雷莫也生于美洲。"1979年卡尔维诺在接受尼科·奥伦戈的采访时一开头就说了这样的话。这个小小的自相矛盾的语句马上得到了释疑("因为曾经有很多圣雷莫人移民美洲，尤其是南美洲")，它是象征意义上的。卡尔维诺应邀说明自己的身份时，他自我介绍起来就像来自另一个遥远的地方，是来自世界的另一端而植根于此的一个人。

当然，利古里亚与移民，这是意大利历史上著名的一页——不，我弄错了，这是鲜为人知的一段历史，是我们很快就忘记了的诸多历史中的一段，而今天比任何时候都适合追寻这一段记忆——这是一次集体事件，不过，它涵盖了意大利数代人以及无数个地区。但是，从一开始，卡尔维诺的父母在海外的侨居就与我们很多同胞的移民完全不同。他们的目的地，极少人踏足的美洲，不是阿

---

[1] 前言为意大利文学教授马里奥·巴伦吉撰写，他曾于蒙达多利出版社担任卡尔维诺作品的编辑，现执教于米兰比可卡大学。——译者注

根廷、智利、巴西（或者美国加利福尼亚州、纽约州），而是中美洲的加勒比海国家，包括古巴。至于动机，卡尔维诺在一封信中讲过，[1] 不是出于经济需求，而是多种因素造成的。卡尔维诺的父亲马里奥是一名农学家，1906年他兴致勃勃地接受了一份去高加索格鲁吉亚从事葡萄栽培的工作。但是这笔交易并没有成功，因此项目终止，他放弃了护照，与此同时，俄国一名持不同政见者，某个名为弗塞沃洛德·列别金采夫的人卷入了一场反沙皇的阴谋，次年被捕并被判处死刑。这一消息扩散到全球，而密谋者持有一本名为马里奥·卡尔维诺的护照则引起了很多尴尬。老卡尔维诺深受保守主义和教权主义环境的折磨，并且意大利警察还怀疑他与无政府主义者和颠覆分子关系密切，对他进行调查。1909年老卡尔维诺接受了另一个邀请，从而得以脱身，这一次他是去墨西哥领导国家农艺站。在墨西哥待了几年之后，他又去了古巴——哈瓦那附近的圣地亚哥·德·拉斯维加斯，这便成了卡尔维诺的每份传记里都出现的烦琐的出生地信息。

但是，对于卡尔维诺而言，植根与根除的对立似乎具有占星术一样的价值。事实上，大量的矛盾让他的写作初具规模，其中只有离心运动和向心运动之间的持续辩证关系是最为明显的。卡尔维诺，意大利公民，取名伊塔洛就是为了不要（至少不要立即）忘记了意

---

[1] 参见1978年8月20日他写给斯拉夫语言文学研究者安吉洛·坦博拉的一封信，收录于《卡尔维诺书信集》，第1379—1381页（原书，后同）。之后斯坦法诺·亚当将事件重新详细整理，用大量材料对其进行证明，以《父亲的影子——卡尔维诺事件》为题发表在《加州意大利研究杂志》上，第I期，总第2期，2010年。

大利；在圣雷莫这样一个肩负大都会使命的小城长大，但这座城市兼具古老而紧凑的城市格局（皮尼亚居民区便是最好的证明）和深厚的方言身份；他是一个不安分的知识分子，无法忍受一成不变的生活，但是他将他的名字与一家代表意大利文化重要参照的出版社联系在一起；他是一位拥有奇妙幻想的任性学者，然而又是自律价值观和需要付出心血的变革的坚定支持者；与战后意大利叙事文学的主流相比，他是一位长期孤独的、痴迷于实验的作家，他旅居巴黎多年，其中，法国文化最终或多或少地成为一切的中心，但并不以与其建立任何关系为目的，事实上，最终（如果不是为了隐居的话）[①]是为了保持距离进行旁观；一位时而现实主义时而童话式的叙事作家，自传文学的旁观者，致力于虚构城市的创作，却又能从圣雷莫的风光中精确识别出对世界的直觉的先验形式[②]，最后几年他越来越专注于回忆录式的写作；他是一位身份多变、多形式、难以捉摸，甚至是具有程序式的外围使命的作家，但是随着年龄的增长，他承担起意大利文学、文化的一个长期使命，最终，以完全无意识的方式，跻身意大利二十世纪后期最伟大的经典叙事作家之列。

　　无根作家？当然。但这些根部分固定，部分不固定，也许是漂浮的——踩高跷式的，就像一些热带露兜树科的根，或者是气根，

---

① 《巴黎隐士》是卡尔维诺接受瓦莱里奥·里瓦采访的访谈录的题目，其中卡尔维诺讲述了自己与巴黎的关系；1974年以小册子的形式出现，后收录于同名书籍《巴黎隐士/自传》（米兰：蒙达多利出版社，1994年），以及《长篇小说与短篇小说集》（卷3，第102—110页）。
② 此处指的是小说《昏暗中》，首次于1971年发表在《阿德菲亚纳》上，后来收录在他去世后出版的《圣约翰之路》（米兰：蒙达多利出版社，1990年），以及《长篇小说与短篇小说集》（卷3，第89—101页）。

就像一些附生兰花或铁兰属植物的根。最后一个矛盾：他是一位不愿意谈论自己的作家，但是他一生接受了超过两百次的采访。① 本书中收录了一百零一篇采访，这是一个非常美妙的数字，因为它是一个质数，是一个回文结构的数字（就像《宇宙奇趣》中的主人公 Qfwfq 一样），因为它有一些开放的、没有定论的、投射未来的东西，就像由莫扎特谱曲，洛伦佐·达·彭特创作的剧本里，堂乔万尼的一千零三名西班牙情人。

即使从声学角度看，奥伦戈的采访录像（在意大利电视二台播出，并且随时可在网络上重复播放）也是具有重要意义的。卡尔维诺天生不擅言谈，当谈到自己时更是难上加难。提问者开玩笑似的提了一个极其平淡无奇的问题作为开始："你叫什么名字？"在回答"我叫伊塔洛·卡尔维诺"的时候，卡尔维诺两次面露犹豫，眼睛看向地面。我想将他对以下问题（"你在哪儿出生？"）的回答忠实地写出来，由此我们可以看出某些东西："我生于……我生于圣雷莫……嗯……我既生于圣雷莫……嗯……也生于美洲……"只有当话题发生改变，只有当他开始谈论圣雷莫移民时，他才开始侃侃而谈。总之，可以概括地说，这是卡尔维诺如何成为一名作家的故事。他不愿意谈论自己，他只能毫无障碍地讲述他人；一旦打破魔咒，他也是能找到谈论自己的方法的：起初间接地谈，然后声音越来越肯定，因此，到了一定时候，他谈论世界，近处的世界和遥远的世界，真实的世界和可能的世界，触手可及的世界和无形的、深

---

① 确切地说，到目前为止已知的采访为二百二十七次，参见卢卡·巴拉内利，《卡尔维诺的参考书目》，比萨：比萨高师出版社，2008 年（第二版），第 266—270 页。

奥的、久远的世界，同时他一定会谈到自己。

卡尔维诺不仅承认自己口头表达困难，而且认为这是他写作的秘密动力之一："我写作是因为我口头表达能力差。如果我谈话没有困难的话，也许我就不会写作了。"其实，提问者也没有忘记对他谈吐缓慢、不连贯、充满犹豫和停顿进行描述。1962年朱塞佩·德尔科尔这样写道："卡尔维诺讲话很慢，即使是在回答很简单的问题时也是如此。"差不多二十年后，皮耶罗·比亚努奇确认了这一点并推断："卡尔维诺讲得很慢。在他的句法中，沉默也是讲话的一部分，有时无声胜有声。"保罗·毛里对卡尔维诺的言语特色做了全程关注；但是列塔·托尔纳博尼在采访介绍中提到他"那张雪貂似的脸上露出了笑容"。也许因为当时他在谈论电影？卡尔维诺感觉自己是，并且的确是一位叙事作家。那年他五十七岁，离他崭露头角（《通向蜘蛛巢的小径》，1947年）整整过去了三十三年，在发表了二十多本书之后，他决心出版一卷散文集，收录1955年到1978年间的作品。于是《文学机器》问世，成为一种知识分子的自传。他始终反对所有强制性及不容置辩的单一主张，并且在原则上怀疑自传以及自传主义。在介绍中他指出对"本书中发表言论的人"持保留意见，并且详细说明"在其他系列的著作和行为中（这些人）一部分与我意见一致，一部分与我相脱离"。[1] 部分一

---

[1] 参见《散文集》，米兰：蒙达多利出版社，1995年，第8页。（《散文集》是蒙达多利出版社于1995年出版的卡尔维诺文集，分为两卷，收录了1945年至1985年间卡尔维诺在报刊、杂志上发表的大量文章，其中包括《文学机器》《收藏沙子的旅人》《美国讲稿》等国内已出版的文集，还包括其他关于文学、社会、政治、电影、艺术、旅行、自传等多个话题的文章。——译者注）

致,部分保持距离——这是一个兼具有机性和临时性的系统,这也是本书的全貌,是卢卡·巴拉内利的审慎智慧和不懈努力的结果。

一百零一次访谈跨越了四个十年——这是最珍贵的关于卡尔维诺自我评价的文集。其结果必然是一个全新的、宏大的自传体建设工地——一部不断进步的、变化的且复杂的多面性自传,随着时间、路线、前景的不断更新而不断拓展,不断更新与恢复,不断调整与确认。呈现在我们眼前的是一个初具规模的类似旋转棱镜的自我介绍,从来不会有一个完整的稳定的形态。也许这正是卡尔维诺原本想要呈现的——具有附着力但不呆滞,富有生机但不凌乱,并且力求不断提高自身建设,由此他可以时而倔强时而多变,时而固执时而飘忽不定,但从来不会静止不动,从来不会满足也不会模棱两可。

尽管限于采访形式而篇幅短小,这些访谈内容提供了异常丰富的评论意见。首先是关于卡尔维诺的作品,关于创作基本路线,关于单个作品,并且远远不止这些。例如,关于小说类型的零散思考,时而呈定义式(小说如同一部"形态变化的世俗史"),时而呈功能性(小说就像是"回答了一系列富有想象力的、认知的、沉思的和情感的需求"而精心写就的话语);或者关于意大利文学的"原生缺陷"的诊断("文学的缺陷在品位的花园里成长,而情感的缺陷则是在思想的菜园里长大");或是关于阅读方式的评论("重要的是阅读那部独一无二的小说,它是由所有小说促成的")以及关于读者的作用("意识形态的张力首先在读者中起作用,而不是在作品中起作用——文学'教导'什么或者想要教导什么并不重要,重要的是读者对文学的'需求',提问的方式")。对自己的作品的评论中,我们想提一下——始终是以点带面地概括——柯希莫·皮奥瓦斯科·迪·隆多与《房产投机》的主人公奎因托·安福西的相似性(尽管一个特立独行,另一个随波逐流,但二者的共同点就是遵循一定的规则,并"达到极致"),以及读者将《宇宙奇趣》与约翰尼·哈特笔下的史前人物故事进行对比的愿望;或是《看不见的城市》中"力图表达时间在物体中结晶的感觉"的那种理念。

　　本书还披露了一些新发现, 些趣事。在帕洛马尔先生描述法国奶酪的时候出现了一个错误(不是Chabicholi,而应该是Chabichou),① 并且这个错误一直没有被纠正(或许是故意的?)。他计划以《命运交叉的城堡》为范例,对丢勒的一些版画(那些最复杂的寓言,比如《忧郁症》《复仇女神》《骑士、死神与魔鬼》)进行自由解读,以此写出一个系列的短篇小说,但这个计划却一直都没有实现。他还打算以《世纪中叶》为题,写一部五十年代的纪实三部曲,其中包括《房产投机》、《烟云》和《观察者》——他可能想寻求编辑的建议。②

　　另外,还有对意大利历史的政治评价:运用预言性的评判知识("我相信,只要执政方式保持不变,无论哪个党派执政最终都将受到天主教民主党的侵染,变成附庸")以及当下各种征兆("当执政

---

① 参见《奶酪博物馆》,《长篇小说与短篇小说集》第2卷,第936页。
② 克劳迪奥·米拉尼尼曾说过这是"关于罗马知识分子的简短的三部曲,在很多方面成为《我们的祖先》的镜像,在其他方面又与它互补"。(参见《长篇小说与短篇小说集》第1卷的序言,第LVI页。)

与否变得不再那么重要时,我们才可以说我们真正拥有一个新的政府了……")对天主教民主党做出评价("大量的局部利益才是天主教民主党体制的力量,它的特殊类型的民主力量,在这里民主意味着不同利益的总和,而不是整体利益")。还有对历史性的妥协的评价(对天主教民主党和共产党之间可能形成执政联盟的猜想在二十世纪七十年代被广泛讨论):"所谓的妥协[……]比起总是存在于意大利政治传统中的暗中调解的爱好,危险就要小得多。"以及整体反思:"所有运动,所有革命中有价值的是缓慢的影响,沉默的影响,间接的影响。"

当然还包括对自己的诸多考虑,关于自己的创作方向,关于自己的风格:"我本能地拒绝的一件事就是源于世界末日、大灾难或轮回再生前夕的激动。"这一声明将作为卡尔维诺的乌托邦的内部指导原则。或者,更加个人的打算,尽早跨过老年的门槛的打算:"我曾很长时间是年轻人的角色:我将生活、政治、文学视为能量场,行程的起点。如今,想要拥有一个体面的老年,唯一保险的方式就是尽快开始老年。"说这话的时候是 1970 年(当时卡尔维诺只有 47 岁),这值得我们细细考量一番。与许多意大利知识分子不同,尽管有时那些组合实践和创造性的戏法被人指责为天性难以捉摸或不负责任,卡尔维诺从未奢望青春常驻。年轻,他只有过一次——严格地说,从词语的完整意义来说,只有一次并且无须再来一次,确保那一次足以满足他的需要,足以作为他的创作路线的基础,足以作为他的线性的,不,是参差不齐的,凹凸不平的,有争议的,但没有伪装和空想的人性路线的基础。

卡尔维诺一直宣称自己的作品属于一个特定的、不可重复的时代。在 1979 年他说："每个作家都有自己的时代。"并且这不是因为自负，因为自豪感总是受到批评意识的克制（"我的那一代人是美好的一代，虽然没有做完可以做到的一切"），而是出于自我定位的需要，即首先需要理解并阐明自己发言的立场。性格内向，喜欢"不透明"、ubagu（其实就是阴影），卡尔维诺似乎极为珍视没有影子的人的教训，即阿德尔贝特·冯·沙米索笔下的无影人彼得·施勒米尔的教训。在《美国讲稿》的准备材料中有一个令人难忘的段落，其中他辩称，《奇异故事》的主人公彼得·施勒米尔失去了影子并不等同于失去了灵魂，而是失去了牢靠的基础："我们所拥有的最为牢靠的东西正是那些看似丝毫不牢靠的东西，那就是，我们将自己置于……什么？置于光源和平面背景的能力。"[1] 卡尔维诺始终牢记自问这个问题。主体的身份可以是相对的、变化的、多样的、假设的。由此开始话题讨论的固定场所是不存在的。

老年人以及与下一代之间的艰难关系在 1981 年接受阿尔贝托·西尼加利亚的采访中占据了很大篇幅。卡尔维诺利用一个巧妙的悖论对此做了总结："谁知道最好的解决之道是不是要变成一个令人十分讨厌的老年人。我认为，我们可以毫不费力地做到，甚至还可以突出强调老年时的令人讨厌的特征，变成一个怨恨的、恶毒的、有点令人反感的、有点恶劣的老人。以这种方式我可以激起年轻人对美、对纯洁、对快乐的反应。"同年，澳大利亚杂志《昆士

---

[1] 参见《散文集》，米兰：蒙达多利出版社，1995 年，第 2973 页。

兰但丁评论》的一篇采访发出的声明掷地有声。在这里，卡尔维诺宣称，在他的最抽象的书《命运交叉的城堡》中，可以发现"我写了一段最具自传性（自传的/意识形态的）的内容，我的一种职业道德信仰"。这里涉及的是对卡尔帕乔的一组关于圣乔治和圣吉罗拉莫的画的描述："如果那时我死了，我会把它看作我的遗嘱。我希望我还有时间写下另外一些遗嘱，也许它们之间是相互矛盾的，但那就是一份遗嘱，注明了日期但永久有效……"面对这一剖白，《美国讲稿》的第四章《形象鲜明》对《命运交叉的城堡》的同一段落的评论呈现的个人参与度则要低得多。①

在关于自己写作的所有思考中，接受音乐学家洛伦佐·阿鲁加的采访时说到的那段话令人印象最为深刻："在日常生活中，我时常无能为力。当我写作时，我感到必须具有模拟能力。这是我的一种爱的行为，我在爱的行为中进行模拟。"这一言论与他在别处所说的作为他的创作活动规范的"匠人精神"的职业存在明显矛盾（"我试着写些有用的作品"）。但是在隐士牌（圣吉罗拉莫）和宝剑骑士牌（圣乔治）之间始终可以窥见魔术师巴尔托的塔罗牌："（宝剑骑士、隐士、巴尔托）都是我，是我时常想象自己一直坐在那里拿着笔在纸上写写画画的样子。"②

当然，我们可以跳过一个又一个主题，一路向前。关于自己字迹的大小变化的评论："我写得很小很小，我假装克服了困难，穿

---

① 参见《散文集》，米兰：蒙达多利出版社，1995年，第710页。
② 参见《长篇小说与短篇小说集》第2卷，第596页。

过了阻挡我道路的灌木丛。"巴黎掠影:"巴黎是世界上少有的几个城市之一,在这里你从来不会问自己为什么要在这里而不是别处。"幻想的定义:"是组织形象的一种方式。"

但事实上,搜集引证是对一本访谈录所能做的最微不足道的工作。更为有趣的(显然也是更难的)应该是对比作者不断形成的形象:描绘的外貌——有素描、速写,有用钢笔画的也有用炭笔画的——时而寥寥数笔勾勒一个轮廓,时而浓墨重彩刻画入微。卡尔维诺谈论过新秀小说家,谈论过已经成名的年轻作家,谈论过心甘情愿倾向于关注政治与文化之间的关系、意大利文学的形势、电影和小说之间的关系、美国的知识分子;聚光灯下,谈论每一部新作的作家……你也不能想当然地认为阅读访谈录的最好方式就是从头到尾,按照年代顺序进行。如果卡尔维诺的有些书真的建议大家间断地、跳跃式地、横向阅读(比如《看不见的城市》或《帕洛马尔》)的话,那么像访谈录这种在根本上就是混合文本的合集更应如此。

细细看来,在文学批评的众多"类型"中,访谈既是最幸运的也是最容易被忽视的。说它最幸运是因为,访谈是书籍补遗、文化专栏、广播和电视的专题节目、网站的重要组成部分。其原因多种多样,易于理解。采访某个人是迅速采集信息并传播出去的一种灵活便捷的方式。在采访中,始终能体会到一种情绪传播的感觉:谈话的各种形式不断交替,营造了一种似乎特意为读者、听众和网民安排的空间变化和节奏变化。在作家的散文集中发现访谈文章并非偶然现象,卡尔维诺也不例外。在《文学机器》中就有不少,大部分是对调查问卷的回复;在那些没有实现的作品计划中,它们的作用将更加重要。此书的读者一定不会错过由他们主持的重要访谈：罗伯特·德·蒙蒂切利（1959年）、卡洛·博（1960年）、马德琳·桑茨奇（1967年）、拉法埃莱·克罗维（1969年）、费迪南多·卡蒙（1973年）、达尼埃莱·德尔·朱迪切（1978年和1980年）、马尔科·德拉莫（1979年）、卢多维卡·里帕·迪·麦阿纳（1980年）、佩萨罗的大学生（1983年），直到最后，1985年夏玛丽亚·科尔蒂的采访。这些访谈丝毫不逊色于真正的评论文章。

然而，它也是一个容易被忽视的类型。如果说技术类访谈构成了每门新闻课程的一个重要章节，以及在从事定性研究方法（与定量方法和统计方法不同）的社会科学的许多分支中更是占据重要一环，但在文学领域，访谈极少有人研究。其原因也很简单。从形式上看，访谈有一个人们很难想象的著名起源，即对话体文章；但是从文学体裁看，对话体文章始终是小说。作者实际上只有一个，这无异于一种保证：如果存在一个作者，他就可以是——请原谅这个双关语——权威。然而访谈，这种对话形式是更为自然和真实的表达，但也更具偶然性、手段化和平民化，权威方面先天不足，虚构采访、自我访谈、反思或非结构性访谈的采访形式的操作都不可避免（在涉及卡尔维诺的情况中并不少见）。问题并不是纪录片的真实性，也就是忠实于谈话的有效交流的程度，而是它的社会地位。访谈天生就是混杂复合的，因此被认为是不可靠的，采访文本的结果既不完全归因于受访者也不完全归因于采访者；因此这也损害了对话体文章的古老声望，以至于这种声望所剩无几，甚至丝毫不剩。更何况对话者之间的关系，在原则上，颠倒了原型苏格拉底-柏拉图之间的关系：起重要作用的不是提出问题的人，而是回答问题的人。当然，采访者的功能只是表面上是从属的，因为无论谁都力图进行这种二元话语类型。要让答案有趣，精心设计并提出的问题是一个基本条件，并且这不仅适用于刚性采访即面向很多人的典型问卷调查，也适用于或多或少结构化的个人访谈。问题的解答显然是非常多样的：从完全按照预设问题的顺序，字斟句酌，严格遵守主次作用，到更加灵活的谈判式的过程，旨在相互交流适应，并且在真正的对话交流中，有时有些问题会避而不谈，或者仅限于聊天、闲谈（最后一种情况，在卡尔维诺这里一般可以提前排除）。

总之，不仅在话题方面，卡尔维诺的访谈呈现出多样性，同时对话者之间的关系、进行方式、对话的基调和节奏都存在相当明显的差异。非常明显的例子有：关于《宇宙奇趣》或《看不见的城市》的简洁明晰且近乎说教的自我访谈和同费迪南多·卡蒙或同马尔科·德拉莫之间气氛活跃的互动，有时甚至有些粗糙的谈话之间存在差距；同样，在与圭多·阿尔曼西的学术对比式的对话或与达尼埃莱·德尔·朱迪切的细致私人会谈和与《法国观察家》的专栏编辑的短暂交流之间存在差异。每一种情况都值得加一个注解。如果说与德拉莫见面时，卡尔维诺心情真的很差（作家的妻子奇奇塔·辛格可以做证），那么卡蒙的采访就算不上一个真正的对话了。在一封落款日期为 1974 年 2 月 5 日，写给埃多阿尔多·圣圭内蒂但却可能从未寄出的信中，卡尔维诺写道："比起散文体裁和它所需的不容置辩性来说，如今我的理念的坚实状态让我更喜欢对话体文章，包括真正的对话，也就是同一位真实的对话者进行讨论，还有虚构的对话，也就是假装与人在对话（无论是否与言语讨论相结合）。去年我开始给费迪南多·卡蒙写一些虚拟的对答以练习这种体裁。"①

然而真实又有趣的是，接受《法国观察家》的编辑玛利亚·克雷波的采访时，卡尔维诺迟到了，跑得气喘吁吁，他的第一句话就是道歉。"我非常抱歉，但您会理解我的——午餐时我碰到了萨特。我刚从美国回来，在那儿的半年里我从未听说'意识形态的对话'。而就在刚刚，我刚到，萨特就给我解释欧洲左翼的新形势……"文章的最后几行还指出作者对《树上的男爵》的法语译本的题目（*Le baron perché*）提出保留意见："perché，即栖息的，意思是不动的，而男爵是活动的……"至于与阿尔曼西的会面，则用事实说明本书的主编在语言学上也做出了非常宝贵的贡献：事实上，巴拉内利选用的这篇文章既不是刊登在《新评论》上的版本，也不是卡尔维诺去世后在意大利出版（翻译自英文）的版本，而是保存在卢加诺市阿尔曼西基金会的文件中用打字机打的意大利语原稿。在对话者的年龄和数量上自成一格的采访是1983年与佩萨罗的大学生的见面。在这里我们看到的是一个轻松自在，甚至是友好亲切的卡尔维诺。当然，在这样的言语中很容易察觉那一点调侃的意味："我写作是因为我没有经商的天赋，我不擅长体育运动，我不擅长很多其他事

---

① 参见《卡尔维诺书信集》，第1226—1227页。一个奇怪的细节是，在1979年卢多维卡·里帕·迪·麦阿纳的一篇副标题为《伊塔洛·卡尔维诺的自我对话》的采访在《欧洲》上发表之后，卡尔维诺却声称问题是记者提出的，是真实的。

情;用一句名言来说,我就是我们家族里那个'家庭的白痴'。"①学生提出的问题很明确也很直率,受访者同样坦诚以待。对"您为什么写作"这个问题的回答包含了卡尔维诺对自己从未做出的一个最本真的解读(那种谦卑且平易近人的语调丝毫不作假):"可以说,我写作就是为了沟通,因为写作是一种方式,通过这种方式我可以传达一些东西[……]使我成为某事某物的工具,当然这一工具肯定比我强大,它是人类观察、判断、评价、表达世界的方式,让世界通过我进行传递并再次流传的方式。它是一种文明、一种文化、一个社会存在并吸收经验再让其流传的诸多方式之一。"因此,文学就像一种光合作用。一个并不过分的比喻:零散的、杂乱的、无机的元素组合成有机体,通过文学描述开启一个新的生命周期。

在采访中,卡尔维诺多次谈到写作和作家是一种媒介的理念:这既有在《如果在冬夜,一个旅人》发表之前说的,也有在其之后说的(此外,《如果在冬夜,一个旅人》也是一种作者失权的形式的作品)。在1967年接受《洛桑日报》的马德琳·桑茨奇采访时,卡尔维诺用通信理论的术语表示:"人类只是世界对自身某些信息进行组织的一个机会。"在《看不见的城市》那个时代,他谈到电磁学和神经学:"仅仅为了写书而想写书是不够的。需要建立起一种磁场:作者提供他的技术装备、他的写作可支配性、他的书写神经压力;作者只是一个渠道,而书通过他写出来。"在《帕

---

① 此外,在其他采访中也有描述他与亲属"背道而驰"的语句,比如在接受亚历山大·斯蒂尔的采访时,卡尔维诺说:"我的家族里全是科学家,我一直是我的家族里的败类。"

洛马尔》末尾的《世界观察世界》的一章中,他运用了一个视觉比喻:"世界为了观察它自身,需要借助帕洛马尔先生的眼睛(及其眼镜)。"① 佩萨罗对话的版本尽可能多地去除了认知理论和视觉与电学类比中冰冷的、抽象的、有些许疏离含糊的内容。不再是一个知识分子的视角或审视的目光或沉思,而是一个吸收且再加工创造的鲜活个体。让步、占据、参与代替了距离;需要郑重提醒的是,它只是一个不会停止的过程的一个阶段。写作与叶绿素本身没有自己的目标,在普遍的文化代谢的不间断循环中,它是采集和再次抛出、捕捉和传播的集合体。

事实上,在卡尔维诺对世界和对人类行为的观点的最底部是一个强大的植物根系。他在很多场所坚持的"清除"的诗学(概括、还原的风格仿效、减重)指的是修剪的理念。打破、选择、缩短、修剪,于是图像、场景、人物重新获得力量,于是故事和语言的结构变得强壮,终有一天可以焕发新的活力,变得枝繁叶茂。所以毫不奇怪,《树上的男爵》中修剪成为柯希莫的主要活动之一,即使从象征的视角看也是如此(并且他注重不同的专业工具使用相对应的技术):"柯希莫修剪得很好,而要的报酬很少,因此所有小庄园主或佃户都请他去干活。人们看见他早晨在清透的空气中,叉开腿站在光秃秃的矮树上,一条围巾将脖子连耳朵一起护好,举起大剪刀,咔嚓!咔嚓!准确地剪除老的枝条和多余的顶芽。同样的技术可以运用于庭院里,使用一把短锯去修整乘凉树和观赏树,在

---

① 参见《长篇小说与短篇小说集》第2卷,第969页。

森林里他尽量用那把锋利的劈斧去代替伐木工的斧头,不在百年大树的底部乱砍去把它整个砍倒,而只除去它的侧枝和顶梢。总之,像所有真正的爱一样,这种对于树木的爱也使他变得残忍和痛苦,为了让树木成长且枝干挺拔,他必须对它们进行截枝,使它们忍受创伤。"[1]

在同佩萨罗的学生的交谈中,还突显了他的文学创作方式的另一种典型的农艺学特征:实验。"一个人要去尝试。"而这既与成为作家的可能性有关——卡尔维诺说"我当作家",而不是"我是作家",这意味着不同的视角[2]——也与这部或那部作品的构成有关。一个人要去尝试,因为没有什么是得到保证的。这并不意味着植物能够扎根生长,也许你需要改变方位,也许需要浇更多的水或者要少浇水,又或者,需要的只是时间。这正是实验——尝试,试验。甚至还有挑战:"通常我提出一个问题,我想写一本什么样什么样的书,它呈现出一定的困难,我通常会挑战我自己;这是一种我向自己发出的挑战:'让我们看看我能不能写出这样的东西来。'"当然,尝试只能是多种多样的。事实上,卡尔维诺习惯于多项工作计划齐头并进:"我总是有很多未下笔的书,很多试图同时进行的计划。""当然,同时我也在做其他事情。我总是同时做很多事情。对这件事我总是抱怨,但也许它符合我的某种需要。"耕种与写作也是这样。需要尝试很多方式,进行多种实验,追求多样性和差异

---

[1] 参见《长篇小说与短篇小说集》第1卷,第654—655页。
[2] "我当作家"是对尼科·奥伦戈的第四个问题"你是做什么工作的"的回答。

性。需要有耐心和毅力，需要用心和想象力。

除了给"旧大陆"引进了葡萄柚和牛油果，以及数量惊人的其他植物物种（"花卉和观赏性植物、淀粉类植物、水果、糖类植物、用来制作香精的植物"）之外，[1] 父亲马里奥还与利古里亚西部康乃馨的单一种植进行了苦战。[2] 我们猜测，在某种程度上，没有任何预先的安排，卡尔维诺最终沿着父亲的足迹前行。不是在圣约翰之路，穿梭于田间地头和崎岖山路，而是走在文学创作之路上，反对自我的单一种植（否则全是杂草），利用杂交与嫁接培养出话语的生物多样性形式。这部访谈集同样生动地对此进行了确认和证明。

马里奥·巴伦吉

---

[1] 参见埃默里科·梅斯在 1974 年版的《意大利人的传记——特雷卡尼辞典》第 XVII 卷，词条"马里奥·卡尔维诺"。马里奥·卡尔维诺是 120 多份出版物的作者，其中一部分与妻子埃维莉娜·马梅利为共同作者。
[2] 参见《圣约翰之路》，《长篇小说与短篇小说集》第 3 卷，第 25 页。1962 年该短篇小说刊登在杂志上，1990 年收录在卡尔维诺去世后出版的文集中。

# 编者的话

亲爱的阿尔巴西诺,日前在整理我的文件时我遗憾地发现,我回复的采访(大部分是手写稿)加上调查问卷的回复等构成了近几年我的大部分作品。明智的是,这一年我推掉了所有的采访,无论是周报的还是电视台的。(不过,我又打破了这个禁欲主义规则,我接受了《快报周刊》的采访。)此外,我看到你在考虑逼供式采访,从而发现我过去的作品、发掘现在和未来的作品。现在我才明白作家的伟大秘诀在于自我掩饰、逃避、掩盖踪迹。

伊塔洛·卡尔维诺写给阿尔贝托·阿尔巴西诺的信
1963年2月23日

伊塔洛·卡尔维诺自己也承认,对于传记和自传,他多次,有时甚至是以粗暴的方式表现出抵触和厌烦的情绪,这种情绪是矛盾且"神经质"的。面对记者、评论家和读者要求谈论他自己以及他的作品,即使他不反对,也通常表现出不耐烦或不自在。①

无论是关于"自己的相貌",还是更甚,关于"自己的灵魂",卡尔维诺都要求简洁精练,因为这是一种"非常好的沟通和了解的方式","延续了利古里亚我的父辈们、从不张扬的家族"的特征的结果。② 另一方面,作为作者,他毫不掩饰自己对《最后来的是乌鸦》中的一些自传体短篇小说的不满意,他评论说自己"不是很满意",对《进入战争》三部曲(1954年)尤为不满意,他本想通过这部小说写出"具有明确自传性,带有理性、非小说的节奏,并且不可避免地带有一些'回忆文学'的抒情的叙事文学"。③ 多年之后,英国的意大利语言文学研究专家约翰·R.伍德豪斯刚刚出版了一本关于卡尔维诺的书,1968年9月6日他就在给伍德豪斯的信中说道:"当然,作者是存在的并且是必要的,但是我觉得通过作者研

---

① 1964年6月9日写给杰尔马纳·佩希奥·伯蒂诺的信对此也有提及(《其他作品集——1947年至1981年书信集》,主编乔万尼·泰西奥,都灵:埃伊纳乌迪出版社,1991年,第479页),1966年的一段手稿将其内容概括如下:"伊塔洛·卡尔维诺不愿意提供他的个人资料,因为他说作家唯一重要的东西就是他们写的书,而他们的生活只有被创作之后才有趣。但是因为他还没有写过创作性的自传,所以我们只能满足于一些非常基本的数据。[……]有些时候他就失去了踪迹;只留下一些作品题目和出版日期,也就是学者们所说的'书目提要'。"也可参见1965年10月5日写给詹吉安·卡罗·费雷蒂的一封长信,信中卡尔维诺表示,与传记的复杂化相比,他更倾向于简历的简单低调,并且他强调"可以允许没有作者的成功作品"的重要性(《卡尔维诺书信集》,第883—886页)。在弗朗切斯卡·塞拉的精彩评论文章《敌国的死者之夜——战争中的卡尔维诺》中我们还可以看到卡尔维诺既受自传体回忆录的吸引,又对其排斥,《文学比较》第LXI期,总第90/91/92,2010年8—12月,第125—134页。
② 参见1954年3月13日写给多梅尼科·雷亚的信(《卡尔维诺书信集》,第397页)。
③ 卡尔维诺接受詹安东尼奥·奇博托的采访,《文学展会》第IX期,总第27期,1954年7月4日,第5页。

究文学这条路越来越难以走通。作家的公众形象、人物-作家、对作家的'个性崇拜',我越来越无法忍受别人身上的这些东西,所以也无法忍受发生在我身上的这类事情。"①

然而最后几年,特别是在他生命的最后一年,我们会发现他的态度有所不同,内心更加痛苦,饱受煎熬,他的英年早逝几乎让这种态度成为他的遗嘱;并且叙事的虚构与传记的真实即使不一致,也趋向一致。此外,有证据表明,他有意收集一些他没有来得及发表的成熟的基本自传文本。1979年在接受尼科·奥伦戈的采访时,卡尔维诺说:"总有一天我会下定决心直接写一本自传,或者至少收集一些'经验'点滴。"② 这不能不让人想起,他的未竟之作《必经之路》正是一些个人笔记,在他去世后以《圣约翰之路》为题发表。几年后,在1985年1月接受米凯莱·内利的采访时,他说:"不过,过去和记忆的诱惑力依然对我发挥作用,在我已经开始写的和从未写的很多书中也有我的自传。但是因为我是在记忆文学和普鲁斯特的范例都非常流行的时候接受的文学教育,所以我总是试图忽略这条道路,因为已经有那么多的作家走过这条路了。但我毫不怀疑,总有一天,在我的过去彻底从我的视线中消失之前,我也要跟我的自传来个了断。"在1985年3月18日写给格拉齐亚娜·彭蒂奇的那封感人的信中,他回忆了战后在都灵与她和阿方索·加托之间的友谊,他如此吐露心声:"一段时间以来,我打

---

① 参见《卡尔维诺书信集》,第1012—1013页。
② 参见《卡尔维诺:柳德米拉就是我》,《图书总汇》第Ⅴ期,总第29期,1979年7月28日,第3页。

算写一个关于那些年的自传体的漫长故事,其中一部分我已经一字一句成竹在胸,从文章开始就有你们二人的身影。不甘依赖于自传体回忆的推动致使我至今没有动笔,但每年我仍然把它作为待办事情之一。"[1] 数月后,1985 年 7 月 27 日,作家去世前夕,他给克劳迪奥·米拉尼尼写信说:"每当我回首我那固定化、具体化的一生,我就感到极度苦闷,尤其是当涉及我提供的一些资料时[……]换句话说,我总是希望回避我与自传之间的神经质般的关系。"[2]

卡尔维诺十分清楚,每一个传记,其中也包括作家的传记,都不可避免地成为一种资料;而正如作者在 1964 年和 1965 年的信件中谈到贝内代托·克罗齐时所说,这些资料并非是真实的,或者只是部分真实,"对作者来说只有作品才是重要的"。一个作家的自传以明确或岩溶般的方式贯穿其作品,尽管体现需要时间、方法以及只有作家才知道的记忆,但却取之不尽,用之不竭。

在 1973 年接受费迪南多·卡蒙的漫长采访时,卡尔维诺说:"如果我现在写一部关于游击队员的短篇或长篇小说的话[……]应该是近几年我构建故事的某种抽象的、演绎的方式与积累经验细节以及对描述对象、地点和行为的方式的交汇,后者是我时常感到必要的写作方式,尽管我很少能将其付诸实践。当然,这需要一种比我的记忆更精确更具逻辑分析的记忆。"1974 年 5 月,在一封信中他回忆起 1945 年 3 月 17 日发生在巴亚尔多的游击战,他写道,

---

[1] 参见《卡尔维诺书信集》,第 1531 页。
[2] 参见《卡尔维诺书信集》,第 1538 页。

在《通向蜘蛛巢的小径》和他的早期短篇小说中"情节和人物都完全改观。只是现在，经过这么长时间之后，我觉得需要绝对诚实地进行讲述……不过我能记起的不多了"。① 九年之后，在同佩萨罗的大学生的长谈中，在回答是否会再回头写抵抗运动时，他说："很可惜有很多东西已经不记得了，我已经开始写的一个关于抵抗运动的文本，也许我会继续下去，并使其成为我正在准备的众多新书中的某一本的组成部分。要回忆某个片段真是需要与自己的记忆缠斗，尤其是力图复原记忆中真实的样子。我向来担心如何去重现某段经历的真实情况，尤其是这段经历在某个历史、庆典、媒体或政治情境中被表述，而我又试图让其返璞归真的时候。"

访谈和回复调查问卷，与创造性写作相比，都是一种作者主动性更少并且表面上更为客观的表达，是卡尔维诺不得不披露关于自己、自己的生活以及自己的作品的大量信息的必然场合。正如读者所见，大部分涉及的资料是脑力劳动方面的自传；或者更确切地说，涉及的是对自己作品不断的、及时的、广泛的自我评判。② 尽管每次自我评判在某种程度上表现出"控制"解读，但这种做法对更好地理解和分析他的文学活动、他的诗学以及作者的自我意识起到了极大的作用。从狭义上讲，也包括他的传记。查阅卡尔维诺保存的文件可以证明并证实，在很多时候，接受采访时，他更喜欢把

---

① 参见《卡尔维诺书信集》，第1240页。
② 在这一点上，需要指出的是，直到1983年，他的作品出版商只有一个，即埃伊纳乌迪出版社，同时很长一段时间他还是这家出版社的编辑和顾问，在这些采访中他多次展现出编辑式的自我介绍和批评式的自我反思的双重性格。

回答甚至是问题写下来。① 在文学期刊进行问卷调查的情况下,事先把问题交给受访者,他们只能以书面形式作答,如果说这是正常情况,那么就不得不说卡尔维诺也倾向于以书面形式答复日报和周刊的记者和提问者的快速采访。不仅如此,有时同一个文本在内容和发表时间上稍作更改,就可以用于多种目的和多个期刊。这种做法——似乎在六十年代初建立起来并得以巩固,当时他已经完全意识到自己是一名作家——让我在某些适当的情况下,可以根据他准备且保存的原版手稿或打字稿,与媒体发表的采访稿进行对比、修改和整合。

1963 年 3 月,在沉寂了三年半之后,卡尔维诺发表了短篇小说《观察者》。于是他写了一篇作品介绍,既用于意大利主要的日报,也用于主要的周刊:文章第一部分刊登在 3 月 10 日的《晚邮报》上,只有一个问题;而第二部分几乎连标点符号都没有改动,同一天在《快报周刊》一篇署名为安德烈·巴尔巴托的采访文章中刊出。在 1965 年和 1967 年《宇宙奇趣》和《零时间》出版时,这种情况以更系统更广泛的方式不断重复出现;1972 年秋这种情况再次出现,随着《看不见的城市》的出版,卡尔维诺准备了一系列问答,既用于《快报周刊》,

---

① 这种做法在 1979 年接受马尔科·德拉莫的"口述"采访中可以找到道德上的和风格上的诠释:"事实上,我痛恨一般化、近似的词。现在我听到我说这些词,说这些普通的东西,我就对自己有一种厌恶感。这些从口中说出来的单词是一种软弱无力的、不成形的东西,这让我无比恶心。我试图在写作中,将这些总是有点恶心的单词变成一种准确的、精确的东西,这可能是生活的目标。"在 1974 年 2 月 5 日卡尔维诺写给埃多阿尔多·圣圭内蒂的一封信中,他对他的这种"虚构的口头回答"的做法做出了解释(《卡尔维诺书信集》,第 1226—1227 页)。

也用于当地的多家报纸。这种以采访的方式进行自我介绍的策略在《如果在冬夜，一个旅人》和《帕洛马尔》出版时得到更加纯熟的运用（也同样运用在散文集《文学机器》和其他性质的作品上）。

当然，这部访谈录中并不乏其他类型的访谈，事实上这些类型占了大多数，它们与他的作品没有关联，而是自由地谈及了各种话题：只谈生平（时间上相距甚远的两个例子，1956年《咖啡》和1982年《正片》杂志上刊出的采访；1960年接受卡洛·博的采访和1985年接受亚历山大·斯蒂尔的采访）；对意大利和外国文学的形势和命运的分析、评估和反思，其中随着时间的推移，他的态度由年轻时的鞭辟入里的自信逐渐转变为更加谨慎且困惑的态度；关于电影；关于美国和纽约（1960年和1984年）；关于自己的政治经历（1977年贝尔纳多·瓦利的采访具有重要意义）；关于普通的政治话题；关于七十年代的恐怖主义（1978年凡蒂的采访）；关于八十年代的"新个人主义"；关于他喜欢的经典作家（阿里奥斯托、伽利略、莱奥帕尔迪、司汤达、爱伦·坡、史蒂文森、康拉德、福楼拜）或者当代作家和诗人（蒙塔莱、帕韦塞、维托里尼、费诺利奥、帕索里尼、夏侠、曼加内利、瓦莱里、川端康成、博尔赫斯、纳博科夫、格诺、佩雷克、蓬热、维达尔）；关于书面用语和口头用语；给卢恰诺·贝里奥做编剧的经历；关于城市和城市的未来：威尼斯、"欢欣且外向的米兰"与"有条不紊且小心谨慎的都灵"之间的截然不同（1975年克劳迪奥·马拉比尼的采访和1985年玛丽亚·科尔蒂的采访）；关于宇宙和人类的未来（1981年阿尔贝托·西尼加利亚的采访）；以及很多其他话题。

在 1951 年至 1985 年间，卡尔维诺留下的以及在报纸、杂志和书籍上刊出的采访多达两百多篇，这部采访录选取了其中的一百零一篇。每十年选取的访谈篇章数与实际进行的采访次数成正比，尤其与卡尔维诺越来越高的声望成正比：五十年代十篇（几乎是媒体刊出的全部采访），六十年代二十多篇，七十年代三十多篇，1980 年至 1985 年短短六年间四十一篇。我从笔记中恢复了一些访谈中删减的段落，这些段落都是我认为极为有意义的、与其他内容相呼应的、具有一定功能性的。

我认为，这个访谈集的兼容并包的标准——有时有些访谈总是回到同一话题上——有助于提供反思意识和话语意识，随着时间的推移，这两种意识逐渐丰满且清晰起来，但保留了一系列恒量和固定观点：尽可能尽善尽美是所有工作所固有的道德准则；相信重大的社会变革是漫长的过程，这更接近于生物进程的节奏而不是政治的捷径；坚定的唯物主义意识，即自然的现实、"非文字世界"不能被译成文学和"文字世界"；要求的约束（修辞和文学的约束及规则，预定人的要求、外部制约）成为创造性活动的有效推动力。

在外国媒体上刊出的不计其数的访谈中，我主要选取了在法国杂志和报纸上刊登的访谈，因为卡尔维诺精通法语，几乎可以像意大利语一样进行交流。在这种情况下，其中四篇"英文"访谈，我的翻译宗旨是为读者提供卡尔维诺的回答的原意，但并不奢望能再现原来的节奏和用词。1967 年马德琳·桑茨奇的采访和 1985 年 4 月与德国杂志《杂谈录》编辑们的对话是两个幸运的例外：在这两种情况下，其实我都可以用卡尔维诺的文件中保留下来的他撰写的或修订的意大利语原稿。

我放弃了一些访谈，这其中既包括1980年卡尔维诺收录在《文学机器》中的一些访谈（《两个关于科学与文学的采访》《极端主义》《领域的界定：奇幻》），也包括收录在他去世后出版的《巴黎隐士》和蒙达多利出版社出版的《散文集》中的一些访谈。① 而我决定选用其他的访谈，包括他去世之后再刊的一些访谈，因为我认为，对于本书实际上所描绘的自画像来说它们是必不可少的。经常是在不情愿的情况下，我放弃了意大利国家电视台陈列室以及外国（尤其是法国档案馆中保存的）电视台的大量采访，也是因为只有在发言者的影像存在的情况下，才可以充分理解以及鉴赏对话的近似内容。这类访谈中，我唯一选用的是1979年6月尼科·奥伦戈的采访，它简明扼要，近乎完美。

对照原稿，重读转写的文本，我默默地修改了那些明显的印刷错误。我在注释中标注出了极为少见的有疑问、错误和失误的情况，以及我对文本的非常罕见的介入。在一些情况下，我省略了采访者的一些介绍段落以及连接句，这些对理解卡尔维诺的回答无关紧要。

在此衷心感谢奇奇塔·辛格·卡尔维诺的信任、回忆和反讽；

---

① 这些访谈与其说是采访，不如说是真正的自传证明，其中对杂志《矛盾》的调查的答复集合成一部题为《青年政治家回忆录》的作品，尤其是题为《法西斯统治下的童年》的第一部分最为有意义，收录在"子午线"系列文丛的题为《自传篇章》的作品里。

感谢弗朗切斯卡·塞拉的不断鼓励；感谢迪迪·马尼亚尔迪对文本草稿的宝贵校对。另外还有很多友人在不同的阶段和很多方面给予我帮助，在此我无法一一列举。

带着对菲亚马·比安奇·班迪内利的深深缅怀，我完成了这项工作。她伴我度过了我生命中的最美好的年华，直到她生命的最后的日子里，她依旧给予我帮助、建议和支持。

**卢卡·巴拉内利**

# 目 录

## 1951—1960 年

在现实面前的作家（1951 年）　3
戏剧与电影（1952 年）　6
冒险作家（1954 年）　11
需要思想与文化（1954 年）　16
自画像（1956 年）　19
现实主义与非真实风格（1956 年）　26
幻想虚构，语言的多样性（1957 年）　31
抵抗运动带我入世（1957 年）　37
文学与意大利现实（1958 年）　40
帕韦塞，卡洛·莱维，罗伯-格里耶，布托尔，
　维托里尼……（1959 年）　44
距离与张力（1960 年）　52
美利坚"不合众国"（1960 年）　57
五十年代的意大利文学（1960 年）　63
我的美国印象（1960 年）　66
与卡洛·博的谈话（1960 年）　72

## 1961—1970年

- 1960年的意大利电影（1961年） 83
- 文学中关于色情的八个问题（1961年） 89
- 披头族与"体制"（1962年） 97
- 《世纪中叶》（1963年） 100
- 在科托伦戈的监票员（1963年） 102
- 新资本主义与左翼反对党（1963年） 109
- 将评论家引上"歧途"（1964年） 113
- 文学与社会（1965年） 116
- 我在《宇宙奇趣》中继续幻想小说的话题（1965年） 120
- 对定义永不满意（1966年） 130
- 电影与小说（1966年） 135
- 我的风格变换的原因（1967年） 142
- 恒星的想象与语言（1967年） 146
- 威尼斯：水城的原型和乌托邦（1968年） 149
- 所有小说促使形成的那部独一无二的小说（1969年） 152
- 书不是陨石（1969年） 154
- 人生与梦想（1970年） 161
- 不间断的纸张的景观（1970年） 163
- 从书上到电视上的马可瓦尔多（1970年） 166

## 1971—1980年

傅立叶与回归乌托邦（1971年） **173**

童话不可替代（1972年） **180**

费诺利奥逝世十周年（1972年） **183**

城市，记忆与欲望之所（1972年） **187**

五十五座城市（1972年） **190**

我想停下来稍作整理（1973年） **195**

离婚公投（1974年） **217**

不稳定与难统治（1974年） **220**

夏侠，一个怀有千言万语的沉默者（1975年） **226**

未来之城（1975年） **230**

方言（1976年） **240**

作家与传统（1977年） **244**

斯大林主义年代里的意共文化（1977年） **263**

1978年的形势（1978年） **270**

儒勒，一个难以界定的作家（1978年） **278**

从可能出发（1978年） **282**

伏尔泰与卢梭（1978年） **290**

史蒂文森，讲故事的人（1978年） **295**

我是乖小孩（1979年） **300**

单词的一般化，写作的准确性（1979年） **305**

永不结束的故事（1979年） **323**

为了找本书看，我写了十本（1979年） **330**
用不同的名字出版每一本书（1979年） **334**
我只相信慢工出细活（1979年） **340**
人成年了吗？（1979年） **356**
我怀疑得越来越多（1979年） **361**
关于新个人主义（1980年） **371**
小说心愿单（1980年） **378**
司汤达与复杂性（1980年） **383**
《文学机器》，我的死后书（1980年） **387**
在十八世纪我会如鱼得水（1980年） **394**
更换班子（1980年） **402**
我钦佩会讲故事的匠人（1980年） **409**
如果在秋夜，一位作家……（1980年） **412**
还能讲个故事吗？（1980年） **424**

## 1981—1985年

我喜欢越狱的囚犯（1981年） **439**
叙事的力量（1981年） **447**
我总是尝试新事物（1981年） **454**
叙事可能性的一览表（1981年） **459**
阅读小说（1981年） **465**
莫扎特的叙述者（1981年） **478**

当代寓言家（1981 年）　　**481**
电影评审员（1981 年）　　**497**
人的年龄（1981 年）　　**509**
我有两种字迹（1982 年）　　**522**
《真正的故事》（1982 年）　　**529**
我不是歌剧剧本作者（1982 年）　　**533**
我对深度表示深深怀疑（1982 年）　　**541**
二十世纪三十年代的电影（1982 年）　　**550**
讲述《疯狂的罗兰》（1982 年）　　**558**
我写作是因为我没有经商的天赋（1983 年）　　**561**
眼睛与沉默（1983 年）　　**586**
格诺，智慧的提议（1983 年）　　**591**
帕洛马尔的视野（1984 年）　　**594**
肉眼辨识星座（1984 年）　　**600**
寻找复杂性（1984 年）　　**605**
对象的丰富性（1984 年）　　**616**
我的城市是纽约（1984 年）　　**621**
我有点厌倦了做卡尔维诺（1984 年）　　**627**
文学和历史中的时间（1985 年）　　**634**
我喜欢尝试新的形式（1985 年）　　**642**
世界不是一本书，但我们照读不误（1985 年）　　**649**
无声胜有声（1985 年）　　**661**

我通常以图像为出发点（1985年） **666**
练习簿（1985年） **677**
叙事产生理性（1985年） **687**
意大利文学与我很投契（1985年） **691**

人名索引 **701**
作者生平 **716**

我生于美洲

1951-1960 年

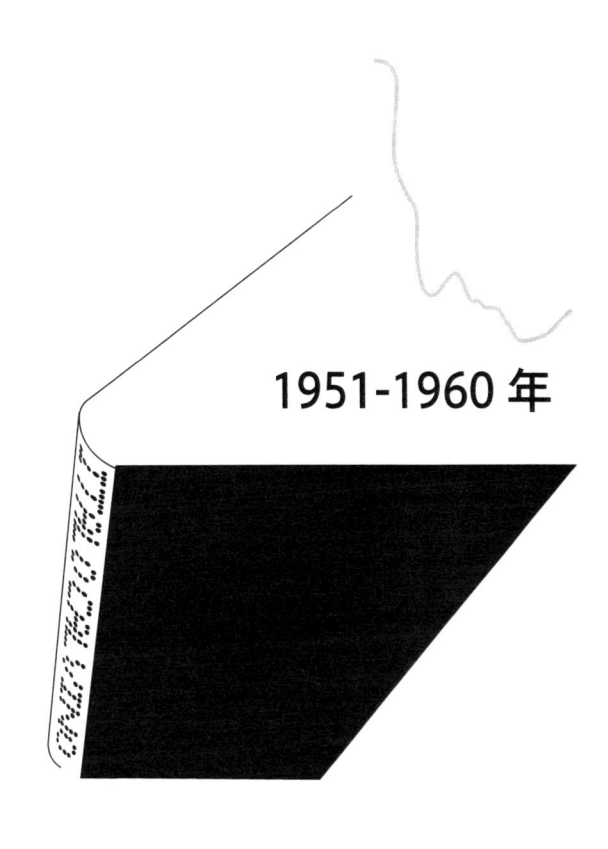

# 在现实面前的作家（1951年）

第一个问答在文章《在现实面前的作家——新现实主义调查》中（卡洛·博主编，《广播手册》第XIII期，都灵：埃利出版社，1951年，第47—49页），第二个回复和相关的问题是从保存的一份卡尔维诺手稿中节选的。

依你看，出于哪些原因新兴作家不得不带着新需求、采用新方法去抨击现实？我希望你的回答中能够涉及你的工作以及你认为的那些非常受欢迎的作家的作品。

你谈的是抨击现实。但是，在抨击它之前，无论以什么样的方式，首先要找到它，真正了解它在哪儿，是什么。描写内心世界、个人忏悔的文学，博，你是它们坚定的支持者，这类文学为作家进行调查指定了一个明确的意识区域，规定作家在尽量避免外部干扰的同时，深入挖掘自身原因。但是这类文学的"预算"有其内在的逻辑和历史性的理由，不可避免会有"亏损"的风险。从某种意义上说，作家不得不放弃这一点而不是对其进行丰富。我认为正是这种犹如束身衣的紧迫感推动着一些意大利作家，在第二次世界大战后的若干年，去探寻文学表达的其他主题。他们的道德需求，他们的疑问,他们的人际交往和幻想的需求,都被排斥在那详细的不讨喜的描写内心的文学的魔圈之外;这些不仅仅是作家的疑问与需求,也是令成千上万人越来越焦虑的疑问——我们所生活的这片土地、这个时代究竟是怎样的?在严峻的经济走势中,我们要与世界保持什么样的关系?我们年轻人自然是在貌似可以回答这些问题的答案中寻找我们的大师。帕韦塞和维托里尼是两位具有非凡修养与气质的作家,在他们的历史存在中,在他们致力于打破的、推动的所在中,在我们这一代对他们的追寻中,可以找到一个共同点。我思考的不仅是他们特定的作品,更是他们的活动所带来的建议与反响之和。但是要将灵魂与思想中所怀有的这些诗意的可能性付诸行动,单靠一些阅读是不够的;这需要与生活的一种不期而遇,需要这个外强中干的意大利轰然崩塌,因为在这样的一个意大利,我们无法认清自己,我们需要发现另一个意大利,更原生态、更痛苦的意大利,更古老、更属于我们的意大利。

这是目前为止我们所走过的路,我认为这符合意大利文学史的必然性。我们的文学需要找到与时代和国家的新接触点;它的历史,如同意大利民族的历史,与其他伟大的现代文学不曾有过相似之处。安东尼奥·葛兰西的文学札记的关键主题,即在意大利缺乏人民文学和民族文学,我觉得这不仅对文化史很重要,对我们在表达研究中需要考虑的诗意范畴的意识也很重要。在十九世纪,我们的少数几部作品达到了不可逾越的高度,但还不足以构成一个坚实的平台,就像伟大的资产阶级小说赋予英国、法国和俄国文学文明的平台。我们不得不绕远路来发现我们传统的现代性教训。

你预计意大利小说在这条道路上会有哪些进展？

很难预料。在不同的城市、世代，热情与才智都统一到诗意感悟中，会不会就有可能续写伟大的小说？就目前来看，这似乎是一个非常难以实现的目标。我认为，目前我们必须保持的方向是我们与现实之间关系的道德深化，这是将我们的写作与真理的不容置疑性以及不可替代的必要性相连的所在。当然，我们的意识仍然无法逃避那些萦绕在我们周围的想法。即使我们未来能让战争、饥饿、警察从世界上消失，它们也不会从我们的作品中消失。

# 戏剧与电影（1952年）

访谈第一部分为在意大利作家中进行的"文化与戏剧的分裂"的调查，见《荧幕》（戏剧电影杂志，米兰，第七期，总第74期，1952年6月，第4页）；第二部分是关于"电影与文化的自由"的调查，见《电影杂志》（影视文化月刊，都灵，第一期，总第6期，1952年8—9月刊，第12页和第15页）。

您如何理解现代戏剧、文本和表演？

今年我在米兰的小剧院看了两场表演，哥尔多尼的《一仆二主》《军队情人》，以及莫里哀的《冒牌医生》，都是由马尔切洛·莫雷蒂表演的，在这些表演中我看到了最棒的阿尔勒奇诺和斯嘉纳赖尔[①]。这些表演让我想要一种与寻常不同的戏剧，想要一种更丰富多彩的，更生动活泼的，更有趣味的，充满花样、技巧和打斗的戏剧。我想如果有一个剧团或者剧院能够专门从事这种表演，同时采用经典剧目，采用这一类型的或许能够在——我不

---

[①] 阿尔勒奇诺，意大利即兴喜剧中的一个滑稽角色，通常身穿各色布块拼凑而成的百衲衣，头戴白帽，并且戴着遮住脸上半部的黑色面具，在哥尔多尼的《一仆二主》与《军队情人》中均为仆人角色。斯嘉纳赖尔，莫里哀戏剧作品中反复出现的一个角色，《冒牌医生》中的仆人。——译者注

知道——日本剧院中上演的东西，每次创造出具有巨大想象力和品位的表演，那么去剧院也就不会像今天这样是一件无聊的事情了。这种剧团应该是即兴喜剧的现代版；也就是说，以前是即兴创作，现在应该是能够采用精确入微的技巧。这样一种戏剧，我认为会使人产生写作的欲望，会使人萌发灵感——文本和表演的共同灵感——会发现一种将我们的世界和我们的问题进行奇妙转变的新方法。当然，这仅仅是意大利戏剧面目一新、焕发生机的一个方面；但是现代滑稽剧的创立可以有助于现代风俗喜剧、现代悲剧等的诞生。这一切将成为打破当前创作缺乏生气状况的突破口，亦无须担心引起公愤。

您有没有写过剧本？如果写过，您是否把它看作一项次要工作，或者说至少没有您的日常工作重要？为什么？

您有未曾发表的喜剧作品吗？如果有，为什么没有发表？

年少时我最早读的散文之一就是蒂尔盖尔的《当代戏剧研究》，我牢记于心。那时我相信，现实与幻想、存在与意识等问题是极其重要的，皮兰德娄是中流砥柱，永远活在我们的文化之中。而我的初期文学尝试（从十六岁到十九岁）就是以戏剧为方向的，我写了不知道多少悲剧和喜剧，值得庆幸的是，这些剧本从来没有下过我的书桌。后来，我对现实的认识逐渐成熟，也逐渐明确了自己的兴趣，戏剧对我而言越来越像一个会让站，而我则走上叙事文学之路。

\* \* \*

依您看，鉴于意大利和外国电影在社会各阶层的广泛传播，是否可以说电影以某种形式完成了精神和文化形成的那项任务，即可以（并且应该）在数以百万仍然远离其他文化形式的个人中展开的任务？为了逐渐接近这个结果，需要克服哪些困难？哪些方法可能会更富有成效？如何与仍然占据国际电影制片很大一部分的有害的、起反面作用的、反文化的倾向做斗争？

与其他艺术不同，电影与观众密切相关，甚至可以说受观众影响。如果电影（不管是实际上还是潜在的，在兴趣、道德、语言等方面）脱离了观众，那么电影必定失败；如果电影盲目追随或一味迎合观众的口味，那么电影会获得经济利益，但是作为文化传媒则必定衰落，从毫无教育意义到很快变得无足轻重，甚至更糟。电影具有教育意义并不是因为它创造伦理道德，而是因为它揭示道德态度、人物、英雄事迹、荒谬之处，而这些方面都能在流行趋势中找到对应，并且随时准备成为流行，即使在电影发现它们并使之明确之前，它们还不曾流行。电影的负面影响在于它采用低级的方式来取悦观众（色情、暴力、低俗喜剧、逃避、奢侈、过度悲情），或是在某些主题上（浮夸式的爱国与战争、过分甜腻的家庭情感、毫无创意的宗教热）诱发心理盲从来引起共识。意大利现实主义电影之所以能够成功进入我们的观众之中，是因为它获得了新意识、新的积极的未盖棺定论的爱国主义，即学会既热爱自己的国家且分担其问题。这是一场意义非凡的道德革命，也是具有民主意识的公民形成的必要条件。因此，那些想让爱国主义保持肤浅与抽象的人，在反国家和反人民利益的支持下，对我们的电影发动了一场猛烈的攻击。如果大部分观众开始认为电影是作为可以进行对话，进行讨论、辨别、表达的载体——我是想这么做的，而不是目瞪口呆地接受电影（既没选择的能力也没有表达的能力，不管是好电影还是烂片）——那么烂片的影响范围将会被大大削弱。一场足球赛的观众，就跟一部电影的观众一样，覆盖面广，层次各异，他们面对的是具有积极参与、深入分析和批判精神的人才。因此，在这个意义上所能做的一切（对电影的公开辩论、流行电影俱乐部、媒体宣传）都是非常重要的。

在一个像我们这样的时代，文化最必要、最紧迫的任务就是对抗所有外部的压力以保卫文化自由，您认为应该为电影预留一个什么样的位置？电影是否拥有该自由权利，还是电影由于自身的性质——就像有些人所说的——有严重危及观众"道德"的因素，所以应该受到某些限制？

在一个像我们所处的这样的时代，电影首先受到资助电影的制片人的审查，随后受到观众慵懒的第二次审查。并且从严格的道德视角来看，这肯定影响不了电影真正的伤风败俗即虚伪与浅薄的色情，而只能影响那些用自觉与真诚的方式来表现性事实的尝试。

在一般层面，综合并克服前面两个问题里的难题，在保护文化自由方面电影行业（包括电影、电影评论和电影新闻）可以做出什么样的贡献?

　　文化自由,在电影里与在其他地方一样,是通过加强艺术家与观众之间的辩证结合来实现的,一方提供滋养另一方得到充实,反之亦然;艺术家与观众相结合能够抵御文化敌人的攻击,不论这些敌人代表了资助人还是最差的制片竞争。

# 冒险作家（1954年）

《冒险作家伊塔洛·卡尔维诺（意大利作家都做什么）》，詹安东尼奥·奇博托采访，《文学展会》第 IX 期，总第 27 期，1954 年 7 月 4 日，第 5 页。此处刊出的文本与卡尔维诺文件里保存的具体文件副本一致（《文学展会》中没有最后的四个问答）。

你现在已经出版的《进入战争》一书，在你的作品发展路线中代表着什么？

如你所知，我喜欢变换写作方式，在我写了一部既定类型的小说之后，我会换一种完全不同的类型去写另一部。我这么做并不是因为不在乎或者想要兼容并包，而是因为我坚信在我所写的每一部作品中，我依旧是我，但我无法涵盖所有东西。不过我每次写作的时候，都觉得缺乏特定的表达方式、特定的语言，我总是有一种要用其他方式来完成它的欲望。这是因为我还不能说我找到了一条能穷尽我感兴趣的所有现实的真正道路。

通过《进入战争》三部曲，我想尝试带有理性及散文节奏的明确的自传体叙事，同时，尽管在构建上我们说它是如此的"道德和文明"，但也在一定程度上不可避免地冒了"回忆文学"的抒情风格的风险。所以，我在那些远离我习惯所写的领域里尽情徜徉（尽管短篇小说集《最后来的是乌鸦》涵盖了我所写的所有主题，从这个意义上说也有我以前写过的主题，而事实上，这些主题无法令人满意），并且我无法说我在其中可以做到完全无拘无束。但是也无须认为我对风格的选择是如此冷漠。我总是以我的基本爱好作为出发点：爱冒险的作家的爱好。当我有故事要讲，我就会不断选择最合适的题材来进行讲述。这次也是，我的出发点是自传的和道德的模糊激励，这种激励消融在热闹的、大部分是想象的叙事中。我可以说，最成功的部分——也是根据一年前小说在《新话题》上发表之后收集到的评论来说的——是三部曲中最具冒险性的部分，即《蒙顿的法西斯青年先锋队队员》（但它也是三部曲中最不具想象力的部分）。在另外两部中，道德性和抒情性胜于故事性（事件大部分是虚构的），所以这两部不太成功。

我发表这本如此之薄的小书正是为了见证以一种特定意义完成的工作，一项我目前不打算继续的工作。但也许几年之后，在这个意义上我会有想要拓展的两三个想法。

那么现在，你正在写什么"完全不同"的作品？

这真的是一部全新的作品，我想说的是，它对我来说是全新的，也许对其他人来说同样是。这是一部长篇小说，有很多人物，很多事件，不同的环境，整整一座城市。① 我不能再说了，否则就

---

① 这部小说是《王后的项链》，未曾出版。

剧透了，小说也就毁了。写小说不是一件轻松的事，在看到它完成之前需要太长的等待。而只有那些完成的东西才能给我满足感。一个人开始写作，写了一部分之后，由于某种原因没有再写下去；于是就停在那儿了，不写其他的是因为他要写小说，不写小说是因为他不能写或者是找了所有不能写的借口，于是几个月过去了，心灵整日被紧张所困。

那么，你什么时候写完？

　　十年之后。

好吧，我看你今天很悲观。但是你已经在写你的第四本书了，在三十多岁的作家群体中，你是最多产的作家之一。

　　在这四本书中，我必须算上另外两本：两本我放在抽屉里的长篇小说。在长篇小说上我还没有取得成功。不过短篇小说更有趣：一个人完成短篇小说就像开始写短篇小说一样，他立刻就能感受到完成的满足感。

现在你有正在准备写的短篇集吗？

　　不止一个，有十个或者十二个。我写的每个短篇小说，我都觉得它无法与其他的短篇放在一起，因而必须等待能够与它"合成一本书"的其他短篇小说。就像这部《进入战争》，它不是一部"短篇小说集"，而是一本完整的书。短篇小说集只能在写作开始或者写作结束完成。

所以，你有计划了很多年的作品？

　　没有，只有一些小作品。到目前我完成的所有作品以及我正在写的都不是有所准备的。

那么，你是什么时候开始写作的？

　　我觉得我还没有开始写作。然后，就像我跟你说过的，现在我就没有写自传的兴致。

那么，跟我说说另一件事吧：你住的那些地方对你的灵感有启发吗？你在都灵住了有些年了，但是你的书却总是以你的家乡利古里亚为背景展开叙事。

　　这是一个复杂的问题。帕韦塞总是说：如果不是从小认识的东西就不能写。（或者说，不是以带有文学意识的处女视角下认识的东西就不能写。）这是事实，但只是某个方面；因为抒情式的记忆并不是诗歌的唯一动力。不管怎样，我现在正在写的长篇小说是发生在一个大的工业城市里的。

那么，在转换到另一个话题之前，你想跟我谈谈当代社会作家的状况吗？

　　不，我不想谈。

好。那你跟我谈谈对当代意大利叙事文学的总体评价？

　　也不想谈。

以后再跟你算账。鉴于你有在重要出版社新闻办公室工作的经验，请您谈谈关于书籍的推广问题？

真无聊。你是不是还要问我电影和文学之间的关系？

没，我看你有事要忙。再见，卡尔维诺，谢谢你。

再见，奇博托，谢谢你，你很能干。

# 需要思想与文化（1954年）

《需要强健的骨骼》，《文学展会》第 IX 期，总第 29 期，1954 年 7 月 18 日，第 3 页（此文本与卡尔维诺的文件中保存的具体文件完全相同）。这是对费迪南多·维尔迪亚的七个问题的调查问卷中的第一个问题"是否存在新的叙事文学"的回答。

你认为（第二次世界大战后）有新的意大利叙事文学吗？

意大利叙事文学本身就是新的，因为之前没有而现在有了。现在有是因为有了存在的意识，也因为它被人接受，被当作叙事文学"使用"。以前，一些零星的叙事文学作家聚到一起，他们——无论是标榜独立于意大利文学总体之外的作家（斯维沃，前期的莫拉维亚），还是属于不同团体和文学世代的作家（维托里尼和所有的"佛罗伦萨派"）——总是以某种方式"反对"当时的文学思潮，总是渴望"不同"的东西。现在，正相反，是由叙事文学来确定基调；叙事文学作家就是一股不断壮大的洪流。这是很自然的，因为民主的第一层次需要包括审视自己，分析自己的社会，在这个意义上，叙事文学是一个不可替代的"制度"。（在其他时代，它可能被称为"小说"，但这里最好使用更通用的术语。）当然，如今关于"意大利文学"的一般性讨论变得很难，但是关于"意大利叙事文学"的特殊性讨论却已经成为可能。但是在这样的审查下有一件事非常醒目：对这种以前没有而现在有了的叙事文学而言，最重要的事情仍然是以前"没有"的时候成功的那些事，或者说，这些事情都归因于那些在法西斯统治的最后时期（莫拉维亚、维托里尼、帕韦塞等等）以及在此之前（雅耶、帕拉泽斯基、斯维沃，还可以引证出很多）已经在新的意义上创作的作家，现在，他们意味着更多，因为意大利文学和文明的新形势将他们放在了最前面（这也与哲学和政治思想的历史非常吻合：如今在意大利流行的思想在很大程度上是从反法西斯时期的反法西斯思想上发展起来的）。而战后文学则明显有失衡、难以公开竞争的感觉：事实（我说的是那些具有重大道德意义的事实，比如抵抗运动、发生在人民各阶层的意识变化）总是比那些想要关注和描述事实的书重要得多。因此，很难在众多的新书籍和新作家之间做出一个总结，尽管从某种方式上来说它们总是"有用的"。对于那些与以前的文学作品紧密相关的新兴叙事作家（巴萨尼，将新的形象与道德置于我们可以称之为"隐逸学派"的氛围与感觉中；卡索拉将隐逸学派时期的暗喻式和地方新闻式的佛罗伦萨写实纪事的思潮发挥到了极致，达到了极强的浓度和强度），定义他们的重要性则相对容易，而那些毫不迟疑地革故鼎新的新兴叙事作家（例如，雷亚逐步克服地方主义、抒情性等，将全面构建"人间喜剧"的艰巨任务建立在地方性素材之上）的重要性则比较难以界定。

结论：意大利叙事文学不能不存在，它不仅是文学的需求，也是历史的需求。但是它需要强健的筋骨，也就是思想与文化，而不单单是灵感与鉴赏力。没有"字母文明"，就必须要有智慧文明与思想来构成诗歌的基础。不仅需要良好阅读的评论，还需要历史性的评论。除了短篇小说和长篇小说，还需要大量创作关于人类、国家、风俗、体制、情感的"评论文章"。比起充满地区和社会情节的大量小说，或许那些对这个或那个国家或问题进行描写、解释和论证的书籍更有用，举个最近最知名的例子——卡洛·莱维；少些抒情式的自传，多些文化回忆。我们置身于叙事文学之外吗？可是，十九世纪的伟大叙事文学也曾有过这样的背景。

# 自画像（1956年）

《政治和文学咖啡馆》第VI期，1956年1月，第16—17页；之后，以《1956年访答录》为题收录在《巴黎隐士》以及《散文集》中。在卡尔维诺的文件中保留了手稿原件，题目为《伊塔洛·卡尔维诺答〈咖啡馆〉杂志记者问》，其中有增补和改动，本文已在注释中标明。

您做个自我介绍。

我于1923年10月15日生于哈瓦那附近的一个名叫圣地亚哥·德·拉斯维加斯的小镇。我父亲是利古里亚大区圣雷莫人，农学家，在那儿领导一个甘蔗实验站，而我母亲，是撒丁岛人，植物学家，当时是我父亲的助手。很可惜我对古巴一点印象都没有，因为1925年我就随父母回到意大利的圣雷莫，他们回来管理一家花卉栽培实验站。关于我出生在海外一事，我的头脑里仅存下一个难以书写的出生地名称，些许家庭回忆，我的教名源自移民对他们守护神的虔诚，但此名在家乡却非常响亮，有着卡尔杜齐之风范。二十岁前，我一直同父母住在圣雷莫，生活在一个满是珍稀外来植物的花园里，还经常与我父亲,这位孜孜不倦的老猎人去内陆的树林里打猎。① 到了上大学的年龄,出于家庭传统的原因,我注册了农业学专业,然而这并不是我的爱好,因为那时我已经心系文学。这时,德国人占领了意大利,我就依从我那多年的情感,同那些英勇的游击队员战斗在小时候父亲带我认识的那片森林中。解放之后,我到都灵就读文学专业,1947 年,我以一篇关于约瑟夫·康拉德的论文匆匆毕业了。我的文学生涯始于 1945 年底,维托里尼主办的《综合科技》杂志发表了我的一篇早期短篇小说。但在此之前,帕韦塞读过我的第一篇小说,他推荐给穆谢塔主办的《阿瑞梭莎》杂志,随后得到发表。② 我现在能成为作家,要归功于帕韦塞的教诲,在他生命的最后几年,我一直与他在一起。从 1945 年开始,我住在都灵,并且开始围着埃伊纳乌迪出版社打

---

① 在卡尔维诺的文件中保存着一份 1953 年未发表的(也未完成的)自传草稿,这份自传是意大利共产党都灵联合会要求其撰写的。在草稿中,卡尔维诺这样写道:"在我的政治和道德教育中,父母的性格对我产生了重大的影响:我父亲(生于 1875 年)是利古里亚老一辈激进的社会民主党的典型代表,与奥拉齐奥·雷蒙多和乔万尼·卡内帕都是同一代人,再加上在墨西哥的经历,这些让他以墨西哥的矛盾的革命运动来看待法西斯;我母亲也是科学家,并且是我父亲的合作者,但她与我父亲不同,她受到世俗思想、人道主义与和平主义理想的熏陶,始终是坚定而勇敢的反法西斯主义者。我父母最惹眼的特立独行之举就是他们豪迈的决不妥协的反教权主义:自小在学校,我就学会了要拥有不同于他人的想法,为了不盲从官方的思想,就要忍受来自上级和同伴的猜疑、歧视和嘲笑。因为我不去做弥撒,我没有像我同学那样受坚信礼,没有去上宗教课,在档案的宗教信仰一栏中,我父母填了'无',我因此被人指指点点。我父母从小向我灌输的另一个思想就是仇视君主制,这是属于一个古老的具有共和党与马志尼思想的家庭的意识。"
② 访谈的第一部分由卡尔维诺修改之后收录在《意大利作家量身定制的肖像》中的自传文章中,埃利奥·菲利波·阿克罗卡主编,威尼斯:图书联合会出版社,1960 年,第 110—111 页。

转,最初是去出售分期付款书,后来我一直在编辑部工作。在这十年中,我只写了一小部分我想写的,只发表了一小部分我写的,一共只出版了四卷本。

哪位批评家给予了您最为肯定的评价?哪位给了相反的评价?

从一开始,不论是文学巨匠(在此,能提及他们的名字我感到十分荣幸:德罗伯蒂斯从我的第一本书一直关注至今,切基为《分成两半的子爵》写了评论,还有博、波切利、潘帕洛尼、法尔奎,以及可怜的卡尤米,他生前是我的第一位书评人),还是与我同龄的年轻一代,大家对我的书都给予了极大的好评。极少数的那些负面评论反倒更吸引我,更让我有所期待:一个严肃而又深刻的否定评论,能让我受益匪浅,但到目前我不曾获得这样的评论。当《通向蜘蛛巢的小径》出版后,恩佐·贾基诺的一篇文章,是绝对的纯粹的批评,非常激烈的批评,也非常生动,可能是我接收到的最好的书评之一,也是我时常有兴趣重读的为数不多的评论之一,但是仍然对我毫无用处——它只是触及了作品的外在问题,即使我自己也能发现并克服这些问题。①

您愿意简要地谈谈您所坚持的审美原则吗?

在2月的一次报告会上,我提出了一些我的基本观点(《狮子

---

① 恩佐·贾基诺,《排名第一》,《新世界》,1947年11月20日,第3页;之后收录在安德烈·蒂尼主编的《1947年里乔内国家奖与伊塔洛·卡尔维诺》,切塞纳:老桥出版社,2007年,第324—326页。

的骨髓》），最近发表在一份杂志上。[①] 现在我不想补充其他的。但很明确的是，我知道最好不要奢望能实现我所宣扬的那些观点。我只是时不时地写一些我能够写的。

您喜欢从什么样的环境、人物和情况中来确立您的主题？

这一点我还不清楚，也许这正是我频繁变换写作风格的原因。但几乎所有我的比较成功的作品里，都有里维埃拉的风景，因此往往与儿童期或青春期的世界相关联。从忠实于主题的角度来看，脱离祖辈的、我童年时的家乡会让我失去可靠的精神食粮，但从另一方面看，如果完全沉浸于此，那就无事可叙。出于很多深层次的原因，都灵是我的首选城市，我多次尝试去写它，但是一直没有写好。也许需要离开都灵，我才能写好。关于社会阶层，我不能说我是钟情于某一个阶层的作家。直到我写了关于游击队的文章，我确信我是对的：我明白了很多关于游击队员的事情，通过他们我接触到不同的社会阶层甚至是社会的边缘阶层。我对工人很感兴趣，但我还不了解他们。对一件事感兴趣是一码事，让它变成白纸黑字是另外一码事。[②] 不是我没信心，我迟早会学会的。我的阶层，应该是中产阶层，我没有太多社会根基，我出生于一个特立独行的家庭，一个脱离了传统习俗和当下习俗的科学

---

[①] 刊登在《文学比较》第VI期，总第66期，1955年6月，第17—31页；之后收录在《文学机器——文学与社会的讲稿》（都灵：埃伊纳乌迪出版社，1980年）和《散文集》（米兰：蒙达多利出版社，1995年）中。
[②] 在手稿中，接下来还有这样两句话："比方说，女性也是我感兴趣的话题。但我很少谈及这个话题！"

家的家庭；我不得不说，我对中产阶层不感兴趣，也无兴趣去争辩。我之所以大发议论是因为我要回答问题；并不是因为它们是让我夜不能寐的麻烦。我有兴趣讲述的故事总是那些探寻人类整体、一体化的故事，通过实践和精神上的双重考验，超越强加在当代人身上的异化与分裂。我想，我的作品中值得探讨的是诗学与精神上的统一性的问题。

您喜欢哪位意大利当代叙事文学作家？年轻一代的叙事文学作家中，您又对哪位最感兴趣？

我认为，帕韦塞是我们这个时代最重要、最复杂、最富有思想的意大利作家。不论提出什么样的问题，不论提到文学家或叙事作家，都不能不提到他。与维托里尼开始的交谈对我的成长也有非常重要的影响。我说"开始"是因为如今我们认为谈话只进行了一半，我们计划继续下去。之后，通过了对语言的新的尝试的主要兴趣阶段，我开始接近莫拉维亚，某种程度上我可以说他是意大利唯一一位"体制式的"作家；也就是说，他定期出炉一些作品，这些作品逐步与我们这个时代的道德定义相关，与习俗、社会变迁、思想的总体方向相连。喜欢司汤达让我对托比诺也颇有好感，尽管我无法接受他炫耀他作为托斯卡纳人的地方自豪感的习惯。我对卡洛·莱维有种特殊的喜爱与友情，首先是因为他的具有争议的反浪漫，其次因为他的非虚构叙事文学，我认为，对于探讨各种问题的社会文学来说，他的非虚构叙事是最为严谨的，尽管我不同意他的主张，即现今这种文学形式将取代小说，我认为小说还另有他用。

现在我们来看年轻作家。在那些出生于 1915 年左右的极少数作家中，卡索拉和巴萨尼注重研究意大利中产阶级的意识分歧，这为他们的作品赋予了独特的意义；但我要批评的是，卡索拉对人与人之间关系的反映浮于表面，而巴萨尼则是"黄昏派"的矫揉造作。更年轻的一代开始研究冷硬派小说，作品生动且平民化，其中雷亚首屈一指。如今还有帕索里尼，作为小说家和诗人的一代中的佼佼者，他写了一部小说①，我对其"创作观"有诸多保留，但再三品味后，越发觉得回味无穷，实属佳作。

您喜欢哪位当代外国作家？

大约一年前，我写了一篇文章，说明海明威对我的写作生涯初期的意义。② 即使海明威不再能满足我，但我仍无法说，有任何一位其他当代作家可以取代他的位置。③ 这五六年我在细细品味托马斯·曼，我总是为其中的丰富性而陶醉。但我总觉得，如今需要用另外一种方式写作。在与以前的作家之间的关系上，我则更为自由，我毫无保留地充满热情；在十八世纪和十九世纪的作家中，有我的一大批老师与朋友，我从未停止对他们的拜读。

---

① 此处指《流落街头的少年》。
② 《海明威与我们》，《当代》杂志第 I 期，总第 33 期，1954 年 11 月 13 日，第 3 页；之后收录在《散文集》，米兰：蒙达多利出版社，1995 年，第 1312—1320 页。
③ 在手稿中，接下去这样写道："可能也是因为如果当代有一位能令我完全满意的作家，我自己就不会有动力当作家了。"

在国外，您的书受到了怎样的欢迎？

此时言之尚早。《分成两半的子爵》现在法国出版，也即将在德国出版。《通向蜘蛛巢的小径》将于春天在英国出版，半年后紧随其后的是《最后来的是乌鸦》。

您现在正在准备什么作品？

没有完成的事暂不能透露。

您认为，作家应该参与政治生活吗？如何参与？您属于哪种政治倾向？

我认为人人都应该参与其中。作家亦然。我认为，道德与文明意识应当影响人类，迟早也会影响作家。这是一条漫长的道路，别无他法。并且我认为，作家应当保持一个开放的、不能将政治拒之门外的论述空间。我加入共产党大约十二年了，始终忠于这些原则，我的共产主义意识和作家意识并没有痛苦的对立，并没有像我的很多朋友那样被这种痛苦吞噬，这让他们认为必须在非此即彼的政治倾向中做出一个选择。导致放弃自己的一部分的一切都是消极的。我根据自己的能力以不同的方式参与政治和文学，但我对二者都感兴趣，它们都是以人为中心的同一话题。

# 现实主义与非真实风格
（1956年）

> 对皮耶·弗朗切斯科·利斯特里访谈的答复，《最近十年的作品与作家。IX：年轻人不再尊崇海明威》，《新邮报》，1956年6月6日，第3页。虽然利斯特里写过，他在都灵的普拉蒂咖啡馆采访过卡尔维诺，但是访谈录的文本大部分内容以及与报纸上刊登内容不同的部分都节选自卡尔维诺的文件中保留的手稿。

依您看，哪些作家或作品为战后意大利的叙事文学指引了方向？在我们的文学背景下，这些作家与作品具有什么意义？

数日前，我同一位朋友讨论潘帕洛尼的一篇文章中的一段话："我们的文学正在寻求首先不要与那绝望的又具创造性的时刻失去联系，这一时刻开启了战后时代，尤其是在蒙塔莱的诗歌、维托里尼和帕韦塞的散文中享有盛名。"朋友对我说，那三人代表的文学高潮时期现在已经结束，提出将萨巴、莫拉维亚、卡洛·莱维三人作为战后文学的风向标。我本能地拒绝这种分类，我明白我这么做，比起为了保护至关重要的真实性来说，更多的是为了维护我自己，为了不让自己感到火烧眉毛。因为我最初的文学突破——我的文学萌芽——就是在蒙塔莱启明星般的照耀下、维托里尼《西西里的谈话》给我最初的至关重要的写作激励下、帕韦塞实质性与决定性的教诲下开始的；此外，我越来越倾向于一种"经典的"、"反浪漫主义的"、构建"封闭式"故事的、轮廓十分明晰的、不带表情的镇定视角的需求，这让我接近莫拉维亚；我对对话的需求也越来越强烈，这种对话在叙事和描述中给"诉说"、自觉反思、起强调和协调作用的情感介入提供了空间，就像我所见的卡洛·莱维建立的与现实之间的关系总是带有面目一新的欢乐与奇迹一样。我受益于此，我该怎么办呢？我不喜欢"调解"，我也不喜欢放弃我所见到的和我凭直觉所了解的一切。我想将不安分的——但既没抒情也没绝望的——后三人的巨大变迁感带入文学中（或者看着别人将其带入文学中，我总是谈我希望存在的那些事物，未必是我渴望做的那些事情），这种文学富有意识，掌控事物，理智竞争，是一种平静甚至冷淡的创作，具有一定功能。

在当前的文学创作中是否存在文化和诗学上的发酵，可以引起同质的文学时期？

比起同质性，更应该追求讨论、辩论。目前有一种原生缺陷在发展：文学的缺陷在品位的花园里成长，而情感的缺陷则是在思想的菜园里长大。

您是否认为，现在小说可以被认为是最适合全面描绘现实的文学体裁？哪些最迫切需要得到解决的技术与风格问题是与您的个人经验相关的？

我认为，小说对应于一种阐释人类生活关系的方式，它从文学之初便开始生效，甚至更早，并将一直继续有效。小说，感知和描绘现实的小说是有历史的，而这之中资产阶级小说的历史只不过是一个插曲。小说在其所有的历史含义中都是一部形态变化的世俗史：形态变化可以是一种教育、个体或集体的社会转型期、个体或集体的战争、爱情冲突、意识的选择、任何被客观地或象征性地或内在地表现的事物，只要是表达现实世界中的活动、现实的持续性和持续多样性就可以。因此我不相信小说会灭亡。但是您问了我一些关于技术和风格的问题。那么，这就是今天小说的危机：我们现在处在一个我称之为"多风格"的时期，在这一时期，任何风格都被作为常规而接受，总是被写为"某某风格"，托马斯·曼则可以在中世纪的模仿作品、现实的性爱故事、无赖骗子故事中交替变换。我也体验过并接受这种"多风格主义"，但是它完全无法使我满意；我认为，如果存在颓废主义迹象，那就是它了。而从另一方面，我既无法赞成那些（例如维托里尼）认为现在有一种与"旧的"写作方式相对立的"现代的"写作方式，也无法赞成那些坚信十九世纪的资产阶级小说传统作为一种"自然的"事实，在这一事实中只能插入想要做的事情。那么我们该何去何从？我没有什么更好的想法。我一旦有想法，就会写下来。目前，我尽量将我时不时涌现出来的想法写得更好。①

---

① 报纸上刊登的文本最后一句是这样的："我一旦有了想法，我就会尽量将它们付诸实践。"

在什么范围内或在什么意义上您可以接受或者拒绝"现实主义作家"的称号?

好的,您先前谈到了"全面描绘现实"。我必须说实话,"全面描绘"这种观点让我有点害怕。描绘现实的复杂性,这一点是的,这才是我认为对现实主义的正确定义;在不同时代,现实以特定的方式呈现出意想不到的复杂性。我对工作的期望既把我带向客观的现实主义(它主要强调现实的复杂性),也将我带向奇幻的虚构(它主要强调现实过程中的特定运动)。现实和非真实风格是两个总是协调进行的方向,几乎是同一理性态度的两面。童话风格诞生于笛卡尔时代的法国,带有启蒙主义文学的特征。俄国伟大的现实主义者都是——陀思妥耶夫斯基除外,这并非巧合——伟大的童话作家。只是神秘主义者感受不到童话的线性和纯净的乐趣。因此,并不是神秘主义者不能讲述那些对于非神秘主义者来说至关重要的真实的事物:每个人都有自己的讲述方式,而其他人需要去理解每个人的获知方式。

在颓废派的经验之后,您认为"角色"的复苏有可能吗?

我最近写了一些涉及这个问题的篇章,不过是从侧面写的。[①]有人说,"角色"概念无用,那个不言而喻的角色可以是作者本身。事实上,我把"人的概念"放在心上,不论是角色、作者,还是相

---

① 指的是《狮子的骨髓》,《文学比较》第 VI 期,总第 66 期,1955 年 6 月,第 17—31 页;随后收录在《文学机器》中,以及《散文集》第 9—27 页。

关的读者。

您认为，当代小说是否应该暗示着一种意识形态？

  是的。而且我要进一步说明的是：它必须创造意识形态。这并不是说，意识形态就在那儿，我现在写一篇小说来暗含它。那作家的工作就是多余的了。作家必须用写作来帮助创造意识形态，来丰富意识形态。

# 幻想虚构，语言的多样性
## （1957年）

《与卡尔维诺的会面》，朱塞佩·马扎利亚采访，《一周要点》第 II 期，总第 46 期，1957 年 11 月 16 日，第 13 页。关于福楼拜和托尔斯泰的第二个问答，在文字上几乎与演讲稿《小说中的自然与历史》的一个章节（§5）一致，1958 年 3 月 24 日在圣雷莫第一次朗读此演讲稿，后来收录在《文学机器》中。

1957 年 11 月 5 日卡尔维诺在给马扎利亚写信回复访谈的时候，他另外还写道："我删除了您提的第三个问题，也就是关于为什么'童话是真的'的问题。这个问题我在第一个问题中已经做出了回答，并且除了我在童话的序言中写的那些内容，我也不知道我还能补充些什么。"

存在这样一种思维方式，按照这种思维方式，现代的现实在艺术领域引起了反响，同时在旨在探索研究的神秘主义范围内，在感性世界里（比如在记忆深处、更高的未知世界的抽象符号深处），使得充满神奇理想、晦涩模糊且具象征意义的诗歌变得充实。您对这一观点做何评价？您是认为趋于童话的、超越了理智与理性界限的思想状态已经枯竭，还是认为，虽然形式不同，甚至是在现实主义文学的背景下，思想状态仍然活跃，并且将作为我们这个时代最具代表的特性持续下去？

幻想的、童话的、寓言的、抒情的文学与神秘主义或者未知世界的符号研究没有必然联系。要我说，往往恰恰相反。即使当您认为存在那种思维方式，如果真的是诗歌，它的符号也从不会模糊晦涩，而是非常具体的、理性的、与生活相连的形象，是细节完全物化的现实主义文学的形象，是从经验中得出的环境符号的形象。[1]

同样可以说，最忠实于现实的客观效能的文学的真正意义是毫无价值的。最伟大的现实主义作家是在积累了巨细靡遗，并构建了完善的真理框架之后，在关键部位进行敲击，向我们展示这之下是空的，发生的一切都是毫无意义的。那部伟大小说《情感教育》的可怕之处就在这里：数百页流淌的全是法国公众生活和私人生活，直到最后你感到指间握着灰烬般的解脱。甚至是托尔斯泰，有史以来最伟大的现实主义作家，在《战争与和平》这部有史以来最充分的现实主义力作中，如果不是从王宫大厅的喋喋不休到军营里的只言片语的转变，就像这些话来自太空，来自另一星球，就像一只蜜蜂在空蜂巢里的蜂鸣，那么那磅礴的气势真正想赋予我们的是什么？我要说的是，总是将他对现实的忠诚带入极端后果的人，甚至

---

[1] 次年，在回答关于长篇小说的九个问题中的第五个问题（您如何看待叙事文学中社会主义的现实主义？）时，卡尔维诺表达了更为激进的理念："革命文学向来是幻想的、讽刺的、乌托邦式的。'现实主义'通常本身携带着一种历史中的不信任背景，对过去的偏爱，这种偏爱或许是反动的，甚至在词语的最积极的意义上讲是保守的。或许永远无法实现革命的现实主义？到目前为止我们没有有足够说服力的例子。"（《关于长篇小说的问题》，《新话题》第38—39期，1959年5—8月，第6—12页；随后收录在《散文集》，第1521—1529页；之后又收录在《文字世界和非文字世界》，马里奥·巴伦吉主编，米兰：奥斯卡·蒙达多利出版社，2002年，第26—35页。）

会达到一种形而上学的张力。

有的人写作是因为相信并重视世间万物，有的人坚持阐释生活，有的人有自己的一场仗要打——这恰恰是一场为了现实主义而战的斗争，也就是说，不抽象，不盲目乐观，就像斯威夫特或者伏尔泰，或者为了告诫我们某物有摧毁我们理智的威胁，就像果戈理、卡夫卡或者毕加索——他们总是诉诸奇幻的虚构手段，对现实数据进行简化以及荒谬和暴力的组织。事实上，民间诗歌一直都是幻想式的：对世界的伟大阐释总是看起来像童话或乌托邦。

我们可以说，接受世界本身状态的作家将是自然主义作家，不接受世界本身状态但希望对世界进行阐释并将其改变的作家将是童话作家。

托尔斯泰是悲天悯人的；伏尔泰、布莱希特、毕加索是冷酷无情的。

您这种区分，尽管有效，但似乎太死板，我们脑海中会涌现出很多我们不知如何对其进行界定的名字。例如，司汤达，再比如康拉德抑或海明威。

我曾期待这种异议。所有基于悖论的推理都可以在眨眼间产生，但不是因为这个原因需要阻止做出悖论推理；要理解事物需要不断碰壁。碰巧的是，您刚提到的三人都是我最喜欢的作家。在大千世界之中的这种个人无与伦比的感受——司汤达、康拉德、海明威所拥有的感受，在历史、工作、爱情、社会变迁、人类义务、死亡之中的个人感受，他们的清晰性勾画出了由意志决定的命运、有魄力的失败、雄心与过错，这些一起专注于生活经验的苦涩，并准备对生活经验施以暴力来讲述一个有意义的故事（正如每个人活着都必须对生活施以暴力，以便过上一种有意义的生活），这也许是最好的写作方式，它拥有两种方式的优点，悲天悯人中的冷酷无情和冷酷无情中的悲天悯人。

但是理解文学的两种方式存在对立，我们认为，这种对立在您的作品中也存在。您是近年来最受热议的两本小说的作者；我们指的是《分成两半的子爵》和《树上的男爵》。关于第一本，在谈论完现实主义承载即寓言式小说飞跃的基础之后，埃米利奥·切基如此写道："脱离更紧迫更苛刻的社会和政治要求，进入自由幻想的主题，在《分成两半的子爵》中，写作技巧更富有成效地与自身传统相结合。"关于第二本，这位佛罗伦萨的评论家现在更明确地指出在您的写作技巧中有两种不同的灵魂和两种不同的文艺思想共存的问题，我们把其中之一归为《树上的男爵》和《分成两半的子爵》中的幻想与一点唯美主义的虚构；另外一个，则是诸如《通向蜘蛛巢的小径》、《最后来的是乌鸦》和《进入战争》的长篇和短篇小说，它们理所当然跻身我们新现实主义文学最有意义的作品榜，即所谓的"倾向文学"。您对关于您的作品的这些评论以及其他评论有何见解？

我认为在我的作品中不只能找到两种灵魂和文艺思想，而是能找到很多。《分成两半的子爵》和《树上的男爵》是两部幻想类小说，但是属于不同级别的幻想。两者中的任何一部（尤其是在《树上的男爵》中）的不同章节之间可以发现这种级别内的差别（重大区别）。在《通向蜘蛛巢的小径》和《最后来的是乌鸦》中的某些篇章中对现实的聚焦与《最后来的是乌鸦》中的其他篇章是不同的，与《进入战争》更为不同。① 这同样适用于我零散发表的其他短篇小说。我最近的一部短篇小说，《房产投机》，拓展了我经过深思熟虑的非小说的叙事倾向，这似乎与我那些为人熟知的作品中的那种客观的快速的叙事大相径庭。我们生活在一个以语言多样性为基础，尤其是以这种多样性意识为基础的文学文化中。有且只有一种表达自己的方式，并且总是对这种方式感到自信和满足的人是幸福的。但毕加索也是幸福的，他在一种独一无二的自由兴奋中同时运用最多样的语言，并且他始终是毕加索。② 在我的作品中，如果想要用一种方式来对比另一种方式，就会发现，有时我的想象力以机械的、几何的、封闭的方式运转，以此作为幻想的或现实的小说内容，而有时我的想象力又以开放的方式运转，自由地接近它的（真实或虚构的）数据并且在故事情节中将数据展现出来，它们获得自发的和谐，以此作为自然表现形式的内容。需要做的是，能够

---

① 卡尔维诺文件中保留的手稿里的具体回答只是部分与媒体刊登的文本相吻合，他是这样开头的："我一般不会介入通常对我的作品所做出的两个方向（即现实的和幻想的）的讨论。如果可以的话，我想补充一点，实际上不止两个方向，因为我运用多种不同的童话或幻想的方法以及多种现实主义或新现实主义的方法。我还将会用其他的方法，这会让评论家发疯的。"
② 手稿中的详细回答如下："……我的最重要的参照就是毕加索，面对我们这个时代的多元化现实，他从来没有停止尝试用新的手段来剖析现实，他以各种方式对它进行模仿、赞扬、讥讽，变得越来越自我。也许我的作品的统一性远远超出人们的理解，甚至，可能永远无法理解，因为我所有的作品是一套无序的篇章的集合，如果说它们有价值的话，它们只是作为独立的个体而有价值。"

成功地以第二种方式更加努力地运转，它也是最"现实的"，而前者是更为"理性的"。

我们的周刊对意大利最主要的出版商展开了一次调查，旨在查明书籍危机的原因。我们希望作家们也能够对这一话题做出评价。特别是要问您，您是否认为以及在何种程度上认为小说的危机与大范围的书籍危机相关？

书籍危机？我还没有发现。我的书肯定没有。我的出版商的书也没有。

# 抵抗运动带我入世（1957年）

这是对恩佐·马伊扎关于"年轻的叙事文学"讨论的系列问题的书面回复，《讨论》第 V 期，总第 210 期，1957 年 12 月 29 日，第 8—9 页。

您认为在战后产生并流行的年轻叙事文学将走向何方？

所有的，或者说几乎所有的战后产生的叙事文学的一个共同点就是从证据出发。战后每个新兴作家的首要活动就是见证：他在战争中的经历、他家乡的社会状况，或者他所在的资产阶级的习俗。这种见证文学（通常是痛苦的控诉式的见证）没有枯竭的迹象，目前可以认为它是文学的永久性功能。通常这些作者都是唯一一本书的作者，这本书就像人类的普遍真理，有很大价值。以此为出发点的作家笔下的人物形象非常明确；作家有要展开的自主调查便进行展开，但对激发作家写作的那一痛苦现实进行见证的首要需求将继续有效。

外国文学对青年作家有何影响？将美国叙事文学与我们的以"现实主义"为名的叙事文学相结合是否正确？

对于我们这些在战争中或者战后初期接受教育的人来说，美国文学就如同一个学派。如今，现实主义之风盛行，就像多样的文学经验盛行一样。此外，在意大利，作家总是在文化上倾向于从世界层面考量叙事文学：曼佐尼看向沃尔特·司各特，维尔加看向左拉。

您是否认为，抵抗运动时期代表了对年轻的叙事文学的一个有利点？为什么？

就我而言，抵抗运动将我带入世界，在写作上也是如此。我所写所想的一切都是以这一时期的经验出发的。只有革命、伟大的改革运动让意识运转，赋予诉说的权利。当在运动的发展过程中遇到停滞、复辟，莱奥帕尔迪时期或司汤达时期所经历的，也许就像我们正在经历的时期一样。

我们很大一部分的新兴叙事文学仍然与已经过时的地方主义规则和程式相关，这一论断符合事实吗？

在关系的复杂性方面仍有些缺陷。很多人创作关于南部地区的叙事文学，但是如果看不到与北部地区、工业化世界的关系，就无法谈南部地区。如果不考虑它与其他所有环境的关系和矛盾，也无法谈论任何其他环境。

您觉得，在今天的青年作家中，哪些作家最潜心致力于在他们的书中获取人类和社会的新现实并致力于叙述语言的严谨构造？

此时言之尚早。现在可以描绘出从二十岁、二十五岁开始创作的（1910 年左右出生的）那些作家的精确情况。还有 1915 年左右出生的那些作家，他们是从战前开始写作的。而对于那些从事写作只有十二年左右的人，我们可以以后慢慢说。

# 文学与意大利现实（1958年）

伊尼塞罗·克雷马斯基，《六问伊塔洛·卡尔维诺》，《书籍报》第 IV 期，总第 4 期，1958 年 5 月，第 1—2 页。克雷马斯基给卡尔维诺提了九个问题，1958 年 4 月 16 日卡尔维诺给他写信说"放弃了最后三个问题，因为前面的问题着墨过多"。

首先，问您一个老套的问题：您有正在准备中的可能即将出版的书吗？

大约在年底将会出版一部相当厚实的短篇小说集，其中，除了收有 1949 年出版的已经绝版许久的我的第一部小说集（《最后来的是乌鸦》）中的众多篇章，还将有众多新的篇章。这本书应该是收录了我从 1945 年到现在的短篇小说中的最好作品。①

----

① 次年，在回答达里奥·普契尼和马里奥·索科拉特的提问时，卡尔维诺说："我不知道我将要写的下一本书是什么。（即使我知道，在我没有写完之前，我也是不会说的。）去年（1958）夏天我写完了《烟云》，我把它作为《短篇小说集》的收尾篇，这个文集中还有几篇 1958 年的作品，在这之后我就再也没有写过任何小说了。关于短篇小说和长篇小说，不论是幻想类的还是现实的，我有二十几个构思，但我不知道该先选哪一个。无论你选择写什么，必须要有很多想法，并且一直保持；然后到了某一刻，达到了那种必写不可的状态，然后选择那个似乎最符合你心态的构思，并且对它进行展开。如果你在另一个时刻展开这个构思，写出来的将会是（转下页）

维托里尼在回答"可以被称为'现代'的意大利文学已经诞生还是即将诞生?"这个问题时,说:"新现实主义已经做了尝试,但是失败了。卡尔维诺和雷亚已经超越了新现实主义的范畴。经过探索,他们找到了自己的路。其他人仍维持原来的模式。正确的道路不单单是提出一个现代性的观念,说明一个既成事实的意识形态的数据,更是批判现实主义的道路。"那么您呢,卡尔维诺,您认为新现实主义已经造就了它的时代吗?

今天,意大利文学的发展呈现出与1945年到1950年间"新现实主义"氛围里完全不同的方式。出现了一种,没有精心设计文艺思想或纲领的,以疑问的眼光、批判和质问的方式看待意大利现实,并且对现实进行完全物化的文学。巴萨尼和卡索拉的小说、帕索里尼的诗歌、托比诺的若干作品、我的一些作品,有一种共性,同属于以自身有限经验的数据为出发点对自己时代进行诠释的作品。另一方面,新现实主义产生了一种灵感——但不是

---

(接上页)完全不同的东西。如果在那一刻你没有选择写那个故事而是另外一个完全不同的故事,写出来的将会是一个完全不同的故事,但在内部情感上,在真正的'内容'上,与你本来该选择写的那个故事是等值的。我说的是一般的思想状态,一种感受世界和历史的方式,而不是个人的、私密的以及心理的思想状态;也就是说,诗人和革命家是相互依存的,是一回事。我向来不会说'开始的构思、故事的材料、主题不重要'这样的话,其实它与植物的根一样重要,它可以埋于记忆中多年而不衰败,并且可以逐渐承载更加崭新的意义和发展,直到写作那一刻的到来。但赋予故事血肉的是开始写作那一刻的情感。如果我现在写些什么的话,将会有一种面对未来、面对隐藏在今天的外壳之下的难以捉摸的明天的紧张,明天向来与我们预期的不同,总是在某些方面比我们期待的要糟,又总是在某些方面出人意料地美好。"(《我们的作家正在准备什么?》,《意大利之明天》第II期,总第11期,1959年3月15日,第17页。)

从其纲领而是从其结果产生的——并且是受到了当时意大利并不了解的（或者至少是若干世纪以来都不曾了解的）生活的流浪冒险意义的启发：这种流浪冒险意义是雷亚和帕索里尼的叙事文学、我和其他很多作家例如帕里塞的若干短篇小说所共有的。但是这些年间的所有作品被看作既无规则又无标签，例如布里涅蒂《水里的死亡》系列海洋短篇小说很少被提及，也许是因为不在众多流派和分类之内，而是属于我们最近的叙事文学中的最新事物和对新发展最为开放的事物。

在小说《房产投机》中，昆托·安福西的故事，对于那种已经明确定义的年轻资产阶级知识分子来说，代表了一个过渡时期（迟早会到达某个稳定状态），还是永久的迷失，无可救药的背井离乡？

通常我喜欢讲述能如愿做他想做的事的人的故事（并且通常我的主人公追求自相矛盾的事物，跟自己打赌，内心抱有英雄主义），而不是破产或迷失的故事。如果说在《房产投机》中，[1] 我讲述的是关于失败的故事（一个知识分子违背他所有最自发的倾向，被迫去做投机商人），那么我讲述这个故事（将它与一个非常明确的时代，即意大利的最近几年紧密联系在一起）是为了描绘一个道德低潮时代的意识。除了对这个时代精神的愤怒模仿，主人公找不到其他方式来发泄他对时代的反抗，他的努力只能是不幸的，因为在这场游戏中，总是邪恶赢得胜利，而失败恰恰是他内心深处所渴望的。

---

[1] 首次发表在国际期刊《暗店》第 XX 期，1957 年，第 438—517 页。

依您看，如今意大利在艺术创作和批评之间是否存在分歧？

最新兴的批评过于想控制意识形态。最新兴的文学则趋于思考太少。

最近的星际旅行实验的科学和哲学重要性将会以何种方式影响作家的作品？

我在读雷·布莱伯利和威廉·泰恩的作品，我很喜欢。[①] 但是目前仅仅是一场游戏。人的意识还没有发生变化。但是我希望意识的变化无需太长时间。

帕斯捷尔纳克将"自由个性的理想"归为"当今人类的根本原因"之一，您认为，鉴于信息和宣传技术的巨大发展，对于这一理想来说是否存在危险？

当人类不再相信有能力改变历史的时候，自由个性的理性就会岌岌可危。帕斯捷尔纳克也不相信，这才是真正的危险。在当今社会，"大众文化"的现代技术存在负面影响，但我相信它们本身也有积极面。

---

[①] 雷·道格拉斯·布莱伯利（1920—2012），美国最著名最多产的科幻小说作家之一，1958年时，他就已经发表过一些最为知名的作品，例如《火星纪事》（1950年）和《华氏451度》（1953年）；威廉·泰恩（原名菲利浦·克拉斯，1920—2010）是一位英国出生的美国讽刺式科幻小说作家。我们可以推断，卡尔维诺读过布莱伯利的三部小说（《无尽的雨》《大草原》《零时》）和泰恩的几部小说（《双重犯罪》《莫尔尼尔·马萨维的发现》），次年这些小说全部收录在《奇迹的可能——科幻小说选集》中，塞尔吉奥·索米和卡罗·弗鲁泰罗主编，都灵：埃伊纳乌迪出版社，1959年。

# 帕韦塞,卡洛·莱维,罗伯-格里耶,布托尔,维托里尼……(1959年)

《帕韦塞是我的理想读者》,罗伯特·德·蒙蒂切利采访,《意大利日报》,1959年8月18日,第6页;之后以卡尔维诺修改过的这个题目收录在《散文集》第2717—2723页。

您二十三岁时完成了您的成名小说《通向蜘蛛巢的小径》。您的第一本书是如何诞生的?是由哪些生活经验和文化经验得来的?

战后意大利文学"大爆炸",它在成为一种艺术行为之前,是一种生理的、存在的、集体的行为。我们经历了战争,我们年轻人——刚刚来得及赶上成为游击队员——未曾感到被制服、被打败、"被毁掉",而是胜利者,是某些东西的专有保管者。但是乐观主义或精神愉快是不容易的;远非如此:那是一种我们感到是保管者的生活的悲剧感,一种普遍存在的问题带给我们的苦恼,甚至是一种我们的绝望感,但是我们把重点放在目中无人的快乐上。很多东西由此诞生，我前期的短篇小说和我的第一部长篇小说的笔调也源于此。

您是如何从前期短篇小说和第一部长篇小说的新现实主义风格过渡到那两部幻想小说《分成两半的子爵》和《树上的男爵》的？

历史现实传递给我们的张力变得疲软，很快消失殆尽。很长时间以来我们都在死水中泛舟。在前期的小说中，我们可以尝试着保存对历史现实的忠诚，瘫软在其中，或者保存对那种笔调、那种职责、那种能量的忠诚。而在幻想小说中，我力图使其保持鲜活的东西恰恰是笔调、能量、精神——也就是我所认为的最重要的东西。

最早为您写评论的人之一是切萨雷·帕韦塞。而您曾与帕韦塞一起在埃伊纳乌迪出版社工作，您也负责他去世之后他的书的出版。在他去世九年之际，依您看，已故作家的诗学和道德训诫是否一直有效？

我从1946年到1950年帕韦塞去世那年一直与他打交道。他是读过我所有作品的第一人。当时我每写完一篇短篇小说，就跑去送给他看。当他去世，我觉得没有了那位理想读者的标杆指引，我将不再擅长写作。在他去世之前，我不知道——但他的老朋友们却一直知道——他是一位绝望的慢性病患者，为反复自杀的想法困扰。我那时认为他是一个硬汉，一个在他所有绝望和问题上装上了铁甲的人，所有一系列怪癖则是众多的防御系统，因此他处在一个比任何人都更有利的地位。事实上，在我认识他的那些年里他确实如此,也许那也是他生命中最美好的几年,是他富有创造性的工作最具成效且最为成熟的几年,是重要作品创作、编辑工作最勤奋的几年。

有一天,我记不得我是如何知道的,他一直在写日记。这让我很吃惊,因为在我看来,他的文学理想和人类理想非常具体与审慎,与因为内心世界的不安而需要写日记的状态是完全对立的。我立刻跑去跟他说:"你写日记?你疯了吗?"他回答:"如果要做文人就需要深入,接受所有后果。"接着他就像在安慰我,补充说:"但不是那种里面写着'今晚我很伤心'的日记,而是经过思考的、有思想的日记;我一有想法,我就把它写下来。"我觉得他还补充了一句:"就像莱奥帕尔迪的《杂记》。"然而它也是按照我们理解的那种我们不喜欢的方式写的日记——对悲伤的夜晚的发泄。但这种发泄是用充满生命和诗意构造的热铁铸就的。对我而言,在世的帕韦塞比去世后世人眼中的帕韦塞更为重要,更有代表性。但是这二者之间毫不矛盾:此者是彼者的严谨的悲剧性的深入。

今年您在帕韦塞的资料中发现了一部1946年未完成的小说,一部分是由他写的,一部分是由比安卡·加鲁非写的,即《大火》。您第一次阅读之后的印象是什么?

帕韦塞的诗意力量是由缄默与张力构成的。在未完成的那部小说中缺乏缄默的力量——诉说太多并且遭受太多。但是却有张力,恰恰是那个年代的张力,我们已经无法适应它,以至于如今我们感到很震惊。因此这是本好书。希望有很多这样的书。

您是否认为您现在居住的城市都灵近些年已经逐步摆脱了道德推动力,这曾经在知识和政治上使它成为意大利最有趣的城市之一?为什么?

我有很多东西都是都灵赋予的。都灵是人们工作最努力的意大利城市,在这里人们很少浪费能源,很少浪费精力。[①]但是当然,如今,人们不再期望都灵会有新事物出现。因为一个环境的创造激情是由其中涌动的各种力量冲突驱动的,而都灵,一个独一无二的巨大工业王国,如今似乎已经吸收了稳固有序的状态下所有的焦虑和创造性冲动。直到几年前这里还有强大的工人运动存在,还在赋予都灵来自战场的戏剧张力。现在似乎可以肯定,即使是在那个领域,那些决定性事件将只能在别处发生。但事实是,现在看重来自市政角落里的文化和政治事件是荒谬的。

按照充分且公正的方式来看,卡洛·莱维算是都灵人,他从都灵特有的历史道德能力、协调能力和善于接受的能力出发,把最遥远的现实合并起来并变为其特性。

按照充分且公正的方式来看,埃伊纳乌迪出版社算是都灵的代表,它牢牢扎根于以都灵为中心的理想传统,它的活力向来受到意大利和国际的多重现实的影响。从今往后,我认为,待在一个城市或者另一个城市与住在某条特定的街道或某个特定的广场具有相同的重要性。对我而言,我的住所无处不在。

---

[①] "都灵是一个要求严谨、连贯、有风格的城市。它要求逻辑,然后借由逻辑开辟通往疯狂的道路。"(《作家与城市》(1960年),之后收录在《巴黎隐士》中,以及《散文集》第2708页。)

您最近在巴利阿里群岛参加了由西班牙出版商组织的欧洲各国作家会议。参会的有法国作家米歇尔·布托尔和阿兰·罗伯-格里耶，英国作家亨利·格林，西班牙作家卡米洛·何塞·塞拉和胡安·戈伊蒂索洛。会议谈到了小说。通过这次会议，您对欧洲这种文学体裁的命运是否有了明确的想法？

在由巴塞罗那年轻智慧的出版商卡洛斯·巴拉尔发起的福明托会议上，我的第一印象就是西班牙强烈的文学激情。撰写和发表小说的年轻作家的数量非常庞大，并且是充满斗志、兴趣和希望的年轻人。他们将推动力和当今社会压力的负担施加到小说上。文学尤其是小说作为可以表达的唯一途径，评判和探讨社会的唯一方法，自然会赋予它最活跃的年轻能量。西班牙新文学的氛围让人联想到四十年代意大利的类似情况。我们这里更明显的是两个文体流派的划分——实验主义流派和传统主义流派。

但福明托会议，尤其是法国作家之间的讨论将在文学史上具有重要价值，这是各种会议和会晤少有的。新小说流派的两位领袖人物罗伯-格里耶和布托尔出席了会议，在我们这里两人的名字几乎总是一起出现的，然而那是两人第一次面对面地相处了好几天，并且各执己见，观点针锋相对。

简而言之：罗伯-格里耶是仅仅提倡绝对的严格形式的文学的倡导者，这种文学只能由文学内在标准来评判，就像很长时间以来绘画只能在绘画范围内进行评价一样，并且哲学或道德或历史或——上帝保佑，但愿此事不曾发生——政治话语不能以任何形式干涉文学。

而对于布托尔来说，叙述的技巧生来就受到哲学支柱的支持，与此相同，小说家的工作始终致力于诗学、认识论、道德和历史的总体。

二人都是极其重要的人物。我自然是支持布托尔的观点；当然，在诗学效果方面，这并不妨碍我欣赏罗伯-格里耶的严谨性力量，这种力量是作家（和画家）固有的观察世界的独有和限制性的方式。

在谈到收录在《短篇小说集》中的您的最新短篇小说《房产投机》时，埃利奥·维托里尼用了一个术语"新巴尔扎克主义"。您如何看待这一用在您最新作品上的定义？

最近意大利文学的主导态势可以被称为"新福楼拜主义"。用逼真的客观性描绘社会，并敏锐地捕捉在话语、心理和"习俗"中空洞、拙劣和错误的方面。视角是知识分子的视角，带着讽刺与冷漠看待意大利地方主义的永恒喜剧，但是也可以允许宽容、同情和怀旧的味道。

这种态势，我也曾偶尔体验过，但是我对此并不满意。它只能带来静态的、被动的和失去活力的描述。现在先进的印刷术将这种态势在新闻界广为传播。为了感知我们这个时代是如何变迁，并且对每个退化过程有个全方位的认识，我觉得需要一种我称之为"否定性积极模仿"的态势：也就是将我们带入每个现象，每个我们判定为否定的思考方式，进入它的内部逻辑同时促使它达到最终结果，总之，体验"英雄级的"否定性。到目前我只在《房产投机》

中做到了这一点，文中一名知识分子迫使自己对极其厌恶的事情、正在改变里维埃拉的面貌的新建筑产生兴奋感，投入到灾难性的房产事业中。①

维托里尼将这种态势定义为"新巴尔扎克主义"。事实上，巴尔扎克面对新兴的大商业资产阶级，虽然在思想上痛恨它，但是他让他的主人公们英勇地体验这种兴奋感，从而创造出一幅无与伦比的真实画面。所以，"新巴尔扎克主义"反对"新福楼拜主义"。（不仅巴尔扎克使用这种方法，司汤达也用。）

您与维托里尼一起统筹杂志《梅那坡》。您能跟我们谈谈这一首创吗？您如何看待，比如说，出现在第一期杂志中的卢乔·马斯特罗纳尔迪的小说《来自维杰瓦诺的鞋匠》？

我不是方言的倡导者，并且这话我说过很多次。但是《来自维杰瓦诺的鞋匠》，主要用那个城市的方言和制鞋业的行话写成，我非常喜欢，当然不能用其他方式去写。维托里尼对像这样的作品能慧眼识珠，它们就像长在我们文学花园里的自生植物：有一些将长成大树，但树林的地面也是由绿色灌木丛构成的。

---

① 与此同时，卡尔维诺在回答一个记者的提问时说："我的小说，总是或多或少地在谈论一个给自己设定了一些规则并遵守这些规则到极致的人：要么终生待在树上不下来，要么哪怕无法胜任也要进行房产投机，要么要求自己不要偷盗（只有他一个人这么做）。我希望我讲述的所有故事都能具备这种道德张力：无论这些故事是幻想的还是现实的，是客观的还是半自传的，都无关紧要。我理想中的艺术家是毕加索，他向来易于辨识，具有内容和正式手段的紧密统一。"（阿道夫·切萨，《伊塔洛·卡尔维诺将很快写一部历史小说》，《国家晚报》，1959年11月18日，第3页。）

在维托里尼的这些发现之中，他把对文学怎么样的讨论和辩论的热情也置于其中。但是，对我们来说，在文学中作者总是想要告诉我们和听我们说我们是如何能干，却不想面对讨论。《梅那坡》比丛书"筹码"更希望将讨论落到实处。但是到目前为止，第一期的讨论提案，不管是对方言（我尤其想到，维托里尼的注解给出了一个新颖明确的提法）还是对"有趣的"战争文学的不同寻常的呼吁，都还没有收集。未来几期的主题将会有新诗歌、南部文学以及几个年轻人已经开始面对的工厂的新主题。第二期里将会有我的一篇杂文，文中我什么都谈到了，这样你们终于可以明白我是怎么想的了。①

---

① 《客观性之海》，《梅那坡》第 2 期，1960 年，第 9—14 页；之后收录在《文学机器》中，以及《散文集》第 52—60 页。

# 距离与张力（1960年）

《采访……伊塔洛·卡尔维诺》，玛利亚·克雷波采访，《法国观察家》第 XI 期，总第 526 期，1960 年 6 月 2 日，第 21—22 页。

伊塔洛·卡尔维诺迟到了，他是跑着来赴约的。

请您原谅。我非常抱歉，但您会理解我的——午餐时我碰到了萨特。我刚从美国回来，在那儿的半年里我从未听说"意识形态的对话"。而就在刚刚，我刚到，萨特就给我解释欧洲左翼的新形势……

我们坐在咖啡桌前，卡尔维诺决定要严肃些。我们谈什么呢？谈谈美国还是《树上的男爵》？

《树上的男爵》是一个男孩的故事，他十二岁的时候决定爬到树上，并且此生再也不下来：在经历了打猎、垂钓、爱情并参加了他那个时代的战争和革命之后，六十五岁时去世。

所以我们就谈谈《树上的男爵》吧。您说，卡尔维诺，您难道没有点儿欺骗行为吗？因为这位男爵实际上生活在树上，但是还是生活在人类当中，他站在高处但也处在低处，总之他既无政治倾向又有政治倾向。卡尔维诺皱着眉，握着拳，声如雷鸣地回答道——

确实如此。但是这是存在的唯一方式。距离，才是价值所在。[①]既需要远离但又不能因此而放弃斗争。需要距离也需要张力。世界上相当多的张力已经消失，战后人和物都很阴郁……

您称之为"张力"，难道不是司汤达的"能量"吗？

是的，就是这个。我的男爵生活在树上：这就是我想如何看待有政治倾向的知识分子……

但是您的男爵遇到了一群西班牙人，他们恰恰被流放到树上，但他们既没有距离也没有张力。

因为他们不是自愿选择生活在树上的人，而是暂时生活在树上，他们在等待其他东西。就像有人所说的：今天我搞文学，明天我就搞政治。只有男爵自始至终胜利地待在树上……

为了自尊，也许……

噢，不是！（笑了）无关任何心理，拜托。真的，你们法国人……

---

① 这似乎很明显提到了"距离的感伤"，这是切萨雷·卡塞斯在评论《树上的男爵》时引用的尼采的表述。(《开放的城市》第 II 期，总第 7—8 期，1958 年，第 33—35 页；之后收录在《故乡的信》中，都灵：埃伊纳乌迪出版社，1987 年，第 160—166 页。)

他再次非常严肃地看着我。

您知道,写作让我……感到厌烦。我觉得写作并不容易。另外,我认为,那些容易做到的事没有任何价值。然后有时候我对自己说:"你为什么要写这些幻想小说?爬到树上的?简直胡说八道……你可以写些现实的东西。"打个比方,我可以描述您这一刻的状态,夹着香烟的方式,您衣服的纽扣,非常、非常详细地……然而,随后我又重新开始了。我一部接一部地写了三部幻想小说,其中之一就是《树上的男爵》。另外一部的题目是《不存在的骑士》,查理大帝手下的一名骑士,仅有他的盔甲在行走。要找骑士,没有,只有盔甲。大家在其中寻找大量的含义。

但这非常简单。像骑士这样的人天天都能遇到……

确实。无时无刻不在发生……这涉及存在的问题,真正的存在……如果我要将这三部小说收录到一部之中,我会把它命名为《我们的祖先》。那将是一幅人类的世系图。

您一直以这种风格进行写作吗?

1947年我发表了一部关于游击队员的新现实主义作品。评论家们立刻说这是一部"童话"。

战争期间,您也参加了游击队?

是的。那是一段非常紧张又充实的时光。怀旧?是的,也许有一点,我跟您说过我喜欢"张力"。我写那本书来抗议资产阶级分子用那令人作呕的嘴脸说的一句话："游击队员？都是罪犯。"但是我肯定没有写"社会主义英雄"。关于抵抗运动，我选取的是最底层的，一群游民、弃儿，通过他们，我展示了在整个抵抗运动中的美好事物。

那么这部小说之后，您写了……？

很多小说，短篇的，中篇的，都收录在去年的那本小说集中。然后，1951年写了《分成两半的子爵》——一个被分成两半的人——谈到的正是善与恶……您知道，《杰基尔博士和海德先生》。我承认，史蒂文森对我有很大影响。但是，《分成两半的子爵》的内容比善恶斗争更丰富。（卡尔维诺弯腰朝着我，并且近乎吐露秘密似的说）他是异化了的人。

异化了的人？这是我们这个时代的重要主题。

真的？我得向您承认，在我的幻想小说中有时候我并不确定其意义。当然我不会把这告诉评论家们——我特别喜欢讨论不同的阐释。但我不是哲学家，先有形象，然后才有意义。但是我所运用的，我所注重的，是一些基本的、非常简单的事实。道德价值观？您可以这么说。人与人之间的兄弟情、团结。很简单，就是这样。我从意大利左翼汲取养分，它一直是我所处的环境，我的生命。有些东西无须多言。需要对其有认识，就这些。

这是因为超越了偶然性，而达到了更普遍的真理？

是的，以这种方式创作诗歌，是独一无二的持续的诗歌。克罗齐就是从这个意义上理解诗歌的。

您靠写作养家糊口吗?

不,我从来都不想。我不喜欢那些不依赖于任何东西的"作家"。我在埃伊纳乌迪出版社工作十二年了。感谢这份工作让我真正置身于整个意大利文化生活的中心。我喜欢——可以这么说——"置身其中"……

我正看着他。他又很默契地笑了,并且张开双臂做了个宿命论者的手势。

是的,我知道您要说什么,我知道您在想什么。我宣扬在树上的生活,然后我……矛盾是存在的。非常糟糕,需要与之共存。

其实您很高兴……

千真万确。他们还批评我说,我写的东西里缺乏"内在戏剧性"。需要……

卡尔维诺,我知道您还有另外一个约会,而且您已经迟到了……

上帝啊,真的,我又严重迟到了……

他跑得没影儿了……

(他告诉我:他们把《树上的男爵》翻译成 *Le baron perché*。但是"perché",即栖息的,意思是不动的,而男爵是活动的……)

# 美利坚"不合众国"（1960 年）

《美利坚"不合众国"》，保罗·波泽西采访，《新路》第 XV 期，总第 23 期，1960 年 6 月 4 日，第 10 页和第 12 页。

伊塔洛·卡尔维诺从美利坚合众国来到巴黎，给我们谈谈他在美国的情况：《树上的男爵》的作者受福特基金会的邀请完成了一次穿越"上帝的国度"的漫长之旅，此次旅行没有任何义务——这是美国实业家的微妙之处。

那是令人兴奋的六个月。但是我并不后悔再次踏上欧洲的土地，总之，这里让我有家的感觉。很难概括我对美国的印象。除非说些陈词滥调，否则就需要努力将美国的现实分成众多分散的现实。我们可以说美利坚合众国是一个仍在发展之中的国家，带有工业化急剧发展的典型特点；比如说，在我的整个旅途之中，从东到西，从北到南，我没有见到一个独自劳作的农民，一个像我们这里的农民。土地的耕种完全机械化，没有传统的农场。

所有地方都这样？

粗略地说，是的。但是，我觉得似乎可以这样定义美国：美利坚合众国实际上是"不合众国"。

这种分裂从何而来？

从各州所谓的爱国主义，就像得克萨斯州和加利福尼亚州；从经济差异和社会差异，甚至是看起来可能很奇怪，从对南北战争的记忆来看。南部的人仍然认为北部是一个敌对的国家；只要听听火车上、南部咖啡馆里反对"洋基人"的言论就不难发现这一点。所以南部的种族主义者，特别是像我在蒙哥马利和亚拉巴马遇到的，也是外交政策的反对者，这并非出于偶然；并且南部的种族主义者操纵选举。①

---

① 在约翰·菲茨杰拉德·肯尼迪被暗杀之后，贝雷妮切（原名约莱娜·巴尔迪尼）要求卡尔维诺和其他意大利作家写一篇关于得克萨斯州的文章。1963 年 12 月 9 日，卡尔维诺在《国家晚报》上对此进行回复，他写道："多年前，我在得克萨斯州做短暂停留，准确地说，是 1960 年 2 月在休斯敦，我就得到机会写下对它的印象。（此处卡尔维诺指的是《得克萨斯神话》，发表在《ABC 周刊》上的《来自美国的明信片》中的一篇，见 1960 年 7 月 10 日第 I 期，总第 5 期，第 15 页；后收录在《散文集》第 2531—2533 页。）基于当时我所写内容，我现在给您复述一下。尽管寥寥数天，但我成功掌握了这个以冒险精神及其财富闻名的国家的重要形象。事实上，我到达休斯敦的时候，正好赶上这里的 fat stock show，即一年一度的盛大的家畜展览，借此机会那里会举办全美国最重要的牛仔竞技，所以在得克萨斯的大都会聚集了无数牛仔。最具特色的是，那几天即使与牛仔毫无关系的人也会打扮成牛仔：年老的商人、女士们、雇员、女孩们、孩子们，所有人都穿上得克萨斯的传统服饰，戴上大帽子，穿上带穗饰的夹克。因此，得克萨斯州给我的印象就如同一个穿着制服的国度，在牲畜展览上，优渥的资产阶级家庭穿上完美的牛仔制服一致前行；当地组织的年长女士身穿白色锦缎西式服装，用纸杯给外国客人提供咖啡。巨大的牛仔竞技体育场里到处飘扬着得克萨斯州的旗帜，在数量上远胜美国国旗；得州的州（转下页）

您与黑人领袖有过接触吗？

当然。在我看来，黑人运动是当今美国社会的积极方面之一。要感受南部黑人的人权状况是如何不公，需要用自己的眼睛去看：但是直到几年前少数黑人成员被提拔到领导职位，他们从根本上站在了反对立场上。如果可以说，那是一种辩解策略：让白人接受自己，但同时又成为白人的反对者。现在情况有所改变，非洲人的独立运动虽然只是基于对基本权利的承认，不可避免是一场渐进的运动，但教会了黑人尊严的意识和"非暴力"运动。我觉得必须寄希望于白人将来能够让这些其他人口中的有色美国人担任要职。通常担任要职的白人似乎没有能力处理和理解社会矛盾。但是也有一些

---

（接上页）歌取代美国国歌成为官方歌曲；牛仔竞技开始之前是当地人的演讲，充满了得州神话色彩。在此我引用我那时发表过的一篇文章：'这种当地的神话，这种实际的且反智力的风俗的表现，本身就承载了一种狂热主义和令人震惊的好战性，唤醒了我一些不愉快的记忆。'自治作为一个强有力的因素与得克萨斯州的这种精神相结合，他们不断抨击华盛顿联邦政府和纽约的知识分子，此外还指责他们在外交政策方面过于'软弱'。我们不要忘了，根据特殊的宪法条例，得克萨斯州是美国唯一一个有权随时退出联邦的州。对抗北方的争论达到了荒谬的地步：休斯敦公路上行驶的很多汽车后面都贴着一个横幅，写着'由得州人在得州制造'。提及美国，人们通常不会记得它实际上是五十个州，对绝大多数州而言，政治只是地方政治，与各方利益和保守主义有关。就国际一般政治问题而言，不只是在得克萨斯州，美国的大部分地方新闻都非常粗糙，信息量匮乏，以至于读者可以非常平静地忍受那些最不合逻辑的新闻，比如最近关于奥斯瓦尔德（据称是暗杀约翰·肯尼迪的凶手）的新闻。肯尼迪以极端的勇气有意识地挑战的陷阱是非常巨大的，我们无法预测联邦警察是否能以及会在何种程度上消除这一陷阱。报纸最大限度地弱化了反对肯尼迪的反动狂潮，坚持达拉斯警方的观点，它们首先侵犯的是肯尼迪的形象：它们否认他因战斗而身亡；它们让他几乎成为这一案件的牺牲品，被一个孤立于无可名状且矛盾的政治地貌的疯子杀死。肯尼迪尽管受到极右翼组织的死亡威胁，他却坦然面对那个敌对的城市。在一个不敢承认其最权威的代表是一位死于正义事业的英雄的国家，这一事件真的是出于偶然吗？"

明显的例外。

哪些例外?

比如,一部分工会。中层的美国人拥有较高的生活水准,这个立刻可以看出来;但是也存在一些尚未融入的民族,数以百万的少数民族,他们的生活相当糟糕,挤在一些贫穷的区域、贫民窟里;有时这些地区原本是豪华住宅区,一些投机商将其变成贫民窟,租给黑人,或是波多黎各人和墨西哥人。

那其他的"例外"呢?

大学,尤其是东部的大学里的年轻人。大学生组织队伍抵制那些在南部实施种族歧视的百货商店。或者有些大学生抗议核试验。几个星期前,在纽约,一百三十名年轻人因为在一次防空演习中手持和平标语站在市政府前而被捕。

您肯定与美国的知识分子有过多次会面。他们给您留下了什么印象?

在美国,文化水平很高;所有美国人都上学,阅读大量书籍,[①]最小的城市也有自己的博物馆,通常是由企业捐赠的,另外企业还

---

[①] 几天前,在乔治·波卡组织的辩论中——《财富让他们石化(你们如何看待美国人?)》,《意大利日报》,1960年5月28日,第12页——就报纸这一点卡尔维诺说道:"我刚从美国逗留了六个月回来。大城市消息非常灵通。然而,省级新闻界却是孤立主义和极其反动的。"

提供奖学金并资助各类研究。否则这些钱就要进入国税局。这本该给美国知识分子提供优厚的地位，但事实并非如此。麦卡锡主义在那个时代制造了一种怀疑和恐惧的氛围；如今，麦卡锡主义基本上已经消失，或者说至少被清除，但是创伤尚未痊愈。因此，我对美国知识分子的印象是，他们以前尽可能保持低调，以避免被指控为"莫斯科的代理人"，如今他们仍保持缄默，因为他们或多或少感到无能为力。"艾森豪威尔的共和政府，"他们对我说，"对我们实行隔离政策。罗斯福时代和新政时代已经远去。"因此美国的知识分子生活在一个相对繁荣和言论自由的环境里，但代价是被孤立，他们正期盼着更美好的时代。

他们对意大利文学有何看法？

感兴趣，但我要说的是，那是一种有些冷淡的兴趣。所有意大利主要作家的作品都有出版；而当我在纽约时，托马西·迪·兰佩杜萨的《豹》作为畅销书推出，这意味着几十万册的发行量。

所以您认为，在美国的文化界缺乏任何反抗精神？

不。他们有披头族，恰恰基于拒绝当今社会的一种混乱现象。他们如何表现这种拒绝呢？通过一种古怪的方式：长胡须和脏衬衫。这些人主要集中在纽约的格林威治村、旧金山的一个区和洛杉矶的威尼斯海滩。他们中的画家画着抽象画，音乐家进行爵士乐创作。而作家，我可以比其他人更好地对他们进行评判，他们的文学创作不尽如人意，有时虽然形式庄重，但无法表达艺术形象。但是他们反叛，这在如今的美国已经形成一种气候。

总而言之，这个美国似乎与我们在这里想象的有所不同？

　　确实不同。我遇到的几乎所有的美国人，在我看来都非常真诚地支持和平；顺便说一句，赫鲁晓夫的访美改变了很多东西，在这个意义上，他改善了那种氛围。美国人支持和平的态度跟我们欧洲人相同，但是通常伴随他们这种态度的是判断全球性重大问题时狼狈不堪的无能。这样的美国，深深地吸引着我，同时也有很多理由让我爱它，给我留下一种处于另一星球的模糊感觉。并不是冰箱或者汽车有差异，而是思考方式不同。美国是一个需要去认识，也值得钦佩的、经常需要对抗自己以得到保护的大国。

# 五十年代的意大利文学（1960年）

《对1950年至1960年的意大利文学的看法》，伦佐·蒂昂（在圣雷莫完成）采访，《信使报》，1960年7月26日，第8页。卡尔维诺的文件中保留着答复的副本。

从第二次世界大战结束到1950年的这些年，见证了新现实主义思潮的兴起和流行。在过去十年里，意大利文学出现过（或者正表现出）哪些趋势，哪些倾向？从1950年到1960年的十年间，我们的文学发展有何特点？在不远的将来，有哪些发展是可以试着去预测的？

从1945年到1950年，意大利文学置身于悲壮的史诗般的紧张氛围中，置身于历史和存在相结合的推动力之中，跻身欧洲知名作家的作品中，在众声齐鸣中发出时而微弱又时而粗野的声音。在这种历史性氛围结束之后，正当意识流期望获得更多力量时，它却偃旗息鼓。但是应该说，意大利五十年代文学最重要的趋势都诞生于初期那种紧张的变化，或者说诞生于用另外的方式挽救它的尝试中。我认为，该趋势可以分为三种类型，都是我们文学传统中非常典型的：悲哀的撤退趋势，即描写非常精确细腻的地方生活，当史诗般的时代已经结束，退回到自我封闭的存在中，时间让人心存幻想并埋葬了一切；语言张力的趋势，即以口语、方言的活力作为捷径，试图挽救我先前所说的那种职责；还有幻想性张力的趋势，即试图挽救史诗的节奏、笔调、韵律，以及道德说教，将其置于一种空想的或者是怪诞的氛围中。

以前普通读者与当代作家的作品相脱离的情况屡遭抱怨，在过去十年里这种情况是否得到了缓和？

过去十年里，意大利作家与读者之间的关系情况完全改变了。可以说以前只有外国小说在意大利拥有稳定的读者。现在意大利小说（至少十几位作家）也拥有了稳定的读者，不仅如此，很多说教式的意大利小说成为讨论的对象，在自己周围产生了一批支持者和反对者，总之，它们制造了"事件"。如今，意大利的作品值得称道，它们符合更广泛更复杂的阅读兴趣和阅读方式。编辑值得称道，他们信任众多的年轻作者。读者值得称道，他们的接受能力更强，对作者更具推动性。当然，整个形势也充满了误解、虚张声势、强行流通和泛滥，并且趋于恶化。但是这些就是优秀文学在现代社会中发展的环境，我们不再处于一种讲究的单纯化的氛围中，我们需要在令人窒息的可怕的植被中开辟道路——这是土地肥沃没有荒芜的迹象。

多次被指责为"地方主义"和"孤立主义"的意大利文学应该受到这样的指责吗？您认为，过去十年您在这方面持什么立场？

如今，意大利是个并不孤立的国家，其他国家的文化和文学消息极为灵通。没有哪个国家像意大利这样，翻译了如此多的外国作品，具备如此高的及时性和价值感。美国缺乏有关欧洲文化的信息（甚至兴趣）却是一个严重问题。法国，按照传统不愿接受它领土之外发生的重大事件，现在也变得有点开放，但是一直非常谨慎。美国和法国，比意大利更"孤立"，但是却能以他们的文学保持一个所有人都感兴趣的话题思路，并将此强加给其他国家。而意大利文学似乎很难进入世界文学的一般性话题。当试图描述意大利以外的意大利文学时，就可以看出我们的话题有点滞后和边缘化，与全球现实很难沾边。

# 我的美国印象（1960年）

《我的美国印象——伊塔洛·卡尔维诺谈他的美国之行》，埃内斯托·巴塔利亚采访，《第七日》第XIII期，总第35期，1960年8月25日，第20—21页。

因为这是您的第一次美国之旅，所以我们想知道您的路线安排是按照"旅游观光"的标准（参观那些最著名的景点、宣传册里的名胜等等），还是在对各种读物的记忆、影片的推荐、文化兴致的积累上，随好奇心的感性指引。

我在美国要度过六个月的时光，所以我的意图是在美国生活，而不是作为游客观光。当然我把游客"必看"的也都看了（但是，没看尼亚加拉大瀑布）。我的首要兴趣点一直都是人：要认识尽可能多的美国人，不同环境下的人，并且分享他们的生活。鉴于美国人极其热爱社交，这一点并不难，即使是在你只逗留几天的城市，或者偶然停留的小城镇。然后，在纽约，从第一天起我就觉得我是当地居民，并且——我相信纽约人也不了解他们的城市——我喜欢由我带领他们去发现我的纽约。把自己放在向导而不是游客的位置，始终是观察事物的最好方式。

*如果允许您生活在美国，您会接受吗？您会待多长时间？*

如果能住在纽约，并且可以旅行，就像我现在这样，那我会非常乐意在那儿生活几年；但是作为欧洲人，会带有外地人的疏离感。如果我必须融入美国社会，那情况会不同，我想连我的反应都会改变。

*您是否真的相信，除了旧金山和其他一些中心城市，美国与"意大利的生活方式"势不两立？*

我不得不说，如果美国的生活方式指的是生产工作的完美效率和享受生活，那我并不讨厌它。那个世界里所有人都参加工作并且所有人都追求幸福，它的速度才是美国最大的现实，虽然大城市的紧张忙碌带来了持续的不满和各种"溃疡"。但是，为了应对这种速度，今天的普通美国人逃遁到郊区的别墅里，过着严格的小家庭生活，享受着标准的福利，程式化地声称对自己很满意。我讨厌这种美国的生活方式，哪怕是一个星期我都接受不了。

*依您看，普通美国人的幸福是什么？*

有一种真正的幸福，一个人可以在他所做的事情中实现以前美国的伟大的道德训诫；还有一种真正的不幸，一个人要遭受生活在空虚中之苦，如同一个齿轮。就像有一种覆盖极广的虚假幸福，即一个人生活在空虚中却没有意识到，还有一种虚假的不幸（比如披头族），一个人有计划地虚度生命来抗议对生命的虚度。

一些场所和名胜（比如，瓦尔登湖、纽约第五大道、新奥尔良的旧家乐福、南部的花园、芝加哥的屠宰场，当然，如果这些地方您都参观了的话）的真实情况，是否引起了您对于旅行前阅读带来的想象（也就是先验的记忆）内容的思考和思索？

美国文学是非常真实的。我在著名的狂欢节期间抵达新奥尔良，所有的宾馆都爆满，最后我住到旧家乐福地区的一个出租屋里。那是一个黑漆漆的房间，堆满了布满灰尘、破旧不堪的物件，房间通过一个黑暗的贮藏室与不可或缺的铁皮做的阳台间相连，而他们把一个九十多岁的老妇人整天锁在贮藏室里。我的第一印象就是我到了田纳西·威廉斯的舞台布景里或是杜鲁门·卡波特的小说环境中：原来我一直以为我有时会认出这位或是那位作家的一种独特的幻想气息，或者像南部作家共有的一种想象事物的独特审美，不，我看到的仅仅是那些环境的一张照片而已，都不需要做任何改变。后来我意识到，过程反之亦然，也就是文学对现实产生影响。例如，新奥尔良的很多老房子都有着非同寻常的故事，但是不久之后，我得知，福克纳年轻时，当他入不敷出的时候，从事过百余种职业，还做过导游带领游客参观旧家乐福；他通过编故事来回答游客的问题。其中很多故事经口口相传，成为所有导游的财富，成为新奥尔良的官方历史和导游资料，现在我们已无从得知哪些是真实的，哪些是福克纳的创作。

现在，时光的流逝逐渐改变了文学作品中的那些著名景物。比如，在芝加哥，屠宰场不复存在，因为肉可以用冷藏车运输，所以在农场进行宰杀更为方便。在一个日新月异的国家，现实也不再一样。幸运的是，如果不是这样，那么欧洲的旅行者就不会拥有一个需要去发现的美国，而仅仅是一个需要去验证的美国。

在有着治学严谨的学者，有着李普曼、雷斯顿和艾尔索普这些才华横溢的记者，一个丰富而有序的文明里，如何解释美国对待从土耳其到朝韩再到日本的那些不可思议的外交政策？

某天晚上，我在南部的一栋别墅里参加晚宴。别墅具有典型的殖民地风格，带有圆柱门廊。在场的是些严肃的商人。谈话主题经常停留在近些日子的选举上。一名受邀者解释他为什么支持某位候选人。（名字或党派并不重要，我们可以称之为 N，但是这些论据也可以用在其他人身上，或者 N 也可以由相反的论据来支持。）他说，在美国的困难时期里，N 就是时代所需的那个人，因为他是一个硬汉，一个强势的人，一个无情的人，一个毫不客气的人。我试图提出异议：当人们并不清楚世界上那些国家的问题是什么，不先去研究问题和努力解决问题，就直接诉诸武力政策和专横制度，才会有困难时期。所以，我说，这是审慎的智者时代，这并不是强权之人的时代。他无法理解我所说的；他说，美国的一切都很美好，但是首先要展现出我们是最强大的，我们是不可战胜的，我们不能示弱。那段时间韩国人暴动反对李承晚；但是那位先生不明白，那种思维方式已沿用多年并且仍在广泛散播，其后果已经不可避免。能够意识到世界上正在发生什么的记者、学者和政治家仍然很有限。未来肯定会给美国带来其他意想不到的恶果。唯一可期待的是，如同在 1929 年重大经济危机之后，以罗斯福为首的新兴统治阶级掌握政权，他们能够实现美国文明的伟大时代，希望现在的政策危机中也有新的领导力量诞生。但是目前种种迹象表明，新的领导力量还没有出现，他们可能还在大学校园中。

您认为美国拥有真正的民主吗？换句话说，在普遍的繁荣背后是否可以看到压力集团的恶化？

美国拥有民主的基本要素，因为这些要素正是他们从遭受最为严重的反民主革命的众多其他国家中挽救来的，并且美国也正当其时。首先，美国拥有一部强大的宪法和若干实施民主控制的机构；美国拥有一个推动大规模生产、消费和信贷的经济体，这个经济体需要社会各阶层和那些最贫穷的种族的不断提升；美国拥有一个基本上可以保证所有人至少读书读到十八岁的教育体系；美国拥有具备史无前例的谈判力量的工会；此外，美国还拥有自己的、真正的民主精神，这个国家的整个历史都是在民主的旗帜下走过的。但是，所有这些因素都受到了源源不断的威胁。宪法法规也会起反作用（一个议会调查委员会，本身是很好的事情，但也可能成为麦卡锡为首的那种委员会；各州的自治让种族主义的灾难在南方延续，并由此造成停滞不前）。大规模生产也可以成为奴役分期付款的消费者的一种形式。学校，不管怎么样，都是一件好事，但是 high schools（对应我们的高中）因为教育水平低下而不断受到指责。工会让政治含义脱离了他们的（经常胜利的）经济斗争，因此欧洲生活中的工会拥有的（或试图拥有的）政治影响力，在美国完全缺失。并且民主精神，如果作为一种被给予的事物一劳永逸地接受，那就成了保管人，可能引起危险的优越感，并对其他民族的真实想法缺乏兴趣。综上所述，我相信——尽管在不久的将来可能不会很乐观——美国现在拥有基本的健康，最终，与欧洲的解决方案相比，这种健康会带领他们找到新的、民主的解决方案。

# 与卡洛·博的谈话（1960 年）

卡洛·博，《分成两半的共产党员（帕韦塞逝世十周年，与卡尔维诺的谈话）》，《欧洲》第 XVI 期，总第 35 期，1960 年 8 月 28 日，第 64—65 页；之后以《与卡洛·博的谈话》为题收录在《巴黎隐士》中，以及《散文集》第 2724—2732 页。

在帕韦塞去世十周年之际，您对他的作品有何见解？时间突显了什么，又磨灭了什么？最后，您是否有承袭他的东西，如果有的话是什么？

几周前，一些罗马的朋友来都灵拍摄关于帕韦塞所在城市的纪录片。我带着他们去参观以前我们常结伴去的地方：波河、酒馆、山丘。当然，十年中很多事物都变了，远远超出我的预期。"帕韦塞时代"有着它具体的面貌，就是 1930 年到 1950 年战争之交的二十年间，早已存在于街道的外观、物品的设计、妇女的面庞、服饰之中，就像存在于理想和心理的环境中一样，只是到现在似乎才以统一的面貌出现。这些在过去就足以让帕韦塞遥不可及，但也足以在一个我们之前未曾充分考虑过的维度上确认其价值：帕韦塞用九部短篇小说对他那个时代进行了描绘，就像一部紧凑而完整的"人间喜剧"，这是前所未有的。很多事物正在远去，并且如今已变得无法理解，不再显示出迷人的饱满的诗意魅力！不再有昼夜漫漫的青春，不知道该干什么也不知道该去哪儿，因周围世界的纯真和空虚而烦恼苦闷，而不像今天因内心的自满和空虚而烦恼。然而，阅读帕韦塞，是多么的真实可信，如同我们对悲剧的感同身受！而孤独这个问题，是个什么鬼东西？一切都是那么清晰、痛苦和遥远，一如莱奥帕尔迪的清晰、痛苦和遥远。

帕韦塞的九部小说风格统一，主题也非常一致，但是彼此之间又各不相同。我曾认为《山间小屋》和《在孤独的女人之间》[1]是最优秀的，每一部都有自己的方式，但是最近我重读《山坡上的魔鬼》，我记得，当帕韦塞让我读他的手稿时，这是他作品中我觉得最晦涩的小说。现在我发现这是一部可以多层次解读的小说，也许是他的小说中最丰富的一部，里面含有复杂且非常激烈的哲学辩论（但，也许辩论稍显有点多），凝聚了帕韦塞所有的（日记和杂文）理论精华，这在他紧凑充实的叙事佳作中比比皆是。

当然，帕韦塞的方式，不管是语言，还是那种从客观现实的故事中提取抒情张力的特定方式，甚至是最初看似最容易感染他人的绝望，在意大利文学中都没有得到延续。（即使是内心的苦痛也有其阶段变化；如今，还有谁愿意受苦？）帕韦塞成为"意大利诗歌最孤立的声音"，就像《艰苦工作》的一个老版本的封面上所说的——我认为那是他自己说的。

我也做过他的弟子，我配得上这一头衔吗？我与帕韦塞的共

---

[1] 参见 1949 年 7 月 27 日卡尔维诺写给帕韦塞的信，《书信集》，第 249—252 页。

同点是我们对道德观和创作风格的品位，还有，正如众人所说，我们对众多受欢迎的作家漠不关心——这都是五年间与他朝夕相处中从他那里继承来的东西，并且数量不少。但是在这十年间，我的作品已经远离了帕韦塞作为我的第一位读者和评判者时我所写的所有作品里的那种风格。如果现在他还活着，谁知道他会怎么说！一些评论者胡乱点评，说我的幻想故事来源于帕韦塞关于"神话"的观点。这之间有什么联系？帕韦塞在他最后的几篇杂文中确实认为，不能将创作观（他说的是，"神话的观点"）强加到其他时代、其他文化的形象上，也就是说他是在批判一种文学，但不巧的是，我在他去世后不到一年开始写作幻想小说。事实是，我们的写作方式一直是不同的；我不以创作方法论为出发点，我投身于冒险的道路，希望能通过"自然"的力量成功摆脱困境。而帕韦塞不是这样：对于他来说，创作没有"自然"可言，一切都是完全严格的自愿的自身建设，如果在文学中，对于他所要做的没有把握，他是一步都不会迈出的，他在生活中亦是如此！

既然您已经进入正题，那么给我们解释一下，为什么一段时间以来，作为一个作家，您更喜欢写作关于现实的反思、滋养现实的那些想法，而远离了事物直接的即时的声音。

我在《我们的祖先》一书的序言中尝试着回答过这个问题，该书我收录了我的三部抒情-叙事-滑稽小说：《分成两半的子爵》《树上的男爵》《不存在的骑士》。现在不论对谁来说，是想研究它或是拿来消遣，这组主题的小说都已经完成了、结束了；我与此再也没有关系了。我唯一在意的是我以后将要做的，现在我还不知道那将是什么。但是就像我跟你说的，我从来不会以创作方法论为出发点，我不会说："现在我将会写一部客观现实的，或心理的，或童话的小说。"重要的是我们的存在，是深化自己与世界、与他人的关系，可以是热爱眼前事物并期望进行改变的一种关系。然后开始下笔，仔细研究看问题的角度，于是我们的想法就出来了，然后就可以看到作品出来了。（我们经常也会把所写的全部撕碎扔掉。）

我听说，您在写一本关于您的美国之旅的书。您认为如今旅行对作家来说有用吗？以您的情况看，美国的旅行带来了哪些积极和消极的经验？

出发去美国时，也包括在旅行当中，我都发誓说我不会写关于美国的书（已经有太多这样的书了）。但是现在我改变想法了。游记是一种有用、朴素而又完整的文学创作方式。这类书非常实用。虽然，或者正是由于，这些国家都在年复一年地变化，记录下当时的所见所闻会反映出变化的本质；并且除了对所到之处的描写，还可以记录下自己与现实的关系、认识的过程。①

---

① 次年卡尔维诺接受保罗·莫内利采访时说："我意识到，在美国逗留几个月之后，不要写关于美国的书。因为到目前为止关于美国已经谈得太多了。只有当一个人感觉有新东西可言的时候，一本新书才有价值。并且我无法像其他人一样，可能只在外国待了一个月甚至一个星期，就能写出鸿篇巨制。[⋯⋯]我真的想向读者以及我自己解读美国，说说为什么洛杉矶被众人所厌恶，而旧金山为众人所爱，为什么我想住在纽约而不是其他美国城市。当我开始整理素材时，我发现，有一半材料因为众所周知而必须舍弃，而剩下的素材我需要深入研究。所以就不了了之了。"（《卡尔维诺（烤肉架上的现代人）》，《成功》第 III 期，总第 6 期，1961 年 6 月，第 116—118 页；之后收录在保罗·莫内利的《投影——烤肉架上的现代人》中，米兰：蒙达多利出版社，1965 年，第 173—188 页。）

我不久前才明白——直到昨天，我还认为，旅行对我的工作性质只有间接的影响。这与我的老师帕韦塞的观点有关，他是旅行的死敌。他说，一首诗的诞生需要若干年的酝酿，甚至是一生，在这儿或在那儿待上数天或数周对这个缓慢而秘密的成熟过程有什么意义？当然，旅行是一种生活的体验，跟任何其他经验一样，它可以使我们的内在变得成熟和发生改变，我想，因为对生活有更多的感悟，所以旅行可以让写作更上一层楼。比如说，一个人参观印度之后回到家，我觉得，也许因为这次旅行经历，他入学第一天的回忆会写得更好。不管怎样，我一直都喜欢旅行，与文学无关。因此我以这种方式完成了我最近的美国之旅：因为我对美国真正的样子感兴趣，我知道，这并不是一次"文学朝圣"，也不是因为我想"汲取灵感"。

但是在美国，我渴望去认识，去尽力拥有一个多方面的、复杂的、不同于我们的现实，这是我以前从未有过的，跟一个坠入爱河的人很相似。众所周知，恋人之间，有很多时间在争吵；即使现在我回来了，我还时常感到惊奇，在我内心之中，我与美国在争吵；但不管怎样，我继续沉浸其中，我贪婪而谨慎地投入我听到的或者我读到的关于那个国家的一切，并且假装只有我一个人明白。既然在这里我已经捕获了，就像卡洛你前面所说的，"事物的声音"，我最好赶紧把它写出来。

旅行的消极面？要知道，就是无法专心于形成个人创作世界的那些特定目标，使那种全心全意且带点强迫症的专注也受到影响，而这种专注是文学创作的条件（或条件之一）。但事实上，即使我们分心了，又有什么大不了的？从人性角度来说，出去旅游总比待在家里好。首先是生活，然后是探究哲理和写作。作家首先要带着一种面向世界的态度生活，也就是朝发掘更多真相努力。至于反映在纸面上的那些东西，不管是什么，都将是我们这个时代的，而非其他时代的文学。

回到家乡又意味着什么，您对利古里亚人的记忆如今具有什么价值？

利古里亚人分为两类：一类是依恋自己的家乡，就像礁石上的帽贝一样，你永远无法移开它们；一类是以世界为家，随遇而安。但即使是后者，我就是后者，也许你也是，他们也会定期回乡，他们对家乡的依恋并不亚于前者。我的家乡位于西里维埃拉，十五年来此地发生了翻天覆地的变化，再也无法认出原来的面目，但也许正是因为这样，在混凝土森林中重拾记忆中利古里亚的面貌，是较之恋爱中的忧虑更令人回味的故乡"爱恋"。就像从盛行的商品化思维中挖掘出我们家庭昔日的道德传统，对于你来说，亲爱的博，那将是一种隐约带有詹森主义的天主教，对我而言，是一种世俗的、马志尼的、共济会的传统，全部面向"行动"的伦理。对我父亲与日俱增的怀念将我与我的家乡，特别是圣雷莫以北的乡村联系在一起。他是具有最为独特品格和人生的那些人中的一员，同时也是后复兴运动的一代人中最具代表性的（即使实际上他在大西洋彼岸度过了他生命中三分之一的时光），他还是不复存在的那个利古里亚的最后一个典型的利古里亚人。

但是，我觉得这些都是感性因素，而我一直理性地尝试从最先进的生产世界，对人类历史起决定性作用的相关生活领域的视角来看待事情，无论这些生活领域是处在欧洲的工业界，还是美国，抑或是苏俄。在我年轻时，这种矛盾经常让我思索：既然我知道有价值的世界就是我所说的那个世界，而里维埃拉是靠一种夹在旅游业的虚假繁荣和大部分地区处于贫困的农业之间的辅助经济过活的，为什么我还要在创作上与里维埃拉联系在一起？但是，在以里维埃拉为背景进行创作时，我脑海中会浮现出纯净的、精确的图像，而在创作工作文明的故事时，一切都很模糊、苍白。因为那些容易被描述的事情是被我们抛诸脑后、盖棺论定的事情（然后会发现其实它仍然悬而未决）。①

我们始终必须以事情的本原为出发点。社会学评论，与其继续笼统行事，不如做点比较具体的工作：从它的视角去定义每位作家的本质，发现其真正的，甚至与其外在对立的社会背景。关于我，他们或许会发现，剥开表层，在最下面的是，一个小农场主、个人主义者、对工作吹毛求疵、吝啬、国家和税务机关的对头，为了应对无利可图的农业经济和将土地租给租户的愧疚，提出了诸多解决自身危机的通用方案，比如共产主义或是工业文明或是国际化的知识分子背井离乡的生活，抑或是仅仅在字面上重新找到了和谐，而

---

① 在卡尔维诺的文件中保留着一份他亲笔修改的文本，其中这段话是没有在媒体上发表的："例如，都灵，从我在埃伊纳乌迪工作开始，我在那里生活了大概十五年，在那里我度过了我的大部分工作时光，我认为都灵已经给我讲述了所有该讲的，也许只有现在我才能把它写好，只有当我转身离去我才真正地理解它。然而如今我更接近现代生活的小说，试图在《房产投机》中描绘如今的里维埃拉的画卷。"

天性却泯灭在现实中。

如果对您的政治经历做个简单介绍，您会重点强调什么？哪些朋友在您的成长中给予了帮助？对您影响更深的是思想还是人？

人永远比思想更重要。对我来说，思想一直都有眼睛、鼻子、嘴巴、胳膊、腿。我的政治历史首先是一部人类存在史。① 意大利，当你对它期望不太高的时候，就会发现它也是人才济济的。

几个月前，我从美国回来时，都灵正在举办关于法西斯和反法西斯的讲座；② 阿尔菲耶里剧院场场爆满，在这人山人海中，我再次见到反法西斯那个伟大的小世界的那些面孔、参加过抵抗运动的人，无论曾经走的是哪条路，现在又重新聚在一起，而且有了更多的年轻人，很多新面孔。嗯，极其美好的衣锦还乡；我们一直都在，我们举足轻重；由这里，多少能看出些端倪。

我的那一代人是美好的一代，虽然没有做完可以做到的一切。当然，对于我们来说，很多年来政治至关重要，甚至有着夸张的重要性，然而生活是由很多方面组成的。但是这种公民的激情组成了我们文化背景的骨架；如果我们对很多事物感兴趣，那就因为这个

---

① 在上一条注释所提到的文件中，在这句之后还有几行画掉的内容："首先，你明白，是家庭环境，完全受国际影响，热衷于批判意大利的陈规陋习。由此出发，在二十岁那年，我参加了游击队，我在人道主义中寻求解决当时我自身的问题的方法：为了打击压迫者的暴力，难道我也必须使用暴力吗？然后，当建设新社会的问题变成工人'干部'的诚实面子的时候，这些问题就成了纯理论思辨。"
② 讲稿和阿尔菲耶里剧院的见闻收录在《从反法西斯到抵抗运动——三十年（1915年至1945年）的意大利历史》中，都灵：埃伊纳乌迪出版社，1961年。

原因。无论在欧洲，还是在美国，我环顾四周，看那些我们的同龄人和更年轻的人，我必须要说的是我们更棒。在意大利，近些年，在我们之后成长起来的年轻人中，那些非常优秀的年轻人知道的比我们更多，但是他们全都更理论化，他们的思想热情全部来自书本；而我们更热爱行动，这并不意味着更肤浅，而且恰恰相反。

如你所见，我以前参加过政治组织，而我现在是"游击队员"，我试图画出这之间的总框架，描绘其连续性。因为持续的才是有价值的，懂得在每个现实中找到积极面才是有意义的。我现在的政治观点？也许我对目前的现实没有太多感觉，但我认为我是基于美俄合作基础上的那个世界的理想公民。当然这意味着希望很多事情得到全面改善，意味着全面重视正在迎头赶上的那些新人。如果美俄能够共同解决不发达世界的问题，那些最痛苦的弯路就将得到避免。痛苦已经有太多了。那么意大利？欧洲呢？如果我们能按世界方式（在星际时代，这是最低要求）而不是地方方式进行思考，我们将成为未来的真正"创造者"而不是无用的棋子。

1961-1970 年

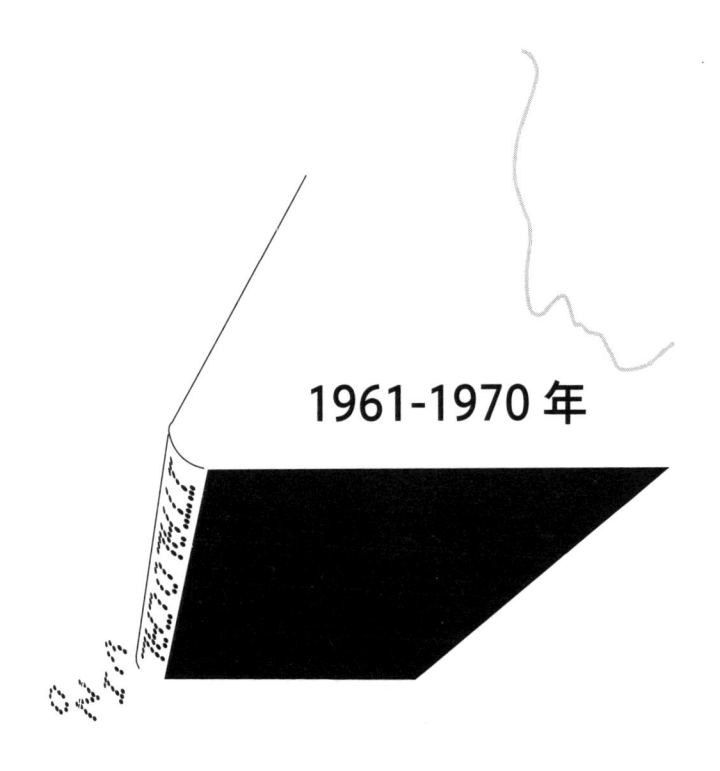

# 1960年的意大利电影（1961年）

《关于意大利电影的四个问题》,《新电影》第 X 期，总第 149 期，1961 年 1—2 月，第 32—35 页。

安东尼切利在由卡洛·博主编的《探讨新现实主义》中回忆说："有过这样一个时期，在这个时期有人说，'我们的叙事者是德·西卡'；我要指出的是，电影和叙事文学在探寻现实时如影随形，但直到那一刻（1950 年）走上真正道路的是电影。"您是否认为，可以说在 1960 年——在漫长而又严重的危机之后——我们的电影得到了有效复苏，在这一复苏中我们是否可以更新帕韦塞的评价，也就是说，至少在电影上，意大利最优秀的叙事者是鲁奇诺·维斯康蒂？

帕韦塞在 1950 年那次采访中的回答明显是为了不伤害任何一位作家同行而做的一个耸肩动作，并不是要确立意大利电影优于文学的地位。

文学叙事和电影叙事是没有任何共性的活动。[①] 前者是用必然

---

① "我反对改编自文学作品的电影。我感兴趣的是那些与文学所说内容不同的电影。"（《我不相信改编自长篇小说的电影》，阿道夫·切萨采访，《今晚报》，1962 年 3 月 8 日，第 5 页。）

普通的词语唤起精确的图像，后者是通过必然精确的图像唤起普通的情感和思想。当然电影的方式揭示更直接的事实真相。只要事实真相是在被拍摄的对象里，而且拍摄这些对象以及让它们运动起来而使用的方法不是骗人的，就达到了那些认为可以信任初始数据（图像和事件）的作家所远远达不到的效果。洛可的暴力肯定比很多类似内容和基调的小说的暴力更加真实。

难道您不认为，不管怎样，《洛可兄弟》——就像早已上映的《大地震动》和《情欲》——是维斯康蒂拍摄的一部文化典范之作，并且这部电影可以与伟大的小说相提并论？因为也就是说，根据卢卡奇的理论，在电影方面，《洛可兄弟》是为数不多的几部具有批判现实主义的真实叙事的结构和复杂性的电影之一？

  我还没有被重新确立文学体裁的激情所感染，我认为这激情是暂时的。在这一领域克罗齐横扫千军，取得了最终的胜利。我很少担心图书是否符合"小说"标准，更别说电影小说的问题。我的那些正统的卢卡奇派的朋友们向我证实，卢卡奇将电影归为"中短篇小说"体裁。但是，这都是些关于天使性别的无用讨论！

  关于《洛可兄弟》，我自然同意主题的现实性，也同意维斯康蒂在进行叙事时带有挑衅的冷酷情感。美国黑帮电影是电影叙事最杰出的传统之一，不发达国家的大量人口进入大都市的问题就是以美国黑帮电影为基础的。维斯康蒂的电影在其最优秀的部分继续深入并且激化黑帮电影的大都市传奇在图像、节奏、光线、粗糙感方面的语言。

我不太喜欢维斯康蒂用来支持叙事的其他文化和文学组成因素：(在血腥的暴力和家庭情感两个平行词义中的)南部激情和陀思妥耶夫斯基的风格。

难道您不认为，也可以说是由于小说的"冒险"，尽管是另一个方向并带有若干意识形态基础，这些意识形态基础唤起了伟大的存在主义流派而不是批判现实主义，而存在主义流派在两次世界大战之间的文化中表达了颓废的先锋文学重要作家的孤独？

近来创作活动（尤其是绘画和叙事文学）所进行的工作中，最为严肃的部分就是对人与外部世界、与自己的表达、判断和行动的可能性之间的关系的研究。通常这项研究得出的结果是否定的或令人不安的，被逼死或放弃的结局，但这个问题并不会因此而失掉重要性：也就是说，要从道德上和历史上积极地进行任何行动，都只能从这些基本验证操作出发。因此，我们要向意大利的"年度大事"《烦闷》，莫拉维亚写的最严肃最优秀的作品之一，和安东尼奥尼的影片《奇遇》致敬。

在主题上，《奇遇》有能力在人物（某些人物）海量的动作和冲动以及随意的、轻率的、矛盾的话语中选择和实施连贯的行为（行为发生在一些富裕的闲散人员之中；但重要的是，即使脱离了这个环境，电影向每个人提出了自己的行为是否具有一致性和意义的问题）。没有表明或表露任何东西；没有给观众任何帮助和满足感；语言是赤裸裸的，没有任何修饰；观众被迫努力做出通常在面对现实时才要（或者必须要）做出的判断。剧本不一致——有时似乎非常细腻，有时则很粗糙；并且这一点也不好，在这样一部电影里，想让一切都由完美无瑕的经济来支配。(《烦闷》的缺陷则相反：构建得如钟表一样精确，但是在限定其意义时过于武断，还经常弄错。)

《奇遇》的剧情开始于一个绝对不可或缺的事件——一个女孩的失踪，并且指出所有人实际上如何漠视此事。由此引出一个爱情故事，并且指出这段爱情故事只能盲目向前。主要人物有两个：一个毫无意志力（为其背叛了言行而后悔）的男人，一个想有并且也可以有意志力、始终如一且朝气蓬勃的女人，但她不断陷入泥潭。这是一部悲观的电影，它不想用糖衣炮弹来让人接受这件不愉快的事，不想说教，不愿像左翼天主教徒和激进分子那样改革资产阶级的习俗。

为什么颓废？这是一部极为严肃的、道德警钟长鸣的电影，因为它是以人类现实为基础的，因为它不是凭空捏造的，不是文学的。（法国电影《筋疲力尽》才是文学的，是凭空捏造的，所以是不道德的，所以我们说它是颓废的。）社会背景方面，《奇遇》是无懈可击的。影片里还有南方，一个用来与优渥的地狱做对比的欠发达的地狱，这是迄今为止在银幕上看到的最"真实"的、最令人印象深刻的南方，没有丝毫民粹主义同谋的废话。①

---

① 在几个月前的一次简短的采访中，卡尔维诺说："在这一阶段意大利拍摄的很多优秀影片中，最重要的当属《安东尼奥尼的冒险》。观众和电影之间不再是被动的关系，而是不断质疑、怀疑和反省的一种新关系。这恰恰是一部有道德的影片，因为它无须赚取观众的'好感'。这是第一次展示南方的一部影片，这在意大利电影界是前所未有的。"[《卡尔维诺与生育控制》(詹卡罗·维戈雷利的专栏《客厅里的恶魔》),《时代》第XXII期，总第46期，1960年11月12日，第77页。]

与《洛可兄弟》和《奇遇》相比，您认为费里尼的宏伟巨制《甜蜜的生活》处在什么位置？您认为这三种趋势中的哪一个在今天意大利电影业中最为重要并且最具决定性？

《甜蜜的生活》是意识形态电影的一个典范。在谈论了许久的文学或电影中的意识形态之后，终于有了这部作品，整部影片分成若干部分对意识形态进行讨论和肯定，对具有完美叙事功能的情节进行展开，这些情节（与《奇遇》正好相反）给观众带来一种观看完美、充实、在思想和图像方面具有极大概念清晰度的作品的满足感。

恰恰就在意大利，关于天主教意识形态争论的小说从来没有普及，完美的意识形态电影来自天主教。但它是天主教的这件事很重要吗？

我想说的是这并没多大意义。一部完美的以意识形态为背景的叙事机器可以像一个纯手工工艺品一样建造出来，为不同的意识形态服务；这就是我并不认为意识形态批评就足以确定价值判断的原因。

《甜蜜的生活》中，对于某些场景，我们必须频频致敬：面对奇迹，用来呈现所有不同意识形态立场范围的方式就是综合概念的高超技巧、智慧和力量。但是，一个截然不同的反应在我们身上激发了抽象化的宗派关系，从而推动了知识分子的冲突：一个集所有善良与美德于一身（更多的是表现出令人无法忍受的虚情假意）的男人却主张宗教信仰自由，不受神恩，所以……所以自然注定要残杀儿子并且自己开枪爆头！这样一个没有任何真理与情感的情节

（这对导演和要为此负责的编剧们来说是一个污点）带来一种非真效果，带来一个以意识形态为骨架的电影的冰冷构建。

不管怎样，本次采访中提到的三部电影代表了当前三种表达方式的可能性：《洛可兄弟》是情感、激情、自然氛围的强劲动力的方式，《甜蜜的生活》是符号-意识形态性质的喜剧的方式，《奇遇》探究人与人之间、行动之间、话语之间、事物之间的不太明显的关系。刚刚谈到"方式"，而不是意识形态，因为它不是必不可少的，这些影片其中之一是受到了带有非合理化品位的意识形态的启发，另一个是受到了合理化品位的天主教意识形态的启发，第三个是受到了不可知论的启发，这种不可知论明确表达了它对品位和思想的否定，只有少数的肯定。三部电影采用的这三种方式可以是不同意识形态的战场。最让我感兴趣的是《奇遇》的方式，然后是《甜蜜的生活》的，再然后是《洛可兄弟》的。作为各自方式范围内的每部电影的价值，我对它们的排名可能会整个颠倒过来。

# 文学中关于色情的八个问题
# （1961年）

《新话题》第51—52期，1961年7—8月，第1—2、21—24页。

1. 色情在欧洲文学中有很多先例。有古典文学、古希腊和古罗马作品中的色情，有中世纪的色情，有文艺复兴的色情，最后还有诞生于十八世纪并且一直延续到今天的资产阶级的色情。我们要说的是，古典的色情与后来色情的分界线就是犹太教和基督教关于罪的概念。您认为，现代的色情更像古典的色情还是更像源于基督教的色情？

2. 近五十年来，这个世界越来越不重视基督教。一个最大的革命就是裸体主义。很明显，世界再也无法回到过去，那时女人从头包裹到脚，而裸体被认为是有罪的。同样，弗洛伊德和精神分析学揭开了以前被基督教审查掩盖的心理学区域。您是否认为，如今被称作色情的事物实际上只是一个从文化中恢复的，注定有一天会成为像女性裸体一样无害且正常的新现实？

3. 我们经常谈到,现代文学中的一些"无辜"的描述或者他们想成为"无辜"的描述的新异教。依您看,这个新异教和真正的、就像出现在古代社会和依然存在于像印度和日本这样的国家的异教有什么区别?

4. 罪恶的概念与起源于闪米特人行为的或伦理的三大宗教即犹太教、伊斯兰教和基督教是紧密相连的。而性行为的现代概念则有着科学的自然的起源。您认为,这两种概念之间可以达成一致,还是后者注定要取代前者?

5. 每当一本书或一部电影因其有色情描写而爆发丑闻时,支持者们就会采用克罗齐的美学效果的说法进行捍卫,而谴责者们则试图证明这个效果是不存在的。这个观点甚至受到法律的采纳,有专门的一条法律条文。难道您不认为他们双方都有错吗?因为色情描述不应该由有别于任何其他描述的不同方式进行评判,也就是说要根据真理和需要的标准来进行评判。

6. 在美国,金赛报告揭示了美国各种法规和美国生活的现实之间的深刻差异。您认为,这种差异在艺术和生活的现实之间也得到了验证是件好事吗?换句话说,艺术必须描绘世界的原貌,还是描绘世界应该成为的样子?

7. 今天,基督教跟两千多年以前一样赋予了性禁忌极大的重要性。但是以前性禁忌是有用的,至少在两千多年前,在一个出于本能的、异教的、肉欲的世界里是必要的,但在今天这样一个现代的、严格的、理智主义的世界里,也许它是多余的、无用的,甚至是有害的。换句话说,正因为它已经是基督教的,所以现在正在去基督教化。当它还是异教的时候，禁欲有助于让它变成基督教的，如今禁欲已经无用是因为异教激情已经熄灭。您是否认为，文学和生活中的现代色情是自由和理性的标志，而不是奴役和放荡的标志？

8. 从劳伦斯起的当代文学中的色情试图说明性是健康的、自然的、必要的，也是宗教的。对于现代文学来说，性是一种无法抑制的客观现实，一种认知的手段。您认为需要沿着这条路继续向前走到底，还是需要回到基督教的禁欲，或者更糟，回到维多利亚时代的庄重举止和小资产阶级的礼貌行为？

当代人对性思考得仍然过多。谁思考得过多谁就不自由。"罪恶的意识"正在消失，但是我们离自然之乐比以往任何时候都遥远。在大众的思想和习俗中，宗教镇压的道德主义的性概念正在被替换成另一种概念，即从神话和抽象范围去思考性冲动，因而成为异化的另一种形式。

在这种情况下，对性的描写变得越来越难。如果在一个由禁欲、偏见和严格主义主导的社会中，性对于文学来说是知识、与现实接触、验证存在的重要象征，那么在我们这个世纪，也许只有一个作家——海明威——成功用现代术语确认了这一价值所在。性具有独特的地位（而且它并不是海明威如此积极和充满活力的基本原因）：通常，在我们这个世纪，对性感兴趣或者捍卫某些神秘色情的作家（作为文学价值，他们是些自吹自擂的人，他们的文字和图像工具在几年内老化，并且引人发笑）或者用一种令人反感和作呕的态度描写性生活的那些作家，他们用被视为地狱的色情换下了被视为天堂的色情（作为创作价值，他们可以达到至高的、严肃的、具有历史意义的结果，但事实上，他们的现实形象与一个四旬期传道人或清教徒的形象没有什么不同）。①我们可以说，如今只有那些对性嗤之以鼻的人才能成功地描写性，而那些采取同情和感激之情来思考性的人必须避免对性进行描写。

我刚说的是——我的意思是——在工业文明的"消费"区域，但是我认为这些考量也适用于大众的性伦理存在多种情况的区域。在经济落后的国家（所以也包括意大利的部分地区），"罪恶"的伦理观念仍然存在——通常与原始异教的残余相混合——但是它的日子也屈指可数，如果不是作为地方传闻的层面去描写，它也无法引起文学的兴趣。比历史趣味更丰富的是那些正经历社会主义工业化的国家的情况，以及如今在大众道德层面正在度过清教徒和美德主义者阶段的国家的情况，而其他国家的资产阶级在资本积累时代已经度过了清教徒和美德主义者的阶段。这是一个将无法持续更长时间的阶段，因为只要达到一个新的幸福水平或一次新的意识形态调整的发酵，就足以让一切再次置于讨论之中。似乎在苏联的一些小说中已经显露出面目一新的色情趣味的初步迹象；但是谁期待苏联文学在这条道路上能够提高质量谁就错了：出来的作品将比以前的

---

① "跟其他任何元素一样，文学中的性可以变成一种修辞，这并不是出于表达的需要或描述现实，而是赶时髦。但是道德主义者、审查员、伪君子、资产阶级的伪善者们比其他任何人都要糟糕，如果让他们生气的那一切东西是真的想让他们生气，那至少还有能让他们生气的本钱。"（卡尔维诺在《我们女性》上发表的声明，《我们女性》第 XVII 期，1962 年 1 月 14 日，第 28 页。）

更差，缓慢而粗糙，直至它找到一个新的平衡，也就是说终于克服了所有的异化。

现在，我们只能说，在二十世纪，色情不是创作主题。我们的时代是卡夫卡的时代，纯朴的作家的时代。

那些相信仍有仗要打，性在这之中继续有意义的作家，走错了路。在美国，他们认为仍需对抗暴动的清教徒社会，并且他们交换后继者，比如把亨利·米勒作为新时代的先知。在法国，他们坚信，在与神学的结合之后，性与哲学的结合是巨大的进步，但是它始终是不同事物的拼凑，不会有成效。（皮埃尔·克罗索夫斯基为了哲学的一个低级趣味而背叛了他作为色情作家的真正的完全严肃的使命。）在意大利，法官、高级教士和其他权威人士密谋力求将全国的注意力集中在"犯罪场景"上，试图恢复已经无人感兴趣的性的艺术化描绘的问题的现实性。

对抗审查员的正确方式应该是让他们只接触那些不会给他们的倾向赋予任何东西的作品。每次对生理性欲躁动的现实描绘都会让审查员们变得疯狂，他们不知道到何处发泄他们的烦恼，所以他们公然沉浸于那些一直困扰他们的倒行逆施之中。实践中，情况有所不同，因为同样的历史原因使审查员得以生存，同时得以生存的还有一些作家和一些仍然对人类生活的体液-心理-道德方面感兴趣的制片人。毕竟，审查员和被审查人之间的战争是一场模拟战：双方实为一体，他们假装对战，只是为了一起重申人类是有罪的，重要的是要为此罪担忧并且对此罪进行如此这般的描绘或者根本不去描绘它，但是也不要去想别的，因为上帝的无限之路都通过这里。

对待审查的正确立场应该是对审查员（他们的愚蠢不仅表现在他们的宣判之中，也表现在他们对毫无艺术价值的粗俗色情的放纵）的全体无情攻击，也包括对战争发生之地，即整个陈旧而又乏味的审查方案进行攻击。

致命的乏味将阴影笼罩在"色情"一词上，也笼罩在它在文学、电影和报纸的所有反映上。[①]（没有比不随波逐流的周刊的说教式性学更悲哀的了。）

但也许这也是正确的：谁在生活中是性的朋友，在文学中就无法成为性的朋友。极少数情况下——尤其是古代作家的作品中，特别是篇幅较短的、语言和沉默交织的作品——肉体关系的形象在某种程度上与生活中的不相配。同样的事情也发生在政治上：谁了解政治和社会斗争的价值和趣味，谁就无法从社会和政治小说中获益

---

[①] 几个月前，在回答一位体育记者的提问时，卡尔维诺说："……如今，无论是在文学上还是艺术上，通常需要一种比较强烈的、严苛的情感。性作为写作的主题，就像画家的调色板中的强烈色彩，或是音阶中的高音。然而，只使用那个颜色或那个音符不足以绘制出一幅震撼的画或谱写出一段震撼的音乐，恰恰会适得其反。很多作家越是描写蛮横粗暴越是透露出鸽子般的纯洁。当我要面对性主题的时候，我会以十分尊重、友好和感激的态度对人类生活的这个重要方面进行创作。而其他人，要么带着厌恶或恐惧的心态来描写性生活；要么用脱离现实的浮夸辞藻进行赞扬；这二者我都不赞成，但我认识到，它们是评价现实的方式，它们可以具有它们自己的真诚和严肃性，无须被视为淫秽内容。淫秽是另一回事：例如，一些电影专题稿（特地在电影放映之前播出，观众无法选择），总是带着以淫秽、荤段子为基础的评论，每次介绍一个女孩的时候画面总是庸俗不堪，然而没有人谴责这些专题稿，也没有检察官想要查封它们。这和艺术家、作家以及言论自由没有任何关系，这里有的只是一个对性事挤眉弄眼的人的恶趣味。这是真正的淫秽心态，也就是一种迟来的青少年心态。"（《改善体育组织比追捧蓝色军团更有价值》，卡尔维诺给雷纳托·莫里诺的书面回复，《体育总汇》，1960年12月7日，第8页。）

并获得乐趣。马克思嘲笑与他同时代的社会主义小说家，只有在莎士比亚的作品中发现了他认为在无产阶级斗争中体现出来的那种全人类的意义。在与全人类关系的层面上，对于现实的每个基本价值，文学都可以给出等价物。

如今，"色情"的文字和图像都已经陈旧无用了，只剩下创作表达上的隐喻的无限自由。性爱在二十世纪表现出来的最强最明确的职能之一来自狄兰·托马斯的叙事和诗歌，从未有过如此纯朴的图像和文字。因为托马斯将蕴含在每片叶子、每个记忆、每个喜悦和惶恐之中的宇宙爆炸的意义从性爱的经验中提取出来。豪尔赫·路易斯·博尔赫斯在小说中表达了爱的激情，他的小说中女性的形象与宇宙总体的象征相连（参见《查希尔》和《阿莱夫》），通过智力途径达到一种情感维度，这是通常的情感的颓废模仿途径做梦都想不到的。

或者还有种相反的途径：运用色情的图像，这些图像现在已经没有任何情感寄托，就像是另外一组含义的表意符号。例如莫拉维亚的《烦闷》。有人告诉我，这部小说谈了很多性关系；而我，带着极大的热情看完了这本书，但是我没有发现那些性关系；所有的注意力都被故事的真正主题所吸引，即探究主体与宇宙的客观性之间的关系。

很多年轻作家给我寄来小说手稿并征求意见，其中十之八九会得到如下回复："尊敬的先生，您的来稿已阅，本人发现其中含有色情话题的段落。现将手稿以挂号信的方式邮寄给您，冒昧地建议您将这些段落以及任何相关的描绘、提及或暗示从中删除，并希望您在以后的作品中避免涉及此类话题……"① 得到如此回复的原因自是我刚刚谈到的那些内容。

---

① 几年前，在回答一个关于文学中的性的问题时，卡尔维诺说："我不同意。现在，关于性的写作已经糟糕透顶。似乎只有那些带着无聊和厌恶的情绪去描写性的人才能对性进行艺术展现。而少数持友好态度的人，则无法成功描写它。尤其是意大利人，没有描写性的能力。我觉得大约有三十年没有对性进行写作了，也因为没有新东西可言。除非苏联作家开始对性进行创作，也许那时会诞生一种新文学。"(《现实主义问题》，弗朗科·马塔科塔的调查，《现时代》第 II 期，总第 11 期，1957 年，第 882 页。)

# 披头族与"体制"（1962年）

> 朱塞佩·德尔科尔，《卡尔维诺与"披头族"（明天作家将在都灵的周五文学会上发言）》，《新闻晚报》，1962年3月8—9日，第9页。

有人说，对道德主义者而言即使是讽刺也是有用的。不可否认，这就是伊塔洛·卡尔维诺的学术讲座。这位利古里亚-都灵的作家将于明天在卡利尼阿诺剧院为《周五文学》做题为"披头族，愤怒者，等等"的讲座，[①] 一部分是书籍中关于这个话题的文化，另一部分是作者参观美国之后的亲身体验。所有人都知道什么是披头族，什么是"受挫的、垮掉的、毁灭的"一代的作家。这里要提到两个最近出现的名字，凯鲁亚克和塞林格；他们的远祖——精神上的，而不是方式上的，风格上的——菲茨杰拉德。我们现在埃伊纳乌迪出版社，卡尔维诺的办公室里，与他进行一次私人谈话，我们来听一下他怎么说。

---

[①] 以《披头族与"体制"》为题的大会发言稿后来被卡尔维诺收录在《文学机器》中，之后又收录在《散文集》第96—104页。

我走近披头族就像走近一个美国新社会的边缘化事实。然后我意识到，他们远远不只是构成了回避和反抗既定价值观的正常现象。我觉得他们就像新出现的原始人，出现在摩天大楼、科技和机器文明的面前，就像第一批人类登上世界舞台。他们认为这种文明如同自然环境。他们拒绝这个社会的所有价值也就很自然了。

我们试着跟意大利做个比较。帕索里尼的《流落街头的少年》中的少年们也是这种人。

不是。我们必须认识到，帕索里尼是一位作家，尽管表面上看，是传统的作家。帕索里尼是位道德主义者。就像在他的电影《迷惘的一代》中一样，罪恶-救赎这种二项式总是出现在他的作品中。我们的一代人没有像在美国的同龄人一样理想地成长起来。我们曾经有过伟大的理想，即抵抗运动；它赋予我们这样的意识：我们进入历史将允许我们对我们生活的社会进行一些改变。我们不曾有过披头族。在美国，我认为，创新政策的推进，是战后各国人民的共同现象，但在短短几年内被封锁，特别是由于麦卡锡主义。反抗成为一次纯粹的存在主义叛乱，有时是旅游事件——那些演奏着爵士乐的小酒馆里朗诵的诗歌，那些知识分子的聚居区……

卡尔维诺讲话很慢，即使是在回答很简单的问题时也是如此。您喜欢您所生活的这个世界吗？您想不想生活在别的世界里？作为作家，在这样一个危机时代，您感觉自由吗？

我只知道危机时代，我是这个处于危机的世界里的公民。我喜欢过去，十八世纪。嗯，那是一个表面和外表看起来平静、古典、公正的时代：但是那个时代也在准备并且开始体验世界生活的彻底改变。

您如何评价您的"幻想小说"与当今社会的关系？

我的小说从未脱离当前存在的问题，我也一直将这些问题作为我的工作重心。小说不是逃避的手段。在"幻想小说"之前，面对现实我没有找到一种可以比拟当今环境的写作方式。但是我的故事的时间没有设定，地点是不存在的，情形没有任何精确的参照。对我来说，这似乎可以很好地服务于我的目的：在幻想的透明面纱之下展示当今人类的问题。

您还会写其他的"幻想小说"吗？

不会了。我现在正在写的故事非常精确地设定在当今世界。我不能跟您再多说了，现在说这些为时过早。

卡尔维诺是一位不喜欢在晚上工作的作家。他的书开始写得很慢，很难进入那个正确的氛围；然后，一旦他找到了，就进展得很快。

现在我要在家里待一段时间，不去旅行了。我想工作。但是，以后我还会去旅行的。我想参观美国是因为我认为，美国能提供未来人类社会的图景，组织完美的科技文明。但是我现在想参观其他国家。

# 《世纪中叶》（1963年）

《给卡尔维诺提的一个问题》，《晚邮报》，1963年3月10日，第7页。卡尔维诺的文件中保存着一份没有问题的文本，它既是用来回答这个采访的，也用来回复下一篇安德烈·巴尔巴托的采访。

您的新书《观察者》是一个涉及当代主题的故事，书中关于政治、哲学和宗教的各种反思相互交织。与您的其他作品相比，比如《分成两半的子爵》《树上的男爵》《不存在的骑士》，这些作品别具一格，充满了天马行空的想象力，您是否认为您的新书是一个转折点？如果是，那么它缘起何处？

不是转折点，因为我不是从今天才开始对当代现实进行描绘和评论工作的。《房产投机》是我写于1957年的一部短篇小说，这部小说就试图——也是以稍作加工的亲身经历为出发点的——对我们这个时代进行定义。我写于1958年的《烟云》也是属于这一类型的。当时，我想创作一系列同主题的小说，将它们命名为《世纪中叶》，简而言之，就是五十年代的故事，以纪念我们正在经历的过渡时期。《观察者》正是其中一部。在这个方向（我认为我还会沿着这个方向继续写作若干作品）的内部才可以说是一个转折点，或者更确切地说，是一个深化。我在《观察者》中涉及的主题，即那种天生的不幸、痛苦，生育的责任，都是我以前从来不敢触及的。现在我也不能说完全触及了；但是我已经承认它们的存在，知道要考虑这些，这会改变很多东西。

关于冒险-幻想小说，我不会问自己是否要继续这一组主题，因为每个故事诞生于一种情感-道德难题，然后逐步成形、成熟并盛行。你明白然后还有消遣、游戏、运转的部分。但是这种初始的难题是一种需要它自身形成的因素，而意图和意愿无足轻重。这不只适用于幻想小说，还适用于所有叙事作品，也包括现实作品、自传作品的作品集，并且由它决定在浩瀚的事物中哪些可以写，哪些非写不可。

# 在科托伦戈的监票员（1963年）

安德烈·巴尔巴托，《6月7日在科托伦戈（卡尔维诺用十年时间写完了他那本一百来页的新作）》，《快报周刊》第 IX 期，总第 10 期，1963 年 3 月 10 日，第 11 页。与媒体刊出的版本相比，这里增补了卡尔维诺文件中保留的一份没有问题的文本中的一些句子，这份文本既是用于回复这个采访，也是用于回复上一篇《晚邮报》的采访。

如果有人问伊塔洛·卡尔维诺住在哪个城市，有什么习惯，他就会坐立不安。

  我不喜欢住在同一个地方，而是喜欢同时住在很多地方。然而，每次有人看见我，就会立刻问我：你什么时候到的？待多久？我就在这儿，我确信我无处不在，我不喜欢来来去去的那种感觉。我住哪儿？都灵、圣雷莫、罗马和巴黎。当我有空时我就去滑雪，如果可能我就去纽约。我会阶段性地打破地域界限，阶段性地独居。

不过，现在他在罗马，威尼托街的埃伊纳乌迪书店的一个安静的会客厅里。这两天他一直带着一个文件夹，谁都不给看，而且小心翼翼地怕它被雨水淋湿,也不愿把它留在车里。文件夹里是不到一百页的手稿,是时隔四年多他的第一本书。带着羞怯,卡尔维诺勉为其难地讲述他的这部新作。

这部小说不长,故事情节较少,主要是主人公的反思:在(1953年)选举期间,这位公民受命到都灵"科托伦戈"的一个选举站担任监票员。小说讲述了他这一天的经历,而小说题目也正是《监票员的一天》①。这是一部小说,但同时也是对在科托伦戈进行的选举的报道,是一篇抨击我们民主中最荒谬的方面的文章,也是一种哲学沉思,思考让智障患者与麻痹症患者投票的意义,思考它在多大程度上反映了将历史视为虚妄之物的所有世界观念对历史的挑战;它还是意大利的不同寻常的一面形象,是人类的原子未来的一场噩梦;但最重要的是,它是对主人公自身(一位共产主义知识分子)的沉思,是一位历史主义者的《天路历程》,他突然看到世界变成了巨大的"科托伦戈",他希望能够力挽狂澜,维护历史运行的道理,以及维护他在那一天才察觉的人类最大的隐秘道理……

不能再说了,我一旦开始解释和评论我所写的内容,就会开始说些陈词滥调……总之,我想说的一切尽在小说中,再多说一个字都是对这部小说的背叛。我只想说,监票员在这一天结束时的状态与早上有所不同。而我,为了写这部小说,我也不得不做了一些改变。

---

① 小说的意大利语题目字面意思为"监票员的一天"。——译者注

可以说，为了写出这篇如此短的小说我花费了十年时间，比我以往的任何作品所用的时间都要长。我第一次有写这部小说的想法时逢 1953 年 6 月 7 日。我在科托伦戈的选举站待了十几分钟。不，我不是监票员，我是共产党员候选人（当然，我只是名单上为了凑数的候选人），作为候选人我在各个选举站之间巡回，这些选举站名单上的代表需要党派的帮助来解决争端。所以我参加了在科托伦戈的一个选举站的民主党员和共产党员之间的辩论，就是我的小说里着重突出的那种辩论（甚至，是完全一样的，至少在某些台词上）。就是在那儿，我有了写这部小说的想法，甚至小说的理想构思已经基本跟我现在写的一样——一位在那儿的共产党监票员的故事，等等。我尝试去写；但是我没成功。我在科托伦戈只待了几分钟，（虽然当时我不想，而且后来也不愿意沉迷于场面"效应"）我看到的场面对于主题所需要的信息来说还太少。关于科托伦戈的各种选举的轰动事件，存在大量的新闻资料；但是这些对我来说只能作为一个冰冷且间接的地方新闻用。我那时以为我只有真正作为一名监票员全程参与到那儿的选举中才能写出这部小说。

我担任科托伦戈选举站监票员的机会在 1961 年的地方行政选举中到来了。我在科托伦戈待了近两天时间，也是去病房收选票的监票员之一。其结果是我好几个月完全无法写作：我眼前全是那些不幸之人的画面，没有理解、讲话、移动的能力，于是上演了委托教士或修女代他们投票的闹剧，那画面是如此可怕，让我感觉那只能是一本极为暴力的宣传册，一幅反天主教民主党的海报，是对用这种方式获得选票（问题不在于选票的多或少）以获得权力的党派

| 104

的一系列谴责。总之，此前我未曾见过此类画面，而现在我见到了太强烈的画面。我不得不等这些画面在我记忆中稍微褪色、远去。我不得不让这些画面引发的意义和反思越来越成熟，就像一系列同心圆或波浪。

这是一本观点清晰而又尖锐的书，书中的现实虽然有时披有卡尔维诺的其他某些小说的哥特式和童话式的外衣，但是从来没有失去推理与沉思的推动力。

这是一本沿袭我最后两本小说《房产投机》和《烟云》的风格，并且带有极大评论性质的书。

卡尔维诺的另一面，也就是，全身心致力于对事实的精准描写。

这几部小说对近几年的意大利稍微做了定义。比如，《房产投机》是一部仍然反映当下现状的书，表现了这一时期我们国家的倾向，但它也充满了我的心理自传性的抒情之物。现在出版的这本书主要是关于反思的；我认为它不会取得近几年我们已经习以为常的那个意义上的成功，不会获得文学奖，甚至不会有人翻译它，只会有意大利语版本。

卡尔维诺的上一本书《不存在的骑士》，发表于 1959 年。为什么会沉寂这么多年？

1959 年的《不存在的骑士》在某个方向上让我触碰到了我的创作瓶颈。我明白，如果我没有什么想说的话，我是无法再次开始写作的，因为我已经完成了同一主题的一组作品。我认为，通过幻想-冒险的虚构，我已经在某种表达自己的方式上达到了极致，若继续下去，则将沉迷于一种变得毫无意义的游戏之中，这是极其危险的。但是，应该说我从来没有放弃另外的探究计划。我的一些小说，正如《房产投机》或《烟云》，用较少的象征手段表现我周围的世界；从描绘我们这个时代的意义上讲，我们这个时代总是与个人的、非客观的抒情参与相联系。危机？没有。真正的危机可能在最初，当我意识到我不可能再写完全客观的小说，从我初期的那些小说时就已经开始了；因为我必须通过对自己的定义、对我所处的时代和世界赋予定义来度过危机。

然而，卡尔维诺承认他处在一个改变想法的时期；甚至，更加严格地要求自己，他说，即使是几天后出版的这本书也不会结束这段时期。

  我要说的是，我的沉寂将继续。在这本书中，我只是给出了一些关于我沉寂的消息。这是一本充满疑问的书。事实是我没有"写书"的忧虑，我不会放任自己追逐文学创作的狂热。我参与了几年意大利文学的革新；如今，我不再有为了存在而有的发表需求。无论好坏，我想要说的都已经说了。如今，我的问题是另外一个问题：尽可能深入理解的问题，我内心构建的问题。然后，只有当我有重要事物要传达的时候我才会开口。但是，这并不是意味着与世隔绝，因为我还在创作当中。我在出版社工作，我很喜欢这份工作，即使它让我跟文学有一定的脱离。我也看到了文学的暂时性，看到了这条纸张之河,这不断壮大的文学洪流的晕头转向。这之中有多少作品能经得住时间的考验?

这里也许触及的是卡尔维诺久违文学创作的最深层原因之一,是与他工作密切相关的一个理由。

我需要生活在文学荣耀的殿堂之中,生活在他人的雄心的折磨之中,因为这让我得到了一定的脱离。

那么,如今作品太多,而人们阅读水平太差,书籍的商业成功显然只是文化的传播,这些都是真的吗?卡尔维诺,作家兼意大利最活跃的出版社之一的领导者,谁能比他回答得更好?

以前存在多个层次(严肃文学是留给少数人的,大部分人满足于通俗文学),而今天出现了水平相当高的中层读者,在这个意义上,人们的品位趋于稳定。这是积极的方面,但不是唯一的方面。另一方面,对于作家来说,存在暴露于聚光灯下的危险。总是期待他发生点事情,事件,成功。有时候,我会对文学限量出版的时代表示惋惜。我承认,在某种程度上这是一种反动的惋惜:但是不得不说,在秘密的,几乎无法言说的创作过程与必须立即向心不在焉的且思想差距很大的读者交代的事实之间存在着鸿沟。二十三岁那年,我的第一本书《通向蜘蛛巢的小径》(那是一部新现实主义的,海明威式的,充满我个人愤怒的小说),它源自内心苦痛的难题,我要说的是,我看到它一夜之间变为战后第一批大力推广的作品之一,我也是同样惊愕。注意,我并非要抱怨此事。如果说有一位作家可以毫无抱怨,对他来说,所有一切都极其容易,所有时代对他总是十分有利,这个人就是我。但是也许正是因为这样,我内心仍然存在一些甚至称不上问题的问题;问题就是必须考虑双重现实:在众人的聚焦下,要考虑自己的内在诚意和写作的必要性。

也正是出于这个原因,当有人问卡尔维诺正在创作什么作品,哪部小说将会真正打破他的沉寂时,他不喜欢作答。

# 新资本主义与左翼反对党
## （1963年）

《卡尔维诺：加强左翼工人反对力量（文化人与1963年选举）》，保罗·斯普利亚诺，《团结报》，1963年3月21日，第3页。

与伊塔洛·卡尔维诺的政治对话总是从讨论当代世界的伟大历史路线开始的。

与若干年前相比，你如何看待当今的局势？

局势的基本数据似乎没有发生变化，甚至仍然是令人欣慰的。两个超级大国之间开始的和平共处的进程仍在继续，虽然没有取得决定性的进展；一个显而易见的事实是，如今有些人在寻求创造缓和的氛围，这其中可能包括教皇。

但是，当我们从总的历史趋势的评估过渡到特殊情况的分析时，与长期的乐观前景相对立的诸多不利因素就会进入我们的视野。西欧的前景一点都不让人放心。在意大利，我们已经习以为常地认为"新资本主义"型的工业发展与"中左"的民主改良主义是两个并行的现象。但在欧洲其他地方完全不是这样，而是新的经济技术发展伴随着戴高乐-阿登纳路线下的国家专制结构。

在这种前景下，佛朗哥统治下的西班牙最终找到新的机会幸存下来。此外，在美国，和平处处的路线和民主改良主义的肯尼迪思想，在资产阶级的背景下，不断遭到北美反动集团的破坏。在资产阶级世界——可以概括地说——即使少数改革派和进步人士能够成为政治机构的领导，他们仍然受到那些最反动的派别的制约，他们必须不断向这些反动派别保证资本主义的基础不被动摇，总之，还要不断遭受这些反动派别的敲诈。

依你看，在民主力量和保守抵抗之间的关系中，意大利处在什么位置？

我认为，在意大利，如今跟过去一样，为了不会再次出现反动退化并且在国家机构和社会生活的民主化意义上推动事物发展，强大的左翼反对党、左翼工人力量及其所有的政治、工会、协会力量的存在是最大的，也许也是唯一的保障。众所周知，左翼工人的推动力在共产党员中有着关键作用，没有这股力量，中左翼将变成一个空洞的幌子。如今，病态的反共产主义势头减弱——政治和新闻界的争议都可以追溯到真正的阶级原因上。为了保护大垄断所有者的利益，保守党参加公开讨论，此次保守党的选票很可能坐上天主教民主党的右手席位。如果右翼的马拉戈蒂派[①] 和工业家联合会在

---

[①] 马拉戈蒂（1904—1991），长期担任意大利自由党领导人和参议员，一直与意大利工业家联合会的立场相近，自二十世纪六十年代起，他反对天主教民主党与左派力量意大利社会党合作。

议会中的比重增加，即使是稍微增加，而不能被左翼力量的增强所抵消或者超越的话，那将是很严重的。我们希望左翼力量能够超越他们。

你觉得，在社会层面，左翼反对党力量最重要的任务具体有哪些？

今天，工业技术的发展无疑带来了较高福利的可能性，但是在结构方面如此贫穷落后的国家里，如果这种福利停留在消费水平的层面，那么这在很大程度上仍然是虚假的。应该说，人民的福利要真正提高，不但是冰箱或洗衣机的消费群体在上涨，而且是学校教育大力普及，有了有效的医疗机构，创造有序的城市环境而非蚁巢般的环境。并且这还涉及文化发展的问题。令人引以为豪的书籍热潮离国人文化水平的提高还差得很远。在这样一个国家，阅读仍然只限于，尤其是集中在大城市的少数读者，高水平的文化与文学创作推广的可能性受到广泛文化基础匮乏的限制，大众文化传播只限于表演范畴，图书馆几乎是大学教育的专属，这是一个文化发展计划越来越成为一种基础需求的国家。

那从政治自由视角看呢？

最令人担忧的是，虽然在意大利很多事物都在发生变化，但是我们没有看到公民与国家之间的关系有改变的迹象，也没有看到那些在公民面前代表国家的机构和人员有改变的迹象。目前有一种保守派旧官员反对新气象的先兆性反革命，表现在司法判决、扣押没收方面，非常显眼、歇斯底里和反常，当然会威胁陷害电影或书籍。在这里，文化仅仅是让（或者阻止）国家成为现代民主的工具的一场斗争的象征。

那么你对当今该如何构建这种民主化过程有何想法？

只要规划与改革来自高层，并且仅受经济与政治权力群体的利益调控，我们就有理由担心，我们将面临妥协和失去机会的结果。在这种形势下，需要反对力量找到新的途径，以确保民众的参与能给个别问题的提出和解决留下他们的印记。政治斗争将会更具体，但不会失去主要的总体主题的战斗力。这将是知识分子和人民群众之间必须实现的新纽带，并且是与政治权力的工具，即从议会到技术委员会的新关系。

一种知识框架的——技术的，但不仅仅是技术的——新形象正在显现，这需要越来越多的权威人士参与制订实际解决方案（不但是在经济规划领域，而且是世俗生活的方方面面）。如果这一框架的权威人士仅仅从政治权力的掌控者，或者——更糟糕的是——从经济权力的掌控者中产生的话，很快就会被束缚住手脚。只有成为人民群众的意识的代言人，并且利用他们的组织压力，能够带来实际效果的民主进程才能开展。

# 将评论家引上"歧途"
## （1964年）

克洛代尔·博纳富瓦，《伊塔洛·卡尔维诺的两个愿望》，《艺术》第961期，1964年5月6—12日，第3页。

在法国，伊塔洛·卡尔维诺作为"幻想小说"作家为人熟知，他身上的那些非同寻常往往源自童话或哲学寓言。但是卡尔维诺不止一面。由塞伊出版社收录在题为《历险记》中的他的那些短篇小说，[①]今天向我们展示了他天才的、更真实的、更注重真实细节和客观观察的另一面。另一面，并不是新的另一面，因为在《树上的男爵》和《历险记》中的短篇小说之间并没有新发展，而是平行的。

这些短篇小说和长篇小说都是当代的。在我的作品中，我总是交替使用幻想和现实。这二者相互依存。这一点是真的，当我写现实作品时，我渴望着写些更自由更幻想的东西；反之亦然。事实

---

[①] 1964年第一版的《历险记》，除了包括《短篇小说集》中的第三部分（《困难的爱》）中的九个历险记，还包括《阿根廷蚂蚁》和《烟云》。

上,真正的差异不在题材而在写作;而且在同一题材内也可以找到差异。另外,在我的幻想小说中,有些篇章的风格与《历险记》中的短篇小说的风格一样精准细致。

因此,风格对您来说极其重要?

是的。比如,在短篇小说《一个诗人的奇遇》中,开头语言极度匮乏,到最后语言极为丰富密集,在某种程度上语言就像疯了一样。《一个士兵的奇遇》中语言风格基调降低,缺乏讽刺,少许语言就足以让故事变得通俗。

事实上,在您的作品中,现实主义总是引起其他东西,如果不是直接突出现实本身,就是突出情感的模糊性。

小说集《困难的爱》试图抓住要溜走的某些东西,也许是不存在或者与空虚与虚无相交的某些东西。所以,在《一个旅客的奇遇》中,旅行的目的是爱,但是一旦到达最后,则非常明显,唯一真实的东西是旅行。

在当代意大利文学的背景下您身处何处?

目前在意大利有很多关于虚假问题的热议:传统,先锋……我不喜欢谈论这些。当然,我也做出了一些关于诗歌、关于文学的说明。但是每个人总是按照自己的方式进行写作。这种方式是在写作过程中发现的,只有写完之后才能进行理论化。如果变成理论了,就注定在未来要遵从自己的理论。就我而言,我一直在力求革新,力求引导评论偏离原来的轨道。可能在我所写的所有作品之下有一条线索，但是还没有被发现，我自己也不能说我已经找到了这条线索。对我来说，文学与怀疑交织。文学必须在摸索中前进，并且告诉其他学科，它要考虑到现实的方方面面，只能摸索着前进。有时候我真羡慕那些对自己的想法有绝对把握的作家。我，总体而言，我喜欢做自己；我认为我们应该一直用新的眼光观察世界，一直用不同的方式观察事物。只有如此，文学才能前进，才能成功。

# 文学与社会（1965年）

在伊塔洛·卡尔维诺、弗朗科·福尔蒂尼、埃多阿尔多·圣圭内蒂以及彼得罗·西塔提的圆桌会议"文学转向，它将会变成什么？"上，卡尔维诺做出的回答，《意大利日报》，1965年11月10日，第9—10页。

近年来，我们已经见证了意大利文学风气的变化。您认为主要是哪些方面的改变？

过去二十年的意大利文学分为若干阶段：不能将其视为一个单独的阶段，而是形成鲜明对比的一个"先前"与"后来"。意大利社会亦是如此。但是强调我们文学的不同阶段与社会经济变革之间的关系的任何话题，都不会中断或者取代文学内在话题，也不会中断或取代文学中的事物如何变化的话题。发生变化是因为"外部"发生改变，也因为自"内部"发生变化。

当下有哪些新现实？有一种更加顽固的不同往常的氛围，它是在全面拒绝先前的意大利文学的倾向前面形成的，在此氛围内争论往往不利于理智评论，因为如果把一切都放进同一锅汤里，就什么都弄不明白了；但是形成了新争论的紧张状态是一件积极的事件，标志着我们之间"和平解决争议"的结束，对自己和对别人的放纵的结束，必须让每个人做出自己的抉择，对自己工作的意义有更清楚的认识。但这仍然是外部消息；重要的是，文学正在变成另一件事，即更进一步理解它是什么。一段时间以来，各个方向的各种专题研究正在世界范围内展开，可能在某个时刻这些研究会与文学活动的一般意义相结合。当然这是一个漫长的过程。无须急于调解，无须草率做出总结。我们正处于对人类活动的一般认识之初……

那么文学是什么？

我从来没有听说过文学的权力和神圣性。我也从来不相信。我相信文学是我选择的并且会在此间继续工作的一个工作领域。总之，我相信，相信它是本身有意义的诸多活动的总和，自动自我辩白的诸多活动的总和，也是一份有用的工作。

一份有用的工作是指什么？也许我们中没有人会提出将文学作为终极目标。我们所有人思想中都有些我们力图去做或者可以以不同方式去体现的更普通更庞大的事情。也就是说，立足于世的某种方式。而文学对实现这些事情能有所贡献。如何做到？文学是一种文字活动，是一种形象活动，并且以其不起眼的但又是必不可少的部分影响着人类其他活动方式的进展。文学以想象世界的方式，以使用文字定义世界的方式运转。

总之，诗人影响科学家、技师、政治家、哲学家的心理活动，即使这些人对此毫不知情。当然这些人也对诗人的心理活动产生影响，即使诗人对此也不知情。在这个意义上说，一份意识到自己领域局限，但又对更为广泛的范围内有价值的事物负责的文学工作，就可以是一件很严肃的事情。但事情的神圣一面完全被我遗忘了。

在这种氛围变化之中，出版业出现了廉价书的繁荣景象。您是否认为这是件好事？

对我而言，报刊亭里出售售价三百五十里拉的书确是一件好事，但是目前还不能说这是一个文化事件。专门的小说创作，各不相同的题目，出于各种原因被扔在那儿，并不能构建一个满足任何读者需求的图书核心。在其他国家，廉价书籍的革命也有过混乱、专横的方面，但是比如在法国和英国，廉价书籍还包括了巨大的定位书籍的创作，包括能够给读者提供普遍的文化纽带的书籍创作。

人们总是说"大众文化"和"普通读者"，也就是说用的都是模糊术语。具体来说，哪些人是廉价书籍的读者？首先是年轻人。年轻人的需求有两方面：一方面，有文化激励、质疑的需求；另一方面，有文化积淀、拓展由学校培养的兴趣的需求。因此，这不再仅仅是牵扯到出版业的问题。在这种类型的外来创举的背后，所有发达国家都在进行学校革命。首先这是一个十分重要的事实，大量的年轻人在学习，但或许也是一场极大拓展其兴趣的强烈熏陶。

从市场最普遍的层面来说，家里拥有一个摆满书的书架很快就会成为与拥有一台冰箱一样的基本需求。而这将引导创作转向不可或缺的书籍：文化作品和经典著作。当然如果文化的普及停留在资料性和肤浅的大杂烩上，那就没有什么意义，也许只有当对书籍的渴望诞生于正在进行的社会变革时，它才能成为文化革命事件。跟我们先前因文学而谈到的话题类似：文学中所产生的在文化上有价值的内容，不仅仅取决于文学，也取决于文学所处的环境、文化及其他一切的总和。

# 我在《宇宙奇趣》中继续幻想小说的话题（1965年）

在《宇宙奇趣》（1965年11月）出版之际，卡尔维诺准备的自问自答的五个问题，经过增添和稍作修改在多家国家级报纸和地方报纸上发表。油印版原件保存在埃伊纳乌迪出版社的档案室，题目为《卡尔维诺：没有科幻小说。我继续我的话题》，副标题为《采访〈宇宙奇趣〉的作者》。采访的开场白中这样写道："伊塔洛·卡尔维诺，我们最任性最聪明的作家之一，他的书向来是一场盛大的文学活动：特别是最近由埃伊纳乌迪出版社出版的《宇宙奇趣》，他那富有远见和冒险精神的性格从《树上的男爵》和《不存在的骑士》的几个世纪前追溯到数亿年前：当月亮掠过地球，我们可以通过木梯爬上月亮；当地球还没有颜色和水，可以和氢原子们玩弹珠。这些是卡尔维诺以十足的信心对待的主题，他用今天人类的狂热、怀疑和固执让故事鲜活生动。人们对这些童话的'道德'展开了批评讨论。就我们而言，我们想听听最有资格做评论的人即作者本人的话。这就是卡尔维诺的回答。"第六个问答出自《给伊塔洛·卡尔维诺提的两个问题》，弗朗科·帕尔米耶里采访，《前进报》，1965年6月16日，第3页。第七个和第八个问答出自《给伊塔洛·卡尔维诺提的四个问题》，乔治·蒙泰福斯基采访，《商业快报》，1966年6月13日，第3页。之后的问答出自阿尔弗雷多·巴尔贝里斯的采访文章《卡尔维诺解读他的宇宙（从《树上的男爵》到无比神秘的 Qfwfq）》，《意大利日报》，1965年12月22日，第7页。

1. 首先，你能解释一下书名《宇宙奇趣》（Le Cosmicomiche）吗？

我将两个形容词"宇宙的"（cosmico）和"喜剧的"（comico）结合为一个词，我力求将我关心的各种事物融合到一起。对我来说,"宇宙"一词并未涉及太多的"航天"时事,而是试图使自己与更古老的事物联系起来。在原始社会和古典著作中,宇宙的意义是最自然的态度;而为了面对更庞杂的事物,我们需要一个银幕,一个过滤器,这就是喜剧的作用。

2. 因此术语"喜剧的"是否要根据古老的风格分类来理解?

在古典文学的古老的风格分类里,术语"喜剧的"有着令人自豪的历史。但是我并不认为我是想到了这一点才将我的小说称为"奇趣"。也许我仅仅是想到了无声电影的"喜剧性",尤其是在连环画或插图故事中,一个典型的玩偶即使时不时地处在不同的情形之中,也总是遵循相同的模式:也就是说,我想到了一些或许是无与伦比的、风格化的、形式明确的例子。[1] 我想补充一点,由约翰尼·哈特绘制的史前人物的漫画集[2] 在意大利与我的书同时出版,对此我感到十分开心。如果读者能够阅读这两本书,并将它们进行对比,我将十分高兴。

3. 有人说,《宇宙奇趣》就像一种新型的科幻。是这样吗?

不是,我认为,科幻小说的构建方式与我的小说的构建方式完

---

[1] 一年前,在《咖啡》杂志上维卡里的采访文章《空间里的标志》中,卡尔维诺写道:"《宇宙奇趣》的背后主要是莱奥帕尔迪、波派系列漫画(《大力水手》)、塞缪尔·贝克特、乔尔丹诺·布鲁诺、刘易斯·卡罗尔、马塔的绘画,有时候还有兰多尔菲、伊曼努尔·康德、博尔赫斯、格兰威尔的版画。"(《宇宙奇趣》,《咖啡》第XII期,1964年11月,第40页。)

[2] 约翰尼·哈特的作品《公元前》,米兰:蒙达多利出版社,1965年,收录在埃利奥·维托里尼主编的文丛"外国新生作家"中。

全不同。事实上，很多批评家已经指出，科幻小说是关于未来的，而我的每篇小说看起来都面向"原始的神话"。不仅如此，这二者之间还存在着科学数据与幻想虚构之间的不同。我的小说都是以某处读到的一句话为启示，最常见的是从当代天文学或宇宙学的书中得来的，也就是这样一本书将我带到了我最习以为常的心理机制领域，而视觉想象力对我无济于事。而阅读有时也会激发起小说的一些形象，带来一些建议。这些形象得以初具雏形、发展并拥有自主生命力，每篇小说都始于某个这样的形象。总之，我想让科学数据成为走出想象习惯和体验远离我们日常生活的推进剂，从而为我服务；我认为，科幻小说是趋于接近那些遥远的、难以想象的，力图营造一个现实的范围，或者至少使其进入一种已被习惯接受的想象视野。[1] 我不知道；也许我错了；但是需要告诉我一些更精确的信息：这位或那位作家的名字，这部或那部科幻小说的题目，然后再与《宇宙奇趣》进行比较，看它们的不同点，以及相同点，如果有的话。

4. 可以肯定的是，你在天文学、宇宙学、相对论物理学、进化论中寻找这些小说的灵感。是什么造就了这些科学趣味？

关于那些小说，正如我前面所说的，涉及推动力，我认为这些

---

[1] 多年后，在回答阿尔弗雷多·巴尔贝里斯的提问（从广义上讲，您写的小说是否可以被看作科幻小说）时，卡尔维诺说："1963年至1968年间，我阅读了大量的天文学书籍，特别是关于最新的宇宙学和宇宙理论的书，在由此产生的幻想作用下诞生了《宇宙奇趣》和《零时间》。我认为这两本书的故事与科幻小说完全不一样，不论是在想象方式上，在写作上，还是同科学观点的矛盾关系上都不一样。"（《专业人士的工作（科幻天空）》，《晚邮报》，1972年4月27日，第13页。）

推动力可以由任何阅读引爆，阅读可以激发可见故事之外的思想，激发拟人化故事之外的思想。到目前为止，我的实验只在某些方向展开，也就是说与我当时恰巧正在阅读的内容相关，但是我认为同样的方法也适用于——我也不知道——量子物理学、遗传学、非欧几里得几何的文本。总之，任何严谨的理论文本都可以，数学文本或者哲学文本也可以，但在这方面，我必须说，我不喜欢也不是为了"寻找灵感"而选择我的读物。我是出于好奇、热情而阅读——就像那些不从事任何专业研究的人阅读一样，我认为也跟一些专业人士阅读非专业书籍一样——并且经常从一个主题跳跃到另一个主题。但只要热情还在持续，比如对天文学的热情，我就会阅读天文学的书籍，因为我对天文学感兴趣，而并不是觉得天文学对我将要进行的创作有用。这些故事是独立出现的，它们遵循内部研究的思路，这一思路也可以与外部的机遇相关。

5. 根据你所说的，我觉得你并不认为你本阶段的作品与先前的作品之间存在明显界限。依你看，《宇宙奇趣》与你的其他作品之间有什么联系？

　　正如我刚刚谈到的种种关系，我并不认为它们之间有明显的界限。我想，这些短篇小说继续了我那些长篇幻想小说的话题，但又不仅仅只是那些小说的话题。我再次意识到，我尤其喜欢那些不存在与存在对立、空虚或稀薄与充实或稠密相对立、反面与正面对立的故事。在《不存在的骑士》中，它也是我最看重的书之一，幻想小说的经验根本没有达到顶点。但是也可以从抽象的、几何的、密度计式的视角来阅读我前期的关于战争的小说，也就是那些二十年前似乎高悬着新现实主义旗帜的小说，其中最显著的便是《最后来的是乌鸦》；并且我打算按照这一视角来阅读我大约十年前写的一些小说，例如《一个近视眼的奇遇》。眼下埃伊纳乌迪出版社将《烟云》放在《珊瑚》中再版，这部 1958 年的短篇小说从未单独出版过。我认为，在当代形象例如《烟云》中的形象和《宇宙奇趣》中某些故事的宇宙有很多联系点，作为写作也一样。总之，改变越多，越会做相同的事，总是这样：尤其是当后来发现这一点时，它会带来特别的满足感。

6. 您是否认为，《宇宙奇趣》需要配备一把开启阅读的钥匙？如果是这样，读者为提取含义而进行的研究也许就不能代表"新小说"中盛行的唯美主义内容的文学补偿？

《宇宙奇趣》不需要钥匙。如果一位读者想要提出并使用钥匙，那非常好：看到以不同的方式诠释我写的东西，总能给我带来满足感，尤其是那些我没有想到过的方式。每一把好用又没有强行撬锁（这把锁也就是形象与文字的建造，它是我说过的也是我想要说的唯一的东西）的新钥匙都是故事能够站稳脚跟的证明。要创作小说，我总是从形象出发，或者更确切地说，是从形象之间的关系出发，我试着根据它们内部的逻辑进行展开。故事所蕴含的"意义"的可能性总是在之后才会在我脑海里产生，并且当我将其施加给读者之后才了解得更清楚。这并不是说我对"内容"无所谓；与此相反，我认为一个好的能指只能对应一个好的所指。我要补充一点，我认为唯美主义的指责与新小说无关：对写作时直到最后才知道自己在干什么的担忧恰恰与唯美主义相反，甚至，也许是为了达到"内容主义"的唯一途径，即确定哪些可以被理解为"内容"。

7. 在现代批评的范围内，艺术类型的相互依存关系被普遍接受。是否可以进行些简单的比较，比如，十八世纪的英国文学与荷兰画家勃鲁盖尔，特别是与霍加斯以及荷兰画派有明显的亲缘关系。您是否觉得与哪位在世的或者至少是二十世纪的画家特别接近？

我认为对于《宇宙奇趣》可以给出很多当前的形象对应：现在我脑海里只有《宇宙奇趣》，但是要进一步解释，我觉得能够不断找到一些与我现在正在写的内容"相像"的东西。但是要具体指出一个名字的话比较困难；也许必须立刻指出另外一些不同的名字来抵消这个过于武断的解释。其实，与其说是文学和绘画之间存在真正的平行性，不如说是它们扎根于相同的土壤，有着共同的环境。超现实主义文学[①]的特定幻想精神被定义为绘画式的。在这个意义上，埃伊纳乌迪出版社的版本很好地选择了一位超现实主义者[②]给《宇宙奇趣》做封面。但是，同时《宇宙奇趣》也趋向于截然相反的方向——几何视野的方向，可以与抽象主义的某些进程相联系。

---

① 此处"文学"在报纸上可能由于失误写成了"绘画"。
② 《宇宙奇趣》的封面上是埃舍尔的《另一个世界》。

8. 您对意大利先锋文学有何看法？例如，在诗歌中，非传统的语义手段的运用，比如数字、图像，甚至一些机械装置的图像？您的作品与我们的先锋文学作品是否有些共同因素，哪怕是非常模糊的因素？

我一直对引导大家认识什么是文学作品、文字、写作、符号的各类研究感兴趣。由于理论在文学实验中具有极大的重要性（尤其是在法国，但是这种氛围在意大利也稍有传播），这是一个有趣的时刻。并且新的优秀作品或者只是古怪的作品正出现在这个世上；总之是个有趣的时刻。我不知道我是否是先锋派作家，我认为一个人无法单独给出定义。我用手工艺人的细心继续写我的小故事，没有这种细心我就无法尝试风格，正因为我每天都学些新东西，所以在我的创作中也有这种新东西。

\* \* \*

《宇宙奇趣》系列第一批故事的构思是什么时候产生的？

我写了有两年左右。我是这样开始的：当我读一本书，比如关于宇宙起源的书的时候，我习惯把脑海中浮现的一些形象记录下来，也就是说我的出发点是远离我最熟悉的想象机制的话题。而时不时地会有些关于小说的形象、建议冒出来。我只要将其记录下来就可以拥有一定数量的开头、开始的主题。接下来只要将它们展开即可。

很难精确确定一个故事的时间：我确定开头的时刻，可能远远早于我展开余下部分的时刻。然后，一旦故事完成，我可能会发现故事原本不是这样，真正要写的故事是另外一个样子，于是我又重写。或者，我开始以不同的角度来思考这个故事，于是我开始修改，从内部做了很多小的修改之后，表面看起来还是一样，但实际上已经是另外一个故事了。例如，《空间的记号》是我在这一系列文章中撰写的第一批故事：从去年我在《咖啡》杂志上发表到如今以小说集形式出版，我一直在加工，但是从最初我就对这个故事比较满意。正因如此，当我写完，我多次尝试去模仿这个故事，用这种方式去写出另外一个故事，但是很难。

人们普遍认为，对于一个作家来说，模仿自己，重复，是件最容易的事，是懒惰的标志。但事实完全相反。重复是能够很好理解所完成作品的最好方法，并且只有通过接近和排除来达到。知道自己做过什么是知道自己想要做什么的唯一方法。事实上，对我而言，与《空间的记号》相比，我成功创作出的唯一一篇有进步的小说是《螺旋体》，讲述的是一个软体动物在长壳的时候的各种想法。即使这篇也已数易其稿了，但我要说的是这个故事仍然没有结束。我认为它是我写《宇宙奇趣》的顶点，但也是出发点，因为我必须以此开始重新写作。

因此，您是说《宇宙奇趣》像一份"进展中的工作"，甚至是像您未来工作的一个决定性阶段？

谁知道呢。目前我发表了十二篇文章，差不多涵盖了各种可能性，因为我需要人们阅读这些文章，倾听他们的看法。《意大利日报》的读者读过其中一些，但是大部分是未发表的文章。我在《意大利日报》上发表的文章并没有都收录在此书中。同时，我还在继续创作。

那么，按照以往作品的框架，您将这部作品安放在什么位置？

我认为它是《不存在的骑士》的继续。我感到我喜欢那些不存在与存在对立、空虚与充实对立，或者这种类型的其他主题的故事。但是事实上，我的小说一直都在这条路线上：看似取自日常生活的那些故事，例如《一个近视眼的奇遇》，与《宇宙奇趣》中的这些故事（比如《光年》）没有多少不同。而我二十年前的那些小说，比如《最后来的是乌鸦》的主题和结构也是如此。

您回忆起了您二十年前的小说。如今您对于"作家的政治倾向性"持什么态度？

最近在意大利，在文学中反对政治"倾向性"的观念（或者至少反对迄今为止对它的理解）已被舷炮齐射夷为平地，并且一切都带有"左翼"色彩：不但是政治-意识形态的极左翼而且也是文学-形式的极左翼。我必须说，正中靶心。在这种情况下，我的书可以被理解成这样一种回应："好吧，我怎么知道？我从事天文学的！"但是事情更加复杂。在这些年，在西德，最富活力的文学是用近乎独占的方式进行政治辩论。因为那里总体局势的不明朗使得文学处于真正的对立。我们说，有些时候政治的文字和形象非常纯或非常新或不常使用，文学可以使用这些文字和形象，而不会因为日常用法施加的含义的损耗或模糊性使得这些文字和形象刚到纸面上就消解了。并且还有些时候，同样的这些文字和形象在文中并不清晰，就像缺墨的打字机打出来的字。但这些都是外部细节：无论使用哪种符号，在政治史层面，每个话题都有一个意义。

您最想成为小说中的哪个人物？

嗯……布瓦尔与佩居榭。成为其中一个人，或者成为他们两个人。一段时间以来我很羡慕他们。他们是白痴？我一点都不觉得。并且如今愚蠢能击败其他方式。不管怎样，值得去冒险。

# 对定义永不满意（1966年）

克劳德·库丰，《卡尔维诺在巴黎》，《法国文学》第1131期，1966年5月12—18日，第6—9页。

解放以后，我开始发表战斗故事，它们的灵感来自意大利抵抗运动。这些故事都是按照海明威的写作风格而创作的，因为我十分欣赏他的凝练而不拖沓的风格；但是我尝试着减少一点现实主义，同时赋予所描述的场景一种寓言般的变身。

卡尔维诺坐在我面前，回想起他写作生涯之初的那已经遥远的年代。他的声音热情而又清晰。

我的第一部小说，《通向蜘蛛巢的小径》，写于1946年，是新现实主义小说。用激烈的、过载的风格讲述了一个男孩在游击战中的故事。但是我认为，我的新现实主义只有在后来，在幻想小说中得到了真正的发展，幻想小说是表现人物的一种客观方式。在1951年到1959年间，我写了《分成两半的子爵》《树上的男爵》《不存在的骑士》。

有人说，这三本书是"伏尔泰式的小说"。对这种比较您有何看法？

法国评论家以极大的热情将伏尔泰的名字与我的名字相提并论。我很喜欢他的风格，但是如果要看实质的话，伏尔泰的哲理小说，在如何构思方面，与我的文学尝试没有多少关系。对于伏尔泰来说，小说的人物都肩负着体现思想的任务。对我而言，几乎相反：我从一个形象出发，将其发展直至极致。或者说，当我写作的时候我会去探寻我现在正在讲述的内容的确切的、深层的意义。当然，我是我这个时代的人，我有我自己的看法，我不想是白板一块，最后，我所想的一切都体现在我写的内容里；但是没有任何东西是提前预测好的。实际上，我的"童话"叙事——通常都这么称呼它们——处于哲理小说和超现实主义的幻想小说之间。超现实主义作家让潜意识说话。就我而言，潜意识（比如形象的自发作用）和理性（理智的判断）不断相互参照。

三年前，《观察者》在意大利出版，如今已被译成法语，这让卡尔维诺远离了幻想小说，似乎一定程度上回归到现实主义。主人公，共产党员阿梅里戈·奥尔梅亚，接受党的安排到都灵一家由修女管理的庞大的收容所——一座真正的城市——科托伦戈内部的投票站进行合法选举的监督工作。游戏已经制定好了：修女和病人都受过精心的指示要把票投给天主教民主党的候选人。但一切并非如此简单，他在科托伦戈度过的那一天，对被忽视的世界的发现——那个苦难与可怕的先天性缺陷的世界；以及，修女尤为特别的世界——都激起阿梅里戈长时间的沉思，用极其入微的洞察展示给我们。他的真诚为作品赋予了文献资料的特性；犀利的风格，卡尔维诺的时而嘲讽时而悲怆使其成为一部真正的艺术作品。

这是一次亲身体验。我于1963年完成了《观察者》，但讲述的事件可以追溯到1953年。这是我酝酿了十年的一部小说；最初的核心形成之后，然后逐渐成熟……我想，人们可以由人类生活的每一天获得灵感而写出这类小说。但是，我认为那天比其他任何一天都值得被创作出来。

您是否认为在《观察者》和您先前的作品之间存在断裂呢？

没有，因为这部作品与幻想倾向的作品平行，并且很长时间以来，我就尝试写些关于当代生活的"讨论式小说"，用它们唤起一些东西。从某刻起，我感到有必要写一些关于反思和深思的、表达非常细腻的小说，并且将我自身的很多东西植入其中。现在，当我面对一个当代的主题，总是由一个语言与我的语言相符的角色去观察、经历、判断这一主题。比如在《历险记》中有一篇题为《烟云》的小说，在这之中可以发现，同时既有隐藏也有显现的讨论，这一讨论是基于一个问题，或者更具体地说，是基于人类对工业文明的态度。既没有论断，也没有需要证明的事实，也没有结论，有的只是一切可能的见解。在《观察者》中，研究的主题是政治。我试图去发现意识形态话语之下的真正的东西。当人们说起"共产党员"或"天主教徒"时，这些话语之下到底是什么？阿梅里戈的行动方式（也是我的行动方式），是一个对定义永不满足、每次都试图进行更深入挖掘的人的行动方式。我试图表现思想的某种活动，相互反对、平衡、融合、混合的观点的某种几何学。在这里，我中断故事，插入人物所思所想的一切事实来阐明反思。这是一个可以使很多过于简单的肯定事实得到舒缓的文体方法。

从某种方式上来说，《观察者》是否是革命"怀旧"小说？此外，这话是阿梅里戈说的，他证明革命的纯洁性只有在重大历史事件的机遇下才是彻底的：对他来说，就是意大利的解放。此后，这种纯洁性遭到国家官僚主义，以及民主党派的官僚主义碾压⋯⋯

　　事实上，那就是意大利五十年代的氛围——至少是知识分子阶层的氛围。因此他们怀念在抵抗运动期间和战后初期表现出来的那个最美好的意大利。我的主人公察觉到了这种怀念，但同时这种情感开始让他感到厌倦。在他的性格里——在他确立了一个想法之后他就会有一个相反的反应。他明白，在1940年到1945年间的那种社会风气里，不可能一切都是纯洁的；于是他对此感到很烦恼⋯⋯

阿梅里戈可以被认为是一个典型？

　　阿梅里戈是典型的意大利人。我认为，一个像他一样聪明的意大利人，会有寻求真相、深入钻研真相、看到同一问题的两面性的需求。我想说的是，这是一种意大利的美德，对于意大利知识分子而言也是一种限制性的美德。意大利人很难成为极端主义者；如果他是，那他就是模糊方式下的极端主义者。性情方面，意大利人首先是一个调解者——我认为，这在阿梅里戈这个人物身上表现得非常明显。

在您的书中,有一句关于文学的可怕的话:"他觉得人们的文学就像墓地里浩瀚的墓碑:活人的和死人的。"① 这是卡尔维诺的反应吗?

也许这是一种暂时的精神状态,但是它可能会重复发生。②

您如何定义您在当代意大利文学中的位置?

严肃地说,我觉得我不属于任何阵营;简单地说,我参与了意大利文学的某些时刻。我总是尝试通过我的作品来定义我自己,有时我的这些作品彼此不同。但是我认为它们有一条主线。如您所知,有一个儿童游戏,在这个游戏中有一系列由数字表示的点,将这些点用线连起来就可以得到一幅画。我认为,我所有的书都可以这样连起来,最后将得到一个准确的形象——我的形象。

您感觉您与哪些意大利作家相似?

我曾与埃利奥·维托里尼联系密切,我曾经与他一起主办过一本杂志。③ 他属于与我不同的一代人,但是我同他有过最丰富、最富有成果的对话。此前我还认识帕韦塞。他们二人都帮助我在文学上迈出了第一步。

---

① 这句话在第 11 章的开头。
② 法语期刊中排版的混乱造成余下部分的回答令人无法理解。
③ 《梅那坡》,1959—1967 年。

# 电影与小说（1966年）

《电影手册》第 185 期，1966 年 12 月，第 87—89 页；之后文本做了修改，按照本文的回答顺序以《电影与小说-故事问题》为题收录在卡尔维诺的作品《文学机器。反思》中，巴黎：瑟伊出版社，1984 年，第 63—67 页，以及《散文集》第 1530—1536 页。由米凯莱·甘丁翻译的意大利语版本做了修改和更正，同甘丁的一个采访合二为一：《电影、小说和电影故事的问题》，《新电影》第 XVI 期，第 186 页，1967 年 3—4 月，第 120—122 页。卡尔维诺的手稿中保留着一页带有"翻译"要求的手稿，题目为《电影与小说》，还有这样一段开场白："《电影手册》，第 185 期，1966 年 12 月。意大利语版未发表。用法语写的。回答让-安德烈·菲耶斯基和克劳德·奥利耶关于'电影与小说'的提问。"这几行文字跟《文学机器》的所有章节引语一样写在右上角，表明卡尔维诺也许曾打算将该篇文章也收录其中。

1. 您认为，在叙事主题上，电影业已经创新，还是局限在采用小说的叙事模式，就像戏剧顺应了小说的叙事模式？
2. 依您看，用这种或那种方式拍电影会带来同类型小说叙事的完全等价物还是完全不同的结果？例如，电影故事当中的"闪回"给您的印象与小说叙事中的事件倒叙一样吗？

要找到小说中一连串书面语和电影中运动的一连串帧的共同因素，就需要在大量的词语或帧中隔离出图像的特有叙事联系，在小说和文学产生之前这种联系就刻画了口头叙事（神话、童话、民间故事、史诗、圣人和殉道者的传说、淫乱轶事等等）。电影一部分遵循口头故事（所有詹姆斯·邦德的电影都如童话般构建），一部分遵循十九世纪的大众文学（冒险小说、侦探小说、推理小说、激情小说、爱情小说、社会小说），在此，"一连串的图像"支配着"写作"。

然而，这种传承不足以定义电影的一些特定元素，比如喜剧噱头和基于自然危险的悬念；必须考虑电影院落后于其他走在前列的娱乐方式的程度：不仅是剧院，尤其还有马戏团（马匹、野生动物、杂技、小丑）、音乐厅、大吉尼奥尔以及体育竞技。电影的创作力量来自文化的基本形式的一个分层——它更倾向于重复而不是创新。

因此需要区别出这一方面（通常被称为社会学的方面，甚至也可以称为民族学的方面），尤其是在电影里特别强调的方面，这方面位于小说之上，只有在谈到文学的前文学方面或者元文学方面的意义上，才可以定义为文学的。

另一方面取决于用来叙述的仪器，即取决于摄影机。例如，在文学叙事里没有近景的等价物。文学忽视所有允许孤立地极限放大一个细节或者一个方面来强调一种情绪或突出与其他方面相比这一细节的重要性的方法。

作为叙述方式，能够改变摄影机与所表现事物之间的距离的事实可能是无关紧要的，但此事实构成了与口头或书面叙事相比的差异，在此差异中，文字与所述形象之间的距离保持不变。用文字可以创造出表明远离的神秘气氛（在树林中远远看见微光的小拇指①），以及创造出表明靠近的描述并且带来陌生化和不安的效果（照镜子的罗根丁②）。在电影中，图像的范围没有情感内涵，但具有布局功能，也就是说，在一个序列的图像中指出其特殊的地方。（印刷的文字可能只具有若干印刷体的价值，口语可能具有若干声音层次的价值。）因而近景给观众提供了独特的满足感：图像越大，就会有越多的观众身临其境，这就是越来越需要更大银幕的原因。

人类面部的近景源于绘画的古老原理：肖像（我并不认为绘画从不会利用布局可能性，这些可能性就是在"全景"场景中混合了放大数倍的肖像；也许它以万能之主耶稣的头像出现在某些镶嵌艺术或壁画中；甚至米开朗琪罗，在西斯廷教堂的拱顶上，交替绘画《圣经》故事中的先知和女巫的肖像，但都是全身肖像而不只是头部，与其他形象相比，不成比例并不是很明显，尤其这些肖像与叙事无关）。肖像在小说中也有应用，这尤其要感谢巴尔扎克。但是，他根据拉瓦特尔的理论建议给我们描绘出的详细人物描写当然无法构成他的小说的着重点；对他而言，现代小说心甘情愿让人物面部特征模糊。相反，对于电影而言，面部是极其重要的。

因此，我们说，电影所具有的独特摄影术不能与文学的方式方法进行比较；从这个角度来看，电影与小说没有任何可以相互传授和相互学习的方面。

---

① 法国著名童话作家查理·贝罗的作品《小拇指》里的主人公。——译者注
② 让-保罗·萨特的长篇小说《恶心》里的主人公。

电影仍然在不断进行文学试探。尽管电影具有如此强大的力量，但是电影一直羡慕书面话语。电影想要"书写"。对于诸多在其他领域有着重要地位的杰出人士来说，也存在着同样的现象，他们原本应该对自己满意，但他们整夜爬格子，只因受到要出版一部小说这唯一的雄心的推动。电影对传统小说的热爱导致一些发明很快变得司空见惯：第一人称自述的画外音，还原过去的闪回，表现时间转换的渐隐渐显，等等。直至昨日，文学还是电影的蹩脚师傅。最近几年的利好消息是人们普遍认识到电影必须尝试不同于传统文学的文学形式。书面文字的挑战仍然是电影创作的重要推动之一，但是，与以往不同的是，文学开始以自由模式发展。如今电影展现了丰富的叙事模式：可以拍摄回忆形式叙事的电影、日记形式的、自我分析形式的、新小说形式的、抒情诗形式的等等。对于电影来说，一切都是崭新的，然而对于文学来说并非如此。在这方面，电影仍然是文学的支流；但是情况仍然在发展，并且可以改变。

3. 您认为，电影本身拥有经典小说叙事的经验，是否会因此推动小说必须革新，并强调革新的紧迫性？

在某种层面上说，可能恰恰相反。

叙事作品经久不衰，因为其叙述方式（以及它的主题）不会脱离大众电影的叙述方式，并且旨在满足观众的需求，满足其消费者的要求。我说的不仅仅是黑色系列，在这一系列中电影和小说之间的交流十分清晰，也包括具备"文学尊严"的大众小说的广大领域，最好的情况下，还包括具备一定主题兴趣的，将其创作建立在实验方法基础上的大众小说。

在另一个层面上，即文学研究的层面，电影具有让某些叙事技巧（以及某些主题、环境、场合、人物）过时的能力，但我不认为这种能力停留在淘汰传统小说上。我们要考虑新小说自身的某一过程，从现在到过去、从真实到想象、从一个"时空连续体"到另一个"时空连续体"的转化等等。两三部高品质电影就足以让此过程跻身电影行业；并且现在，当小说中具有该过程之后，这就"成了电影"（这在文学中，仍然具有否定意义）。

但时间的错位，比如说在罗伯-格里耶的作品中，也具有（或者尤其具有）操作语言的价值：他的作品中没有悲悯的和令人回味的情感，这一文学上的成功是电影无法达到的。所以我们说，电影可以消耗小说的那些与写作分离的因素。只有另一种写作方式才能使一种写作过时。

5. 您对1945年开始的电影革命，更具体地说，美国电影和欧洲电影的当前趋势有何看法？据此您是否认为，多年来年轻一代的导演已经真正实现了"电影小说"？

6. 如今的年轻人分别对电影和小说的关注对您有哪些启示？你是否认为部分电影人已经成功地在他们和他们的观众之间建立起了小说家经常缺乏的那种对话？如果确实如此，您如何解释这一现象？

7. 您如何看待电影和小说的——短期的和长期的——未来？

除了"电影小说",我觉得当今十分有趣的是电影的杂文方向。我觉得《男性女性》[①]的"调查"部分在这个方向上意义深远:因为电影让我们直观地看到了那一切,因为它所代表的叙事形式,还因为以社会调查为起始并在调查的对比中完成的批评。极其重要的一点是:社会学的电影调查或历史研究的影片只有当所拍摄的不是社会学或历史学已经明确的真理,只有当它们以某种方式参与批判社会学和历史学所言内容时才有意义。(我认为罗西也选对了路子。)我认为,对于真正的"电影杂文"来说,具备一种疑问的、提出问题的态度而不是教育的态度,并且对混淆了电影和文学之间关系的文字没有自卑心理,这些都是非常必要的。

4. 关于您的作品,您是否认为电影对您的小说构思或您运用的叙事技巧有某种影响?如果是,具体表现在哪些方面?

"作为观众"我一直很喜欢电影,跟我的文学作品没有关系。如果说电影对我的某些作品有影响的话,那就是卡通片的影响。相比摄影视图,绘画视图一直跟我比较接近;并且我认为在不动布景上的动画艺术与在白纸上用一行行文字讲述故事相距并不遥远。动画可以教给作家很多东西——首先,用寥寥几笔来定义物品和人物。它是一种隐喻同时也是转喻的艺术,它是变形的艺术(从阿普列尤斯开始的典型浪漫主题,这方面是电影的短板)和拟人的艺术(异教徒的世界观,没有认为的那么人文主义)。

---

[①] 1966 年上映的让-吕克·戈达尔的电影。

另外一种影响我的视觉和绘图的叙述方式是漫画。这里也可以区分出保守方面和创造性方面，但并非泾渭分明的区别。冒险故事往往保留了电影和十九世纪小说的视角。连环漫画是我最感兴趣的东西，它将表意图像和文字的使用相结合（或者更确切地说，是发明了与口语和拟声词相结合的绘图），给我们这个世纪带来了全新的叙述方式。很可惜的是，漫画的研究迄今一直为社会学家所有，作为独立艺术的真正的连环漫画批评尚未诞生。

# 我的风格变换的原因（1967年）

《我对意大利当前的文学不满意》，马德琳·桑茨奇的采访，《洛桑公报》，1967年6月3—4日，第30页。前五个回答（和第五个提问）的意大利语文本经过卡尔维诺亲笔修改和增补，保存在他的文件中。

很长一段时间以来，在您的作品中能够看到双重风格。一方面，是纯粹的幻想文学——有时候可以说是，像蒙塔莱的作品一样，是反向"科幻"文学——另一方面，更是"现实主义"文学。这两种风格在您的作品中是如何调和的？

我不认为我的作品有现实主义风格。文学，就跟数学一样，是抽象的，形式化的。这才是我的兴趣所在；并且当我写些可以被定义为现实的东西的时候，我仅仅使用了我们这个时代所认为的那些现实的抽象的特殊方法中的某一种。但是在被定义为"幻想的"作品中可以对叙述的节奏和形象进行组织让我感到很满足。（我要说的不是"科幻"：科幻是一种被明确定义的类型，与我所写的东西完全不同。）不管怎样，我喜欢时不时地尝试不同的叙事方法。《宇宙奇趣》共有十二个故事，其中每个故事都是独立的，并且在风格上，每个故事也都在寻找不同的方式。这就是我继续为之努力的研究方向。我认为在我的最新一部小说中（最近发表在《蓬皮亚尼文学年鉴》上[①]），我完成了长久以来我试图完成的新的小说类型，在这部小说中对节奏的处理完全是一个逻辑过程。有一个拿弓箭的男人，当狮子跳起来向他扑来的时候，他向狮子射了一箭。整个故事发生在箭和狮子都在半空的时候。在我此生所写的所有故事中，这是第一次我觉得我能够真正做我想做的事。

您的意思是您觉得现实是不可改变的？

我并不是那些相信只存在语言或只存在人类思想的人。（他们中也有人被认为是"现实主义者"。）我认为存在一个现实，并且在现实和我们用以描绘现实的符号之间存在一种关系（尽管总是部分关系）。正是出于这个原因，我的风格不断变换，我对我的诸多方式方法也不尽满意。我认为世界是独立于人类而存在的；世界在人类出现之前就已存在并且将继续存在，而人类只是世界对自身某些信息进行组织的一个机会。因此文学对我而言是一系列关于世界的信息分类和知识的尝试，一切都是极其不稳定又相互联系的，但在某些方面也并非是无用的。

读您的书，有时会有一种恐惧的感觉。是这样吗？如果是，是对什

---

[①] 《零时间》，发表在 1967 年的《蓬皮亚尼文学年鉴》上，朱丽亚娜·布罗吉、詹卡罗·博纳齐纳和安德烈·菲多拉主编，米兰：蓬皮亚尼出版社，1966 年，第 168—172 页。

么的恐惧？对原子弹？《宇宙奇趣》的故事是如此的新颖、精彩和生动，读来我有时会有种试图逃避现实的印象。

在《宇宙奇趣》里我没有直接描述现实、当代社会，但我觉得在最抽象且最永恒的故事中，我们的时代会以跳脱出自己而告终。不管怎样，我认为需要与我们时代的历史现实保持一定的距离，并不是因为我觉得需要逃避，而是因为要真正地看清它，需要我们以数世纪的视角进行展望。我本能地拒绝的一件事就是源于世界末日、大灾难或轮回再生前夕的激动。这并不是说我认为等待我们的是宁静的时代，完全不是。但是我认为我们正在经历的革命将至少影响二十代人，并且为了过好我们的生活需要找到正确的节奏，整个过程的、超越个别事件的节奏。

我想问问您——我请教的既是著名出版社的顾问也是作家——意大利小说的未来走向。

当今一部分年轻人的发展方向是用撕裂的碎片构成叙事，有时用报纸或书籍中摘取的句子进行拼贴，有时用源于无意识的形象进行关联。通过想象的不连续性构建叙事的连续性，在理论上是合理的方式，并且具有古典上的先例：在《疯狂的罗兰》中诗歌已经是碎片化叙事活动交织的结果，将万物分分合合的大千世界中的形象糅合在一起。如今，在这种类型的小说中，我所感兴趣的是一个可能幸免于难的世界的新形象的构想；我不太相信其"毁灭性"、语言之争的功能，而许多评论家将这些放在首位。就我个人而言，我将继续完全不同的探索思路。

在您的每一份简历中,您都提到帕韦塞和维托里尼对您的影响。您如何看待您与这两位跟您迥异的作家之间的关系?

两位的名字放在一起仅仅意味着一种文化氛围:那是 1940 年到 1950 年间意大利的氛围,对我的成长具有决定性作用。事实上,两位大师的意义是非常不同的,甚至是对立的:帕韦塞倾向于在当今的文学和现实中发现史前的、神话的和仪式的文化体验的持久性。而维托里尼倾向于强调代表新式经验的、打破旧秩序的、与传统世界形象对立的一切事物,以及与那些确认世界古老形象的表达形式和知识形式进行争辩,尽管很明显这些形式是现代的。他们两位个性复杂并难以界定:即使我曾经得到与他们(在埃伊纳乌迪出版社)共事的机会,我也花了很长时间来了解他们,并且我同他们的对话尚未结束。

那么意大利的文学形势与法国的文学形势是什么样的关系?圣圭内蒂说意大利文学有一定的滞后,但很快会追平法国文学。您认为这种说法有道理吗?

这个问题我觉得提得不好。文学不是比赛。在法国,文学运动与迅速风靡世界的文学流派向来层出不穷。然而,在意大利,真正值得注意的也是一直最值得关注的是非常复杂的文学特性,创作非常个人化,总是有点孤立,无法有一个明确的界定。话虽如此,我还必须补充一点,我对意大利文学的现状并不满意。但是,意大利哲学和文化的前景正在发生改变,并且这反过来会改变很多东西,包括文学。以什么样的方式?眼下还很难说。就我个人而言,我觉得所有的危机和不满都会受到欢迎。

# 恒星的想象与语言（1967年）

《〈零时间〉中一个新的卡尔维诺》，自我采访（署名毛罗·拉米），《威尼托信使报》，1967年11月22日，第3页。

首先，题目《零时间》是什么意思？

《零时间》或者说《T零》，是关于宇宙起源或相对论的书籍中经常遇到的一个公式：t后面跟一个下标0来表示某一时刻的时间，称之为零时间，其后的时间与它相区分，称为时间一、时间二，以此类推。这个公式成为我的小说标题，要我说可以称之为一个完全停止的故事，一切都包含在一个停止的等待瞬间。①

您刚说到"宇宙起源"了。这本新书的灵感是否与上一本书《宇宙奇趣》相同？

某种程度上是的：我继续对我关注的一些主题进行创作；但是，我必须说的是，只有现在我才开始看清楚我前进的方向。当我

---

① 参见多年后卡尔维诺接受米凯莱·内利采访时说的话。

发表《宇宙奇趣》时，我觉得对我来说是开辟了一条新的道路，但那时我对我要说的内容只是浅尝辄止。

在《宇宙奇趣》中，每则故事的主人公的名字 Qfwfq 是无法发音的，其形式也是难以想象的，因为他不仅是人类的前身，也是所有生物的前身；他是一个逐渐呈现出最多样形式的人物。在《零时间》里面 Qfwfq 还会出现吗？

在书的第一部分会出现，但是在某一刻该人物会获得在以前小说中未获得的维度——死亡。在某种意义上，Qfwfq 既是原始海洋中的某一原始生命，同时也是在周日乘车兜风而死于车祸的某个米兰人。

一个继续死亡同时也继续生存的 Qfwfq？

我面对过最雄心勃勃的主题，是一个单细胞生物讲述自身通过细胞分裂进行繁殖的独白——生活的不连续性……在这个阶段，Qfwfq 消失了，我们将它忘记了。我们要说的是，Qfwfq 的语言陷入了危机。只剩下以第一人称进行的叙事，不再需要在星系和行星之间进行投射。与时间和空间的关系令人头晕目眩，就像开车排队等红灯的人一样……

这是一部新的小说？

是的，《追杀》。在某种程度上，是与已经处于危机之中的《宇宙奇趣》相同的观点……

讲的是"宇宙"的危机还是"喜剧"的危机?

二者之间的平衡危机。在追忆世界和生命的诞生时,消除那种惊讶慌乱的心情,这就是我开始的方案;为了做到这一点,我将限制性的、讽刺的风格元素,非常单调的"次语言"拿来做赌注,以便能够使超出人类范围的想象"变小""人性化"。但是,在某种意义上,我并不满意;我已经受够了用假声说话。因此我彻底翻转了我的方案。

用什么方法?

用恒星的想象和语言,与天文学脱离,来讲述人类的独特处境,悲惨的或痛苦的处境,并且用抽象的方法来解决这些问题,就像做数学题一样——这就是我要做的。《零时间》的最后几篇小说就是用这种风格写的。也许不仅是风格;在我的游戏中我还想……

什么?您说,您说。

嗯?好吧,没什么,只是一个精密的游戏;我用更严密的方式去赌,没什么了。

# 威尼斯：水城的原型和乌托邦
## （1968年）

《"他们的"威尼斯。水城的原型和乌托邦》，伊沃·普兰丁采访，《小报》，1968年4月9日，第4页。卡尔维诺的文件中保存了一份更长的文本，《小报》选用的部分与此一致。这份文本带有亲笔签名、增补、修改和日期（1968年），题目为《威尼斯：原型和乌托邦。水城的未来》，德语版1974年11月发表在杂志《梅里安》上；之后，收录在《散文集》第2688—2692页，题目为《威尼斯：水城的原型与乌托邦》。

伊塔洛·卡尔维诺，我们文学界的佼佼者之一，他在巴黎夏提龙广场的一个公寓住了一段时间了。他是去体验另一种文化的气息吗？或者他只是想度个假？不管怎样，他在巴黎回答了一些我们关于威尼斯的问题，"第一个非欧几里得的城市，因此是一个面临着更多前景的城市典范"，因为它拥有另外一个空间：水。

没有什么能比威尼斯面水而开的房子能赋予人更多关于空间的想法；对于内陆人的懒惰头脑而言，要习惯面水而开的才是真正的门，而另外一扇朝着广场或大街而开的只是侧门的想法，始终是一个挑战。但是只要稍微思考一下就会明白，面向运河的门连接的不是某一特定水路，而是所有的水路，也就是说通向环绕整个地球的浩瀚水域。这才是在威尼斯的房屋里感受到的：陆上的门只是通向有限世界的一部分，而面水而开的门直接通向浩瀚无边的空间。

其实，威尼斯给人类带来了一种特殊的思想氛围，一种特殊的几何，即非欧几里得几何。因此，在威尼斯连接两点的最短的线，从来都不是直线。

就是这个激发我们以不寻常的方式进行想象；而在感性层面没有什么无限的东西，空间在我们面前总是以不同的形态开合。极其多样化，同质体验中的非一致性，正是威尼斯非凡的结果。在这里，道路术语无与伦比地丰富：小道、广场、屋脚的沿河小路、滨岸、鹅卵石街道、拱廊，每个地方都要求细致精确的命名，就像在彰显它的独特性。我发觉我无法记住那么多表示水路的词汇：运河，河，然后呢？抑或是我的记忆接受能力较差，或是表示水路的术语匮乏，威尼斯的词典并没有解释这个潟湖迷宫向我们展示的各种形式。在这两种情况下，唯一的解释是：水是统一要素，从露出水面的部分对其进行区别；潟湖是唯一的水平面，而屋脚的沿河小路和带着不断爬上爬下的台阶的桥带来了不连续的元素，而这恰恰是语言。

卡尔维诺被那"额外的空间"，被水迷住了。

生活在威尼斯，不考虑水也并不意味着生活在其他城市居民的那种环境中——生活在消极的城市。想象力不肯描绘干涸的威尼斯：如果我试着想象运河干枯了，我看到的是堤岸开裂，深不见底的峡谷纵横交错的一座噩梦般的城市。或者，另外一种噩梦，运河逼仄乃至封闭，狭窄小巷中的房屋墙壁挤挤挨挨，触手可及（但这样的威尼斯是存在的，即卡斯特罗街区的穷人们的威尼斯）。

对您来说，什么才是威尼斯未来可能的现实？

在未来大都市的规划中，将会越来越多地看到威尼斯模式的出现。例如，在规划师解决伦敦交通问题的提议中，用于车辆通行的道路在地下，而行人则在天桥和桥上通行……水将在都市文明中占据越来越重要的地位，在我们即将经历的过渡时期，很多城市不得不被遗弃或彻底重建，威尼斯，没有经历过那段认为未来是汽车的天下的人类历史的短暂阶段（只有八十多年），将会更好地克服危机，并能更好地用自己的经验指导新发展。

因此威尼斯不仅是一座过去之城，也是一座未来之城？

是的，确实如此。并且威尼斯将失去一样东西，它的独一无二的属性。世界将满是威尼斯，或者说超级威尼斯，在这些城市中不同高度的各种路网叠加与连通：可通航的运河、气垫车辆与气垫船通行的道路和运河、地下或水下或高架上的铁路……恰恰要在这样的场景里去看威尼斯的未来。在它的历史和艺术魅力中审视它，只是抓住了一个面，杰出的但有局限的一面。威尼斯作用于想象力的力量是俯瞰乌托邦的活生生的原型的力量。

# 所有小说促使形成的那部
# 独一无二的小说（1969年）

*《我们问作家们："小说已死……这是真的吗？"》专题，阿尔奇德·保利尼主编，《意大利日报》，1969年1月29日，第4页，《卡尔维诺：永不满足的必要性》，同一页还有安娜·班蒂、利贝罗·比贾雷蒂、卡罗·卡索拉、奥蒂耶罗·奥蒂耶里的回答。*

我参与过很多关于小说的调查。曾经一度若干年，我回答我是为小说而生，因为意大利文学只有重新找到小说之路才能重生。（那时我不写小说；只是回答了些关于小说的调查。）随后，又是若干年，当意大利小说进入易于成功的时期，我表示反对小说，我认为意大利文学不可能重生，因为它和小说在一起就是在浪费时间。（当然那时我仍然不写小说；而且我也不阅读小说，因为我对它们不再抱有任何期望。）现在，鉴于事态的发展，鉴于对小说感兴趣的人——尤其是年轻人——越来越少，鉴于当代意大利（和国外）的创作受到最重要的读者的广泛遗弃，好吧，我想表明我对小说的坚决支持。（但是，我做梦都没想过要写小说，我也有一段时间不追那些发表的小说了；我要继续对小说进行说教？不，也是时候停止回答那些调查了。)

有些读者选择解释、讨论或传播社会学、经济学、政治、历史、哲学、心理学等思想和理论的书籍作为唯一的精神食粮,并且认为阅读小说是浪费时光而对其排斥,对于这些读者我只能这样说:好吧,你们对思想知识的渴望是神圣不可侵犯的,即使你们没有麻烦,但是你们所遇到的问题,以及许多其他事情,有时候小说可以给出更全面的更有营养的解答,特别是这些解答可以对其他问题举一反三。

哪些小说?并不是那些张三李四王五(以及当下那些常见的名字)写的小说。我所说的小说是最近几个世纪发展起来的一种演说,满足了一系列富有想象力的、认知的、沉思的和情感的需求(这些需求大部分可以追溯到古代和人类史前时期,并且在每一个文明里都能找到不同的答案);过去几个世纪的伟大小说是这一演说的其中一部分。我所说的小说还包括:时读时新的书籍,二十世纪力图用新规则重启古典话语的伟大小说,以及离开了它们就无法理解那些伟大作品的二流作品,甚至是从中有许多值得学习的经历了多个时代的想象力的形式和集体无意识的形式的古今"次文学"。最后,在这一点上,在这个总体框架下,也包括那些只是为了寻找印证我们的不满的"文学时事性"的小说。

总之,重要的是阅读那部独一无二的小说,它是由所有小说促成的,它源于在典范行为中组织概念和符号的需要,并且它总是引导出未来小说,这部未来小说用以回应现有小说尚未能满足的需求。

我生于美洲
Italo Calvino

# 书不是陨石（1969年）

《卡尔维诺——信仰文学的孤独作家（《树上的男爵》）的作者选择巴黎作为工作与观察之所）》，拉法埃莱·克罗维的采访，《未来日报》，1969年7月20日，第3页。

近期你去巴黎生活了。这个选择，对于你来说，是否意味着离开这里去全身心地投入作家这份工作中？

离开？差不多吧。说实话，即使在意大利，至少当我明白所有的作家都面临成为"公众人物"的危险时（从我的角度来看是危险，当然，对别人来说是他们角色的必要组成部分），我也尽可能地躲远一点。现在，巴黎离米兰或都灵也就一个小时的路程，所以每次有事我就可以往返其间。同时我又可以避开一点"居民"作家越来越难以摆脱的那些连续不断的麻烦事儿。比方说，在巴黎我可以住在乡下，但与大城市相比有着更多的优势（和缺点）。因此，与其说为了作家的"生产率"——我已经将其他担忧抛诸脑后了——不如说我的选择旨在减少分心，获得更安静的一种生活方式。

但是，你不认为，你的离开是作家自身的一项职能的放弃，即放弃在当下的讨论中发表自己的意见？我记得在以前，你经常就文化和政治问题发表看法。然而，近几年，在意大利和世界范围内正在发生很多事情，对此你却没有发表任何见解。

年轻人需要参与到正在发生的那些事情中去，除了历史力量之外，这是一项神圣而必不可少的需求。我很高兴我年轻时经历过了这样的阶段，但是我认为随着年龄的成熟则需要另外一种节奏，否则就会变成跟在时事屁股后面并且对一切捉班做势的"官老爷"之一。持续关注着世界上正在发生的事件，我不断发现，世界总是渐渐地与我想象的不同了，因此我尽量只在那些我已经有了明确意见的事情上开口，并且我也不急于做出结论。

你不觉得你的这种保留态度会导致当你做出结论的时候，别人已无法理解你了？我只是想到一个小插曲，想到了你去年拒绝了维亚雷焦奖。也许你未曾料到会引起很大争议，也未曾料到他们将你的行为与其他人混为一谈，说你如此做是为了炒作？

好吧，我们谈的是吸引众多人的一个话题，所以我说什么都是没用的，我一直力图尽可能不去管它。去年，似乎那是我唯一可以做的事，在那一刻接受一份大奖相当于对那些奖项表示赞同，似乎他们给我颁奖就是为了让我做出这样一份肯定。[①] 但是我拒绝了，于是他们对我大发脾气。我只好回应，解释，争辩？我不认为我适

---

① 为了澄清他拒绝维亚雷焦奖的原因，1968 年 8 月 13 日卡尔维诺给《时代周刊》的主编写了一封信，之后这封信收录在《书信集》第 1006—1007 页。

合应付这类挑战,报纸所说的那些事很明显是恶意中伤。没有人注意到,没有什么炒作能够弥补我的损失。我能说什么呢?"哦不,你们看我多厉害,我损失了三百万还能眼睛都不眨一下!"这太荒谬了。有时候,你必须学会独处;它是能让人们明白那些事不足挂齿的唯一方式。

在这一点上你注意到意大利和法国的差异了吗?

如果你要说这一习俗(奖项、学术荣耀、崇拜、文学社,等等),我认为——尽管我没有直接经验——这种丑事随处可见,但在我看来,巴黎是一个自成体系的世界,它对重要的文化和文学干预较少。总之,他们互不理睬,有更多的空间。在意大利,大家都相互认识,经常"见面";在巴黎,作家只有在有共同的工作要做的时候才会见面,没有人会用"你"称呼别人;我觉得这样最好。在此基础上,就能诞生(至少直到我这一代在内的)我们一度无法胜任的团队协作;就能诞生真正的友谊和敌意。但是我认为在这方面意大利也正在发生变化,渐渐地文化不再是几个人的"小世界"。

那么就一般情况而言,从巴黎的角度去看,你如何评价意大利的文化生活?

不是角度的问题,要在意大利和巴黎之间做比较,现在再也没有必要在一个地方停留更多的时间;资料、书籍、杂志很快从一个国家传到另一个国家,人们也会到国外旅行并经常碰面。然而,作为接触最多的，我想说的是意大利给人以文化更充满活力、更灿烂的印象（正因如此，法国的知识分子经常倾向于以意大利的人和事来创作神话，但我们却对这些人和事知之甚少），但是也更肤浅。但这点需要详细说明一下。例如，在很多领域，意大利的知识分子，用他们的热情关注着世界上发生的一切，最终他们比他们的法国同事知道的东西要多得多，而法国人的好奇心不强；但是问题是如何利用他们所掌握的大量信息。通常，法国人在一个方向上深入钻研，以极端主义进行每项研究，因此就构建了一种具有独特特点的文化。但是必须说的是，法国人的这种严谨在很多情况下，是一个人脑袋里只有一个念头，并且对那个见解坚持不懈，对结果有一种失衡的严肃和全神贯注。比方说，现在文学批评语言的独一性，这让法国杂志的阅读变成了惊人的同语反复。

但是你不觉得，在最近我们重拾专业上的严谨，这给意大利文化的整体氛围带来了影响？

我们要说的是，对我而言，意大利文化的灵动与好奇是优点，我绝对不希望它丢掉这一特点。我所抱憾的是，我们表现得太少，我们的文化太不够"苛刻"。我们需要既非常苛刻（意思是要求文化比它现在给人类提供的更多）又能够非常专注的（意思是致力于积累、基础的工作，没有这一点就什么都干不成）一代人。我不敢说事情是否能朝着这个方向发展，但是现在我知道，文化氛围的转折，尤其是在年轻人之中，可以在任何时候给我们带来惊喜。

仍然是国际比较方面的话题,你的新书《宇宙奇趣》和《零时间》在国外受欢迎程度怎样?

《宇宙奇趣》已经在法国、英国、美国、阿根廷、一些斯堪的纳维亚国家和东欧国家出版,以及在苏联出了选集。在我可以跟踪评论的国家中,我注意到在美国收获了尤其多的好评——没什么特别的,是一种彬彬有礼的好感,但是作为译本,作家能够得到如此较大幅度的满足是很罕见的。我们必须说明这个问题的真实情况。如今外国文学处处于基本矛盾之中;我想说,外国文学在意大利和意大利文学在国外是一样的。矛盾是:翻译了很多,但是渗透力有限。如今一位作家,在他自己的国家刚刚达到一定的知名度,他的书就一定被翻译成多种主要语言。出版社追寻既畅销又有文化权威的书,他们希望有一份列举充分的外国作家名单。在这些翻译作品中,有那些多多少少出于恰当原因——政治的、性爱的、习俗的、容易的、古怪的,只有极少数出于文学原因——而"成功"的作品,还有很多其他书也非常好,但是它们无法跨越读者大众注意力的门槛,它们充其量会收到评论家不太上心的粗略赞誉,会在橱窗展出一周,在书店的书架上待的时间更短,然后就被退给出版商,消失在仓库中,再也不会有人提起它们。

因此各民族文化仍然是无法互通的连通器?然而,在回答其他问题时,你强调各文化之间的边界趋向消失。这不是自相矛盾吗?

或许不是。书不是陨石,它的周围需要有背景,它必须位于文明的框架内,并与其他书籍相关。在某些要点和某些即时关注的内容之外，书籍更多的是与它们的文化背景相关，而出版市场上的世界主义不可信。这就说来话长：因为有些国家能够让它的文化作为一种背景向外输出，而有些国家——比如意大利——就不行。但为了继续我们这个话题，我要说，各个国家文化会继续举足轻重，即使与传统主义的或国家和民间的意义不同。例如，我认为我的新书，看似是最国际化的，但实际上都完全扎根于从二十世纪初开始并且断断续续延续至今的意大利文学的路线。这些书首先是为了激发当今意大利想象力中的某些东西而诞生的。

我看到你总是倾向于清除围绕作家的作品而产生的传奇，但是你又总是对意大利文学的未来充满信心。你确定这个未来存在吗？在"文学之死"的假设面前，你做何反应？

"文学之死"的各种理论的哲学、社会学和末世学的背景与我是根本不相干的。但是我承认，做"文学之死的文学"可以是搞活写作艺术的一个好方法。任何形式和思想的死亡都能让其他形式和思想诞生。正因如此，我不认为面对那些说"文学必须死"的人需要采取捍卫者的态度，不明真相的捍卫者的态度。与此相反，只有懂得它可以随时死亡的人才可以说生存。

最后一个问题：你是否认为文学要存活就必须恢复清楚的意识形态的张力？

是的，但是要赋予"意识形态"一个更为复杂的意义，并且同时要赋予它一个比政治文章赋予它的更为简单的意义。我认为文学在意识形态的功能之上有着深奥的、人类学的功能。在这个意义上,我并不相信,无论在法国还是在意大利,某种新的意识形态能从直到昨天还非常表面的研究中崭露头角。我认为文学与意识形态有关是因为,它使我们能够理解当代社会中人类基本活动运行的机制,这些基本活动包括:恐惧、欢笑、性爱、残忍、相处、离开、对富足或短缺的态度等等。与通常所认为的相反,我认为意识形态的张力首先在读者中起作用,而不是在作品中起作用:文学"教导"什么或者想要"教导"什么并不重要,重要的是读者对文学的"需求",提问的方式。

# 人生与梦想（1970年）

《人生与梦想（作家与电影）》，《晚邮报》，1970年4月2日，第11页。卡尔维诺的文件中保留着一份亲笔修改和增补的文件，亲笔写下的标题为："致《晚邮报》/1970年3月20日书。"

您是否认为电影已经对文学，尤其是小说，在叙事方式和话题上产生了影响？

有一部雷蒙·格诺的小说，主角从年少时就过着双重生活，甚至是多重生活，因为他看过的每一部电影的主角的生活都会变成他自己的生活。这是一部二十五年前的书了，但是直到现在才准备出意大利语版：《远离吕埃尔》①。经验的扩展——电影可以将其带入一个限定的环境中（例如，带入无声电影和有声电影初期的年代，郊区的生活中）——和拥有美丽成熟的梦想的想象力的新维度是小说的主题，它们也决定了小说的叙事结构，在边界模糊的三个层面

---

① 法语版名为 *Loin de Rueil*，1944年出版，意大利语版名为 *Suburbio e fuga*，1970年由埃伊纳乌迪出版社出版。

摇摆不定——人生、梦想、电影。

电影人的路线是环形的：（经过多次令人失望的经验之后）电影最后带来了从台下到银幕的模型式的人生。雅克，格诺作品的主角，在很长的群众演员的实习期之后，成了好莱坞的著名影星——童年以牛仔自居的心理成为现实（如果这个也不是梦的话），然而仍然是令人失望的。经历了所有的人生无异于拒绝了自己的人生，选择了非存在。

我们发现在某种程度上，这本小说是格诺最有趣的小说之一，其实是一个心灵之旅和禁欲主义的故事。下降到非存在的最底端，雅克就得以成功地从另一端，即从银幕的另一端走出。对于默默无闻的群众演员来说，电影从主角的神话翻转到无名氏的阅历。一系列谦卑的五花八门的变身，皆为英雄荣耀、西部电影巨星的荣耀的升华而做准备。但仍将是虚无一场，一个只会让远郊的其他少年做梦、在非存在中延续逃避的影子。

是否我们必须得出这样的结论，人们在电影中拥有得更多在生活中就会拥有得更少？还是说放弃了阴影世界中的一部分自我，我们就能在我们身上找到非电影的物质，即实质的物质？文学已经放弃了电影中曾经一度是它的故事、冒险、人类模范的提议、世界的代表性的领土。最终它将为自己重新找回它们给它赔偿损失的财富吗？

在最后一章中，格诺讲述在吕埃尔的家乡，乡亲们没有认出雅克，他们去观看讲述他一生、从台下走上银幕的转变的电影。通过电影中的这部电影，小说描绘了小说的旅程，从看过的电影梦想着在电影中生活，一直到拍过电影梦想着看过该电影的旅程。

# 不间断的纸张的景观（1970年）

《现在我们住在唯一的一个大都市里》，弗朗索瓦·瓦格纳采访，《世界报》，1970年4月25日。（《书的世界》，第 I 页和第 III 页。）

如今伊塔洛·卡尔维诺一年的大部分时间都住在巴黎。但是根据他告诉我们的，这不是选择的结果。

现在我们生活在一个根据机场而改变名字的唯一的大都市中，但是它并没有表现出任何连续性。在意大利，大都市是分散的，或者说，是由许多互补的中心构成的，人们习惯在三四个城市之间穿梭，就像在一所房子里的各个房间之间不停移动。所以我很早就学会不在任何一个地方定居，这样我就可以相信自己处处为家。

事实上，《零时间》的部分故事发生在一个看起来像纽约的城市，而另外一些故事则发生在连接两个城市的一条高速路上。这是一种不间断的大都市形象，而您的前期作品——至少到《树上的男爵》——都是以利古里亚大区的里维埃拉的自然景色为背景，它们之间形成了鲜明的对比。难道您不认为大自然，自然风光的呈现对作家来说是至关重要的吗？

自然风景比城市变化得快。我生命的前二十五年（或者说几乎）是在自然风景中度过的。不曾离开。那是我无法丢掉的一道风景，因为只有完整的存在记忆中的东西才是不可更改的。随后我的另一个二十五年（或者说几乎）是在印刷品中度过的——无论我身处何处，我周围都是一道不间断的纸张的景观。

巴黎也是一座纸张的城市吗？

巴黎是世界上最茂密的书写纸的森林之一，也是极少数被真正的森林环绕的城市，这些森林很容易到达，也很容易穿越。我可以说，您刚刚提到的小说的树木，由我的纸张视野的底部想象出来的树木，我在这里重新找到了它们。但那是我跟我五岁的女儿散步的时候，通过别人的眼睛看到它们，从而有限度的重新找到了它们。大自然的用途，与世界上任何其他用途一样是属于年轻人的。幸亏别人的青春才让老年人再次可能拥有这一用途。

您为什么谈到老年？

在童话里（您知道，我曾很长时间致力于民间故事）基本角色都是年轻人，他们必须通过一系列测试来完成创举或实现他们的愿望。而老年人，从团体中脱离，住在另一个世界的边界，他们的作用是传递某种东西、一个神奇物品或一个秘密。我曾很长时间是年轻人的角色：我将生活、政治、文学视为能量场，行程的起点。如今，想要拥有一个体面的老年，唯一保险的方式就是尽快开始老年。①

青年学习如何拥有世界上的事物，老年学习如何摆脱它。或许在今天任何"拥有"都是不可能的。我所学会的一切都是在消极中学会的：在文学中跟在其他方面一样，我只能使用排除法。

您接受赋予您的小说以"哲学故事"这一定义吗？

每个故事都有其逻辑组成。每个思想首先都是一个故事。我只是一个遵循着叙事的内在逻辑的叙事者。其实，是哲学家的对立面。我真的非常喜欢十八世纪，永远跳脱出时代限制的十八世纪：最近我发现了夏尔·傅立叶（我认为是短诗中的一项新发现）并且我刚刚完成了他的一个全面而系统的选集，为在意大利出版做好了准备，这在法国都是不曾有过的。② 我的意思是我的十八世纪位于一个宇宙起源建设计划的中心，该计划来自文艺复兴，来自布鲁诺，甚至是更遥远的时代。人类用自己的想象力和作品为宇宙的持续的自身建设而工作。

---

① 在1973年费迪南多·卡蒙的漫长采访中，卡尔维诺说："一直是我青春时期的实践哲学的斯大林主义已经结束了。也许这只是一个新陈代谢的过程，是随着年龄而来的一个东西。我的青年时期很长，甚至过长了，突然间我感觉我必须开始老年，是的，老年，我早早地开始老年以期能够延长老年阶段。"
② 次年，选集以《四种运动的理论。爱的新世界和其他关于和谐社会的工作、教育、建筑的作品》为名出版，卡尔维诺对作品进行挑选并作序，恩里卡·巴塞维译，都灵：埃伊纳乌迪出版社，1971年。

# 从书上到电视上的马可瓦尔多
# （1970年）

《卡尔维诺解读他的马可瓦尔多》，皮耶尔·乔治·马尔泰利尼的文章和采访，《电视广播快报》第XLVII期，总第17期，1970年4月26日—5月2日，第36—38页。

很长一段时间我是一位"青年作家"，我也确信这一定义。现在我要对此说不。你越早开始老年，老年就会越发精彩纷呈。我奉劝大家，从你还在青春年少和充满力量的时候就开始体验晚年。

在逆光中，在矛盾中，可以看出卡尔维诺的讽刺的敏锐印记，这首先是人文素养，也是锋利的文学工具，体现在强调每一句话的微笑之中。

会面地点在都灵，在出版社的办公室中。在他的面前有一个很大的存档文件夹，他给我看了里面的东西。是些图画、学龄儿童的小故事，都是从马可瓦尔多这个人物身上得到的灵感，而这个人物即将变成电视连续剧里的形象。①

在这里，小说集长期被用作阅读教材，被油印在学校小报或大页公文纸上，孩子们的想象力在叙事者的想象力中得到了激励。卡尔维诺对此感到满意。

作家不仅创作完美的作品，还改变和传播神话故事，以此加入无名氏创作的民间故事的潮流中，这些民间故事是所有人的财富。青少年以正确的方式阅读了我的书——围绕着日常生活中的事件、人物和情况的现代寓言故事。

因此，这个马可瓦尔多将在纳尼·洛伊的扮演下以更容易识别的方式在电视上为我们呈现。

这是一个心地简单的人，一个大家庭的父亲，一家公司的工人，是一系列单纯的主人公——查理·卓别林演绎的可怜人的最后化身，有着这样的特点——是一个"自然的人"，一个被流放到工业城市的"善良的野人"。我们可以称其为"移民"，但也许这个定义不够准确，因为这些故事中的所有人都像是一个无法逃脱的陌生世界里的"移民"。

书的副标题是《城市里的四季》。它正是对季节转变的观察，这也是这些"童话"的起源。我不能写一部像这样的日记："……秋

---

① 《马可瓦尔多》的五集电视剧在都灵完成拍摄，朱塞佩·贝纳蒂导演，纳尼·洛伊主演，其他演员有迪迪·佩雷戈、阿尔诺多·福阿、莉莉亚娜·费尔德曼、鲁道夫·比安吉、钦齐亚·德·卡罗利斯、圭多·阿尔贝蒂。从1970年5月1日开始在意大利国家电视台二套节目播出。

天了，树叶落了。"这太傻，太俗套了——所以我写了《马可瓦尔多》。

因此，这个"被流放"到城里的人包含了他、卡尔维诺以及他与我们所居住的城市之间的关系？

是的，在某种程度上马可瓦尔多就是我，他在城市生活中的痛苦也是我的痛苦。各种情况的欢喜背后流露出来的悲哀源自我们日常生活中的困难。但是我不希望他被看作一个没用的怀旧的人，或者是屈从于天命的悲观主义者。

事实上，在每个故事的结尾（根据儿童漫画故事启发而来的节奏），马可瓦尔多都会经历一场失败，一次令人失望的事情——但是没有什么能击垮他的固执，他的求生欲和热爱生活的欲望。

现在，来谈谈电视上的"马可瓦尔多"，所以，第一个晚间剧场并不只是给低龄观众看的。

从一开始，我的短篇小说就很明确不是写给青少年的。我想说的是，这些短篇小说像结构精简的小故事，更确切地说，像"民间"小故事一样在我脑海中生成，现在它们在电视上找到了一种完全适宜的传播方式。此外，我看了剧本，看了一些拍摄，我对此表示认可。纳尼·洛伊与"我的"马可瓦尔多完美契合：茫然、困惑，有着忧郁的喜剧性的瘦高外形……

在电视剧本中，朱塞佩·贝纳蒂（他也是这部片子的导演）、曼略·斯卡尔佩利和桑德罗·孔蒂嫩扎写了一些新的东西。您对此是否介意,这是否触及了您的敏感点?

不,恰恰相反,我很高兴,改变了媒介,也改变了小说的部分原有结构。这让我感到我的作品真正属于所有人。

1971-1980 年

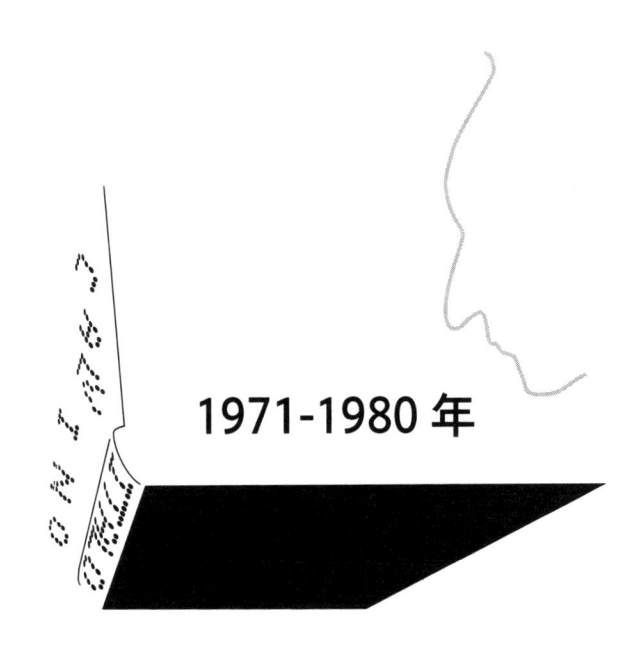

# 傅立叶与回归乌托邦（1971年）

乔治·凡蒂，《卡尔维诺谈傅立叶》，《国家图书晚报》，第 III 页；又以《爱的新世界即回归乌托邦（伊塔洛·卡尔维诺谈夏尔·傅立叶）》为题刊登在《时刻日报》上，1971 年 5 月 28 日，第 6 页。

之前几乎不为人知，而如今傅立叶已经成为一位全球范围的理论家，"五月风暴"和青年运动的启发者，与马尔库塞一起同是嬉皮士群体、妇女革命、青年团体经验的大师。这是卡尔维诺第一次对他进行阐释。①

通过阅读他的文本可以发现，傅立叶完全不是自发性的鼓吹者。恰恰相反。他将反压制文明描述为极其复杂的事物，就像一种机制，在此机制中可以预见所有可能性，可以先验地编目。这是他的悖论。他的教育也是如此。如今谈论颇多的反压制教育并不是引发重大冲动的触发因素。他的伟大革新在于，不论是在他的时代还

---

① 夏尔·傅立叶，《四种运动的理论。爱的新世界和其他关于和谐社会的工作、教育、建筑的作品》，卡尔维诺对作品进行挑选并作序，恩里卡·巴塞维译，都灵：埃伊纳乌迪出版社，1971 年。

是在我们的时代,他既不要求压制个人冲动,也不使其理想化。个人冲动对他而言是不可调和的破坏性的力量,没有一个可以使力量之间相互成为有用的、功能性的体制。傅立叶非常罕见地将空想精神与数学的严谨融为一体。在他看来,愿望的实现并不像一朵与其他无二的明亮的云,而是像一块写满公式的黑板。

你是如何进行选择的?我觉得它是现存的最全面的选集。你的序言也是令人眼前一亮:这是一篇非常专业的文章,内容细节详尽透彻,书目翔实。此次尝试完美收官,但是你为什么喜欢用这种介绍方式,而不是用另一种可能更自由的、作家写作的方式?

在意大利,直到现在傅立叶都鲜为人知,"法伦斯泰尔的那个人",仅此而已。此外,在法国也是一样。要把他介绍给意大利的读者,我就不得不解释一下"问题的情况",因此我的序言首先是资料性的,对关于这个问题的最新研究进行了概述。我的"创意"作品不是序言,而更多的是对文本的选择和整理。傅立叶的作品结构错综复杂,离题和重复层出不穷,此外,他用他自有的特殊编号系统和他发明的印刷体符号进行分类。存在多种可能的选择类型:我的优先选择很明确就是空想主义者傅立叶,也就是他想象愿望实现的那个世界的方式;但也不能忽视当代世界的批评家傅立叶,这对他乃至很大程度上对我们来说,在历史效验上更为重要。我对他的全集中杂乱的十二章和未曾发表的作品《爱的新世界》做了一个四百页的有机选择:它呈现了最本质的傅立叶,使其绝对值得一读,这样一部选集在法国也是没有的。我真正感到骄傲的是书的目录：那才是我对傅立叶的真正评论。我不是很看重序言，我倒希望大家在读完整本书之后再去读它。

傅立叶在所有的空想主义者中是最具现实意义的，即使是与跟他相近的圣西门和欧文相比，他也是如此的"脱离时代"。也许这是因为他的对立命题是更激进的……

十九世纪上半叶的空想主义者很重要，因为他们提出了——也许只是无意识地——从背景到理论到社会主义运动、革命运动和改良运动的模式。无论是对社会主义想象还是资本主义想象来说，圣西门都是真正的赢家。"工业社会"的表达和概念都应归功于他。无论是美国还是苏联，即使他们从来不提他的名字，但他们走向了由圣西门设想的技术和生产的社会模式。然而，傅立叶再次成为流行，是因为社会发展拒绝了圣西门的路线。

与其他空想主义者相比，除了在模式上根本对立之外，他还提出了伦理道德的"飞跃"。

傅立叶是"道德"的死敌，这使得他在十九世纪的道德框架内受到孤立，使他与统治世界的所有哲学和行为路线完全脱离。有些人相信，除了偶尔的不和谐之外，人类力量自然发挥的作用十分强大。傅立叶对"文明"发起猛烈抨击，并且切断了与这些人的所有自由乐观主义的联系，同时还干脆利落地斩断了与所有哲学的关系。这些哲学是为了重塑世界，或者只是为了改善世界，它们追求人的改变、责任对享乐的胜利、做出牺牲和忘我能力的提升、压制享乐主义和自私的本位主义。傅立叶没有把责任而是把"情欲引力"作为他的建筑的基础，也就是说他拒绝通过任何禁欲主义形式进行救赎：不论是基督教仁爱的禁欲主义、军队的禁欲主义（经过拿破仑战争，军队的禁欲主义成为新生的民族主义的道德学），还是使自己与启蒙运动的哲学相一致的劳动世俗禁欲主义。

但马克思的"全面人"的设想与傅立叶的相差不多。

是的，但是对于马克思的综合思想而言，全面是一个哲学概念，无须进一步分类，而对傅立叶而言则要求无止境的分析分类。他对充分实现人类官能的痴迷源于对分类的热爱，这让他对他称为人类"情欲"的统计越来越详细。对他来说，在新社会所有设想的基础上，存在着"情欲引力和斥力的综合与分析计算"。

然而，在马克思和傅立叶的思想中，劳动的概念、实践是根本不同的。

在傅立叶的思想中，总有游戏的一面：劳动应该令人愉快，变成一场游戏。而马克思清楚地知道，劳动是一件辛苦的事情，它的高尚体现在意识上，在赋予它的不同的哲学价值上。马克思总是避免对未来社会进行预言，他拒绝为"未来的烹饪提供菜谱"。如此他便能专注于对现有社会的批判和推翻现有社会的方法。但这一空白，我说空白是感性形象，即使在今天我们仍无法遥想得以解放的人类将如何生活，这一事实的影响巨大并将继续影响下去。我必须说"未来烹饪的菜谱"才是最吸引人的。我认为，对于我们希望生活在其中的世界，我们要开始为它创造一个全球性的典范，开始具体地观察它，那么建造一些模型是必不可少的。否则，我们想要建设的每个新社会在现实中都将像旧社会，都将带有陋习。在这个意义上，空想主义者的作品，马克思和恩格斯称其为"哲学小说"，它们让我感兴趣的是价值的组织模式。

在生活的实际组织上，傅立叶的"秘方"是什么？

在和谐社会里，劳动是以两种情欲的满足为基础的，傅立叶说是他首先发现或者定义情欲的。一个是他所说的 papillonnée，即轻浮情欲，改变活动的情欲，或者说"交替的"情欲。人们四点半起床，然后不停地变换活动，例如，从种梨小组到地窖劳动组或者到舞蹈组再或者到某些娱乐活动中去。根据非常专业的分类，每个社会组都是若干谢利叶① 的成员，他们拥有共同的情欲。比如说，种梨者，按照他们喜欢奶油梨还是涩梨进行分组，以此类推。

我觉得，傅立叶的现实意义还在于他对家庭制度的批评。

对家庭和婚姻的批评当然是傅立叶思想最先进的部分。他的学说是一个不以男性为中心的罕见例子。他关注的是妇女是否在社会生活的各个方面成为牺牲品。他说，男人迫使女人处于奴役地位，

---

① 傅立叶主张将劳动者分成各个工作小组，称为"谢利叶"。——译者注

而实际上他们自己也变成了奴隶：只有当女人自由了，男人才可以说是自由的。从他这些肯定的言论到弗洛拉·特里斯坦的早期女权主义理论，再到当下"女性革命"的要求，这之间有着直接的联系，也许这就是傅立叶得以有今天的实际影响的土壤。

超现实主义者是傅立叶的真正发现者，虽然布勒东说"用马克思改变世界，用兰波改变生活"，傅立叶对他而言还不是先知。也许人们不想让他就这样被埋没？

傅立叶说，人类不会被改变，一切阻挡其发展的都将被改变。但是要改变这一切就需要摆脱一系列偏见，这将成为人类更彻底的改变。傅立叶的道德革命如此之大，以至于人们不禁要问，它是否不仅仅是一个理论上的设想？傅立叶的超凡想象能力，他的梦想，人们永远无法知道他什么时候是认真的，什么时候是在讽刺，这意味着永远不能从字面上去理解傅立叶。他的作品是对自由想象力的学习，是严格的训诫——这两方面也构成了他的矛盾。

考虑到你最新的小说和为傅立叶的作品而写的序言，是否可以说在某种方式上你也是一样，是将想象的火花与结构主义的概念和规则相结合？

关于我的序言中的结构主义，我要说的是有一些引自巴特的一篇评论，这些引文触及的一些观点我非常认同，尽管我知道当代法国评论文章的语言会引起众多读者突然的反高潮。然而，对于傅立叶的结构主义意义，我要说的是它已经得到了很好的解读：傅立叶的系统是建立在自身内在的一致性、一组数据的分类和组合的可能性之上。但我一点都不想对方式进行讨论。我只能说，就我而言，傅立叶吸引我的原因与我在结构分析中找到的令人兴奋的方面一样：客观的态度，旨在发现一个顺序，发现一个隐藏在人类心灵的看似最武断的作品中的几何。

你对傅立叶的研究和你的写作之间有何联系？

在《树上的男爵》中，我的主角在成年后书写了一部乌托邦。根据我赋予这部乌托邦的要点来看，它与傅立叶的乌托邦有些类似。尽管傅立叶宣称他是启蒙运动哲学的敌人，但他是法国大革命前后的那个十八世纪的启明星，我在那部小说中对法国大革命做了变形。那么无论宇宙起源是科学的、神话的或是幻想的，它总是能激发我的想象力。我不知道傅立叶的某些东西是否以某种方式进入了我的小说。他的世界是如此的自我，最终封闭在自己的世界里。布托尔最近对傅立叶进行了续写，[1] 但是写出来的书有点冷漠。

---

[1] 米歇尔·布托尔，《风之玫瑰（献给夏尔·傅立叶的三十二分位罗盘）》，巴黎：伽利玛出版社，1970 年。

# 童话不可替代(1972年)

《谁将取代他们的位置?》,卡尔维诺、罗塞莉娜·阿尔钦托、娜塔莉亚·金兹伯格、乔治·曼加内利之间就童话展开了一次辩论,这是卡尔维诺的回答,《快报周刊》第XVIII期,总第18期,1972年4月30日,第12—13页。

出于简化的需要,本次辩论的主题也许可以缩减为一个简单的口号:有没有巫婆?童话的传统幻想元素在今天是否应该继续保留?

我认为,童话对应的是情感学习和想象力学习的深层需求——完全不是启蒙教育。但这并不妨碍我们所有人在小时候既读过传统童话书,也读过以儿童思维诠释当代文学风格的现代书。我认为,除了童话书还需要其他书,即使是最荒谬的故事,也是一种反向逻辑的练习。比如说尤内斯库的那本书,由出版商罗塞莉娜·阿尔钦托出版的《杰奎琳的故事》。[①] 当然在这个最具创造力的作品中有

---

[①] 这里涉及的是《故事1:适合三岁孩子》,欧仁·尤内斯库,米兰:埃姆出版社,1967年。艾蒂安·德莱塞尔配图。故事讲述的是一个名叫贾克米娜的小女孩——她是贾克米娜先生的女儿——与妈妈和两个姐姐的故事,她们的名字全部都叫贾克米娜。

很大篇幅的实验：你永远不知道孩子们对我们觉得好玩的事情感到有多好玩，对我们认为应该会让他们开心的事情又感到有多开心。我们只能说真糟糕，只有童话！除此之外再也没有新东西了。至于孩子们，他们根本不期待什么，他们有什么就玩什么，在这个意义上，传统的童话故事该起作用的时候就会起作用。当然对安徒生来说，不能是虚假的童话。

在儿童文学的欣赏中，我们受到成人文化的多大制约？

谈到这个话题，我就有一种双重经历：最近几年，身为人父的经验让我开始怀疑我以前绝对相信的事情……比如说，有一个阶段我女儿经常做噩梦，所以当我给她读故事的时候，我就会审查那些令人恐惧的部分。如今她再也不会做噩梦了，但说实话，以前她也不会梦到童话里的事情……另外，我们的孩子处在图像的实时轰炸之下：他们在电视机前待几个小时，什么东西都看。但是必须要说的是，童话的图像更为有意义，具有排除其他一切图像的较高权威性，总之，满足深层次的需求……

孩子不再是童话的买家？

我赞成大家拒绝任何所谓最重要的教学标准。此外，我认为儿童故事是情感的催化剂，是世界的组织者。在这个意义上说，童话仍将是不可替代的。最简单的一个例子，《小红帽》已经建立起若干根本的对立——树林和家，狼和外婆，吃和被吃。同时，可以有一些即使不是童话也能起到完美作用的简单结构，我想到了小时候

《儿童邮报》上的博纳文图拉先生。今天可能这类东西已经没有了,但这些重复的故事,风格因袭的练习,这些对我而言非常重要(也包括总是以入狱告终的士兵马尔米托内[①]的故事)。如今他们写了很多优美的、求知欲强的、文雅的东西:但我不知道他们能否给出一些模型,一些幻想的和逻辑的模型。

因此问题是创建一些能给孩子最大自由的素材……

儿童书籍的插图是非常重要的,需要单独讨论。我认为,孩子的自由恰恰是形象诠释的自由,想象力的自由——孩子不但具有极强的现实感,也具有能用自己的逻辑接受虚幻世界的幻想能力。我完全同意曼加内利的观点,童话如同一种仪式,但在儿童文学中纯游戏的元素也同样重要(穆纳里[②]在这方面做了些非常了不起的事)。我们需要去创造新的形象、有趣的人物,在这里图画书进入孩子的特色游戏,它也有它的仪式,这一仪式始于洞穴壁画,我称之为漫画的仪式。

---

[①] 士兵马尔米托内,笨拙且不适合军旅生活,这是二十年代末插画师布鲁诺·安戈莱塔在《儿童邮报》上创作的一个非常受欢迎的人物形象。
[②] 布鲁诺·穆纳里(1907—1998),二十世纪书画刻印艺术与设计的杰出人物,他也是许多儿童书籍的作者。

# 费诺利奥逝世十周年（1972年）

《卡尔维诺谈费诺利奥》，收录在《费诺利奥逝世十周年》，马里奥·米奇内西主编，《人类与书籍》第VIII期，总第40期，1972年9—10月，第24—25页。

我们知道，如今由洛伦佐·蒙多主编的《游击队员约翰尼》在埃伊纳乌迪出版社出版了。纵观费诺利奥的文学创作，一些批评者认为这部小说是构成该作家最早期的作品之一，您是否也这样认为？

我认为从玛丽亚·科尔蒂有趣的调查中得出的结论是最有说服力的，即从第二次世界大战末期到费诺利奥去世，他从未停止按流水账的时间顺序来讲述他的战争经历的计划，他不断删除那些他认为已经达到最终形式的部分。我认为加尔赞蒂主编和彼得罗·西塔提能够在这项工作的核心阶段给我们带来启示，（我认为是）在1955年和1959年之间，他忙于写书，书中大篇幅叙述了他的军事经历以及后来的游击队经历。关于此书，他决定只发表到九月八日的那部分，以主角的死亡为最终结局

（《美丽的春天》）。剩下的部分一直没有收录，直到他去世后才得以发表，也许当他整理并发表《美丽的春天》的时候这部分已经写好了，现在洛伦佐·蒙多得以将作品统一成书，使其完整且清晰易读（《游击队员约翰尼》）。当然费诺利奥对这部分材料继续加工创作，在某一刻他应该注意到了小说最精彩的部分应该是追捕敌方军官以交换战俘；（在《私人事务》中）为了展开自主叙事的情节，他忽略了主干。此次仍然是在中途陷入危机，此次仍然以主角的突然死亡作为可能的结局（这正是他去世后作品出版的主编的选择）；但是此次故事仍然有多个未完成的版本。

事实是，较其他文本而言，方言的混杂、词语的发明、英文的使用使得《游击队员约翰尼》的文体更丰富。这让人认为它是后期的修改再加工。

不，我认为我们没有以作者的观点去看费诺利奥的作品创作过程。我认为，这种如此吸引我们的风格上的创造性和不可预测性不是费诺利奥的最后成果；相反，它是草稿，是半成品，是他直接倾泻在纸上，不想为任何人所读的一种思想语言。在这个初稿上，他通过后续的不断修改试图写出一篇散文，尽管色彩浓重，但不曾过于脱离意大利当代叙事散文的基调——只有到那时他才认为它可以出版了。有一次他对我说"我的篇章有阳光的味道"；加尔赞蒂在报纸上发表的声明中写道："在十几次痛苦的重写之后，我的文章里最易懂的部分欢快地流淌而出。"似乎是在 1956 年或是 1957 年，当时我们在阿尔巴的一家酒吧，他对我说："现在我告诉你一件你都不会相信的事情，我先用英语写，然后再翻译成意大利语。"[1] 也许我们所了解的费诺利奥的所有作品中都有"游击队员约翰尼"式的草稿，也许他将它们破坏掉了，如今我们将其视为他晦涩苦痛的证据。

那您如何解释这种文体自残？

有一些作家，在他们文章的修改稿中，他们从最接近一般语言的语言出发，从一种基本的陈述出发，然后在表达方式上对其进行加载、着色、变形。还有一些作家，他们的第一稿特点鲜明，表达有力，于是他们力图压制这些特点以不让人认为其过于孤僻，不合群。当然这不仅是性格的问题，也是风格文化的问题，是文学鉴赏阶段的问题，是一个人如何加入我们的问题。我们已经忘记了，仅仅在十五年前或是更短的时间之前，这种文体规则的想法，如今在我们看来是压制性的和毁坏性的，但在那时对大部分作家来说它有监管作用，没有人为其制定规则，但只是因为它进入了流行品位的规则，看似是使自己的话题得以交流的必要条件。这就像很多画家的构思有着绘图没有的新鲜与自由，

---

[1] 在 1969 年 2 月 15 日写给玛丽亚·科尔蒂的一封信中，卡尔维诺写道："我可以肯定那是 1956 年秋，那次我在阿尔巴看到他，他告诉我（"我告诉你一件你都不会相信的事情"）他先用英语写，然后再翻译成意大利语。"（《玛丽亚·科尔蒂。启幕与谢幕。未发表的文章、文件以及证明》，伦佐·克雷曼特、安杰罗·斯泰拉主编，《手稿》第 XVIII 期，总第 44 期，2002 年，第 155 页。）

因此很多作家如果能够保持初稿的状态，那么就能保留像费诺利奥那样的惊喜。①

---

① 几年前，在阿斯蒂新会晤研究所主办的《手册》上发表的一篇题为《没有继承人的作家》的短文中，卡尔维诺写道："在作家很容易陷入相信自己是公众人物的陷阱的时代，贝佩·费诺利奥仍能成为一个孤独沉默的人。他独善其身，如今他给我们留下的只是一个孤傲醒目的形象，但这终归只是一个面具，面具背后仍然是一个我们所不认识的人。到目前为止唯一能让我们对他多些了解的就是他的一个朋友，哲学家彼得罗·奇奥迪的证明。"（《文化》，1965年，第1—7页）奇奥迪非常了解费诺利奥，或者至少他有很多机会去了解费诺利奥。对于奇奥迪来说，他的作品看起来神秘且不可预知，反对对它的关键性解读，并且引导他探求文学的这种象征性对立体系的文学维度的总体原因。/ 尽管对我们来说，书面内容向来是也仍然是调查的出发点，但解决文学作品的本质的同样紧迫性也是对费诺利奥的反思。费诺利奥的作品只有几百页，作品在"个人问题"的尖锐化上达到高潮，这就像是冰山一角，而大部分仍然隐藏在水下。/ 对我们而言，也许贝佩·费诺利奥是作家的历史形象的最后具体化代表，他自身就体现了二十世纪第二次世界大战前后的文学故事，而现在他走了，没有留下任何继承人：他是一个表达了内心紧张的孤独意识和实际活跃的生活的外向神话的作家。作为独立于世的作家中最优秀的一员，他选择用风格检测他的意志和高贵。风格，就是衔接个性与沟通、道德内容和形式的关键点。

# 城市，记忆与欲望之所
## （1972年）

这是一篇自我采访，标题稍作编辑和修改之后发表在多家地区性报纸上，其中有：《我们的时代》（都灵），1972年10月15日；《威尼托信使报》，1972年11月24日；《撒丁联盟报》，1972年12月9日；《帕尔马日报》，1972年12月14日；《劳动报》，1973年1月3日。油印版原件保存在埃伊纳乌迪出版社档案室，题目为《伊塔洛·卡尔维诺谈他的新作〈看不见的城市〉》。

出版商埃伊纳乌迪宣布出版您的一本新书《看不见的城市》，这是一本什么样的书？是长篇小说还是短篇小说集？

虽然不能将其定义为长篇小说，但这是一本非常统一的书，有开头有结尾；即使它不像其他书，它不是短篇小说集，但是包含了很多故事。我来给您解释一下它的内容：威尼斯旅行家马可·波罗来到可汗的皇宫，向可汗描述他在旅途中见到的城市。但是它们都是虚构的城市，都是以女性的名字命名的。它们不对应任何现有的城市，但是每座城市包含了一个适用于任何城市、适用于普通城市的反思点。

那么相当于是马可·波罗的《马可·波罗游记》的现代版翻写?马可·波罗向欧洲人描述的是他们闻所未闻的东方那些遥远的国度,而您,想探索的是哪个世界?

对《马可·波罗游记》的追忆是有的,至少在开头是这样;开头充满了神奇东方的主旋律。但是很快就变得明朗起来,我想表达的不是异域情调的场景,也不是具体这个或那个国家的现实。我谈的是我们普通的生活、对于人类来说城市是什么,是记忆与欲望之所,以及如今在城市里生活越来越艰难但我们还是离不开它的原因。

我觉得这是评论文章的主题,而不是叙事文的主题。

好吧,也许两者都不是。《看不见的城市》是作为诗歌写就的。是散文诗,几乎一直像短篇小说一样发展的诗歌,因为我写短篇小说好多年了,即使我想写一首诗,故事也会跃然纸上。我认为,我就像写诗一样,在心境、反思、白日梦的推动下写下了每座城市。

那些喜欢您的书的读者,比方说在阅读《树上的男爵》的时候,阅读会让他们放松,但他们发现您的那些新书,比如说《零时间》,则需要更加集中精力,付出很大努力才能读懂。那么这本书如何呢?

我想它又是另外一种情况。我要说的是,这本书思想明确,大家读起来应该毫不费力。但我并不认为它是一本可以一口气读完后就再也不用思考的书。如果我能写出我想写的那本书,那它应该是一本触手可及的书,随时翻开看上一页;一本书应该伴随读者一段时日,这样读者才能跟它进行对话。总之,我像写日记一样写了这本书，我希望大家也能像读日记一样去读它。

所以说您每天想象一座城市然后把它写出来。

并不完全如此，但也差不多。这是一本我写了好几年的书，我断断续续地，时不时地写一点。我经历了几个时期：有时我只写快乐的城市，有时我只写悲伤的城市；有段时间我把城市比作星空、星座，而另一段时间我总是在说垃圾和垃圾堆。但这并不只是受情绪变化的影响，还受到阅读、讨论、绘画、视觉印象的影响。比方说，几年前，我看了梅洛蒂的一些雕塑，这些雕塑后来也在都灵的一个大型展览上展出过，我就开始想象线状的、纤细的、轻盈的，如同那些雕塑一样的城市。

那么您所生活的城市，在《看不见的城市》中扮演什么角色？如果我没记错的话，您每年在巴黎住一段时间，但在都灵的埃伊纳乌迪出版社的办公室里也经常能见到您。

好吧，住在这个或那个城市不再像曾经那样重要。可以说，我们生活在一个独特的大都市里，如今的航线就像以前的有轨电车不间断地连接着这个都市的各个区。同时，每座城市内部的交流越来越困难，越来越费力——无论你在哪里，你最终生活得越来越孤独。

在您的书中也谈到了这一点吗？

也许这才是我的书的真正含义。从无法居住的城市到看不见的城市。

# 五十五座城市(1972年)

《翻阅地图册(同作者的对话)》,《快报周刊》第 XVIII 期,总第 45 期,1972 年 11 月 5 日,第 11 页。

我们从题目开始吧:为什么是《看不见的城市》?

每一章都是一座城市,一座虚构的城市。一共有五十五章,也就有五十五座城市;然后文章中有作为框架的斜体字部分,那里面也出现了一些城市。我本来想写七十七座城市,但写了五十五座我就停了——我觉得十一的倍数都是些不错的数字。

这本书是怎么诞生的呢?

这是一本我写了好几年的书,我时不时地写上一页,也就是一座城市。心境、反思、阅读、视觉印象,我把这些变成了城市的形象。正如我曾经说过的,它们是虚构的城市。

但与《马可·波罗游记》有关,对吗?

是的,这本书就是在对《马可·波罗游记》进行重写的想法上诞生的。那时候，我跟一些朋友对非叙事文学形式感兴趣，并且我也对重写其他作品的文学作品感兴趣。正是在那种情境下我开始写这本书的开篇，里边有马可·波罗和忽必烈可汗，这章之后我继续写了几个关于马可·波罗的小章节："从那儿出发，向东走三天……"然后继续写关于他们的事。

与重访东方有关吗？

不，跟东方没有关系。关于东方我所知甚少。我放弃了用中文，哪怕是模糊的中式名字给我的城市命名。我用女性的名字来命名所有的城市：一些或许带有东方色彩的名字，比如拜占庭皇后的名字，或者中世纪的名字。但名字并不重要。这本书由多个系列构成：城市和记忆，城市和欲望，城市和标记，城市和贸易，等等，但这些分类并不是刚性的，它们之间相互重叠。

您还没有解释关于题目的那个问题：为什么说这些城市是"看不见的"？

因为在看得见的城市背后总有一个看不见的城市，并且那个才是最重要的。书中大部分城市都是这样设定的。有一个"城市和眼睛"的系列就特别关注城市的视觉特征。但是在整部书中看得见与看不见都谈到了一点，比如在"城市和名字"的系列里。这是我的话题所围绕的另一个中心：名字保持不变，却是完全不同的东西。

那么未来之城，乌托邦之城呢？

好吧，我想说的是，在这次的旅行路线中没有出现乌托邦之城。幸福的城市画面是非常少的，呈线状，就好像今天我们乐观的想象力只能是抽象的一样，它拒绝任何可识别的画面。雕塑家福斯托·梅洛蒂，意大利早期抽象艺术家之一，他直到晚年才被人发现并得到相应的认可，在认识他那一刻之后，我就有了要写一些像他的雕塑一样纤细的城市的想法：高跷上的城市，蛛网之城。总之，我的书有一个区域趋向理想中的轻盈……我不能再多说了。

那么现代的大都市，甚至是超级都市，是否带有我们所知的所有问题？

这正是我这本书的重心所在。我要说的是，这是本书的出发点，而不是落脚点，在这个意义上，我对谈论城市非常上心，是因为城市生活变得如此不舒适，以至于有必要问问我们自己，城市对于我们来说是什么，又应该是什么。如果超级都市并不真正意味着城市的结束，那么情况就相反了。在书的结尾，在"相连的城市"系列里我提及了世界末日未来学的主题。但是我的话题是另一回事：在"相连的城市"之后，由"隐蔽的城市"作为结束。一座不快乐的城市可以包含一座快乐的城市，哪怕只是一小会儿；未来的城市已经包含在当下的城市中，就像虫在蛹里一样。

据说您是一位同时生活在多个城市的人。您的家人在巴黎，工作在都灵,您一个月来来回回不知多少次。您的这种国际的"钟摆式"生活跟您的书的主题有何关系?

也许这是我们在此间生活的"相连的城市"、不间断的大都市的意义,它不再有任何中断。我们再也看不到两座城市之间的间距,因为我们乘飞机旅行,仿佛我们总是在同一个城市里,就像我们从一个房间走到另一个房间一样。同时,我们又不生活在任何城市,因为在城市的内部,如果不走那些令人痛苦的固定路线就无法行动,就无法把城市当作城市用。

我们离马可·波罗很远了……

在书中马可·波罗和忽必烈可汗会时不时地出现,并且正是他们的对话带着这本书走到今天。您看,很长一段时间我都认为这些"看不见的城市"无法编册成书——它们就是一些既没有整体感也没有统一形式的文章。在某一点上,可以说是非小说类作品释读叠加在诗歌释读之上,那么这本书就初步成形。在这一刻,我陷入痴迷,因为我有了让这本书呈数字结构的想法,一种非常简单的方案,就像看到目录在滚动一样,但是每个故事所处的位置必须对应不同的、非常难以结合的作用。好几个月我不做其他事情,一心尝试所有可能的方式来整理这五十五章;这是一项要用电子计算机运算的工作,我画了数百张列表和图表,最后我走火入魔了一般,以至于我在走路的时候都可以凭记忆来进行这项工作。近几年,如果我所写的东西不能给我造成巨大的创作困难,解决极限的组合问题,它就无法让我感到满意。

对于这本看起来与您的其他书迥异的书,您期待您的读者对它有何反应?

我的读者总是期待我有不同的东西,如果我进行重复他们就会失望。这是一本必须逐步开辟它自己道路的书。

您现在渴望这种阅读强度吗?

有可能是的。但是我也想写些用完全不同的方式进行阅读的东西。比如连载小说,如果它们还存在的话。

您是在暗指您的某些计划吗?

不是,仅仅为了写书而想写书是不够的。需要建立起一种磁场:作者提供他的技术装备、他的写作可支配性、他的书写神经压力;作者只是一个渠道,而书通过他写出来。

# 我想停下来稍作整理（1973年）

《伊塔洛·卡尔维诺》，收录在费迪南多·卡蒙的《作家的职业——关键对话》，米兰：加尔赞蒂出版社，1973年，第181—201页；之后，以《同费迪南多·卡蒙的对话》为题，收录在《散文集》第2774—2996页。

对卡尔维诺的采访与对其他人的采访方式不同：在都灵的埃伊纳乌迪出版社的办公室里对他进行采访录音之前，作家是通过一系列集中的信件来回答问题的，采访本身也为这些信件往来提供了机会，因此这些信件也是对话的主要组成部分。需要立刻指出的是卡尔维诺的信件并没有使用高深的、技术层面的、书面语的语言，实际上他使用的是一种优雅的"口语"。[1]

---

[1] 在1974年2月5日写给埃多阿尔多·圣圭内蒂的一封信中，卡尔维诺写道："与散文体裁和它所要求的不容置辩性相比，今天我的想法的一致性状态让我更喜欢对话的方式。真正的对话就是与一个非虚构的对话者进行讨论，尽管仍然是假对话，也就是书面交流而假装在说话。（也可以与有声讨论相结合。）去年我开始实践这种形式，正好费迪南多·卡蒙的那本不怎么有趣的书《作家的职业》要再版，我就给他写了一些虚构的对答，也就是我修改了或虚构了他的问题。我意识到这是最适合我进行讨论的方式，我可以用谈话的方式进行写作。我认为，这可能是如今可能的杂志程式，一种杂志对话：两个人就一个主题进行讨论，有一个真实对话的（虚假）录音，然后还有一些文本、文件和支持讨论的一些证明。"（《书信集》，第1226—1227页。）

我们会面的办公室正是战后帕韦塞和维托里尼为新文学和新文化而战的地方。我们马上会谈到他们。卡尔维诺承认他们的知识权威对他有所影响。卡尔维诺回忆帕韦塞是一位"父亲般的人物"；只是他就像一个谜团，卡尔维诺直到后来也就是帕韦塞去世后才发现这一点。维托里尼住在米兰，因为他不喜欢都灵，所以不常来，但是他的影响力仍然非常大。维托里尼与帕韦塞恰恰相反，他封闭在自己的小天地里，对知识分子生活的所有"公共"方面持怀疑态度，他只相信个人劳动。维托里尼总是积极把握文学和社会中的新骚动，（卡尔维诺说）维托里尼相信"未知的神"隐藏在年轻人的写作渴望之中，他非常喜欢对其他有抱负的作家进行说教，但是——仍然是卡尔维诺所言——他不是为了让他们统一模式，而是为了帮助他们推陈出新，他们是新事物的传播者。

那么卡尔维诺呢？他每个月（从巴黎，他住的地方）来都灵（听起来有点像隐士），他不但负责年轻作者的手稿和文学时事，还负责由他创意和领导的经典叙事丛书"百页"。因此，这不仅是一项寄希望于未来、寄希望于未来文学的研究，也是一项为了让传统声音保持鲜活的工作。如今，他的"文学之父"们已经谢世，似乎该轮到他继承"文学之父"的角色，但是据说他已经拒绝了。我对他说："您应这样回答，要做父亲就需要有人自己承认自己是儿子，然后指称的父亲才能认可指称的儿子。"他补充说，但是一切都让人确信这种父子关系已然结束，如果它能带来一种平等、一致的关系，一种在共同工作中享受快乐的关系，"而不是一个人挖掘单独且排他的隧道，或者是育婴堂里悲凉的合唱"，那将是一件好事。

在 1964 年，也就是您的第一部小说《通向蜘蛛巢的小径》第一次发表的十七年之后，小说再版，您写了一个序言，其中写道……

卡蒙，您看，首先我希望我们能一起制定一些游戏规则。开头总是这种类型的问题：……您在某年写了这本……这些有什么用？如果一件事我说过一次我就不想再重复。人们总是旧调重弹，真烦人。我的第一个念头就是反着回答您，但是我记得很清楚我在什么场合说过什么话，并且这种文章我是从来不会重读的，我谈到的讲话、文章、序言、声明都是像一个对话中的俏皮话一样在特定的情况下诞生的，过了那一刻我就再也不会去想它。为了再次阐释它，我就必须回到那种背景下，那种心境中……

我对您说的深信不疑，那么您的小说也是这样吗？

不，等一下。一本小说，无论是好是坏，一旦我写了，即使将来我可能不再喜欢它，我还会继续带着它，它是确定了的东西，是白纸黑字。而讲话在理论上更接近口语，讲话有很多口语里的不精确的、短暂的东西，带有一些口语单词中我一直厌恶的东西，尤其是我说的单词。好吧，如果您愿意，我可以在理论上（因为口头上的我过后就忘了）谈一下：我对直接表达我的判断和我的想法表示怀疑。我认为，在那一刻我用来理解（或者为了相互欺骗）而使用的单词的分量和收到的模糊的想法的分量过重了。只有当讲话是转义的、间接的、无法转化成普通术语和肤浅的概念，知道它们的含义、歧义、排他性的时候，才是真正在讲些东西，不是在胡说八道。

您的这段话是在总体上声明对意识形态话语表示不信任吗，还是特指您的经验、您的表达方式呢？

我是从我的经验出发，也就是以我对他人讲话的反应为出发点。但是我的论战目标不是抽象的、形式化的讲话。恰恰相反。我所说的深恶痛绝是对单词，对从嘴巴说出来的、不成形的、软弱无力的东西而言的……从对单词的这种怀疑和厌恶出发，写作才有意义。我有巨大的自我表达障碍：口语表达糟糕透顶，文字表达也一样……正因如此，我才不得不成为作家，因为这个困难，我要把一句话重写四五次才能找到表达事物的正确形式——哪怕是最简单的事物——正因为这个困难，所以常常刚开个头就又撕掉了……所以，如果您跟我说的意识形态话语是指具有逻辑的话语、概念和结构，被人作为现成饭、只能拿来"用的"东西而接收的话，我当然要反对；然而如果您跟我说的意识形态话语是指带有虚构、风险、任何新假设的风险和任何新模式的方案的风险的思想活动，那么我表示赞成。现在，我认为，在您对这些作家的思想方面的采访中，您将会怀疑某些表达明确的思想上的语句，您将想要挖掘深层的、潜在的思想意识，这不仅是为了跟"好的"思想意识模型做对比，也是为了引出或多或少的真理，这些真理可能存在于反对派之中，正因为是反对派的，所以重要的是它不会是假的，总之，如果您采访他们，是因为您期望他们说些什么，而不是向您确认一个先验的判断。所以我希望您多问我一些经验问题，一些我知道的问题，问我开始和结束一部小说的标准是什么，即使我不愿意说，您也将会看到思想意识跃然而出。而对于"对文本进行评论"的问题，则总是需要述及一个年代，需要置身于所写数据之上，然后将其带到今天，使其现时化……最好还是问一些撇开个人历史的现时问题；反正思想意识最后还是会水落石出的。

我有好多问题想问，但是我还是喜欢让您立刻兑现您的话。我马上就开始：如果您今天想重新开始讲述游击战，您将会怎么写？我希望我是按您的意愿提的问题——经验的和现时的，虽然我没有脱离我预先设定的出发点，即您作为作家的前期经验和您后来做出的自传-批评的评价。

确实，这个问题如此公式化……没什么好说的：这个问题问得好……虽然回答起来……可不是开玩笑的。我认为，如果我重写那个题材，如果我能重新忆起，那么，将不是宏观层面的，而几乎是微观层面的，一种局势，一个小事件，一个生死之间的刹那，那时生活中绝对日常的或者可以说是经常的刹那，就像我们习惯了在任何时候都有死去的可能一样惊人，我要说的就是这样的一瞬。根据决定这一瞬的诸多条件编织而成的网络，首先是物质条件，生物条件，跟植物环境有一定关系，灌木，在春天等待灌木生长对于游击队员、对于他们在户外行动的可能性而言是生存条件，不像战争终有一天会结束，1945年的冬天似乎永远都不会结束，人们在叶子的生长中窥探春天，为了驱除霉运，人们总说不相信战争不会结束，我们有太多的不如意，但对于灌木，灌木在我的方言中叫作矮树林，覆盖在山谷上的厚厚的绿毯能让我们隐藏行迹，游击队员与杜鹃共生，可怕的粮食问题，在我们山区整个冬天除了板栗没有其他可吃的，维生素缺乏症困扰着游击队员长满疖子的腿，疖子在方言中叫大疮疙瘩，游击队员生活中的某些事情从来没有人说起，而能够确认一个游击队员的第一样东西就是这些流着黄脓的巨大的紫红的疖子，磺胺类药物非常罕见，从来没人写这样一部小说，它也是一部静脉血液、生命机体、食物的历史（它体现了所有的基本政治问题、各国人民关系、进退维谷、对牲畜和油的征用），因为靴子结冰变得坚硬如刑具，脚上伤痕累累，游击队员与虱子共生，每根毛发上都挂着虱卵，无产阶级或山区出身的年轻人比较干净，但是学生——他们是游击队员中的少数——通常是最脏的，虱子长得最多的，我所说的是普通的游击队员，不是司令官。然后是武器方面，所有世代的武器形成了样品展，王室军队的旧武器、第一次和第二次世界大战时的武器、从共和党人和德国人那儿得来的新的自动式武器、那些（少量的）盟军的武器、也许还有些经过德国人手又到了我们手里的武器，我确信，我曾经肩上扛了个反坦克火箭筒，但当时没人知道那是什么。每种武器都有一段并不次于人类历史的生动历史，就像《疯狂的罗兰》一样，游击战争就是武器从这手到那手、从这个战场到那个战场的连续不断的传递，物品、衣服、背包和鞋子也是如此。此外，在我的第一部小说中，主线就已经是一把枪的历史。如果我现在写一部关于游击队员的短篇或长篇小说的话——我跟您说，尽管让我重新回到那种心境去写是极不可能的——应该是两种方式的交会点，即某种抽象的、演绎的、近几年我构建故事的方式，以及具体经验、详细描述对象、地点和行为的方式，后者是我时常感到必要的写作方式，尽管我很少能将其付诸实践。当然这需要一种比我的记忆更精确、更具逻辑分析的记忆。这个故事会被看作非事件的故事，但是通过动植物群、气候、生理学和生存所必需的一切东西（武器、板栗、军需品、鞋带）之间的相互影响，逐步转移到当地的军事条件、盟军和德军的总部、与国际政治策略相关的意大利政治策略，伴随着焦面场以及语言密度、语言不同层次的搭配的不断扩大和集中，将用单独的小插曲突出自然、文化和历史事件的直接和间接的关系网络，在这插曲中一些普通的无名战士赌上了自己与他人的性命。

但是关注这些客观条件，不就失去了人类行为的意义了吗？抱歉我问了意识形态方面的问题，但是我觉得，在用这些术语描述历史经验时您有论战的意向。

是的，当然是反对唯意志主义的论战。反对这几年流传的没有根据也毫无用处的唯意志论。一个历史事件，或大或小，它背后都有一个厚度，有多个层次。如果脱离了需要的含义，意志绝对什么都不是。

您不怕回到定数论的、宿命论的历史观念中去吗？

所有解放思想的伟大理论都被指责为（生物学、经济学、心理学、人类学的）宿命论。只有充分意识到决定我们的那些因素，才能找到破解之法，在被动意义上摆脱限制，在主动意义上控制它。这是我想给我的故事《基督山伯爵》赋予的意义，也是我的落脚点之一。您知道，犯人为了能够越狱而得出的结论是，必须建造一个无法越狱的监狱典范。

马克思主义被歪曲成经济宿命论，而实际上它是推翻这一宿命论的方法。这是您想说的吗？

我的意思是差异，这种决定性的差异几乎是微不可察的。完美监狱的地图和完美越狱的地图一打眼似乎是相同的。只有仔细端详才能发现二者不一致的点。

您不想以意识形态的语句作为开始是一件好事。

您看到了吗？刚刚那个就是意识形态的语句，就像我曾经说过，这种句子一出现就会立刻遭到否认。

您说是否认，我想说是确定。但也许是同一个东西，我们就不谈这个了；我们在昨天的判断上加上一个今天的判断，这样的事情总在发生。我就想看看会发生什么，比如，如果今天有人不仅问您跟维托里尼共事对您来说意味着什么，还问您维托里尼出版的充满智慧且富有实践经验的作品"今天"对您来说意味着什么。也包括他作品的主体对您来说意味着什么。总之，今天，他能给我们什么样的价值。是成形的、完结的、用尽的经验还是现时的教训。

维托里尼在一个将是他的时代的前夕去世了，一个比1956年，或许也比1945年更属于他的时代。反镇压反专制的推动力是他一贯的主题，直至生命的最后。学生也是他的主题，早在1963年，他第一个提出青年学生用暴力否定一切的运动的主题，这让我非常震惊，因为我从没想到学生政治会是这样的。年轻人，与老年人相比，年轻人的自主权、道德，年轻人的习惯，都是困扰他的主题。然后是第三世界，如何理解政治的整个改变……他会积极投身其中，他会为之愤怒，当然他不会随波逐流，他会与半个世界斗争，与越来越贫乏的语言以及他不得不面对的越来越卡壳的心理机制相反的是，他会拿出新的创作与隐喻……

但是在维托里尼的最后阶段，他看到了总工业化、技术的解放，那这一阶段不会陷入危机吗？

它将陷入危机之中上百次，但是所需的精神永远都是那一个。维托里尼有着成熟的头脑，他所思考的任何事情都能进行到底。没人有勇气像他那样说，化学养殖的鸡让数以百万计的人现在都可以吃上鸡肉，这不仅是一件好事，而且原生鸡就不应该再存在，因为这样就可以废除特权；没有人像他那样"中国化"，能够认为"中国化"能发展工业，而其他所有人只会认为在西方运用中国路线是对工业发展的阻碍。我不是说他一定正确，有上百种论点可以用来辩驳他的讲话。我的意思是，他以某种特定的方式进行思考。慎重与他毫不相干，尽管慎重除了是基本美德之外，也一直都是物种生存的手段；但是也许对于思想来说，不慎重才是真正的美德，也就是说物种生存的真正手段是没有慎重的思想，为的是一切都可以被全面深入思考，所以毫不意外，物种的真正慎重是不要慎重的思想。因此如果维托里尼生活在六十年代末，他将多次为之疯狂，将会多次改变主意，但他也会让其他人多次改变主意，他的存在不会是次要的，他会拥有力量，他会赋予这个阶段一个未曾有过的，或者应该拥有的维度。

我们还是回到您这儿，卡尔维诺先生：在这种新环境下，您有没有想过以某种方式继续维托里尼的战斗，恢复出版你们曾经一起领导的杂志《梅那坡》，或者重启你们曾经想与四七社的几个德国人和法国人一起创办一份国际杂志的计划？

不，维托里尼的编辑创作是他特有的东西，我完全不可能继续他的工作。我必须要说的是，我跟维托里尼的合作仅限于时不时的一些"但是"。他认为，我不断因困惑而发牢骚，我对所有的兴奋都无动于衷，这些恰恰是他所需要的合作。当然他首先需要跟更兴奋、更具怂恿力的人交谈，比方说，《梅那坡》的很多期，我说的是所有主要的那些，他都是与莱奥内蒂合作的。总之，是他在做，而我很高兴等着看到东西写出来并对其稍加思考。如果维托里尼还在的话，这几年也许他会带着我与现实保持一种更直接的联系。

您的意思是，维托里尼对于您来说代表着与现实的关系，并且他的去世对您来说意味着这种关系的改变？那么是哪种类型的现实，政治的、知识分子的还是文学的？

都有一点，如同现在活生生的、道德的历史。同现实的关系也如同作家的激励，促使我们环顾四周，进行观察：维托里尼在文学上传达的是当下的、标注了日期的表达需要，而不是记录资料意上的需要，是意味深长的，就像有意义的图像，像词语的节奏，也就是说他不断推动着打破文献的平坦性并且进行挖掘。您先前问我是否认为维托里尼在今天是现时的：嗯，维托里尼是现时的人，新时代的人，他拥有展现新事物的能量。他是一个（智慧上）性格外倾的人，但在生活上也许比我还要内倾。谁知道呢，也许在新事物中、在新事物的任何方面，我开始再也认不出我自己，我开始自我封闭；而他当然不会，他会身处那些以往从未发生过的事情之中，所以我们的合作无法继续了。事实上，他去世后的这些年恰逢我与现实保持距离，并改变节奏的阶段。我必须说的是，我以前一直无法实现书虫的爱好，因为那时我白天在办公室上班，晚上出去，现在这种爱好占了上风，我很满意。并非我对时事的兴趣减弱了，但是我不再感到要亲临的那种冲动。尤其是我不再年轻了，您懂的。司汤达主义，那是我青春时期的实践哲学，在某一刻它已经结束了。也许只是一个新陈代谢的过程，一个随着年龄增长而出现的事物，我曾经年轻了很长一段时间，也许太长了，突然之间我感到我应该开始进入老年了，是的，就是老年，也许是希望延长老年时期，所以就提前开始进入老年了。

老年，如果我们接受您这一术语，那么前提是它与年轻人的关系，它意味着知识或经验的传递，总之是向导、老师的角色。在这个意义上您感受到激励了吗？我们撇开维托里尼的例子，如您所说，那与性格和时代的关系相关。但是您是否考虑过跟其他人，基于其他基础，开展团队合作，编撰杂志，交流经验？

不，不是那种角色，我没有领导的才能、"善变"的能力。当然，近几年，与我相谈甚欢的那些朋友都比我年轻，他们彼此不同，但是每个人头脑里都有着绝妙的想法，非常精确的探索之路，他们同我交谈是为了给我解释一些东西，是他们在教我，甚至是训斥我。而我可以回报的始终是一些"如果"和"但是"，总之是一些疑惑。也有一些书目指导，但是所有人都比我读书多。有时候，我后悔我太沮丧，我想他们会撵走我；然而没有，他们照常过来，这就意味着在某种程度上还是有对话的。是的，时不时会谈起杂志或类似的东西，也有些计划。尤其詹尼·切拉蒂，他是一个满脑子都是想法的人，我经常与之进行有益的思想交流，他是一位不可多得的朋友。但是最终总是倾向于办一本研究型的、理论性的杂志，我认为，我们处在一个投机的而不是创造性的时代。最终总是要做一本只有寥寥几人会去读的东西，所以最好还是写书吧。但是我也梦想有一份完全不同的杂志，首先是受众不同：一本连载比如狄更斯、巴尔扎克的小说的杂志。真正的作家们也要为该杂志创作，创作委托作品（我十分相信委托作品），并且通过该杂志重新找回同读者关系的真正功能：眼泪、欢笑、恐惧、冒险、谜团……因为它应该是一本发行量很大的杂志，会在报刊亭出售，是一种"莱纳斯"[①]，但不是连环画，是配有大量插图，以及引人入胜的拼版的长篇连载小说。有很多体现叙事策略、人物类型、阅读方式、文体原则、诗学功能和人类学功能的专栏，但是一切要读起来妙趣横

---

① 意大利的一个连环画月刊。——译者注

生才行。总之，这本杂志是一种利用各种传播工具而完成的研究探讨。但是切拉蒂说无须给任何人说教，不能端着一副教学的态度。然而我认为，给别人解释这些东西也许也能帮助我们理解这些东西。总之，新的受众还没有想到文学在日常需要中可以占有这样的位置，我就喜欢与新的受众之间的这种关系。

我认为您对新的受众的这种兴趣与您先前所说的"在当下认不出自己"相矛盾。尤其是我觉得，您与后来的葛兰西的路线密切相关，葛兰西认为通俗小说极其重要，您还经历了维托里尼的杂志《理工学院》，而维托里尼也认为文学是一种社会导向，但至于真正的文学，是自由幻想的条件。

是的，确实如此，在那段时间我感到要回应集体需求。但是现在，今天的文化话题完全不同，它走向否定，在这个意义上，它可能更严谨，消极的方式是思想的基本要素之一，很多人可能认为，如果一个人就否定进行创作，不管他怎么做都会做得很好，但是我感到需要保持距离，我认为否定的真相并不与所有假提议重合。也就是说，我找不出我能感受到某种阶层精神的地方：没有欲望之人、苦闷之人、无用之人的社会阶层，拥有一切并可以允许自己走向一无所有的人的社会阶层。我们说今天表现出"左翼"思想的人中有整整百分之七十五带有那个讨厌的社会阶层的印记。而我仍然相信胃口的刺激，相信有胃口的、正在前进的而不是后退的社会阶层的激励。如果我是营养师（有点不巧的是我不是，您知道我大学读的是农业学），我将会致力于怎么养活几十亿人，而且那会带来固有的文化习惯的改变。伟大的革命将是食物的革命——意大利人只有当意识到番茄酱拌面并不像空气一样是生命要素时才能自由。然而，我是想象力和语言材料的技术员，我致力于面对书面文字、故事、神话人物的食欲：众所周知，所有这些与食物一样是必不可少的。

我注意到，从您的回答可以看出您正朝着完全"意大利"的方向发展。然而，您在巴黎居住多年。对于您来说，巴黎是什么？是柯希莫·皮奥瓦斯科·迪·隆多在树上的避难所吗？您与法国文化有何关系？也许您这种往返于两国之间的生活让您能以旁观者的身份去观察意大利和法国的精神生活。您如何看待法国那边的事物？

对我来说，巴黎是家庭生活，是我泰然处之的地方，是各司其职的地方。我只有买报纸、法棍面包、奶酪的时候才出门。起初我与法国文化的关系比较密切，那时我一年去巴黎几次，每次一到巴黎我就开始打电话，约人见面。还需要说明的是，法国文化已经非常专业化，它强制规定它的语言、它的话题路线。您看杂志《评论》，里面所有的文章都是按同一种方式写的。即使是大师，比如福柯，其话题也像是盛大的演出、恢宏的杂技，并且阅读总有满足感；但是大多数情况下，似乎总是在看相同的故事。当然，这很严密，但是我从来都无法接受一种编码语言，我会马上觉得有必要打破它、用另一种方式讲述事情，也就是说其他事情。最前沿的文学研究，《泰凯尔》《改变》，如果既不离它远远的，又不在他们内部激烈的争论中采取某种立场，我都不知道该如何评判它。而那种政治化不能让我信服。在《泰凯尔》的那些理论启发者中，巴特，是的，我觉得他一直非常睿智。然后马上进入哲学领域，德里达、拉康，这个领域我不擅长。我有一朋友时常给我解释，于是我就有了想法。总之，并不是我在巴黎，我就应该觉得从内部一周接着一周地关注各种流派的发展。应该关注的是各种研讨会，除了学者的训练之外还需要一种学生的训练，我指的是古时的学生。有一次我去听列维-斯特劳斯的讲座，但完全是在读即将出版的书，只是提前了而已。我一直对列维-斯特劳斯非常感兴趣，他与众人格格不入，我恰恰喜欢他那些被我们大加批评的方面，我喜欢这种文明的结晶学，我对那些想把他与历史相结合的方面不感兴趣，他的真理恰恰与此相反，并且我对此深信不疑。似乎我解释得太多了。总之，这是我更感兴趣的、没有直接的文学建议的研究——是格雷马斯的符号学，更多的是逻辑方面的东西，是我所喜欢的。但是我们一直停滞不前，这是像我这样的经验主义者不能忍受的，需要采用某种思考方式并且放弃其他方式，而我从来无法一次只思考一件事情，我总是思考某件事和它的对立面，所以对我来说这是没有用的。

我想给您指出的是，到目前为止，您只谈论了针对结构主义的研究。在巴黎，只有这个吗？人们首先会想到一个像萨特这样的人物。

也许我接近巴黎的时间不够恰当，现在我感受不到它的方向。但是，巴黎肯定有很多东西，即使有些共同数据，不过我要说的是知识分子的方向不同。我曾经与巴塔耶的朋友以及布朗肖的朋友有些关系,尤其是维托里尼在世的时候,现在有时我觉得我应该保持这种关系,因为他们与我完全相反,那么与他们的对话可能是有用的,但实际上我没能把这种关系保持下去。最后,让我觉得与之相处得最自在、无拘无束的是一群没人知道的人,乌力波,他们是雷蒙·格诺的朋友,一群诗人和数学家,本着些许雅里和鲁塞尔的精神,他们建立了这个潜在文学工场。其中乔治·佩雷克写了一部没有字母 e 的小说,而现在他又写了另一部只有元音字母 e,没有其他四个元音字母的小说。① 我接近他们是因为他们对严肃的排斥,法国文学文化将这种严肃强加于所有地方,包括需要有点自我嘲讽的地方。而这一群人不是这样:他们认为科学并没有那么严肃,另外根据真正的科学家们的一贯的精神,科学反而像是游戏。当然在他们之中,在这种死心塌地的玩笑之中,在《猜谜周刊》的合作者的小心翼翼之中,也有英雄特性,有绝望的虚无主义。

您没有在其中充分认识自己?

我在很多事情上都能识别自己,但总是如同无数镜子碎片一样无法融合在一起。在我这个年龄,就有点像一个抱着一摞包裹行走的人,包裹散落一地,我拿起了某样东西,但其余的全部遗落了。我想停下来稍作整理。

---

① 涉及的小说是 1969 年出版的《消失》和 1972 年出版的《重现》。

几个月前出版的您的新书，充满了休息的气息，但似乎并不是为了休整，而是拒绝任何整理的可能性。我承认这是一个写意性的判断。但是《看不见的城市》似乎正是一种复苏，是对维托里尼的《世界上的城市》的绝美乌托邦的否定。我说否定，是因为维托里尼的计划在理想城市的张力下的片段阶段就搁浅了，而《看不见的城市》是一本证明未来任何社会、任何为之奋斗的秩序都会陷落，并且对其永远不信任的书。

我明确否定如此解读我的书。这是一本拷问城市（拷问社会）的书，带着局势严峻的意识，如罪犯轻易逃脱一样的严峻，带着一种要看清楚、不满足于任何既定形象、重新开始话题的持之以恒的执拗。这背后确实有维托里尼以及维托里尼的城市的影子，有神话般的城市和未来城市的张力，可能我最初是由此受到启发（不仅是从那部没有完成的小说，而是从最初，从四十年代的诸多片段就得到启发，如今这些片段以《名字与眼泪》再版，因为要重读这些篇章我就要重新找回在第二次世界大战中它们在《时代画报》上发表时带给我的记忆，那些奇怪的密码式信息，那时我还对维托里尼一无所知）。如果有人想指责我的这本书运用了大量的传统形象、有点矫揉造作的语言，甚至时而伤感的语气，我肯定已做好自我辩护的准备，尽管这些批评可能符合维托里尼的精神，如果维托里尼在世，可能也会对我做出如此评判，然而遗憾的是我并没有为某个未来之城大吹大擂，也就谈不到维托里尼这位所有魔笛手的反对者。我认为这本书所提出的话题与我以前所写的并没有多少改变，也许它是对日常生活更多的实况直播。您看一下《阿根廷蚂蚁》和《烟云》，这两本距今十几年的短篇小说，后来我把这两本做成合集，因为我在一本中描绘自然和在另一本中描绘城市的方式是一样的，并且二者的结尾即使不是那么令人欣慰，但也不那么绝望。这并不是一个理论性的结论，只是一个图像的对比。如果这就是那些批评者所说的斯多葛主义，那我不清楚，也不是由我说了算的，事实是，我作品的构建向来如此。当然，随着时间的推移，我也在不断改变，每天我都在学习新事物，但愿我不变，但是我所做的更多是积累，而不是转化和背离，我想把我慢慢积累起来的材料聚集在一个晶体系统内而始终保持不变。如果您愿意，您可以抨击我一成不变，总是千篇一律：甚至《观察者》结尾断言完美的城市就是在最后的不完美城市的尽头时隐时现的那个城市，跟我在《看不见的城市》中最后一篇用斜体字写的内容是一个意思，也是所有评论者引以为例的……也就是说，他们引用的是文章最后几行关于地狱的部分，而稍微往上一点就是整个话题意义之所在的通往乌托邦的不连续通道。

但是（如果我没弄错的话，1959年出版的）《不存在的骑士》的结尾是对未来的呼唤。但无可否认的是，您的这种乌托邦式的期望已经减弱。

如果您去看看那些所谓的乌托邦主义者提出的极其精确且详细的思想体系，就会知道乌托邦一直是一个以模糊方式使用的术语。而圣西门的乌托邦完全不是乌托邦，而是美国和苏联都倾向的社会模式，他的乌托邦是如今世界上唯一真正胜利的思想意识。相反，傅立叶全盘皆输，他被抛弃和出卖。在您的这次采访中，我本想您会问我，1971年出版的傅立叶著作选集对我来说意味着什么。[①] 好吧，我想它将是我为这些年来思想涌动而做出的贡献。这是一项我至少做了五年的工作，我曾想让这位作者、这个世界、这个异于常人的大脑运转方式进入意大利思想界，进入政治和文学背后的思想宝库，如果不出意外可以作为一个参考点，如此人们就知道不但可以那样思考也可以这样思考。然而，一无所成。少数专家让我意识到我最好从他们的地盘上消失；而文学文化根本没有察觉这一点。也许我错了，我应该更多地亲身投入其中，但我却想保持一个学者的客观距离，我只做了信息式的介绍，尤其是关于傅立叶的文学成就介绍，因为我不想对其进行干预，我想让人们读到原汁原味的文章。但这也是因为我对傅立叶的立场不易界定，我的目的并不在于一些实际的建议，而在于道德和想象的收获。也就是说，我是作为文学作者阅读他的作品，但可以说所有作家的作品我都是这么读的，我寻找让推理和想象运转的新的可能性，只有当这种收获注入了我们的思想回路，那么它才能在实践中产生影响。总之，我不能说我是傅立叶主义者，因为有很多其他事情完全不同，同样我得说，我学习过很多其他的思想体系，我认为文字世界和实践世界之间的关系需要绕很远的路，需要尝试将日复一日积淀的材料晶体化的能力，哲学家和诗人就是这样改变世界的。其他更直接的关系类型我不了解，或者说我不相信。

---

① 参见1971年乔治·凡蒂的采访。

那么我们必须说,傅立叶对您没有影响。在《看不见的城市》中没有傅立叶的乐观主义的任何痕迹。也许您试图在傅立叶身上找回启蒙主义、理性主义、《树上的男爵》的十八世纪的精神。但是您试图寻找的原因是这种精神对于您来说早已远去,荡然无存了。

早前有批评者这样说:卡尔维诺没有悲剧意识,他太理性了。现在又有批评者说:卡尔维诺代表了理性的失败,他不相信伟大的渐进的命运。我对这些言论并不敏感。我确实一直对十八世纪感兴趣,那是一个伟大的世纪,有着许多不同的对立面,从启蒙主义哲学到最后的巫师和炼金术士,到神秘主义者和像傅立叶这样的开明人士,再到文艺复兴的自然哲学的传承人,比如歌德,但总是有共同的背景、普世的思想理念、人类历史穿插其中的超人类历史。我认为,在我写的某些城市中可以找到这样的背景。正如批评者所说,我从没有证实也没有否认我是十八世纪的研究者、启蒙主义者、理性主义者。他们这么说是为了恭维我,直到这些话变了味,因为如今启蒙主义不再受到好评。这是意大利氛围的改变,我说的是意大利左翼文化氛围的改变,它始于六十年代,我们可以把它与霍克海默和阿多诺的《启蒙辩证法》的翻译相契合,① 这二人将万恶之罪追溯到启蒙时代,甚至在《奥德赛》中找到资产阶级精神的起源。嗯,我对此感到很遗憾,因为我一直很喜欢尤利西斯。我必须说,我一直不太喜欢阿多诺,那将是我的底线,但是对于"新左翼"的思想视野具有极高重要性的德国-美国学派来说,我持有很大的保留态

---

① 都灵:埃伊纳乌迪出版社,1966年。

度。如果有人把"系统"这一概念作为一个刚性机制的话，它恰恰可能是一个陷阱。比方说，地球的生态平衡系统是我们听过的很大的系统，我用它作为对比的术语，在这个系统中任何变化都会影响一系列变化，直至达到一个新的平衡（如果达到了平衡，可能还会通过上亿年的灾难性过程进行调整）。那么世界资本主义甚至都不知道生态系统的不稳定平衡性，但它仍能在一个灾难暂停的局势下存活，尽管它总能堵上它的漏洞，但是它无法成为一个拥有最小稳定性的自我调节系统。我从来不相信资本主义合理化，并且我认为事实证明我是对的——哪是什么合理化呀！我总是不肯用给"资产阶级"赋予一系列价值，将其从积极的价值观变为消极的价值观：也许它是可以变好的事物，不能把它拱手让人，同时资产阶级也不需要任何人的礼物。我更喜欢老派马克思主义者的思维方式，因为尽管资本主义努力去做，但它将永远是一个矛盾不可调和的丛林，也就是说"系统"还不是那个由它的整体生态平衡支配的丛林"系统"。而且，即使资本主义自称是全球范围内针对性强，且具有自我调节能力的系统，我们也必须拥有足够系统的头脑来理解它不是，或者最好是拥有足够分析能力的头脑来发现各种力量和利益不一致的地方。依旧是我之前说过的基督山伯爵的故事——监狱和监狱地图。

我似乎看到了矛盾。您刚才说，圣西门的"工业社会"的乌托邦已经在世界范围内取得了胜利。那么，在我看来这就是一个比阿多诺所描述的系统更牢固更合理的"系统"。

一个谈的是未来，另一个谈的是现在……不，让我先解释一下另一点。对我来说，如果人们知道它是思想上的事物，是思想构建的模型，并且不断受到经验的验证，那么"系统"就能运行，否则，如果一个人认为系统与外界、与世界一致……您知道这是精神分裂症的症状之一吗？精神分裂症患者相信，这个世界是一个有组织的对付他们的系统。但是我非常看重形式化的、演绎的、结构性的模型的使用，我认为它作为现在的草案，也作为反抗现在的未来（或乌托邦，或预言）方案，是一个必要的操作工具。并且，当我们将其应用在现实中的时候，我们的系统就会变成另一个东西，因为限定的网络将比我们的理论模型更密集更多面，然后我们总是希望有新的（思想）系统用来了解现在和指引未来。现在我们知道，社会主义，我们可能会遇到上百种甚至上万种类型的社会主义，有些事情会变得更好，甚至出乎我们的意料，但需要找到一个不断革命和不断恢复的机制。它能够足够和谐地运行以及用自然的平衡与节奏进行自我修复，而无须借助于神秘和蛮横的词语。也许那才是关键点——词语的使用。我不知道这究竟是落脚点还是出发点，词语能作为词语起作用，以便非词语能够在没有词语的情况下起作用，一种文化，就是一个经济体，就是一个根据自己的判定和内部自我调节而进行活动的新自然，以最大的发展水平重新融入非灾难性的自然历史中的人类历史……

现在，我觉得，您重新回到了十八世纪的乌托邦上……
  我给您说过我无法让我的世界整齐有序吧？这不，您看到了吗？一切都联系在一起。

# 离婚公投（1974年）

《那些说"不"的人》，就1974年5月12日的公投接受鲁杰罗·瓜里尼的采访，《信使报》，1974年6月18日，第3页。

5月12日的投票意味着意大利共产党的失败，您是否同意这个说法？

消息显示，那些大型党派对意大利社会知之甚少，也就是说，有一种不再符合现实的经验性和直觉性的认识，这也适用于那些作家们喜欢的、帕索里尼偶尔也喜欢的一般性和强制性的话题类型。对于作家来说，还能容忍；对于政客们来说就更严重了，因为这意味着除了根据党派划分的——这种划分是非常普遍和静态的分类——选举地图之外，他们对民众头脑中所想的事情所知甚少。天主教民主党尤其如此，不仅强加公投，而且其党派书记选择的作为最适合跟他的选民讲话的话题、表情甚至举手投足都庸俗不堪。诚然，相信庸俗、将这种独特的庸俗作为建立与民众关系的人，其头脑中会继续有一个小型意大利，只是现在这个小型意大利已经死亡并被埋葬，或许帕索里尼可以从中找到些不错的东西。至于意大利共产党，我觉得话题是不同的，在不想公投这件事上，当然是出于在这样一个严峻的时刻有着不想浪费时间和精力的顾虑。但毫无疑问，对公投的结果，意大利共产党是悲观的，不只要祈求好运，这还意味着曾经在数以百万计的意大利人的意识中明显存在的文化成熟的广度正在消失。而这种成熟是目前的危机唯一无法侵蚀的财产。

您支持将"否定"的胜利再次引入意大利中产阶级的"人类学突变"之中的这一想法吗？

显而易见，意大利变化巨大。但是我不支持帕索里尼对他的意大利农民小团体的惋惜。在我们青春年少时就得以认识了这一团体，后来它一直存续到五十年代。对当下的这种批判是倒退的，毫无意义可言。我们必须谨记这是世界发展背景下的意大利模式，就像现在如果谁没有这种世界眼光，不管他是政治家还是作家，将全盘皆错。对于在某种程度上处于特权环境的我们来说，农民和早期资产阶级组成的意大利小集团的价值观带有一些可憎的方面，更别说对于那些数以百万的负担了所有重压的真正的农民来说这些意味着什么。跟帕索里尼争论这些事情很奇怪，他非常清楚地知道这些事情，但是他在先前的一篇文章中，为了与他对流行的意大利的某种看法保持一致，他最终对我们的社会形象进行了理想化，如果我们能对某事感到欣慰的话，那就是他为它的消失或多或少地做出了贡献。现在我不想赞扬我们这个世界来与他辩论；如今消费主义处在这个美妙的转折点上。总之，关于未来能够启发我们的是另外的话题。比如说，了解那些能充分利用工会合同保证的学习时间的青年工人是怎么想的。

您也认为，法西斯和反法西斯之间的区别已经缺乏内容和意义了？

这里也有一部分真相，它是依旧以法西斯主义名义存在的各种事物之间不连续的地方。我不认识如今的年轻法西斯分子，也希望不要有机会认识他们，但是从我在报纸上读到的来看，在他们混乱的头脑中更多的是纳粹主义的幽灵，而不是我国旧时农业的法西斯行动队组织。

关于帕索里尼谈到的对立的同质化，人们很容易反驳，我和他这一代人在1943年分裂为墨索里尼的共和国和抵抗运动两个派别，但作为教育背景来说我们并没有太大不同：经验、眼界、（对于读过一些书的人来说）阅读，总之所谓的文化层面是同质化的，受到的教育都是基础的并且匮乏的。然而我们为自己的未来选择对立的模式。也许可以说1920年的第一代法西斯行动队也是同样的情况，也是来自波河流域和托斯卡纳大区的那些农业省，那里是红色区域的中心地带，也正是在那里，世界上两大对立阵营的斗争异常激烈。但是如今，我并不认为在这些打手和制造爆炸的人背后有一个可以称之为法西斯的计划或模式。我认为，一切都是围绕着意大利小集团的残余势力转的，也就是说在某些国家机关内部的一个敲诈勒索、权力斗争、秘密团体、黑手党与强盗行径的网络，这是我们自1969年以来希望其自行消亡或者由政府来清除的一个网络。但是在这些试图制造紧张情绪的耸人听闻的犯罪事实和完全在考虑其他事情的意大利社会之间，存在着一个空间。

# 不稳定与难统治（1974年）

《伊塔洛·卡尔维诺的看不见的城市（作家与政治）》，恩佐·西西利亚诺采访，《新闻报》，1974年11月21日，第3页。本文对问题和卡尔维诺的书面回答都做了修改，与媒体刊登的文章略有不同。卡尔维诺的书面回答有四页是打印机打印的，上面有许多亲笔修改，还有两页手稿保存在他的文件中。

如今的意大利政治阶级给你的印象是什么？

很难以原创观点来回答。天主教民主党长达四分之一个世纪统治的权力体系有一种惯性，以至于现在每个人都会分析其过错，但没人能改变它，哪怕是一丁点的改变。所有的批评就像落在用来拳击训练的大沙袋上一样。或者说，当我们谈论"政治阶级"的时候，我们想用它来反对什么？因为最近经常可以听到这样一种言论，一方面是无能的"政治阶级"，对贪腐、剥削、管理不善负有责任，另一方面是经济、工业，具有高效、生产力和理性的企业家领导阶级。我认为这个情况是不可信的。这些人和另一些人一样，他们建立起来的意大利是如此的脆弱，连危机的第一波震荡都难以承受，我们还不知道后面的危机有多大。长期以来小型的非法交易与大型的利益之间的协调顺了这些人和另一些人的意。所有那些该做的时候没有做的事情都是整个领导阶级的责任。然而我们也得承认这种"发展模式"是从农业文明向工业文明转变的唯一可能，但是如果不想失去了农业而城市又不起作用的话，当时就需要把它组织得更好。

那么，依你看，缺乏先见之明是我们统治者的大罪？

总的规则就是得过且过，目光短浅，最远只能看到下一次选举。这也解释为不要触碰任何既得利益。天主教民主党体制（和最具可比性的盟友）为了保住局部利益而忽略了整体利益，从而使一大批大人物和小人物得到了满足。大量的局部利益才是天主教民主党体制的力量，它的特殊类型的民主力量，在这里民主意味着不同利益的总和，而不是整体利益。正是因为这个原因什么都不运转，也正是因为这个原因没有人愿意去改变。

你不相信"政变"的危险性？

我相信不断恶化的政治和经济局势的危险。我并没有看到体制之外的政变，在我看来，游戏是在政治权力及其内部斗争的阴影下进行的，这反映在公务职位的竞争上。是些危险的游戏，但不是让我感到恐惧的一般性危险游戏，而是一些政治游戏。这些社会民主党突然决定将重点放在那些最糟糕的事上，他们头脑中到底在想什么？而且他们既没数量上的优势，也没威望，也拿不出一个解决方案，他们为什么能让国家生活停摆？我不相信诡计，因为那需要智商和想象力；但我更害怕那些只顾自己的小算计的狭隘思想。但是我们假设罗马政变成功。那然后呢？你认为现今的意大利社会会让军方执政吗？届时不仅有来自人民的反抗，还会有诸多权力中心和与之相连的所有利益的延伸和多重性，这些会让任何专制的政治领导企图化为泡影。当然，如果经济形势继续恶化，如果重蹈雷焦卡拉布里亚的覆辙，那么一切皆有可能。但是现在掌控国家的维米那勒[①]没有被占领。电视台也没有被占领。

你谈到权力中心的多重性。我想请你说说你对如今意大利工会的作用有何看法。

好的，我觉得它是意大利形势的最新、最不寻常的因素。人们在工会的政治作用中得到了比在党派中更多的认可，因为工会是最有效记录和传达民意的通道。在整个这次危机当中可能产生新的权力分配：工会将在我们的政治机器中占有的位置和各个大区将呈现的特点将是决定性的事件，但是目前仍没有看到这些。当然，天主教民主党长达二十五年的体制和思想在这些新的方面也留下了深深的印记。我认为都想成为公职人员的倾向是有害的，这会导致无用又无法撤销的岗位大量增加，总之会导致普遍的结党营私。所以我觉得，从大官僚到记者的特权阶层利用工会的普遍活动的方式是很危险的。是的，我说的是记者。如今一切，包括特权，看来都像是某些要求，它们之间的界限一直不是很明显。自治和工会不应该失去整体利益感，这首先要由各方工会与党派之间的联系作为担保，

---

[①] 意大利内政部所在地。——译者注

以便使社会利益位于阶层利益之前；这尤其涉及公共机构、公共事业部门、市民生活的运转。总之，今天工会活动的主体不再仅仅是工作岗位上的劳动者，还包括交通工具、医院、学校的使用者，租客，城市供给、自然和文化财产的受益者……

你谈到了使用者的工会运动。你对非暴力不合作有何看法？

目前，它是所有决定都要进行"协商"的诸多迹象之一。但是我并不认为这是未来斗争的一种形式，因为它以管理者和被管理者之间的距离注定会缩短为假设前提。从我们这场危机的所有混乱中，应该逐渐形成市民与公共事业工具之间的新关系。

人们说，当今国家观念处于危机之中。你认为它可以以其他形式自我更新吗？

国家观念有太多，从某种意义上说，所有人都期待由国家买单。但是国家像一台为集体服务而运转的机器的这种观念，在我们国家从来没过，只有当需求的推动力找到一种全新的政治权力作为对话者时，才能开始建立起这种观念。

你认为意大利共产党会进入多数派政府吗？

昨天我可能会这样回答：我认为上层并不像是一个简单的加法。但是今天也许不是做学术区分的时候，也不是清算造成我退党原因的时候。人们可以考虑他们想要的东西，但是我认为有些事情是确定的：意大利共产党真正关心民主并且决定捍卫民主；如果民主处于危机之中，离了共产党是不行的；在国家紧急状态下，他们的参谋部会展示出责任心和效率。我想说这是意大利历史记忆的一个既定事实，我认为它应该有一个自动的有效性。但是我先前正在做一个关于我们社会政治的最广泛的讨论。我相信，只要执政方式保持不变，无论哪个党派执政，最终都将受到天主教民主党的侵染，变成附庸。如果共和国需要一个防御的联合政府，来自右翼的压力会加速这方面的倾向。但是改变政治格局的将是意大利社会的推动力，而不是高层之间达成的协议。当执政与否变得不再那么重要时，我们才可以说我们真正拥有一个新的政府了……

你的意思是什么？

我是说，一段时间以来，高层的政治权力已经越来越小，未来将会更小。他们的权力变小不仅是因为自身内部分歧，前进阻力大；还有来自下层不断夺取统治者的权力，导致统治者的权力被掏空。目前这个过程是混乱且专横的：只要一个利益被触动，立即触发强制倒退机制。但这是一个不可逆的过程：政府的权力将会越来越有限，统治将意味着知道如何组织由公民行使权力的多重性。

依你看，这个过程只是意大利才有还是普遍存在？

在其他国家有比我们的资产阶级更坚挺的资产阶级，有能够更好地掌控危机的经济系统，但是目前，存在的问题是共同的。我要说的是如今没有一个政府，不管是总统制的还是戴高乐主义的政府，抑或是基于一种比我们的体制比例更小的体制上的政府，能够忽略其他情况，而成为一个"强硬政府"。多数党的不稳定性是世界上唯一稳定的特点。也许话题不限于议会民主的范畴。正是这个因素使我们目前免于著名的政变。一个独裁的政府要运转，要"操控"，必须在一开始就用智利大屠杀的形式让人生畏，但是这条道路只知道何时开始却不知何时结束。然后再次遇到先前同样的问题，再次无法统治……人类数量巨大，并且越来越不顺从；社会就变得越来越复杂，越来越差异化。

# 夏侠，一个怀有千言万语的沉默者（1975年）

《一个怀有千言万语的沉默者》，费迪南多·希安纳采访，《时刻周报》，1975年6月10日，第3页。1975年，莱奥纳多·夏侠成为巴勒莫行政选举的候选人，6月9日就这一事件在巴黎进行了此次采访。

卡尔维诺，您对夏侠这次成为选举候选人感到吃惊吗？

不吃惊，我对夏侠的候选人身份毫不吃惊。夏侠写了一部人们期待有人去写的反天主教民主党的小说《托多莫多》，立下了汗马功劳。夏侠一直都是一位与他的家乡问题紧密相关的政治作家。这次选举不仅因为各政党计票而非常重要，而且正是因为这是地区和市政选举并且意大利权力的重心正是地方权力，所以这次选举在政治上非常重要。夏侠也许是非常本土化的、植根于地方的作家的最后代表，正因植根于地方，他具有举足轻重的作用，所以他参加当地选举也就不足为奇了。人们可能会问，一个作家的一次任意参选是否与他作为作家这件事同等重要。但是这个问题并不重要，因为两件事并不相互排斥。

他是在共产党员的候选名单里，对吗？

夏侠作为共产党员候选名单里的无党派人士参选，我认为说明他有明显的反天主教民主党的意识。夏侠不是共产党员。我们要说的是，他的思想观念是雅各宾派的，真正的自由党人的思想观念。也就是说他是近阶段在意大利一个具有空想主义思想的人。事实上，在他的小说中，他的这种乌托邦常常体现在代表国家机关的人物身上，例如宪兵、教授、法官。他想到的总是积极的权力，可以成功对抗各种反国家的权力。可以说，卡拉乔洛体现了与其紧密相关的启蒙运动和雅各宾派的思想。

很多人不喜欢像夏侠这样一位作家与意大利共产党直接站在同一战线上。事实上，他与共产党的关系从来都不简单。

我想，意大利的政治有些选择是被迫的。如果今天有人想尝试以某种方式减少所谓的天主教民主党的利益积累，那么必然的工具就是实力最强的反对党。我对西西里和巴勒莫的政治不够了解，无法就权力的质量和格局的可能性改变对夏侠候选人身份的意义做出准确评价。但我认为，可以肯定的是他反对天主教民主党的意义。我认为，夏侠和我一样，在文明社会的事实中不但看到了进步的决定性时刻，也看到了退化、风险的决定性时刻。随后这些事实在政治上被表现为可以付诸实践的事情。

难道这不正是作家与政客之间的差距吗？

当然是。但是夏侠，比方说，他积极参与到离婚公投的运动中，而离婚公投主要是民事问题。并且他是与意大利共产党一起参与运动的。这次经历可能让他更加坚信，在文明社会的事实中，尤其是通过意大利最重要的群众组织——意大利共产党，它仍然是改变和建设不同社会的最具决定性手段——可以发生某些变化。这些才是决定性的力量。如果人们想表达自己的想法和改善的需求，就不可避免地要通过共产党来实施。

所以，直接表达其政治倾向是基于这个事实？

当然。我想，像夏侠这样的作家的政治态度是可以在其作品中找到的。竞选活动的表态无疑是一个征兆，一个非常重要的姿态，但是夏侠要说的最重要的东西在他的书中已经得以表达清楚，但同时表达得也很神秘。不要忘了，莱昂纳多·夏侠是第一批描绘南方悲惨景象的作家之一。我读的他的第一本书是《一位老师的回忆录》①，那是一部与五十年代数量庞大的所有社会文学、纪实文学、反映意大利南方问题的文学完全不同的作品。它与众不同是因为它传达出一种绝望，这种绝望与以往一样，表现得非常悲观，但却没有被打垮、心灰意冷的效果，相反有一种强大的力量。因此，夏侠的方法、视野、他的这种悲观的清醒有着巨大的力量，这股力量与充满细腻、优雅和文化的文学意识和思想意识相连。

---

① 指的是《学校纪事》，卡尔维诺把夏侠这篇文章发表在 1955 年 1—2 月第 12 期的《新话题》杂志上，这篇文章是《雷卡佩德拉教区》（巴里：拉泰尔扎出版社，1956年）一书的核心篇章。我们要知道，埃伊纳乌迪出版社出版的夏侠的作品中，数不胜数的编辑介绍（封底、封面折页、卡片）都要归功于卡尔维诺。

您认为，夏侠的候选身份的总体意义是什么，或者说预示着什么？

在这次提名中我看到的最重要的，我认为首先应该是西西里作家的个性。我自认为我是夏侠的朋友，但是肯定不是像我们这样可以用语言交流来衡量的友谊。夏侠是一个极其安静的人。他的这种存在方式体现了"西西里式沉默"的积极方面，"西西里式沉默"的另一面具有很多消极影响。因此我要说，在这个众生夸夸其谈却言之无物的世界上，一个真正沉默却有很多话要说的人进入活跃的政治活动，是极大的利好。不仅仅对巴勒莫和西西里来说是好事。

# 未来之城（1975 年）

《卡尔维诺和一座看不见的城市》，收录在克劳迪奥·马拉比尼的《诗人之城》，都灵：国际出版社，1976 年，第 181—188 页。此次采访的最简短的两个版本分别以《自行车上的未来（作家与城市：卡尔维诺）》和《未来之大都市》刊登在 1975 年 12 月 12 日的《国家报》和《卡尔利诺币零头报》上。

卡尔维诺是最近两部书《宇宙奇趣》和《看不见的城市》的作者（这两部书似乎把我们从我们和他的所在地连根拔起，将我们投射到一个处在乌托邦和遥远的星际网络之间的巨大空间），我问他：是否有一个属于您的意大利城市？

我无法忘记，我生命中的前二十五年是在圣雷莫度过的。

圣雷莫，作为城市，是否具有某种特质？我想说的是，以某种方式留存在您的记忆中，或者说留存在您的灵魂中、您的文学作品中的特质？

是的，有。圣雷莫是一座古老的利古里亚城市，在我童年时它是一个国际化中心。在那里可以遇见英国人，一些古老的俄罗斯家族，德国人；那里聚集了欧洲美好时代的最后精彩。然后，它具有赌城的特质；它还是一个边境城市……和海滨城市……后来它被焊接到覆盖了整个海岸的连绵不断的水泥森林之中。我从来没有否认过我的背景是利古里亚地区古老的乡下，它一直鲜活地留在我心中。然后是都灵，在它和米兰之间徘徊很久之后，我选择了都灵。这一选择当然要归因于我在埃伊纳乌迪出版社的工作，但是也有一系列原因导致我定居于此。我曾经一度被贴上都灵的标签。我的意思是我认为我有理论上的缘由说我是都灵人。现在，谁知道……我觉得都灵非常无聊，有限。但是，也许，因此我比以前更像都灵人……

利古里亚，您生活的第一个省份给您留下了什么？

我的前期叙事创作全部以利古里亚为背景，并且语言上也受到利古里亚口语的影响。在意大利，大多数文学作品扎根于一个地方，一个省。我想到夏侠，想到他的作品以西西里为中心主题的连贯发展。我思索费诺利奥是如何扎根于朗格地区的。有时候我自问：如果我接受我是圣雷莫人这一事实作为最基本和确定的数据，我是否会成为一个更一致、更热切的作家呢？但事实是现在我对其他东西感兴趣。我曾想，文学不能与地理联系得如此紧密，但是可以与一段时期、一段历史的想法相连。我一直觉得意大利作家的地方主义倾向是一个牢笼；我最感兴趣的作家是那些超越了环境偶然性的作家。然后，在远离大城市的环境中长大让我把城市的召唤作为使命。我的童年和我家族的那个世界非常接近农业世界：我的家庭把农业经历作为一种理想，甚至是一种责任。

而我倾向于城市。城市的这个不明确想法成为我一直追寻的目标：一个是所有城市总和的城市；或者说一个将所有特殊城市的碎片综合在一起的城市。

在这个意义上，您目前在都灵工作，去巴黎生活这一事实就具有了相当独特的意义？

是的，除了个别情况，一直是这样，因为我妻子已经住在巴黎。巴黎是世界上少有的几个城市之一，在这里你从来不会问自己为什么要在这里而不是别处。也从来不需要去定义它、评价它——关于巴黎所有能说的都已经说了。这座城市一直作为一个巨大的集体记忆宝库、一本可供查询的百科全书供你支配，在它打开的页面上给你提供了其他任何城市所没有的一系列信息和财富。当然，今天巴黎也呈现出了作为可居住城市的困难——这是所有大都市的一个特点。

这种困难是指什么？

人们马上会遇到矛盾。一个城市越大，提供的观察和活动的机会就越多。同时，要充分利用这些机会，就需要能够在一定范围内活动来完成所有事情而不浪费一整天时间。当所有事情变得太费力，人们就开始放弃，开始忽视那些活动，与朋友见面开始越来越少。于是和我一样，最终尽可能待在家里。

在未来的城市中，这一矛盾是否会得到克服？

可能会。现今的情况是最糟的。城市危机四伏，尤其是在意大利。在意大利我们经历了巨大而混乱的城市化，农村已经空心化，大批人口自南向北移民，但城市结构却没有跟上这一发展——这是真正社会裂变的结果。城市问题就是社会问题。不能把城市作为一个孤立的现实进行考虑。比方说，在意大利不考虑农村的未来、它在现代生活中所扮演的新角色、它与城市的关系，这一事实就会让所有言论都变得毫无意义。然而，在城市增长的这个危机之中应该找出未来城市的形象。可用的材料仍然是城市为我们提供的那些：它的那些充满活力的因素和那些裂变的和癌变的因素。

您能够想象出一个未来之城的形象吗？

所有未来的形象都有些衰竭。当然我喜欢一个可以骑自行车的城市！未来的城市必须拥有多种交通工具，包括公共交通工具和私人交通工具，若干交通路线，最好是不同高度的路线：人行道、自行车道、汽车道、卡车道、船只的内河航道。也许还可以骑马、骑骡子、骑骆驼……傅立叶曾建议开通斑马专用道，用来送小孩子上学……我仍然受到前几年城市规划者之间流传的那个城市设想的限制：交通分为若干层，有像威尼斯一样的桥、街道、屋脚的沿河小路，机动交通工具在这些交通层行驶，就像在威尼斯运河是交通通道一样。[①] 我总是很高兴能在一个地方看到架空的带栏杆的人行道。在巴黎就有一些。人行道应该在道路的底层是

---

① 参见1968年4月9日《小报》的采访。

没有道理的!

您为什么写了一本题为《看不见的城市》的书?

因为城市的意义总是需要阐释的某些东西。要看一座城市不是睁大眼睛就够了,首先需要清除所有阻挡观看的障碍物、所有接收到的观念、先入为主的图像。然后需要对你看到的数目巨大的城市元素进行精简,并把它们变成包含过去和未来的一个单一的图画、一个形式。

在书中,从过去之城和异域之城的形象中显露出未来之城的某些想法……

是的,在书中,尤其是结尾部分,有两种运动:首先是,相连的城市逼近,变得拥挤,覆盖了整个地壳,变得越来越不适宜居住(比起看不见的城市,它更是不适宜居住的城市);然后是对可能的乌托邦的最后假设,是在我们思考和经历的能力之内建立的一座理想之城,是对今天我们的城市面前呈现的最美好世界的所有希望、所有积极片段进行选择并连接成一个唯一的图画。

您经历并忍受的不适到了什么程度?这种不适是我们所处的巨大的危机、可怕的不人道的城市增长的一个方面。

到了有时候我觉得我什么都不懂的地步。就像死后看世界一样。我感到疏离、厌烦、痛心,因为我认为这应该是死人的世界。有时候我会以为世界末日已经到来。同时,我因为不能提供一个真理，哪怕是局部真理，或者一些建议，只是一个思想方式的建议而感到悔恨。

在帕索里尼和莫拉维亚之间展开的争论中，您站在哪一边？您一定记得帕索里尼说过，他应该回农村。

  我不认为在早已裂变的农村文明的环境中可以解决问题。尽管我说过，相对于城市来说，农村问题非常重要。也许就我个人而言，像我现在住在巴黎，我可以去乡下住，但这不是问题的关键。一个可怕的大都市只能被一个和谐的大都市所取代。莫拉维亚是正确的，他说，要尽快离开可怕的大都市，我们就必须穿过这个可怕的东西，度过这场危机。

我们是否可以说，您创造了具有两面性的文学：一面高度本地化，另一面……我不知道该如何定义它：是非地形的，总之与所有地理位置相脱离？

  也许可以这么说……但是我要补充的是，只有在本地化、地方化的一面里可以找到一个国际化的理由时，我的文学作品才有意义；而在……

……宇宙的一面？您接受这一定义吗？

  我们可以说是行星的，或者星际的！所以，如果在星际的一面中有地方性的情绪……

星际文学或者行星文学有没有半路失去人类的风险？会不会创造出一个没有人类和城市的世界？

失去人类的文学代表了一种虚无，那么它将始终描绘的是人类的负面形象。话语、标志、符号始终是存在的最人性的物质。无须惊呼：你们看我正在谈人类！真的！

怎样才可能找到实际上不是或者不像是或者可能是人类居住的地方？

当我们把目光转向一个无人居住的星球时，对我们来说那个星球已经是我们生活的现实。已经是我们的传记的一部分！

难道不会有这样的风险：我们处在一个完全消极的城市，住满了人，但实际上没有人？

这件事已经发生了。狄更斯笔下的伦敦和恩格斯描写的曼彻斯特就已经是这样可怕的城市。但是这两座城市得以幸存：也许是那些不可怕的方面成功地平衡了其他方面。

您去过美国吗？

十五年前，去过六个月。如果我仔细考虑一下，我必须说，对我而言，真正的城市过去是纽约，现在还是纽约。

您能展开说说吗？

我觉得就像在自己家一样。也许是因为人们可以立刻支配它，它没有过去，它在地形学、社会学、历史上都非常简单。

您不喜欢历史悠久的城市？

喜欢，但是同时我也对它感到畏惧。我非常尊重历史，我不能傲慢地对待它。

您不觉得纽约像一座出离人类尺度的城市吗？

确实，出离尺度了；但是我不能在思想上占有它、理解它。现在我无法说出于工作原因在那个城市，与家人一起生活究竟会怎么样；我只是在那儿度过了一个很长的假期。然后，据说在这十五年中它变化很大。我想说的是，在想象中我一直都在纽约，好几次我以纽约为背景写了几个完全虚构的故事。有些城市即使我们不住在那儿，它们也把它们的造型、形象烙印在我们的脑海中。我也非常喜欢阿姆斯特丹，因为它被多个同心圆的运河环绕，造型美观。我喜欢城市傍水而建。我对米兰的运河不复存在感到痛心。在最近的一次旅行中，我非常欣赏伊朗的伊斯法罕，喜欢它那独特的广场、林荫大道、靠近清真寺的花园学校。它仍然保留了十七世纪的城市风貌，甚至比以往任何时候都充满活力，人们按照建造时的正确意思使用城市空间，可以发现那里的人们都感到很自在。有一条与城市联系紧密的河，河岸绿草如茵，放学后孩子们都去那儿学习或吃下午茶。①

---

① 卡尔维诺在文章《米哈拉布》中描述过这些地方。这篇文章摘自1975年伊朗旅游笔记，后来收录在1984年出版的《收藏沙子的旅人》中（米兰：加尔赞蒂出版社，1984年）；之后收入《散文集》第611—614页。

现在您可以说说您拥有的那座城市？

目前这座城市是巴黎：有一点是因为它在国外，还有一点是因为实际上在巴黎从来没有人感到是在国外。总之，这座城市让我稍微，只是稍微远离意大利背景，并为我提供了远观意大利的可能性。

总之在远离社会城市、"城邦"的意义上，这种远观是否也具有政治意义？

意大利的报纸都是第二天到巴黎。这就正好削弱了意大利新闻带来的情感张力。我认为，要想看得清楚，就不要让情感左右自己。我想那些缓慢的活动才是有价值的活动。我尝试着在意大利危机中寻找具有特点的、不同寻常的，但相比一般情况也是常见的东西。我认为，正因为意大利东倒西歪，摇摇欲坠，突然爆发的危机才最少，而这些突然爆发的危机有时候会沉重打击一些更加坚实的国家，比如法国。

我们在《晚邮报》上读到您的最新创作《帕洛马尔》，他是如此超脱，如此心不在焉又如此刻薄，那么事实上，他住在哪个城市？

这是一个令人尴尬的问题，因为我故意模糊了第三人称和第一人称之间的界限……我只能说，他应该是一个我经常见到的、跟我住在同一个地方的人。我妻子认为，他是一个跟我不一样的人，是个胖胖的、非常平静的老先生，戴一顶草帽，穿着背心和及膝短裤，在他的花园里浇花。我的内心可能就是这样的！

为什么取名帕洛马尔?

名字取自加利福尼亚州天文台。

帕洛马尔是意大利人吗?他的思想是意大利的思想吗?谁是他的朋友?

他的朋友是……瓦莱里的趣味先生、布莱希特的 K 先生,以及很多的中国和日本的散文……至于国籍,最初我想把它也模糊化,后来我发现帕洛马尔说着只有意大利人才说的那些话——但他是一个足迹遍布世界各地的意大利人……

# 方言（1976年）

回答华特·德拉·莫尼卡的提问，《同语言的关系（关于方言的结局的调查）》，受访者有伊塔洛·卡尔维诺、弗朗科·福尔蒂尼、翁贝托·博斯科、科拉多·格拉西，《文学展会》第LII期，总第71期，1976年5月9日，第4—5页。这里的完整文本（报纸上没有第2个和第4个问答，以及第6、7、8的部分回答）是卡尔维诺文件中保存的，题目为《方言》，并且还有一段亲笔注释："回答华特·德拉·莫尼卡的提问。其中部分内容发表在1976年5月19日的《文学展会》上。"后来收录在《巴黎隐士》，以及《散文集》第2814—2817页。

1. 对于我们的现代文化而言，认识和使用方言有何价值？
2. 重新重视方言是否能带来一种全新的文化？
3. 方言对意大利语还有什么贡献吗？
4. 您会方言吗？方言对您的作品的语言质量有影响吗？

（1/2/3）方言文化在被限定在市镇文化、绝对的地方性文化时，具有强大的影响力，它保证了一个城市、一片郊区、一处山谷的身份认同，并将它们与附近其他的城市、郊区、山谷区分开来。当方言开始以大区为范围时，也就是说变成一种跨区域方言的时候，它就已经进入了纯粹的自卫阶段，也就是说进入了它的衰退期。"皮埃蒙特话""伦巴第话""威尼托话"都是近些年产生的并且相对混杂的产物，而如今这些方言与大量的移民有关，是移入民和原居民之间强烈的文化冲突的产物，这种文化既不再是之前的当地文化，也尚未能超越原文化而形成新文化。

直到二十五年前，方言在意大利各地的情况仍各不相同，在此期间，方言的地方主义身份是极具特色和自给自足的。当我还是学生时，即已经处在一个能够流利使用意大利语的群体中时，方言是区分我们的标志——举个例子——我们来自圣雷莫的就跟比方说来自文蒂米利亚或者来自毛里奇奥港的同龄人相区分，也因此我们之间经常相互取笑；更不用说山村方言之间更为严重的冲突了，比如巴亚尔多和特廖拉，它们的方言是完全不同的社会学情况，因此很容易成为我们这些沿海居民的笑料。在这个（实际上非常有限的）世界上，方言是一种作为会说话的生物的自我定义的方式，一种塑造地方精神的方式，总而言之，是一种生存方式。我的本意绝不是用怀旧的方式神化如此狭隘的文化视野，而只是为了证明曾经存在过一种表达活力，即对独特性和确切性的感知，当方言变得普通和迟钝的时候，我们就缺少这种感知，也就是说在方言的"帕索里尼"时代，它变成了人民活力的残余物。

（除了表达的丰富性之外）词汇的丰富性是（也曾是）方言的强大实力之一。当方言具有语言所没有的发音时，相较于语言它就有了优势。但方言的存在时间和（农业、手工业、烹饪、驯养）技艺的存在时间一样长，方言中创造并保留的这些技艺术语比在语言中的多。如今，在词汇方面，方言是语言的支流——只是给那些技术术语中诞生的名词加上方言词尾而已。并且方言也被行业术语拒之门外，那些极其罕见的发音变得过时而被废弃。

我记得，圣雷莫的老人们通晓的方言语音能构建一个无可替代的词汇宝库。比方说，chintagna 这个词的意思是依梯田而建的房子——就像利古里亚大区一直特有的那样——后面的一片足够大的空间，也表示床和墙之间留有的空间。我认为在意大利语中没有对应的词，但如今这个词哪怕在方言中也没有了。如今谁还认识它，谁还会用它？词汇的贫瘠化和趋同化是一种语言死亡的第一个信号。

（4）我的方言是圣雷莫话（现在叫 sanremese，而过去叫 sanremasco），它是利古里亚西部的众多方言之一，也就是说是与热那亚地区非常不同的一个地区的方言，语音和语调完全不同。我二十五岁之前几乎一直住在圣雷莫，那时圣雷莫人口中大部分仍是原居民。我当时生活在一个主要使用方言的农业环境中，我的父亲（比我年长近五十岁，1875 年出生于圣雷莫一个古老的家族中）说的方言远比我的同龄人说得更丰富、更准确、更传神。因此，我是在方言的熏陶下长大的，但是我从没学会说方言，因为我母亲对我的教育具有绝对的权威，她是方言的敌人，是纯正意大利语的坚定拥护者。（我必须承认，我从来没学会流利地说任何一种方言，也是因为我少言寡语的性格，我的表达与交流的需求很快便诉诸书面文字。）

当我开始从事写作时，我对于意大利语中存在方言的影子特别谨慎，因为我觉察到大多数写作者所使用的语言的浮夸后，在我看来唯一能够保证其真实性的是向流行口语的使用靠拢。在我早期的作品中可以察觉到这一倾向，而之后的作品中就少了。[①] 一位细心的圣雷莫读者，也是一位熟知方言的老者（他是一位律师，后来索达提的一本小说还以他为原型[②]）在我后来的书中还认出了方言的影子，并给予了赞赏，如今他已经故去，我想再也没有人能够做到这一点了。

一个人远离地方、远离日常对话，方言对他的影响很快就会衰退。第二次世界大战后我搬去了都灵，当时社会各个阶层仍普遍使用方言，尽管人们对这种衰退有所抵抗，但同属于高卢-古意大利语系，不同的语言氛围让原方言自然衰退下来。

如今，在我家，我妻子跟我说拉普拉塔河流域的西班牙语，我女儿和我说巴黎学生间使用的法语，我写作使用的语言和我所说的语言没有任何关系，除非我追忆往事。

---

[①] 多年前在回答关于长篇小说的九个问题中的一个时（《新话题》第38—39期，1959年5—8月，第11页，之后收录在《散文集》第1528页），卡尔维诺写道："方言可以作为一个作家的语言范例，也就是作为语言的某些特定选择的参照。一旦确立了我的意大利语之下是X方言，我就会优先选择符合X语言环境的单词、结构和用法，而不会选择符合其他传统的单词、结构和用法。这个系统可以使叙事语言具有一致性和说服力，直到它成为对表达能力的限制，那时候就只能抛弃它了。"
[②] 很可能指的是保罗·曼努埃尔·吉斯芒迪（1898—1968），第二次世界大战后任圣雷莫市长和天主教民主党议员，是索达提的长篇小说《演员》中的人物原型。

# 作家与传统（1977年）

此次采访于1977年3月在巴黎用意大利语进行。圭多·阿尔曼西的英译本以《卡尔维诺与圭多·阿尔曼西的谈话》为题发表在《新评论》（伦敦）第 IV 期，总第39—40期，1977年6—7月，第13—19页。（马里奥·波塞利的意大利语译本以《采访伊塔洛·卡尔维诺》为题发表在《新潮流》第 XXXIV 期，总第100期，1987年7—12月，第387—408页。）此处发表的文本，比英译本和后来的意大利语译本更口语化、更真实，基本上符合卢加诺州立图书馆普雷佐利尼档案馆圭多·阿尔曼西基金会里保存的采访者记录的意大利语原件。在此感谢迪亚纳·吕埃施提供了这些资料。

从整体上看，意大利文学从严肃走向傲慢。你并不总是"严肃"，这是你的幸运也是我们的幸运——你会将问题的严肃性或者悲剧性掩藏在讽刺型的正式的文体态度系统之后。现在，我们的文学总是高傲地皱着眉头进行庄严的宣告。在这种文学中，你作为一位"不太严肃"的作家，是否感到有压力？

意大利文坛从未出现过一位劳伦斯·斯特恩，但奇怪的是，斯特恩的第一位译者就是福斯科洛这样一位完全皱着眉的作家，他几乎是意大利文学高傲而庄重的态度的象征。

但福斯科洛翻译的是什么？他翻译的是《感伤旅行》，而不是《项狄传》。那么福斯科洛究竟理解了斯特恩什么？

  但那是英式幽默的首次发现，恰巧发生在新古典主义和浪漫主义之间最紧皱眉头的时刻。这就是说，这样的事情从不会在一个纯粹的状态下发生，因为同时有沉思和讽刺两种态度。我非常佩服那些只讽刺、只滑稽模仿的作家，因为他们表现出一种哲学连贯性，也许也有绝望、绝对的虚无主义，也就是一种哲学的表态。

但是意大利文学，官方的文学，使用标准语而不是方言的文学，多少世纪以来都没有一个完全致力于滑稽模仿的作家吗？也许从阿里奥斯托开始，对不对？

  谁知道呢：我们想想十八世纪发生在哥尔多尼和高吉之间的伟大的戏剧之战，这二人都是面带微笑的诗人……

但二人如果不是最低级的诗人，也是二流的。

  哥尔多尼也许不是二流的。高吉当然是二流的，但是他也有过巨大的影响力，尤其是在意大利境外；当然，我们不得不说高吉不是一个快乐的人。

你看十八世纪"斯克里布勒鲁斯俱乐部"的事例，这是一个后面隐藏着战斗在政治阵线以及诗学和审美战线的作家们的缩写——他们接受除去他们的名字，隐藏在为了具有讽刺意味的攻击而发明的这个缩写之后，这种讽刺意味的攻击是意大利文学从未有过的。

应该说，在最新的一代，在我之后的那些作家中，这种态度是相当普遍的，从圣圭内蒂到曼加内利和阿尔巴西诺，三人之间相当甚至是非常不同，但是他们之间有个共同之处就是这个滑稽模仿的攻击。

从另一方面来说，很难将你与圣圭内蒂、阿尔巴西诺和曼加内利放在一起。并不是年龄问题，而是小说的分量、政治倾向和结构问题。很明显你属于——我也不知道——帕韦塞、维托里尼、加达等人所属的那一代、那一组。加达也有同样的倾向。

总之，加达……没有。话题开始变得有点专业。还有伦巴第大区的斯卡皮利亚杜拉文艺运动的整个传统，但是，当然这个运动是由二流作家发起的。

但是一些意大利人，也包括阿尔巴西诺，试图超越法则传播传统，也就夸大了某些不值得特别关注的作家。

在文学批评领域里，这一传统被它最伟大的研究者孔蒂尼称为"拉丁语与意大利语混写"，可以追溯到福伦戈。这一传统正好位于意大利传统的心脏位置。

我认为不在心脏位置，而在大脚趾的位置。

如果你愿意，那就在大脚趾的位置好了，那可是身体最重要的一部分。

是的，是的……我重新回到我原来的问题上：在我们这样庄严宣告并且高傲地皱着眉头的文学中，你作为一位"不太严肃"的作家，难道不感到有压力吗？

我总是很高兴打乱文学的傲慢精神并逃离这个氛围。

为此你付出代价了吗？

不，没有；也是因为，虽然起初我做了一些事，看起来不太顺利，但我所有的行动立刻受到青睐。我不能说因为我的这种态度我经历过一段时间的孤立状态，这个我真的不能说。人们认为这是必要的。

讽刺和滑稽模仿类型出现了断裂，这在法国在阿波利奈尔和超现实主义者身上得到验证，在英国在乔伊斯身上得到证明。你觉得是否也曾有那么一刻，意大利文学适用于这种类型的活动？

也许有，也许没有，因为我基本上是从战后开始写作的，那时已经离这种可行性很遥远了，但是我对引入开阔的视野出过一份力。

开阔的视野是来自你所说的意大利文学的心脏和我所说的意大利文学的大脚趾，或者说来自你的世界性的文化？

我认为是的。我从来没有想过，也没有打算过要追随意大利传统。一个年轻人的读物应该出自世界各地的作家：盎格鲁-撒克逊作家，俄国作家……

在 1945 年你已经是一位世界主义者了？

在那之前我就是。① 我没有受过培训……意大利语言文学研究者是一个专业的学者……

就像伊特鲁利亚学者一样。

是的，我认为是的……然而当一个年轻人对文学没有专业兴趣时，他就会看冒险小说、幽默小说、侦探小说。看一些有趣的书……尤其在战前，有趣的意大利语书很少。

我对你前期的创作不甚了解，如你所知，我对五六十年代从《我们的祖先》开始往后的创作很感兴趣。从外部看，我觉得你同意大利传统和新现实主义的断裂发生得较晚，并不是在战后立刻发生的，而是战后十年才发生的。

大约是在 1951 年，我模仿罗伯特·路易斯·史蒂文森，写了《分成两半的子爵》，对我而言史蒂文森一直是一位重要的作家。其实在我写第一部小说《通向蜘蛛巢的小径》的时候，我就已经声明我想同时模仿《金银岛》和海明威的《丧钟为谁而鸣》。

我不太了解史蒂文森。关于他，你能再多谈一点东西吗？你跟我提起过他很多次。

---

① 《新评论》和《新潮流》的版本中接下来有一句原稿中没有的话："那时我既不是世界主义者也不是地方主义者。我读过那些可能影响任何省市级年轻人的书。我先是读了教学计划内的那些书，之后是大量的外国译作。"

史蒂文森是一位"二级"冒险小说作家,[1] 他使用高雅作家可能会用的通俗文学的某些形式以及强烈的幽默感,向读者进行暗示。

这在史蒂文森之前的很多其他冒险小说作家身上就已经出现过,比如埃德加·爱伦·坡。

爱伦·坡走的当然是这条路线:他是一位通俗文学作家,同时又是一位伟大的美学家。从这个意义上说,爱伦·坡肯定是我的启蒙老师。甚至在我开始写受战争启发的短篇小说时,背后仍然有爱伦·坡的某些方法。我的新现实主义第一阶段也充满了那种类型的影响,这类影响在影响我之前对意大利文学的影响也是一样的。爱伦·坡是迪诺·布扎蒂的重要启发者……

但是你当时不是以这种方式"被解读"的。

我必须说的是,从一开始评论界就立刻用了"童话般的"这个词来评价我,我最终选择了相信它、适应它。在帕韦塞介绍我的第一部小说时,他就专门提到了这种童话般的氛围,曾谈到史蒂文森并通过史蒂文森谈到阿里奥斯托,他就已经发现了我的阅读经历。应该说,在最细致的意大利文学中这些东西早就有了一整个的传统,是一种品位……这个话题正变得非常具体……

我还记得他们后来给你贴了一个"十八世纪的"标签,这似乎与你的评论者和你自己使用的"童话般的"这个词有点冲突。如果我说,事

---

[1] 参见贝尔纳多·瓦利的采访。

实上你的演变过程是从史蒂文森到斯威夫特,你觉得你能接受吗?

能,当然能,非常好。但我要给你指出的是,人们总是在谈儿时读过的书、儿时读过的经改编的名家的书,自然包括斯威夫特。这些都是文学的某种形象,是作为儿童文学财富组成部分的小说的某种形象。而且很明显,我发展了它的核心部分,可能对我来说不存在儿童读物和成人文学之间的跳跃,而对其他作家来说是存在的。

你被认为是一位天文作家、星际空间讽刺诗人、星系文学家。现在,在意大利,写过类似作品的有但丁,但他不能算,他一直不是这个领域的。然后就是伽利略,有一次你评判他为意大利伟大的散文家,这可能有点不公正;但是作为科学家他有权插手天上的事儿。伽利略之后,你看,我觉得唯一能称得上"天体空间诗人"称号的就是莱奥帕尔迪。你也许不想与这么糟糕的人为伍吧?

我认为伽利略是一位伟大的作家,作为作家他之所以伟大是因为他创建了神话并构建了诗歌语言。他讲述他的经历和他的不同意见,虽然现在科学证实这些没有什么说服力,但是他非常注重结构,无论是语言结构(这一点已经引起了注意,在二十年代的"艺术散文"时期,被当作意大利散文的典范),还是形象创作、神话创作。我认为宇宙的视界一直存在于诗歌之中。意大利文学在诗歌诗句之中有其骨干,因此宇宙视界一直存在。但是意大利传统也是由巫师、科学家、空想家,包括布鲁诺和伽利略这些富有好奇心的人以及那个时代的其他作家创造的。我认为意大利文学从起源到莱奥帕尔迪这位伟大的叙事文学作家、幽默作家以及诗人,这是意大利文学的一个维度。我看到你对他有些不屑,但莱奥帕尔迪是一位具备非凡虚构叙事能力的人……例如,让一个冰岛人在非洲中心与大自然这位女巨人相遇。

虽然对于你所说的伽利略,我很想把这当作一个"玩笑",但是你真的认为他是最伟大的意大利作家吗?

我认为伽利略是一位叙事文学作家。他写过一些叙事段落,比如,关于声音的来源,尝试各种方法如何发出声音的人。几年来,我一直在写一篇关于伽利略的文章,所以我有极其充分的关于伽利略的隐喻段落和叙事段落的例证。伽利略极其热爱文学……喜欢阿里奥斯托……①

---

① 在 1967 年 12 月 24 日《晚邮报》第 11 页上刊登的给安娜·玛利亚·奥尔泰塞的一封公开信中(后来以《与月亮的关系》为题收录在《文学机器》中,以及《散文集》第 228 页),卡尔维诺写道:"伽利略堪称任何时代最伟大的文学作家,只要他谈到月亮,他就会将他的散文提升到精准且清晰的程度,带有淡淡的绝妙抒情诗的意味。伽利略的语言是莱奥帕尔迪,那位伟大的咏月诗人的语言模范之一……"在 1968 年关于"科学与文学"的一个电视采访中,他说:"《札记》中莱奥帕尔迪对伽利略将精准与典雅相结合的散文大加赞赏。只需看看莱奥帕尔迪在他编写的《意大利散文选集》中选用的伽利略的篇章,就会明白诗人莱奥帕尔迪的语言有多少该归功于伽利略了。伽利略并不是把语言作为一种中立的手段,而是具有文学良知,具有持续的表现力、想象力,甚至抒情的参与。我喜欢阅读伽利略那些描写月亮的篇章:对于人类而言,这是月亮第一次成为一个真实的物体,被详细地描述为有形的物体,然而一旦月亮出现,在伽利略的语言中,就会感到一种缥缈和轻盈,就会上升到一种美妙的悬浮状。所以伽利略如此赞赏和推崇阿里奥斯托这位描写宇宙和月亮的诗人不是没有原因的(伽利略也评论过塔索,但却没什么好评,正是因为他对阿里奥斯托的近乎偏袒的热爱使得他一直用不公正的方式抨击塔索)。引导科学家伽利略观察世界的理想也受到了文学文化的滋养,所以我们可以绘制出阿里奥斯托-伽利略-莱奥帕尔迪这样一条线索作为我们文学力量的主线之一。"(《文学港湾》第 XIV 期,总第 41 期,1968 年 1—3 月,第 107 页;之后以《关于科学与文学的两次采访》为题收录在《文学机器》中,以及《散文集》第 231—232 页。)

但是他不理解塔索……

对，是的，出于一些错误的原因。

出于一些非常错误的原因。

是的，他做出的那些辩解是错误的，但是他的品位最终是对的。并且他是最早一批认可和赏识卢赞特的人。

再回到莱奥帕尔迪，那个被称为"天体空间诗人"的人，也就是"田园诗"的那个莱奥帕尔迪，我觉得对于叙事文学作家来说他是一个非常差的队友，对于诗人来说也是一样的。

不，我不这么看。一个从人类的小地方走出来的诗人和作家，他能以超越人类、超越动物、超越生物学、超越一切的范围进行思考，我认为他值得……

在英国浪漫主义诗歌中存在日常生活-乡土与宇宙-普遍之间的飞跃，桂冠诗人华兹华斯就体现了这种飞跃，比如他的诗歌《安眠封闭了我的灵魂》。你不觉得这与莱奥帕尔迪的诗歌完全不是一个类别的吗？

我不知道。或许在价值层面……

但你不是隆达主义者……①

---

① 隆达主义：由 1919—1923 年发行的《隆达》杂志发起的文学运动，旨在重返意大利古典传统。

不是，好吧，但是除了《隆达》杂志上的莱奥帕尔迪，他还有很多其他面。

无论是在你的小说中还是你在报刊上的言论里都显示出你对生态学的极大兴趣。在人们谈论生态焦虑之前，你在写那部著名的小说《阿根廷蚂蚁》时已经创作出了生态焦虑，所以你是最有权利写生态学的。但是从另外一方面看，你是一位作家、文学家，生态学与你有什么关系呢？是你的职业吗？

为什么？一个文学家什么都不干涉，什么又都干涉。我可以将你的问题同前面那个问题联系起来，并且来回忆一下《泽诺的意识》的结尾：在结尾斯维沃谈到了疾病——这一世界上的普遍状况，并大胆预测了普遍的污染，还预言了原子弹爆炸，有人会将威力巨大的炸药放在地球中心；小说最终以地球变为健康的星云形态的宇宙景象为结束。

我非常喜欢《泽诺的意识》，但是那个结尾的预言"并非本意"。那都是事后诸葛亮，我们"事后诸葛亮"地解读了那个结尾。实际上，最后一部分写得并不好。

为什么不好？结尾总是很难。不论是人物性格还是环境都如此私人、如此温和的一个故事，能在某一点融入宇宙的视野，我觉得是一件了不起的事。

有人说（出于现实原因我不能说出他的名字）："我看小说从来超不

过五十页。小说总是太长，结尾总是太无聊。"难道你不觉得某种程度上真是这样？

我认为一部小说中有两个重要时刻：如何开头和如何结尾。这是区别于其他所有故事的决定性时刻。所以，结尾的方式在我看来始终是非凡的。比如说，我想到司各特·菲茨杰拉德的《夜色温柔》，我似乎记得写得很好。①

小说始终是一只脾胃强健的鸵鸟，能够消化任何东西。有的作家也能消化一切，从统计学到报纸的头版头条，比如多斯·帕索斯。难道你不觉得生态学在你的小说中会因消化不良而胃胀？

我从没参与过生态学的论战。你所说的东西，《阿根廷蚂蚁》和《烟云》，可能在人们大规模谈论生态学之前我已经把它们写完了……

这一点我承认……

每一部小说，每一次创作表现都是一个世界的构建，也就是人物与风景、文明、自然之间的关系；所以总是与周围事物之间的关系。贝克特的作品也是如此。

---

① 《新评论》和《新潮流》的版本中接下来有一句原稿中没有的话："我想到福楼拜的《情感教育》结尾那个无比荒谬的谈话，就是关于那两个朋友第一次去妓院的经历。"卡尔维诺对《情感教育》结尾表现出的赞赏在1958年会议文章《长篇小说中的自然与历史》(《散文集》第36页)也可以得到证明，在1985年马里奥·巴伦吉发表的作为《美国讲稿》附录的文章《始与终》里也可以得到验证(《散文集》第749页)。

也包括贝克特?

包括贝克特。

难道你不觉得文化部应该给作家们发个通告,规定从今往后小说中的所有人物要有三条腿而不是两条腿?难道我们还没有用完两只脚的组合的可能性吗?图书馆里尽是两只脚的故事,只有斯蒂芬·泰莫森的一部短篇小说中的主人公巴雅姆有三条腿。你尝试过用 Qfwfq 走出总是写两只脚的人物的事实。

好吧,如果我们谈论脚的数量,首先分成两半的子爵只有一只脚,这就提出了一些相当复杂的技术问题。比如,同一个人的两半之间的决斗,也就是两个独脚人之间的决斗。

然后还有一个无脚人,不存在的骑士。

还有树上的男爵,也就是四脚人。在《宇宙奇趣》中我尝试着创作出一些非人非动物的角色,一些我们不知道它们具有什么形态的角色。所有这些我都做过了,但是我并不认为我们可以在这个方向上永远持续下去。如果一个人需要这么做或者想这么做,那么还可以继续——还有三条腿的具有思想的生物可以作为新的形式。

你肯定熟知莱斯利·菲德勒的理论:美国文学日益向西,直到它到达加州,就无法越过太平洋了。所以它迈起了第三条精神之腿,走向"毒品之旅"、"致幻剂"或者神秘主义。你指的是这个吧?

由于没有大陆需要我去跨越,对我而言这些东西并不是纲领性的术语，因此在某种方式上不论是穿越大陆，还是使用某些特定的化学物质，这些旅程都是物质之旅。不，我只是简单地认为观察或疑问比移动更直接一些……

实际上，间接度或是维度意味着回到斯威夫特吗？第三条精神之腿是指斯威夫特的精神之腿吗？

是的，当然。我认为在这些事情上斯威夫特是一个典型。我觉得他看到人内心的方式……

我记得，有一次你拒绝了一个著名的文学奖，因为当时你似乎反对此潮流和奖项的结果。难道你不认为需要反着做：不给予奖励，而是给予惩罚？夺走作家和那些想要开始写或画的人的水果和甜点，把他们送上另外的道路。然后那些坚持下来的人，很好，对他们来说要么更糟要么更好。

有些文明是人们读的书很多，有些文明是人们写的书很多。在意大利，人们写的书比读的书多。当然这非常糟糕；但是也需要想一想，为了让有些东西能够保持一个时代或一个世纪，需要淘汰很多，所以……

需要"冗余"……

对，冗余……但是之后删除冗余，一扫而空也是必要的。在这个意义上，在写作者之间的初步筛选，也就是对有着共同风格、所写内容定向的人形成一个团体，我觉得还是必要的。在这个意义上，对新手的奖励也是非常必要的。

冗余自然会发生，因为即使对所有作家征税，也总是有那些愿意牺牲自己的经济稳定来写作或作画的人。但是，来自国家主管部门和文化主管部门的这种不断的鼓励，使得写出来的作品越来越多……如今意大利的汽车和手稿都已经超负荷了，对吧？

我认为，今天比昨天负荷轻。我们经历了二十五年人人写作的年代。而我认为，如今比过去作品少，是因为在最近十年写作不再是年轻一代的理想。也许仍有很多年轻人在写作，但是方向少了。真的无从得知明天的文学将是什么。

你正在谈的是艺术的死亡，文学的死亡，还是不同体裁的"混合"？

现在把成为作家作为理想的年轻人越来越少，也是因为今天没有模范作家，至少在意大利情况是这样。在法国，有一个要求人们表达自己却不要求阅读的先锋派，有一些流行的但真的没什么重要性可言的创作。我想说的是，在英国情况也差不多如此。

但是在美国有各种各样的现象……

在美国仍有强有力的出版机构和商业机构，并且还有极高的创作激情。

再次提及意大利文化和外国文化的比较，我想开始进入下一个问题，也就是我们意大利人在国外时对我们国家的自豪与尴尬相交织的奇怪感觉……尽管近年来在电影和很多其他事情上我们有过举足轻重的地位，但实际上在欧洲文化中我们始终是英国人口中带着一定不屑的那个"美国意大利人"，然后基本就是冰激凌店老板和餐馆老板。你在国外生活多年，你有没有听说过这个问题？

没有，我想说的是，如今意大利是一个教授之国，这一点在国外也能感觉出来，因为意大利语、意大利文学是在体制上存在于大学里的东西。这也对应了一个事实，即当今意大利具有巨大的教授储备，因此缺乏创造力。意大利好的方面是消息非常灵通。这是一个译作非常多的国家，总是保持着对世界其他地区发生的事情的更新。第二次世界大战之后，意大利给人的印象就是消息灵通，而不是创造性。当然意大利比世界上其他地区更开放，比法国、英国、德国要开放，在这些国家只有某些经验能够克服音障，传入进去。当然，在意大利兼顾研究领域和创新领域的人才的深层文化工作有些欠缺。

我们看到，对于英国以及很多其他地区而言，意大利都是一个非常陌生的国度，事实上现在只有几部电影和很少的几本书能够穿越这道屏障。我曾跟《泰晤士报文学增刊》的一位主管抱怨意大利文化很少被提及的事情，他是这样跟我说的：确实，但是你们意大利什么都不做，有什么理由让我们多谈呢？我们无法让世界其他地区意识到我们在一定程度上很重要。

我想，在这些事情上不能以偏概全，必须明确指出那件特定的事情，那些确切的事实。

该如何看待蒙塔莱获得诺贝尔文学奖？或者如何看待你最近在维也纳获得的奖项？[①]

哦，这是些边缘事件：诗人或作家的单个性无法构成文化。这只是一块布。

在意大利，这块布存在于很多领域中。我们以意大利绘画为例，它为法国或美国所熟知，但英国却对它一无所知。或许你在法国生活，没有感受到这种孤立状态。

法国对意大利、对意大利的事件有着极大的热情，而在我们看来这种热情有些夸张了。

在绘画方面也是这样吗？

通常，对于绘画我不知道意味着什么，但对于某些画家来说肯定是这样。还需要说的是，英国过于孤立了。

你感觉如今的英国文学文化是孤立的？

当然，是的。

为什么？事实上，英国文学文化不仅自身、内在举足轻重，有重心，而且从乔伊斯到你所想要的都有着巨大的影响力。

---

① 1977年2月8日，卡尔维诺在维也纳获得奥地利联邦教育艺术部颁发的奥地利欧洲文学国家奖。

对，当然是。但是在最近几年它给人留下的印象是，诞生了或者说更新了作家传记的文学体裁。英国继续瞻仰自己的伟大人物、数量有限的作家的万神殿。当然它不再有探索与吞并新领域的兴致。

其中一个新领域可能是好奇心，它存在于意大利，缺席于英国，对英国文化缺乏的那些新形式无力吸收。一个不仅涉及好奇心也涉及开放的例子就是你最近在《命运交叉的城堡》和《看不见的城市》中所做的：一种"虚构"作品的倾向，也是一种钟表制造式的作品的尝试。一部讲述故事，迷惑读者的机器……但是你难道不认为作品有丧失作者的危险吗？还有创造性和自由度逐渐减少的危险，例如在《命运交叉的城堡》中，你使用的固定方案会随着你选择而减少。

不，我想说不是这样，因为在《命运交叉的城堡》中我没有遵循由偶然性来指引的这种规则，但是我强迫用塔罗牌讲故事，这实际不利于固定模式。因此我提出了一种机械程式，但我没有生搬硬套。我想说的是，有些近乎机械式的创作只运用材料组合，在法国和英国还有些以这种方式写作的作家。

比方说，你想到了谁？

比方说，我想到了乔治·佩雷克，他在诗歌上创作了些很有趣的东西，同样他在小说上也有同样的创作。我还想到了雷蒙·鲁塞尔做的一些实验，就像哈利·马修斯做的那些实验一样（对英国来说他们都是陌生的作家）。但是我所做的事情略有不同，虽然我倾向于将叙事的容器复杂化。此刻我正在做着这类事情。

发明塔罗牌的那个人是"艺术家",但你运用塔罗牌的时候总是有一个"艺术家和工匠的结合体";他从来没有变成机械师。在新的未来,不论是一般的叙事文学还是你的那种特别的叙事文学,你不觉得有介入可能性降低的风险吗?

不,我不这么认为。我认为,如果有人写一部心理小说或一个婚姻故事,他只能在惯例范围内展开,因此在那儿也……

塔罗牌永远存在……

塔罗牌永远存在。

但是赋予人物心理深度的幻想总是存在衰退,我将这种幻想称为"皮格玛利翁的幻想"。它正重新回到最初的叙事类型,回到民间童话,其中人物像史努比,或是背着一个写着"明天是贝多芬的生日"的牌子的施罗德……

是的,当然是,但是,心理也可以不是人物的心理:它可以是通过构思或情节,甚至还可以是从心理学角度通过最基本的人物进行表达的心理学,而且心理学并不是文学的唯一维度。[1]

---

[1] 在1979年的一次电视采访中,卡尔维诺说:"对于像我这样不会被心理学、情感分析和内省所吸引的作家来说,他们开阔的视野绝对不比那些以雕琢人物个性、探索人类灵魂的作家的视野差。我感兴趣的是人类陷入的混乱:复杂的关系,在错综复杂形态各异中有待被发现的人物形象。所以我知道,尽管我不会不遗余力地、无孔不入地挖掘人性,但我肯定脱离不了人类这个话题。"

在英国就是如此。

哦,我不知道……我对心理学并不是特别感兴趣。如果我能想出心理学的东西,也就是在我所写作品的心理学价值之外的心理学内容,那就更好了……

但是你并不准备放弃读者的惊喜。那么对你来说惊喜就沦为"情节"的惊喜了。

但也有写作的惊喜。有意想不到的惊喜,意外出现的惊喜。我认为没有哪部小说带来的惊喜会比传统心理小说的惊喜少。

在我认识的所有作家中,无论是意大利作家还是国外作家,你是为数不多的世界性文化、非国家-省市文化以及非完全人文学说的作家之一。很显然,有所得就有所失。那么,你觉得在地域与学科的视野扩张中你失去了什么?

我认为植根于某处、某个地区,对于一个作家来说很重要。然而事实是,也由于无法容忍扎根某处,我渐渐失去了我的根,是的,我想这已经让我失去了一些力度,尤其是在由具有极强的地域性的作家组成的意大利背景下。我想到了夏侠。

# 斯大林主义年代里的意共文化
## （1977年）

贝尔纳多·瓦利，《坚不可摧的安德烈·日丹诺夫。但陶里亚蒂-罗德里克建议同志们阅读德桑克蒂斯的作品（伊塔洛·卡尔维诺回顾那些年里意大利共产党的思想路线）》，《共和报》，1977年12月14日，第12—13页。

卡尔维诺，您在意大利共产党组织中经历了斯大林主义的年代，一直到第二十届代表大会之后。在那个时代，日丹诺夫主义确实打压了意大利共产党的知识分子，并且造成了内部纷争吗？如果发掘那个时代的象征，安德烈·日丹诺夫经常出现。在"帕尔米罗·陶里亚蒂"的年代之前，比方说，罗马附近的弗拉特基的党干校是由列宁格勒领导的。

解放后的几年，意大利共产党的文化政策尚未明确，也尚未感觉到遵循苏联模式的压力。当时存在团体与派别之争，也有强大的宗派主义，但这些都处在一个研究与创新的大环境里。苏联仍然被视作革命氛围的形象，我们称之为马雅可夫斯基式的形象。

日丹诺夫风暴是从什么时候开始的?

我记得,第一件耸人听闻的可怕事件是1947年《真理报》对毕加索的批判,说他是"形式主义"。那是一篇很长的文章,配有他的画作照片以便显示这些画是多么丑陋与可笑。文章在西方引起了很大共鸣,在这里,毕加索是最著名的共产主义艺术家,他被视为新文化之战的旗手。我认为那次抨击不是由日丹诺夫签署的,但它开始了与他名字挂钩的开除党籍时代。我记得第一次看到日丹诺夫的名字是他发表了一篇文章反对那时在苏联出版的一部哲学小说。这篇文章的传播让安德烈·日丹诺夫(他曾经在战争期间领导过被围困的列宁格勒的党组织)获得了仅次于斯大林的思想权威。在同一时期,日丹诺夫批判了包括肖斯塔科维奇在内的苏联音乐家的"形式主义",并且严厉批判了列宁格勒的一些文学期刊以及在上面发表作品的女诗人阿赫玛托娃。

也就是在那时,战后研究与创新的氛围被打破了?

那是一个真正令人震惊的时刻:这个拥有至高权威的国家的全部权力都在怒斥一位年长的女诗人,那些精致而细腻的诗歌的作者。权力从未以最自相矛盾的方式描述自己无力承认自己的言辞不能穷尽所有的话题。也从来没有发生过诗歌以同样象征的方式展示自己的权力,以其微弱的声音引起如此雷鸣般的谴责。此后不久,当日丹诺夫的作品被翻译成各种语言,在他的权力达到巅峰的时候,不知是何原因去世了,他的所有荣誉也被埋葬了。但日丹诺夫主义还在继续，尤其是在 1948 年至 1953 年间的所有事件中。反对"世界主义"运动代表了向十九世纪反动的斯拉夫派的最为严重的倒退。

陶里亚蒂是日丹诺夫派的吗？他与维托里尼的《综合科技》杂志的论战以及从对意大利共产党的批评到对班菲的《哲学研究》杂志的批评是日丹诺夫主义性质的事件吗？还是那一次只是两种意见的交锋，一方是"北派"（维托里尼，帕韦塞），以与国际文化、欧美文化的联系和更新为平台，另一方是"南派"（此处指陶里亚蒂），与历史主义流派相关联，从德桑克蒂斯到拉布里奥拉的历史主义者曾试图在意大利发展黑格尔左派？

跟在政治上一样，陶里亚蒂在文化上试图按照运动的基本路线来发展一种具有意大利情理和意大利历史连续性的政治。他对此非常熟练，此外他完全相信其历史主义，不相信任何即兴之作。他感觉那就是当时的意大利文化世界，它在连续性上比在创新上更为敏感，它是刚刚从最优越的环境中脱颖而出的。他喜欢标榜古典主义品味和语言学研究。他在杂志《重生》上以笔名罗德里克·卡斯蒂利亚进行他的文化论战，该笔名在马基雅维利的小说中是伪装成骑士的魔鬼贝尔法哥的化名。在他的这些短评中，对他人（例如 1948 年，对画家们）也十分粗暴，并且在论战中他从不承认对手（维托里尼、马西莫·米拉、诺贝尔托·博比奥）有道理。同时他试图使明确的日丹诺夫主义的立场在他的党派队伍中得到中立，也就是一字不差地照搬苏联的指示，甚至都没有对日丹诺夫主义立场进行任何翻译。例如，当十九世纪俄国民主主义者别林斯基、杜勃罗留波夫、车尔尼雪夫斯基的作品在苏联被定义为文学批评经典著作时，意大利也在计划出版这三位作家的全集，而陶里亚蒂在他的一次讲话中找了个机会说，最好先学好德桑克蒂斯。他身边的人说他痛恨苏联小说，只有一次他被说服去阅读并审查一本小说，一本特别朴实无华的战争小说。

是对别克的《恐惧与无畏》①的审查，但他不愿签署。

  陶里亚蒂引导得较好的文化活动是葛兰西的作品的发表，在1947年到1950年的短短几年内，将葛兰西变成了中心参考点，而在这之前他完全不为人知。这次突出强调了葛兰西作为自主的意大利知识分子的人格，走出了党派的狭隘运用，是陶里亚蒂的一次个人创举。通常陶里亚蒂遭到贬低，似乎这是显而易见的事情，但实际他不是这样。

您谈到在意大利存在"明确的日丹诺夫主义者"。指的都是谁？他们与陶里亚蒂-葛兰西主义者有什么关系？

  我记得，意大利共产党的文化工作办公室是在1947—1948年间创立并委托给埃米利奥·塞雷尼的。最为严重的日丹诺夫主义操作就是让这个人在意大利担任传播者，他十分怪僻、自

---

① 亚历山大·别克这本书的译本于1951年由罗马社会文化出版社出版。

我矛盾、很那不勒斯、欢快、高效、具有充满活力和灿烂文化的修养；但是所有这些素质都没有阻止他造成灾难性的影响。上一代另外两位在文化方面有发言权的人是朱塞佩·贝尔蒂和安布罗焦·多尼尼。贝尔蒂经历了苏联的经验，他知道那些血泪史，但是当时与那些无条件的阿谀奉承者没有什么区别。之后，他变了，他用他的余生来解释发生了什么事。多尼尼当时坚如磐石般地坚持着他的斯大林主义，我认为他一直保持着他的思想。

然而陶里亚蒂依靠的是克罗齐-马克思主义者？

同时，他的路线很快与罗马那一代人的路线相衔接，在战争年代那一代人从共产主义走向了克罗齐主义，他们包括阿里加塔、萨利纳里、特隆巴多里、古图索，也就是说是"现实主义"的路线、"国家-人民"的路线、"回归德桑克蒂斯"的路线。我认为大约在1953年到1954年间，在一场尽管全面隐蔽但几乎公开宣战的战斗中，这条路线取得了意大利共产党的文化领导权，并且出版了《当代》。这份周刊的前期合订本在外观上与潘农齐奥的《世界》十分相似。同时，卡罗·穆谢塔，在这整个路线之中他是一个异教徒和"愤青"，他担任《社会》杂志社的社长。

米兰所走的路线与之相同？

米兰左翼的文化仍然自成体系，要与那些年罗马及南方的霸权区别开来，单独进行研究：米兰有着更加欧洲的方面、离心力以及在党的文化政策上更宗派的方面，有点法国共产党的形式。只有大约在五十年代末六十年代初的时候，米兰在罗萨娜·罗桑达的带领下取得了共产党革新文化政策的领导权，在那个年代她也能成功地跟陶里亚蒂说上话，这对任何人来说都是非常不易的一件事。但是那时我已经不在党内了，所以我无法以个人经验来讲述此事。

在意大利共产党的日丹诺夫年代您有什么经历？您当时的立场是什么？您站在哪一方？

我属于战后开始行动的一代，所以就是那时我开始形成我的价值体系和经验。因为年轻人跟"运动"联系在一起，并且为了不跟运动割舍开来，他们抛开了一切的"如果"和"但是"，这是一个在每段历史情势下不断重演的事实。这对我也适用，尽管我喃喃自语了很多"如果"和"但是"，也写了一点，但最终还是没有离开当时的游戏规则。作为都灵共产主义世界里的一分子，我与工人组织有着直接且不间断的紧密联系，这在共产党的知识分子中是不怎么常见的，这让我被打上了在一定程度上独立于罗马和米兰官方文化阵营的烙印，也让我可以领导一些（小型的）斗争。在埃伊纳乌迪出版社工作，然后，就是在那个环境中我经历了一些事件。再后来，情况发生了变化。1956年我全身心地投入到内部辩论中，但在1957年这一切都画上了句号，我退党了。我认为在党内以及在工人运动中的经历很珍贵、很有益，所以党内的文化辩论只是激起了我长期以来由于高度精神紧张引起的苦涩和遗憾，这些可以更有效地被消耗掉。①

---

① 几个月后在接受伊塔洛·阿里吉耶罗·基乌萨诺采访时，卡尔维诺说："政治在我年轻时占据了很重要的地位，特别是我在意大利共产党内的那十二年里。如今我认为给政治太大空间是错误的。文明，作为所有人类活动的复合体，才是最重要的。道德，作为价值观的选择，也是最重要的。这二者就决定了政治，也被政治所决定。人类活动的多样性和道德内容往往独立发展。我相信世界应该改变，但重要的是应该慢慢地或者是极其缓慢地改变，有时政治生活并不能记录或者及时记录这些改变。话虽如此，我仍然非常依赖某些特征，对我而言，这些特征是共产主义者的积极形象，这促使我与那种生活方式达成共识……那种生活方式即在共同的利益和内在的纪律上进行投入，应对困难情况，具有历史感。虽然如今不可能再给我贴上政治标签，除非是极其普通的标签，但我仍然处在一个以工人运动为中流砥柱的历史时期。"（《卡尔维诺，我想看见的未来》，《新人民日报》，1978年7月23日，第2页。）

# 1978年的形势（1978年）

《同伊塔洛·卡尔维诺的谈话。别处看世界》，达尼埃莱·德尔·朱迪切采访，《国家晚报》，1978年1月7日，第3页。之后，以《一九七八》为题收录在《巴黎隐士》中，以及《散文集》第2828—2834页。

"伟大的秘诀在于自我掩饰、逃避、掩盖踪迹。"这是在你称之为"美好时代"的六十年代，你对阿尔巴西诺说的一句话。你做到了这一点。所以，今天我们想知道：卡尔维诺，你跟阿斯托尔福一样，是在月亮上吗？

月亮是从远处观察地球的一个很好的制高点。寻找一个独立存在的恰当距离就是《树上的男爵》的问题。但二十年过去了，我越来越难以在主流思想行为的疆域中立身。别处又都无法令人满意，我找不到落脚点。然而我拒绝人云亦云的所在之处。我更喜欢待在一旁继续自己的话题，等待重新回来，就像所有事情都有自己的立场一样。

"话题"，你刚用到的一词。现在请你对它进行一下解释。

也许只是一些"是"和"否",以及大量的"但是"。当然,我属于相信文学构思与社会蓝图相联系的最后一代人。但这两者都灰飞烟灭了。我的整个生活就成了追认我曾经认为"否"的那些事情的正当性。但是根本价值的归属越遭否定越留存弥久。

那个社会蓝图化为乌有了。同一双手又建立起了新的蓝图,你又重新置身其中?

工人运动对我来说意味着工作和生产的一种伦理学,这在过去十年中被埋没了。如今排在首位的是存在的动机:所有人都有享受的权利,享受是存在于这个世界上的唯一事实。这是一种我不赞同的人生观点,我热爱他人,并不是因为他们活着这么简单。生存的权利必须去努力争取,去证明你为别人付出了多少。为此,我对如今天主教民主党的福利主义与青年抗议运动相结合的那个"背景"保持距离。

你刚说,任何别处都是不足的。那么你认为别处应该怎样才恰到好处?

对于很多作家来说,他们的主体性就是自给自足的。在那里发生的事就是有价值的事。没有别处,很简单,生活经历就是世界的全部。你可以想想亨利·米勒。因为我痛恨浪费,所以我羡慕那些利用一切,绝不浪费的作家。索尔·贝娄,马克斯·弗里施,日常生活就是持续写作的给养。我觉得别人不会对我的事感兴趣,所以我写的东西我要去证明,即使是面对自己时,我也要用非个人的东西去证明它。也许因为我来自一个有着坚定科学信念且没有宗教信仰的家庭,对我的家庭而言,文明的体现是人类和植物的共生。逃避小农业主的那种道德观念和职责,曾让我感到内疚。我觉得我的幻想世界不足以自圆其说,所以需要一个整体蓝图。这是一个人为的问题。但是总比没有问题好,因为只有面对一个需要解决的问题时,写作才有意义。

你想要某些可以让你重新说"是"或"否"的东西吗?如果回到最初,你会有方案吗?

每次我准备写一本书的时候,我都会用一个方案、一个计划去证明它。我就会立刻看出它的局限。然后我会用另外一个方案、很多方案来支持它,直至我理屈词穷。每次,要写一本书的时候,我都要捏造一个创作它的作者,一个不同于我的作者,一个与所有我清楚见到其局限的其他作家不同的作者……

如果设计理念正好被时代淘汰出局了,该怎么办?如果并不是从一个旧方案到新方案的过渡,而是一个类别的消亡呢?

你的假设是合理的,可能是需要预测到它会失败,它可能会进入其他文明的生活方式,它可能不具备方案里的时机。但是写作的好处是创作过程中的幸福感,作品完成时的满足感。如果这种幸福感取代了方案的意志主义,天哪,我就别无他求了!

在你的初期作品中,一颗炮弹将梅达尔多子爵炸成了善与恶的两半。那时（1951年）对于你来说，有很多分裂的可能：主体与客体，理性与幻想，维托里尼对政治的呼吁"走上街头"与发展内心；为都灵《团结报》撰稿的卡尔维诺和走向中世纪想象世界的那个卡尔维诺。对于你来说，从一开始就失去了和谐。那么后来你又重新找回和谐了吗？

确实，分裂存在于《分成两半的子爵》中，也许存在于我所写的所有作品中。分裂的意识引起和谐的欲望。但是偶然事物中的每个和谐的幻想都是具有欺骗性的，因此需要在另外的层面上去寻找。所以我就到了宇宙层面。但是这个宇宙是不存在的，即使对科学来说也是不存在的，它只是一个超个人意识的境域，在那里超越了人类本位主义思想的所有沙文主义，也许达到了一个非拟人化的视角。在这升空过程中我从没有恐慌自满，也没有沉思冥想，而更多的是对宇宙的责任感。我们是从亚原子尺度或前星系尺度出发的链条上的一环，我坚信，承前启后是我们行动和思想的责任。我希望，能从我那呈碎片化的作品组合中感受到这一点。

寻求和谐的同时，你将目标瞄准伟大的理性。那是（《我们的祖先》三部曲中的）几何隐喻的数学，是（《命运交叉的城堡》和《看不见的城市》中的）结构的组合计算。越发完美，越发精致，越发"向上"。但在顶点岂不将是沉默无语？

是的，我已经在这临界点多年了，我不知道是否能找到出路。计算和几何也是非个人事物的需求。我已经说过，存在的事实、我的经历、我脑海中的灵光一闪，并不能让我着手写作。但是对我而言，幻想是武断的对立面，是一条到达神话世界的路。我必须构建一些自身存在的对象，像晶体一样的东西，符合非人理性的东西。为了使结果"自然"，我不得不求助于极端技巧。但总会有挫折，因为在完成的作品中总会有些武断的东西，有些不确定的东西，我对此感到不满意。

你的五十年代，战斗的年代，你说（在政治上）是"职业军人"；六十年代，你说是"美好时代"。那你现在已经快结束的第三个十年，你要给它取个什么名字？

我想说的是：没有名字。这些年风云变幻，我静观其变，但始终有所保留。在《命运交叉的城堡》的最后一章，我将隐士的形象与屠龙骑士的形象做了对比。所以，在七十年代我首先是个隐士。远观，但离得不是很远。在圣吉罗拉莫或圣安东尼的画中，城市是背景。在这个画面中我认出了我自己。但是在《命运交叉的城堡》的同一章节，有一个突然的偏离、转折，我变成了耍戏法的，也就是塔罗牌里的魔术师。我把他作为终极解决方法。这个招摇且熟于戏法的魔术师、江湖骗子，其实是个比较诚实的人。

变戏法的、魔术师是当今知识分子手上的唯一一张牌吗？

你知道，我从不会孤注一掷。因此我对二十世纪文化的英雄人物敬而远之。《命运交叉的城堡》的最后三张牌是可以替换以及组合的三张牌。但是如果魔术师赢了，我就需要让他的戏法失败。

巴黎,"我常年隐居的大都市"。卡尔维诺,你在逃避什么?巴黎足以作为逃避之地吗?

隐士将城市作为背景,对于我而言,那座城市就是意大利。比起别处,巴黎更是一个别处的象征。此外我真的住在巴黎吗?关于我在巴黎,我始终说不出个所以然来,我早就说过,与其有个乡间别墅,不如在异域的城市里有个家,在那里我无须担任任何职务和角色。①

为了待在一个地方而远离这个地方。人在巴黎遥看意大利。这是怎样一种戏法?

在看不见的城市中有一个高跷上的城市,居民从高处看着自己的缺席。也许为了了解我自己,我必须从一个我本该在那里但其实不在的地方进行观察。就像一个老摄影师,他在镜头前摆好姿势,然后跑去烧毁镁光灯,拍下那个他原先在而现在又不在的地方。也许这就是死者看生者的方式,混杂了兴趣和不理解。但这是在我消

---

① "我每年平均在这里五六个月,每个月我都要回意大利并至少待一个星期。在官方证件上,我住在意大利都灵;我在意大利缴税,总之在所有方面我仍然是一个意大利人。在巴黎我有我的家庭生活:我的妻子,我的女儿都住在这儿。这就好像我有一个乡间别墅,只不过这个别墅位于巴黎市区。我随身带着那些需要我做的事情,埃伊纳乌迪出版社需要审阅的书籍和打印稿,在这里我能更加安静地工作,跟城市没有多大关系,就像我在农村一样。从意大利给我打电话的种种困难,比如要拨国家代码,会掉线,等等,这些让我免受打扰。当然这里始终有着巴黎的一切便利:展览、音乐会、剧院、电影院……如果一个人有时间和精力四处走动而不懒惰的话,这样的机会有很多很多……我记得以前我每年来巴黎旅游三四次,那时我几天看的东西比我现在几个月在巴黎看的都多。"(《分成两半的作家》,由达里奥·扎内利采访,《卡尔利诺币零头报》,1978年1月15日。)

沉时的看法。在我愉快时，我会想，我没有占据的那处空间可以用另一个我去填满，可以做我应该做但没能做到的事。一个只能源自那个空间的我。

伟大的缺席或者伟大的出席，一个公众人物要赌的就是二者其中之一。比方说，托马索·兰多尔菲以神秘取胜。你以缺席取胜？

我当然不能跟兰多尔菲的一致性相比。最近几年我甚至还为《晚邮报》写了些社论，这意味着我的一部分，是一个严肃的、被福尔蒂尼定义为"高贵之父"的语调的发声体，始终活跃其间。我对此并不是很满意。我更愿意让这位高贵之父退休，而用心经营我的其他形象。也许，还是福尔蒂尼的话：做一个他的一首旧诗中所说的"愤青"。

在内心痛苦与和谐之间是真正的他，那个愤青，我的意思是讽刺。那你的角色是什么：防御、进攻、让不可能变为可能？

讽刺意味着以一种稍带怀疑、适度轻松的心情阅读我写的东西。因为有时我碰巧使用了其他的语调，所以我用讽刺口气说的东西才是重要的东西。

这是一种外在的讽刺。我们来看看内在的。

与内心痛苦相比，讽刺是对可能的和谐的一种宣告；与和谐相比，讽刺是对真正的内心痛苦的认知。讽刺总是意味着事物的反面。

它是那丢不掉的东西。你的最新短篇《受欢迎的垃圾桶》也想传达这一点吗？在你的知性之旅中哪些被丢进了垃圾桶，而哪些没有？

有时我觉得我从来什么都没丢，有时又觉得我一直在丢。要在每一次经验中寻找有营养的东西，然后它才得以留存。这就是"价值"所在：去其糟粕，取其精华。

随着时间的推移，手要么日益僵硬，要么越发灵活。相比十五年前，你的写作有何不同？

我学会了在受人委托、要求我按某个特定目的、哪怕是个微不足道的目的而写作时享受其中乐趣。至少我确切地知道我写的东西对某些人有用。我觉得更加自由，不再有把我自己都不确定的主观性强加给其他人的感觉。我相信写作的绝对的、必要的个人主义，但为了让个人主义发挥作用，就必须把它藏在那些否定它或者至少是与其对立的一些东西中。

卡尔维诺，我不想问你正在写什么，但我要问你不会再写什么？

如果你说的不再写指的是我已经写过的，那么事实上我并没有背离我作品中的任何东西。当然，有些路径关闭了。现在我对生动的、具创造性的、最深思熟虑的、将故事与评论融为一体的虚构叙事敞开大门。

# 儒勒，一个难以界定的作家
# （1978年）

《儒勒·凡尔纳的核心之旅。我们尚无法界定他……（系列幻想故事的作者卡尔维诺如何点评法国小说家）》，贝尔纳多·瓦利采访，《共和报》，1978年1月29—30日，第10—11页。1978年2月8日为凡尔纳诞辰一百五十周年纪念日。

卡尔维诺，您如何看待"科幻小说之父"儒勒·凡尔纳？

兴趣与奇迹是阅读凡尔纳作品的两大主要动机。首先他具有通过一系列性格鲜明的人物，围绕一个技术、科学、地理问题（也可以是一个极其简单的问题）展开一个故事的超凡创作才能。例如，在《环游黑海历险记》中，一位土耳其富商，新事物的反对者，为了逃避政府规定的乘船穿越博斯普鲁斯海峡要交几个小钱的税，决定沿黑海绕到海峡对岸回家吃晚饭，这是一次穿越了克里米亚和高加索地区的漫长旅程。小说中有一系列主观障碍（凯拉邦的性格）和客观障碍（地理障碍和时间障碍）；而解决方法是他的想象力，是无意识。

比起空中的凡尔纳，我更喜欢地下的凡尔纳。我不仅喜欢《地心游记》，还喜欢《美丽的地下世界》，在我看来这是他的代表作，无须浩瀚的科幻太空探险的空间，就将世界转变为一个像矿山那样的无限的世界。在一个废弃的苏格兰煤矿里，他虚构了整个地下地理学，甚至是地底深处一种恐怖鸟类的动物学世界。有一个从没见过阳光的女孩，在矿井底部长大，小说结尾是她渴望看见星空以及白天的世界。凡尔纳的路径可以是垂直的，在高处或在深处，但经常是圆形的，是在表面或在高处环游世界。比如小说《太阳系历险记》，讲述的是一块土地从地球上分离，带着它的居民成为一颗卫星。是的，问题是这些人如何同地球重新取得联系。

在大约五十年里凡尔纳写了八十本小说。如此规律的定期创作和系列创作让人想到更多的是电影而不是文学。

凡尔纳最初的创作受到大仲马的影响。大仲马曾在巴黎创立了历史剧院，凡尔纳在那儿做见习编剧，后来成为剧院秘书。大仲马是当时第一个用类似未来电影产业的方法利用团队合作写小说的小说家，团队里有人做历史研究，其他人制定故事情节。大仲马的小说是集体创作的成果，是"黑人"在他的监督下完成的。据我所知，凡尔纳是独立创作的，但是他的作品几乎是"工业"型的，持续不断地进行小说生产，这是由与赫泽尔出版社签订的为期二十年的合同（每年两本书）所决定的。他的很多小说先是在报纸上连载，然后印刷成册，其中很多改编成剧本。小说的推出非常轰动，就像在那个化装舞会上，摄影师纳达尔搭乘火箭，由大炮发射升空一样轰动。凡尔纳的小说有着精彩的、视觉的外观，数不胜数的插图是小说不可或缺的一部分，以至于现在再版都会重现原作插图。可惜的是，在"口袋书"中这些插图遭遇缩印，于是那些极具魅力的细致插图就黯然失色。这些插图都是由凡尔纳亲自监督的，他给插画师建议，尤其是人物和风景的比例，以此创造出一种幻想的景色效果。

我们总是在谈论凡尔纳在预测科学发明方面的无与伦比的想象力。事实上，他是科学期刊的忠实读者，经过不断丰富积累，在他那个世纪的下半叶他开始逐渐了解科学研究。凡尔纳是百科全书式的……

　　他的所有作品都以百科全书为目标。但是通过阅读他的每部小说，对他的叙事思想来源做一番研究，让我吃惊的是除了旅游、科学、技术类的书籍之外，他还援引了大量的十八世纪甚至是之前的作家，从西哈诺到斯威夫特的乌托邦和科幻旅程作品。而且不要忘了他的戏剧学徒身份，对于人物性格的刻画——例如斐利亚·福克的绝对守时——成为故事的原动力。

凡尔纳的机器宣告了二十世纪的超现实主义的狂热，而不是其理性主义。出现了（对科学的）新的信仰和（对人）进行质疑的作品。
　　凡尔纳完全是以十九世纪的视角去看机器的世界、技术的世界，这让我们在观察它的时候就产生了疏离感。在《喀尔巴阡城堡》中，就像德国的浪漫主义一样，预测电视和电影行业创造出了一个鬼怪的世界。我们还必须考虑到凡尔纳经常让他的科学家们出现计算错误,这是对事物进行重新归位。对于凡尔纳来说,理性更多存在于自然中而不是科学中。

您如何看待最近关于凡尔纳的大量研究和他的作品不断再版?

我们试图在政治上和精神分析学上研究他,而每次都在人物的秘密上碰壁。也许我们需要看看南特(他出生的地方)的环境来理解他,那是一个信奉新教的传统城市,那里的古老家族会以曾经是奴隶贩子为荣耀,甚至上层资产阶级将曾经贩卖过人口当作出身高贵的标志,而凡尔纳正是出身于这样一个带有新教背景的资产阶级家族。

只有当它是英国殖民主义的时候他才谴责殖民主义。

我记得《蒸汽屋》,故事发生在印度,其中有一个叫作"漂泊的火焰"的女疯子,最后人们发现她是从英国人扔大屠杀遇难者遗体的井中逃出来的。我们应该带着他所有的矛盾或我们认为的矛盾去理解凡尔纳——正如那个时代的所有作家一样。

# 从可能出发（1978年）

《卡尔维诺：多面意大利》，乔治·凡蒂采访，《国家晚报》，1978年4月10日，第3页。

伊塔洛·卡尔维诺出于选择而生活在巴黎，而我则是出于工作需要生活在巴黎。但实际上我们两人都在意大利待过。我们围绕意大利畅谈不止。今天我将部分对话发表出来。这次对话源自对莱昂纳多·夏侠的重新讨论。① 为了深入体现卡尔维诺所说的内容，我尽

---

① 说到"重新讨论"，凡蒂指的是前一年即1977年4月至6月期间在意大利一些主要报纸和期刊上（《晚邮报》《新闻报》《共和报》《团结报》《快报周刊》等）展开的讨论。参与讨论的有作家、政客和知识分子，其中除了夏侠之外，还有乔治·阿门多拉、阿尔贝托·阿尔巴西诺、阿贝托·阿索、罗萨、诺贝尔托·博比奥、伊塔洛·卡尔维诺、切萨雷·卡塞斯、娜塔莉亚·金兹伯格、乌戈·拉·马尔法、杰诺·潘帕洛尼、路易吉·平托尔、埃多阿尔多·圣圭内蒂、保罗·斯普利亚诺、乔万尼·特斯托里、安东内洛·特隆巴多里。大部分发言由多梅尼科·波尔齐奥收录在题为《知识分子的勇气和懦弱》的袖珍本中（米兰：蒙达多利出版社，1977年）。此次讨论是因朱利奥·纳欣贝尼对埃乌杰尼奥·蒙塔莱的电话采访（《晚邮报》，1977年5月5日）而引起的。蒙塔莱在采访中说，他理解且赞同一些人民法官（因恐惧）放弃参加在都灵进行的对红色旅的审判。夏侠也曾写过，他永远不会参加对红色旅审判的人民陪审团。

量缩减我所说的部分，除非必不可少的部分。关于对夏侠的批评，卡尔维诺说——

还有很多其他事情值得说，值得去批评，给那些任凭事物走向毁灭的人更多具体的指责。可以说，最近几年整个意大利新闻界显示出对时事的强大分析和评论能力。我们可以说，意大利在耳聪目明、头脑十分清醒的情况下经历了长期的危机，但糟糕的是高层本应从中找到切实可行的解决之道，但他们没有这么做，甚至反其道而行之。既然如此，我也多说无益。就在现在，这个国家正积聚着很多力量，也开始重视论据的力量。知识分子的勇敢是坚持自己所想，哪怕是孤立无援，夏侠也给知识分子的勇敢做出了榜样。要说出我心中所想无须特别的勇气，因为我的想法跟报纸和政治力量的常见话题相距并不远。但是，既然我这么想，那么我出于担心平庸就不能改变想法。我认为，在大多数情况下不能不赞同夏侠的态度所表现出的理由，即使我认为他的结论是错的。[1]一方是没有国

---

[1] 卡尔维诺在那段时间接受萨韦里奥·韦尔托内的采访（《真相不尽如人意但还是需要说出来》，《新社会》第Ⅵ期，总第124期，1978年5月1日，第59—60页）时说："夏侠是一个自由主义文化的人，他信任国家，这种信任在意大利知识分子中是相当罕见的。我们可以想想他的长篇小说，其中正面人物要么是宪兵要么是法官。如果考虑到这一点，你也就会明白为什么一个把国家视作积极因素，甚至将其变为乌托邦理想的人，后来会陷入深深的失望甚至是不满。[……]我从来没有也永远不会表达出这样的观点，因为我已意识到局势的严重性。但是，在这样一个万事停滞，有诸多待罪之人的国家，我觉得生知识分子的气有失公平。在一定程度上，夏侠、蒙塔莱或莫拉维亚成为争议的目标这件事促使我退出政客们的谴责，因为我有不同的看法，我想同他们辩论。如果你想让他们说出不同的东西，就尝试解释他们的话。"后来卡尔维诺在评论夏侠的《莫罗事件》时再次回到这个话题上。(《莫罗即权力的悲剧》，《时刻日报》，1978年11月4日，第1页，后来收录在《散文集》第2349—2352页。)

家,另一方是没有红色旅。对我而言,一方是民主发展的可能性,另一方是所有想破坏或正在破坏意大利的人,比方说恐怖分子,这两方之间的冲突是值得注意的。

事实是,我比夏侠更悲观,他似乎认为已经如此糟糕,不可能再继续恶化了,所以即使外星人来了也没什么可怕的。我思想中的一个特别的乐观之处在于,现在这种糟糕的状况可能还会延续,而外星人无论是否有计划在引导他们,他们的职能将始终是非常地球化的,将始终与最糟糕的方面衔接,而从来不会与好的方面衔接。在任何情况下,知识分子都跟其他公民一样,面对不合理的事情时,他们都只有理性作为工具。

事情是这样的:我认为,我们这种非理性的症状会越来越严重。今天的恐怖主义是非理性的。但是,阿里戈·莱维或者拉·马尔法的回答也是非理性的。[1] 讨论是否发表红色旅的文章是非理性的。而理性存在于离开工厂的工人们之间,在自发地上街示威游行的人们之间,所有这些人,我认为他们是人民中伟大的大多数,他们想让我们的国家挺直腰杆,站稳脚跟,抬起头颅,理性思考。真正的危险是非理性在政界不断蔓延,导致了公民与统治者之间的疏远。

你知道,我在巴黎和意大利两地生活。当我在巴黎时,我所生活的那个意大利就是报纸上消息里的意大利,是一个痛苦的、

---

[1] 凡蒂指的是《新闻报》主任阿里戈·莱维同意乌戈·拉·马尔法的意见,并且于1978年3月28日在他的报纸上提出的紧急措施。

悲惨的意大利。而我刚一到意大利，早上翻过的报纸就会放在一边，我就置身于一个忙于工作并想着工作的人的世界，或者一个首先想着如何消费如何消遣的人的世界，也或者一个从事政治但被具体的、当地的问题完全困扰着的人的世界。我只想说，很难找到一个正确的语调，不说傻话，保持头脑冷静。所以一旦一个人说了话，立刻就会被断章取义，受到抨击。所以，才会有夏侠的不做选择，莫拉维亚的置身事外。① 我想说的是，很可惜我连一分钟都无法置身事外，因为很不幸我们都卷入其中，都是当局者，所以正是出于这种当局者的感觉，才会与词句进行辩论，而不是与话题的精神进行辩论。

如果我们全都卷入其中，那么我们就应该尽我们所能来保护我们所拥有的，即民主，或者说民主的可能性，我不认为只能从狭义上去理解莫拉维亚所说的置身事外。有人说，我们的国家是世界上最自由的国家，这是一种谬论，充满误解。谁会怀疑已经获得的民主、自由成果？但问题是我们是如何使用的。还是我们要考虑杀人、抢劫、贿赂的自由，监禁同样有申辩自由之人的自由？置身事外，要远远大于你所理解的那些危险。

总之怎么说呢，也许跟其他少数国家一样，意大利是一个民主国家。但同时，它也是一个停止运转的国家。扩大民主的可能性在

---

① 1978年3月20日莫拉维亚在《晚邮报》上发表的一篇文章中写道，面对当时意大利发生的事情，他感到一种深深的陌生感，而不是冷漠感。

不断发展，与行会利益发生了冲突，而行会利益现在如此明确如此普遍，以至于没有任何政治力量愿意得罪人。我们目睹了国家的衰退，而不是民主，这种衰退可能导致国家被暴力解体，用艾柯的术语说，就是国家的中世纪化。如果民主就是讨论的话，那么我们讨论得很多了；但正如我前面所说，这在我们这儿不起作用或很少起作用，我们能够完美地描述我们的失败。但是这就够了吗？连红色旅都被迫寻求组织清晰的语言，来解释他们的理由。我们看到，他们现在所说的都是前人说过的——不是他们的论点不成立，而是这之间的联系不成立。词句可以很美，但是下一句已经跟上一句矛盾了。这些文本的分析就足以证明就那些小团体的秘密而进行的公开辩论和民主行为的优越性。这些阴谋家正在犯一个巨大的错误：意大利的民主尽管外表看来支离破碎，但实际强大得多，远远不是他们能从外部或内部进行颠覆的。

你援引了艾柯的一个评价，意大利的中世纪化。但并不止于此。还有行会的中世纪化，这是我们对逐渐取得的民主自由滥用的结果。

目前，我们还看不到围绕着巩固团体的新思想的关键点。整合积极因素，抵制本位主义的压力，除此之外无能为力。所有人都必须做出放弃和牺牲，但是我不愿重复已经说过的。我认为规劝是多余的。我认为，跟我一样对国家没有盲目信任的人，不会受到目前普遍的失望态度影响。我认为，国家需要不断建设，必须建立并革新它的价值观，激发鼓励已经获取的东西以便走得更远。这个过程非常缓慢。

在垮台的日子日益加快的时候，我们还能信赖这个缓慢的过程吗？我认为，正如过去十年表现出来的那样，政策正是国家灾难的根源。在威胁我们的衰败面前，我认为我们需要国家在道德和政治方面觉醒，需要一种张力来尽快重建企业的社会团结，以及重建公民和政治阶层分离的民主统一。只有这一觉醒可以让我们从现在所处的危机之中走出来：小偷、罪犯、恐怖分子都必须不留情面地关进监狱，这是国家重建文明社会的条件。相反，我们不是很清楚，在政治阶层有没有过多的谨慎、过多的期盼？

我认为，未能在意大利政治中推行深刻的革新进程意味着一场灾难。现在，改革时机已经成熟两三年了，并且人们对此怀有很大期望。然而，我们总是一方面被令人恼怒的缓慢磨蹭所困，另一方面为恐怖事件的灾难性破坏所困。这二者都是假象：政治世界的缓慢蒙蔽了势不可当的社会深刻变化的节奏，恐怖主义的灾难性蒙蔽了不知走向何方的正在转变中的社会的长期灾难。

你临危不乱。但只要单独考虑就足够了，还是需要对正在逼近我们的危险有一个清醒的意识？

当然，我们处在危险之中，并且需要一个转折。有诸多伟大的健康力量，它们有很深的民众基础，但需要天主教民主党停止一味地在选举中算计，或者能够看清这个国家的真实情况。这是些琐碎的事情……

我不这么认为，问题并不局限于天主教民主党。那左翼和共产党这两大党派呢？

令人吃惊的是，近年来，意大利共产党从来没有提出一个反对计划——去年那个中期计划过于短命——而是一切服从"政策蓝图"。你要知道，我认为政治在很大程度上是经验性的，因此，我对有计划的事没有先验的信心，但是我相信有特性、道德、价值尺度、经验的事。但我也一直期待意大利共产党对国家所需要的转折方式和转折内容能提出一个明确指示。

这倒是过去五年中的一个关键点。为什么当政策的实质需要改变时，要赋予"政策蓝图"以特权？

天主教民主党与所有计划相矛盾，因为它的实力始终处于模糊状态。而意大利共产党做出了方法的选择，显然它深信改变蓝图将带来蓝图内容的改变。

然而事实证明并非如此。如今，可以做的就是从可能出发：我认为，今天的意大利只能集中各种力量来进行管理，一方面，对工人组织要有信心；另一方面，对企业主要有信心，他们没有受到补贴行为的腐蚀。我觉得，除此之外没有其他路可走。由于国内和国际原因，左翼的任何替代路径的可能性在此时都是被堵死的，所以都是乌托邦。

你现在已经讲到危机的出路，讲到可以允许这么做的联盟。但是我们还必须看到，短时间内还有一个挥之不去的问题。目前固有的邪恶仍然包围着我们：我们采取了一些措施，这些措施为免受恐怖分子的袭击而限制了民主。如果红色旅——这是不得不做的恐怖假设——将莫罗的尸体扔在广场上的话,那会发生什么事?国家、各种政治力量、公众会做何反应?我们会不会有一夜之间完全由天主教民主党掌权而实行戒严状态的危险?这是一种巨大的危险:为了挽救民主而实施紧急状态只能挽救天主教民主党。

意大利民主必须面对的挑战肯定很大。要么,政界力量和工会力量能够让国家的真正民主得到高效和站得住脚的发展,因为民主只有在得到延伸和完善的时候才能自卫。要么,反民主的落后势力终将占上风。绝大多数意大利人愿意不惜一切代价保护民主,只有民主得到发展,我们才能击退我们现在正遭受的攻击。即使是现在人们谈论较多的边缘人,即使是所谓的"第二社会",他们跟民主的发展也有直接的利害关系。如果没有这些,我担心会输掉这场比赛。

我们必须绝对清楚地知道,恐怖主义是反动倒退的主要手段。红色旅谈论由跨国公司组成的国家,但却忘了正是跨国公司不想让左翼在法国或意大利执政。他们谈民主,却忘了跨国公司——参见两年前卡特、阿涅利和巴尔、福田赳夫三边委员会的文件——曾经断言,民主已经过多了,必须回到资本主义初期,民主是留给特权阶级的时代。红色旅说他们与"跨国公司的国际化国家"做斗争,然而他们正是它的最直接的工具。

红色旅,自觉或不自觉的,正在为这种倒退计划提供服务。我们不要忘了,一旦失败,民主极难再恢复。我们只有相信并日益扩大民主,改善民主,才能保护民主。

# 伏尔泰与卢梭（1978年）

恩里科·菲利皮尼，《反讽与狂喜（采访伊塔洛·卡尔维诺）》，《共和报》，1978年4月18日，第11页（伏尔泰和卢梭去世两百周年纪念）。

卡尔维诺，我在这儿同您这样一位被很多人认为是"伏尔泰式的"作家谈论伏尔泰和卢梭。因此我觉得应该从这两位巨匠的后继者谈起。在我看来，似乎是一个相当矛盾的后继者：昨天我浏览了几页《世界报》，读到了一篇罗兰·巴特的文章，题为《从他们到我们》。巴特大致说："我最近偶尔翻阅了伏尔泰和卢梭的作品。然后，奇迹发生了：我读伏尔泰的时候笑了，读卢梭的时候我遐想了。"让人好奇的是，我们上学时学的伏尔泰（因为讽刺）"让人发笑"和卢梭（因为观点、他的深度、他的痴狂）"让人遐想"，在巴特看来是一个"奇迹"。您怎么看呢？

至少关于《憨第德》，我要说的是，它的作用是不变的：这是一本很有趣的书，犀利、活泼。然而关于卢梭梦想协会，我不是很清楚。他的《一个孤独漫步者的遐想》中反思比遐想多。卢梭的《忏悔录》是他文学上价值最高的作品，阅读此书我会沉浸在它的现实和人类经验之中。我要说的是，在文学重要性上，我讨论的仅仅是文学上的重要性，二人都很重要，但也有所不同——也许卢梭的成就更高一些，因为他是一位自我、生活、具体经验的伟大探险者之一。伏尔泰则相反，他的文学是一种完全非物质的叙事，作品人物极其轻盈，叙事完全以思想为基础……

您应该记得，他本人给《百科全书》的一些词条编写了一些叙事原则的理论：阿拉伯式的，轻盈，描绘的速度……

这是他的才华。很可惜他也被认为是一个悲剧作家，他的文学争论也常常没有根据；但是十八世纪的小说类型是无可比拟的，它受到当时刚刚翻译过来的《天方夜谭》的影响。比方说，乔纳森·斯威夫特的哲理故事远远比他的优秀，在斯威夫特的作品中有人类生存的全部价值，还有对人类的强烈厌恶，而这些在伏尔泰的作品中是没有的。在《憨第德》中，发生了些残暴的事，积累了痛苦和折磨，但人物依然是剪纸式的形象，就像卡通片里的主角一样。并不是伏尔泰对痛苦漠不关心，而是他在谈论痛苦时可以让人感觉不到人类肉体之重。

您说的隐含了伏尔泰的文学作品的两个价值判断，这在历史上得到了确认：消极的价值判断，所以他笔下的人物也将是伪装的抽象概念；积极的价值判断，所以他的力量恰恰是构建、绘制、用阿拉伯式图案装饰的能力。如果我理解的没错的话，您倾向于后者。

毫无疑问是这样。他的思想叙事的能力无与伦比，尤其是行动自由,在《憨第德》中尤为明显。稍有不同的是《查第格》,这个绝对思想上的主人公,一方面是一个传统的人物(智者,国王的聪明顾问,贝尔多托也属于此类);另一方面,他成了夏洛克·福尔摩斯的先驱,归纳推理的英雄。再有就是《天真汉》,比起其他作品,该作品没有那么伏尔泰式,而是一种感伤和戏剧性的故事。然后,《巴比伦公主》,也许细节有点过于密集……

还有另外一个问题,既涉及伏尔泰也涉及卢梭以及他们的后继者——他们的思想意义。将近第一次世界大战时,朗松说,因为"伏尔泰主义"流行,这是一种实证主义的地位,所以伏尔泰被超越了。读高中时会给我们介绍伏尔泰和卢梭这两个人是自由思想的奠基人。那么今天呢?尤其我觉得伏尔泰有些过时……

今天,我们倾向于把伏尔泰看成资产阶级的思想家——过时的、无趣的。但是,如果我们仔细观察,伏尔泰是第一位领导民权问题、酷刑问题、宽容问题、理性问题斗争的知识分子。因此他是非常有现实意义的。今天,好战的萨特如果不是这些战斗的延续者是什么?那在东部和西部,因异议而集体签名,以及反对镇压而举行的抗议呢?伏尔泰主义者的前景并不乐观,但这是事实。更不用说,那时候作为资产阶级的维护者更不是说笑。关于我,批评界很多次将我定义为"伏尔泰主义者",即使《憨第德》很让我着迷,但是在哲学上,莱布尼茨比伏尔泰更吸引我。

我想,您在说莱布尼茨的时候,您是想说"微觉",经历,我不会说不合理但总之尚待使其合理化的经验存在……

确实如此，我想说的是，面向将新领域加入理性中来的持续研究……在这个意义上说，伏尔泰的理性主义往往过于简单化了。

但卢梭不也是如此吗？

是，但是伏尔泰建立了距离感，我想卢梭建立的距离感对我而言要更大：我欣赏他拒绝当时的世界，他的愤慨，但是他为人刻薄，爱发牢骚，纠结于他的麻烦……他是一个我无法与之成为朋友的人……

您对他的指责跟伏尔泰对他的指责一样……

当然，虽然伏尔泰的世俗方面，他那纪念碑似的经历，都让我恼火。

在法国，在这些纪念活动中其他反对声也此起彼伏。指责伏尔泰所有的斗争从未触及过一点，即权力。

确实，伏尔泰投身于与权力有关的问题的斗争，但却从来没有面对过权力问题。另一方面，我认为，最好不要抽象地想象"权力"或"体制"之类的事情，我担心今天讨论的问题是如此抽象，以至于只能成为准备其他形式的权力的工具。

卢梭认为，他的（人民的）"公意"的绝对主导地位的政治理念，如同霍布斯支持的专制主义，可能会走向极权主义。

恐怕这是真的。我认为，卢梭心目中的民主是瑞士式的，萨沃依式的村庄民主，并且他的这些梦想很难适合现在人口大量集中的状况，同样也很难适用于那时的社会，我觉得他的这些想法更像一个制度化的讲话。

*如今在法国，卢梭甚至被当作生态学的先知被重新提起……*

是的，但是在文明被破坏的问题上，卢梭是一个还不如步行者的"生态学家"。现在，自然对我们来说又是另一回事了。并且挽救自然也是一个文明问题。

# 史蒂文森，讲故事的人
## （1978年）

贝尔纳多·瓦利，《那些充满魅力的"坏人"（与伊塔洛·卡尔维诺的对话）》，《共和报》，1978年11月5—6日，第16—17页。

巴黎。卡尔维诺，依您看，史蒂文森的《巴伦特雷的少爷》的强势回归是心理小说巨著的胜利雪耻吗？

最近，史蒂文森更多地被看作儿童文学作家。如果现在说他回归了，也可能是因为在法国他的所有小说也被再版为"10/18"丛书系列的口袋书，我认为这是一位纯粹的小说家之幸，是一位为了叙事兴趣而叙事的作家的幸运。史蒂文森的幸运与十九世纪末期风格的重新流行有关，我们说的是一定的自由风格。《巴伦特雷的少爷》实质上是一部心理小说。所有在城堡发生的故事，直至两兄弟之间的精彩对决都是心理层面的。另外，它也是一个冒险故事，因为故事背景宏大，从海盗的故事到印第安人的故事，从印度到美国,直至苏格兰战场。① 说实话,冒险的部分有些拼凑。他最好的冒险作品是《金银岛》。

史蒂文森能否与康拉德相提并论?

康拉德无疑是一位伟大的作家,而史蒂文森是一位"伟大的二流作家",如果可以这样说的话。他是一位跟其他一些可以把事情做得很完美的二流作家一样的二流作家。他的文学理念是娱乐,是讲故事的艺术,并且当他去萨摩亚群岛居住时,他在生活中实现了这种理念,在那里他被称为图西塔拉,意为讲故事的人。② 这种讲故事的乐趣是他最大的天赋,并且他以一种无与伦比的轻松,也包括在《自杀俱乐部》《新天方夜谭》《海岸孤亭》《奥拉利亚》等作品中展现这种乐趣……这种运用剧目式的元素、认真严肃地使用传奇因素的技法是他的伟大天赋。

因此他曾是并且仍然是很多作家的"老师"?

对于博尔赫斯而言,史蒂文森是文体大师。对于格雷厄姆·格林而言,娱乐的理念直接来源于史蒂文森。对马里奥·索达提而言

---

① 关于《巴伦特雷的少爷》参见下一篇尼科·奥伦戈的采访。
② "对于我而言,也许理想中的作家是史蒂文森。他的短篇小说充满了道德力量,并且还是一个童话故事。我想说的是,他病体虚弱,但他是一个勇敢的人,他不断与病魔抗争,他做到了,他得救了。而当他去了那个岛,他已经病得很重而无法写作,但是他却成为那些岛民的圣人,他受人景仰。他没有虚度光阴,浪费才华,他大公无私。他不仅为了他的艺术而活,还因他人而活。"(《我在电车上说"我爱你"》,乔治·索阿维采访,《女友》第 9 期,1983 年 3 月 1 日,第 26—28 页。)

亦是如此。在我们国家，埃米利奥·切基这一代人曾在意大利文化背景下介绍过史蒂文森。我记得还有一位伟大的史蒂文森主义者，阿尔多·卡梅里诺，威尼斯日报《小报》的评论家，一位有着非凡品位的人，世纪末诸多英国作家作品的翻译家。甚至帕韦塞也对史蒂文森很欣赏。帕韦塞是第一位在谈论我的时候提起史蒂文森的人，也许他并不知道史蒂文森曾是我的"床头作家"之一。

当然，跟《分成两半的子爵》的作者谈论罗伯特·路易斯·史蒂文森并不是出于偶然。尽管在大约二十年前，您写道：为了断言卡尔维诺关注善与恶的问题，就把"善良的"梅达尔多和"邪恶的"梅达尔多与杰奇医生和海德先生或者与《巴伦特雷的少爷》中的两兄弟相提并论是错误的。您写子爵的故事是想突出人是"分成两半的、残缺不全的、不完整的"，这就是当代人，马克思称其为异化的，弗洛伊德称之为压抑的。但这难道不也是斯蒂文森引出杰奇医生和海德先生的双重人格时的意图吗，尽管他忽略了弗洛伊德和马克思？

　　我不记得很久之前我写的内容了，但是我不能否认史蒂文森对我的影响，尤其是对《分成两半的子爵》的影响。此外，在这部小说中有时还可以在字里行间、在叙事基调中感受到这种影响。我始终表明我对史蒂文森的这种喜爱。"双"是叙事的伟大主题之一，在史蒂文森的作品中经常出现。在《巴伦特雷的少爷》中，有一个否定的拜伦式英雄人物，一个充满魅力的坏人，他逐渐地褪去了好人的形象，显示出了他的狭隘和自私。好人一直不讨人喜欢，尽管整个叙事是以读者对他的认同为定位。一切都围绕在绝对否定的人物的魅力周围，他把其他所有人都吸引在他的魔法圈内。

史蒂文森的伟大之处难道不是主要存在于他的小说中的现实与幻想之间的绝妙平衡之中，存在于梦幻般的冒险故事和精细入微的描写之间的绝妙平衡之中吗？

　　是的，他非常精于、非常善于掩盖不精确的事物。史蒂文森有一种文学意识。他跟亨利·詹姆斯是朋友；我们所拥有的关于他的创作意识的最主要文献正是他与詹姆斯的信件。他有一个道德问题：他是清教主义的反叛者，但很奇怪他始终是清教徒。即使当他接受拜伦式的荣耀时，他也依然是清教徒。但是当他触及无意识的问题，触及人类灵魂的黑暗深处的问题时，他具有一种伟大的轻盈。虽然他从未严厉过，但是作为善良的清教徒，他看到了罪大恶极。我们知道他读过陀思妥耶夫斯基，并且在《巴伦特雷的少爷》的撰写中他想要的就是陀思妥耶夫斯基主义。有一个在船上的场景很美：故事的解说员也就是苏格兰贵族家庭的侍从，他意图杀死巴伦特雷大少爷。于是就有了算是受害者的恶人和受良心的巨大谴责就要被扔进大海的善人之间的对话。

在这个苏格兰人身上，史蒂文森时常会流露出些许"幽默"，几乎重新评判了幻想小说。我想到的不仅仅是骑驴穿越塞文山脉或是独木舟之旅。

　　史蒂文森始终是一位二流小说家，写些净化过的冒险小说。他具有讽刺意识和审美意识。不是大仲马给我们展示了其内在，而是读者从他的字里行间读出了讽刺。在写作历史小说或冒险小说时，史蒂文森是一位通过极高的精度和技巧来运用他的素材的唯美主义者。他的小说正是二流的小说。

在一个简短的睡梦自传中，史蒂文森讲述了《化身博士》的某些片段是如何在睡梦中构思出来的。他的那些"布朗尼"，他的苏格兰小精灵们，在《奥拉利亚》的很多细节上给了他建议。故事讲的是一个姑娘为了不将她深受折磨的施虐冲动、有时是吸血鬼行径传给她任何一个孩子而放弃了爱情。就像弗洛伊德在《梦的解析》中的观点一样，似乎史蒂文森也相信睡眠和觉醒间的精神活动的连续性。

哪有！史蒂文森的设计一直那么清晰，构建得如此精心，他是位叙事艺人。我并没有看出过多的梦幻气氛。正如一位精神分析学家曾跟我说过，很难找到一位捕捉睡梦氛围的作家。文学里的梦总是经过很大修改的。关于史蒂文森，我想说的是，一切都是经过精心计算的，他的想象力是非常理性的。

# 我是乖小孩（1979年）

卡尔维诺接受尼科·奥伦戈采访，露琪亚·博尔佐尼、尼科·奥伦戈、多纳泰拉·齐廖托的节目《晚上好……卡尔维诺》，维托里奥·内瓦诺主持。1979年6月5日在意大利国家电视台二套播出。

你叫什么名字？

我叫伊塔洛·卡尔维诺。

你在哪儿出生？

我生于圣雷莫……我既生于圣雷莫也生于美洲，因为曾经很多圣雷莫人移民美洲，尤其是南美洲。

移民去做什么？

从事各行各业。其实，我父亲属于海归圣雷莫人，在我出生后不久他就回来了，我一直在圣雷莫度过了我生命中的前二十五年。

你是做什么工作的？

我当作家。

什么意思？
我写的东西有时候会刊印成册，出版后在各大书店销售。

你做小孩做到几岁？
我做小孩做了很长时间。

当你是小孩子时，你玩什么，跟谁玩？
我跟……空间玩，跟环境玩。游戏分为有限环境里（比如说足球场）的游戏和一个环境之外的游戏……走一段路就已经是一个游戏了。比方说：一个三四岁的小孩子在大人带他去散步的时候，他的第一个游戏是什么？他看到一堵矮墙，他想在墙上走，当然可能握着大人的手。其实，诸如矮墙之类的事，我记忆犹新。

有点像汤姆·索亚。
是的，比如……从一块礁石跳到另一块礁石，一直跳到海堤的尽头；或者穿过一条小溪时，不从路上走，而是从溪流中的一个石头跳到另一个石头，跨越一些障碍，因为有……一些水坑。

你的游戏更多的是单人游戏，还是集体游戏？
可以说，我童年的初期是比较孤独的。但是路径这种东西，事实上在我现在做的所有事情中都有体现，克服一定困难，从一个点到另一个点，这是相当孤独的。

**你为我们选择了哪个作家，哪本书？**

我想谈谈罗伯特·路易斯·史蒂文森。① 通常，都是孩子们读史蒂文森的作品，人们长大后就再也不读了，因为人们一直认为他是一位儿童文学作家。相反，对我而言，他是一位作家、纯粹的叙事者的模范，其中，浪漫精神、冒险精神带着伟大的轻盈，成为一个伟大的创作主题。

**小说题目是？**

我想谈的是《巴伦特雷的少爷》。此刻这个题目非常有名，也是因为电视台将它拍成了电视剧。②

**你愿意给我们稍微讲一下故事吗？**

故事主要发生在十八世纪的苏格兰，在一所孤独的房子里，一个贵族之家的住宅里。整部小说围绕一个人物展开，他时隐时现，但不管在不在场他都令人畏惧，他有个弟弟，他本该继承贵族头衔，但却放弃了，因为他要去参战冒险，他是一个非常残酷的人。他是一个从拜伦往后的英国文学所喜爱的撒旦式人物之一。（拜伦

---

① 参见前一篇贝尔纳多·瓦利的采访。
② 1979年1月至2月五集短剧《巴伦特雷的少爷》在意大利国家电视台一套播出，导演为安东·朱利奥·马亚诺，剧中两兄弟分别由朱塞佩·潘比耶里和路易吉·拉莫妮卡饰演。

之前的英国文学也喜欢,因为事实上连莎士比亚都喜欢他,连十七世纪的戏剧都满是十恶不赦的人物。)

他是个坏蛋吗?

对,是个没有丝毫善心的恶棍。

兄弟二人有争斗吗?

兄弟二人的争斗升级为晚上,在烛光照耀下的一场决斗。坏蛋看似死了,但实际他失踪了,等他再出现时,就成为其他历险的开始。

我们不要忘了,史蒂文森也是《化身博士》的作者,这部小说讲的是一个具有双重人格的人有时会化身为邪恶的魔鬼。你写了一部题为《分成两半的子爵》的小说。在这部小说中,有一个分成两半的人物:一半善良,一半邪恶。你的这部小说是否受到《巴伦特雷的少爷》的影响?这种善与恶的问题是你的叙述关键,你的兴趣之一吗?

通常,如果要我谈史蒂文森和《巴伦特雷的少爷》,都是因为我差不多三十年前写的这本书。书里也有善良与邪恶,但是他们是同一个人的其中一半,邪恶的那一半比想象中的还要残酷很多,善良的那一半是一个非常乏味的人,一个谨小慎微的好人。

你不喜欢这些人物,这些乏味的好人。

不喜欢。事实上,这本书明确表达的道德理念是:正面人物只能是完整的人,而不能是这一半或那一半。

因此，总是需要一点善良与邪恶的统一结合，就像是牛奶咖啡。

需要……存在两者的结合，这是一种确证。我不是说需要什么不需要什么。尽管存在善良的一面，但也许我更认同邪恶的一面。

小时候，你是乖孩子吗？

好吧，可能要让你失望了，但我想我现在依旧是，一个乖小孩。

# 单词的一般化，写作的准确性（1979年）

《伊塔洛·卡尔维诺》，马尔科·德拉莫采访，《工人世界》第 XXXII 期，1979 年，第 133—138 页。

您的作家之路起源于帕韦塞和维托里尼。为什么？

如果是一位历史学家提出的问题，那就是我是否有其他起源。需要记得我是一个小地方的人。我既没有出身于书香门第，也没有来自某个文学城市。当我开始写作时，我还是一个肚子里没多少墨水的人，用书面语来说我是一个自学成才的人，我的"受教育之路"尚待开启。我的整个教育都是在战争年代完成的。当时我读了一些意大利出版社出版的书，《索拉利亚》杂志推出的书。在1945年我认识了帕韦塞。

是如何认识的？

那时我开始往来于埃伊纳乌迪出版社。在战争时期，那是最有趣的出版社，到解放时，都灵和米兰都有它的办公地。当时维托里尼在米兰，他主办了《综合科技》杂志，后来变为周刊。①

**您在埃伊纳乌迪出版社的工作与您的写作生涯有何关系？**

我五十五岁了，已经经历了相当长的生命旅程。我知道这之间有关联，但却难以解释。在我发现我成了作家时，那已经是相当晚的事情了。我为出版业工作了很长世间，在空闲时我写了大量后来由此印刷成册的东西，但是我生命中的大部分时间都献给了别人的书，而不是我自己的书。对此我很开心，因为出版业在我们所生活的意大利是很重要的，在一个曾是意大利出版界的楷模的出版环境中工作过，这不是一件小事。

**您所写的书似乎与您在一家出版机构管理文化生活的文化组织者的视角相距甚远。而维托里尼写的书跟他的职业非常相关。**

首先，维托里尼把他的文化组织者的活动搞得有声有色，因此在他去世后，我在这方面的活动做得越来越逊色。没有他，我越来越囿于我的个人工作。在维托里尼去世后十二年的今天我仍然要这么说。我很少感觉得到也很少相信，与作为计划的文化生活之间的联系，以及与一定社会思想的关联，也是因为我很难确立能让我确定方向的极点。

---

① 实际上《综合科技》起初在 1945 年至 1946 年是周刊，后来在 1947 年停刊之前变为月刊。

我没有想到您与维托里尼之间的合作非常密切。

我于1945年认识了维托里尼……

您在同一年认识了帕韦塞?

是的。

当时的氛围是帕韦塞的那首诗《但猫知道》里的氛围吗?

当时局势紧张。我是个毛头小伙子,他们要比我大好多。帕韦塞让我进了埃伊纳乌迪,我们天天见面,在同一个办公室工作。他的去世对我打击很大。谁知道事情会变成……自然他是一个有自杀倾向的人,但我当时不知道。有自杀倾向的人早晚会自杀的。但是如果他能克服危机,他本来可以组织很多其他文化活动,比他的作品能体现出更多价值。但是维托里尼也是在文化活动方面比作为作家更有价值。

在六十年代,年轻人都读帕韦塞的作品,如今二十多岁的年轻人就很少读了,帕韦塞主义开始退热。对于一个见证了这位传奇人物诞生的人来说,您认为这取决于什么?

虽然我也是见证人之一,因为我参与了帕韦塞去世后的作品出版,但那个帕韦塞主义对我而言仍然很陌生,因为我当时都不知道他有自杀倾向。在我认识他的那些年里,他没有自杀倾向,而他的老朋友们都知道他曾有过这样的想法。所以他在我眼中是一个完全不同的形象。我认为他是一个坚毅且顽强的人,一个工作狂,一个非常可靠的人。因此，通过他的自杀、日记中深情和无奈的呼喊体现出来的帕韦塞的形象，我是在他去世后才发现的。对我而言，帕韦塞是一个治学十分严谨的人，他是意大利第一个探索人类学、民族学领域的人，并且尝试将其与文学问题相关联。我必须说的是，帕韦塞的《辛苦劳作》完成了一个寂寞的原汁原味的文学创作。在1936年没有其他人能够写出这一类型的诗歌。作为作家和评论家，他的所有工作就是一个严肃且高傲的道德主义者的工作，维托里尼的工作亦是如此，但维托里尼的个性却与他完全不同。帕韦塞只相信个人价值，并且蔑视团体和杂志，维托里尼是为组织而生的，他具有强烈的政治热情。帕韦塞不关心政治，但他却处在意大利最具政治色彩、最严肃的一个团体中。维托里尼的道德主义气质则不同，他是一位革命者，是所有禁忌的敌人。维托里尼从西西里来到北方，而帕韦塞虽然是在俗教徒，但他更是一个宗教人物。

战后还出现了其他的流派，之前就已经开始的蒙塔莱流派、帕索里尼流派、加达流派。

  从青少年时期起，蒙塔莱就是我喜欢的诗人，现在依然如此。我依然是一个狂热的蒙塔莱迷。然后，我是利古里亚人，所以我学会通过蒙塔莱的书来阅读我的风景。他在道德上的训诫对我而言极其重要。

  而帕索里尼是我的同龄人，当他开始在国内舞台上出现，我就开始关注他。最近我读了西西利亚诺写的帕索里尼传记，由此我了解了很多关于他的家庭、他的父亲、他与兄弟的关系，但是当他在杂志《比较》上发表了也就是后来的《生活的年轻人》中的一章时，我就开始读他的作品。那是1951年，那一章实际上是他为这部方言作品做的宣传。在五十年代他作为诗人写出了重要的作品。我是在《新话题》杂志刊出他的诗集《葛兰西的骨灰》时开始读他的诗，但是之前我在斯帕尼奥莱蒂的选集中就注意到他，然后是他的诗集《意大利歌集》。在意大利共产党的报刊《当代》上曾有过一次对他的争论，因为他们不太看重他的作品，那大概是1954年，而我一直是他的朋友。之后，当他开始拍电影，我觉得他的兴趣有所减弱，我对他的电影也不感兴趣，因为我觉得跟他当作家时大相径庭。作为作家，他极具精确性，他是一个非常精准的作者。而在电影院里，我认为，他的画面形象都非常普通。

加达生于十九世纪，当时已经很年迈，他经历了第一次世界大战，是一位非常个人化的作家，我跟他走得近是因为我认识当时天天去看他的那些人。他有一种过于讲究礼节的客套，这是因为他极度腼腆、非常神经质并且疾恶如仇，这些导致他极度热情。我跟他的关系很特别，很滑稽。

*我们来看卡尔维诺的作品。这可能是一个愚蠢的问题，但您那令人难以置信的经过精心加工的人物源自何处？*

我口头表达非常困难，写作也是一样。我从来无法一气呵成。我的手稿满是删改、增补的痕迹。我特别羡慕那些知道直接说什么写什么的人。我的想法总是像一团乱麻，我需要整理，确定一些核心点。表现形式具有强制性。

您的作品中，制约故事结构的那些话语体现出令人难以置信的沉重感。

当然，写作既不能太陈腐，也不能太混乱。两年来我一直在写一部小说，现在在长期的努力之后，即将由埃伊纳乌迪出版社出版，小说题为《如果在冬夜，一个旅人》。在这本书中，也是出于构建的目的，传奇因素占主要地位。很多时候我都是在建设方案、开发这个复杂的故事中度过的。但是所有的构建都很重要。书中一切得到解决，一目了然。写作行为的实体性始终是决定性的。

但是单个单词的沉重感与整体的软弱无力，透明性，现实与脚本之间的差距形成对比。似乎在结晶过程中，从时间、从变化中有一种溢出。这是与生活的一种分离。

我非常羡慕笔耕不辍的作家，活到老写到老，对于他们而言，写作是一种生活的延伸，但是被当作一门学科，他们写下他们经历的一切，把写作变成了一种不间断发行的报纸。亨利·米勒就是一个例子。但也必须以巨大的自我中心为前提。谁知道呢，这也是一种素朴，想想看，如果不谈自己的生活他们就没有任何东西可谈。

也有一种作家的生活，一种只属于他们的生活。在西蒙娜·德·波伏娃的一部纪录片中，萨特问她女作家的生活与男作家的生活有何区别。似乎作家的生活与普通人的生活完全不同。

我希望没有差异。否则，如果作家所说的不能引起一定的共鸣,那么人们还有什么兴趣去读他们的作品?不,作家的生活就像天文学家的生活。对我而言,就像对几乎所有人一样,生活是一个巨大的浪费。每个人在绝大多数时间里没有任何收获。

我们从整体上谈了写作。但是您的小说与您的评论文章,《晚邮报》上的文章,《通向蜘蛛巢的小径》的序言,它们之间存在巨大差异。

根据作家的某种特定形象,如果所有作品都能围绕唯一的话题展开,那将是一件好事。但也许一种匠人精神在我身上占了优势。我力图写些有用的作品。我从未将连我都不知道是什么的主观性、自我表达预先设为目标。我会将服务、他们要求我写的客体作为预先目标。我总是写些我需要的东西。即使是书,我也不是为了表达自己或发泄什么而写……

为什么?

那我必须表达什么呢?这可能是青年时期的愿望,如果不表达自己,就担心自己不存在。但一切已成定局。现在我力图去回答某一特定问题,去做些成品。我的道德基础是创作用以满足既定功能的物品。因此,作为作家,在写作时我尽量做到最好,因为那里有一定的控制力;一件有始有终,有剪裁的东西。然后,也许,拟合这些故事,我就写出了书。

可以用同质化的风格和编排来呈现不同的服务。但在我看来,您在适度主义、评论文编排的审慎性与叙事极端主义之间存在矛盾,这导致了某些过分的风格化。《命运交叉的城堡》不可能被日常化。

　　这是一种同受众之间的关系。当我发生改变，甚至写的东西更难更有距离感时，我会将我的叙事文学面对的受众从书后移到书中。我觉得我从未丢失过这种受众意识。我认为，受众期望我每本书都有所改变。在我马上收尾的这本书中，有传奇因素，有流行作家的怀旧，有普通读者的要求——我说的普通读者不是不聪明的，而是不过分强调智力的读者。它像思念一样冒出来：是某个想写通俗小说，但脑海里却浮现出一些极其破碎的扭曲的东西的人写出来的书。但是我努力写一本有趣的书。如果您感到有趣，那我的努力就没有白费，否则我就失败了。我认为，社会服务在于，交流难的事情时建立的一种特定简单性，或者建立在最简单的事情中传达出的那种困难感觉。

一种总是跳脱出当下尺度的存在？
　　当下的尺度是什么？

简单事情的简单性，困难事情的困难性。
　　为了让文学创作有意义，就必须有摩擦，就必须是一个有升有降的活动，一个悖论。

谈到受众，前段时间罗兰·巴特告诉我，要大致了解自己的受众，但要完全忽视自己的读者。在写作时，读者尚不明确，而受众在社会学上是半定义了的。

不是。在这一点上可以看出意大利和法国的差异。巴特想到的是对特定语言敏感的知识分子、学生、法国大学教师。一个制度化的受众，不，其实我希望它与现实不符。受众是零散的，是由个体组成的。意大利社会已变得不同，超出了我的经验范围。但是当我用特定的一些人的视角去写作时，或者我认识某个会阅读我的作品的人，我用他的视角去写作时，我就会解读我自己。我知道我的作品由完全不同的人去阅读，他们之间没有任何共同点。这才是真正的挑战。没有受众，有的只是不同的读者个体。然后，您想想，如果一位作家的书被翻译成多国文字，受众有限，但有时也并非如此，在意大利之外的背景下去阅读此书，它的读者就变成完全陌生的人了。在一定意大利读者的样本上，我可以计算出我的影响。但是面对美国学术界或法国口袋书的读者，我就完全无能为力了。

*前面您说，当您走得更远时，受众会慢慢跟上您。这种距离感存在于哪里？*

近十五年或近二十年，意大利社会变化非常大。实际上，每个作家都有自己的时期，他的作品，包括以后的作品都会围绕这个时期。我的大部分作品围绕着五十年代，在1945年到1960年间展开。这是我奢望或幻想掌握意大利社会形象，进行对话的时期。这无疑是一种幻想，因为事情越来越庞杂。意大利社会的变化是任何人，不管是知识分子还是政治家都未曾料到的。从那一时期起，就像我在剧院里一样，阴影地带越来越密集，越来越宽广。聚光灯只照亮了几排沙发，但有很多的人我都看不见。

在我看来，用在您书上的"远离"一词隐含着疏离、困难的感觉，不容易确定年代的感觉。

可以理解。我甚至一度去写《宇宙奇趣》。

《看不见的城市》的距离肯定也不近。

我感受到部分读者关于不同文学类型的请求。某一刻，我感觉在四十年代和五十年代间确立的意大利文学视野是有局限的。我还感受到尝试其他文学视野的需求。在我看来，这是我与读者一起感受到的需求。

在什么意义上，读者想要距离感？

正如其他人指出的那样，距离感是我的作品的一个主题。在《树上的男爵》中，如果可以这样说的话，我是短距离、后退一步的理论家，或者说是为了看得更清楚或更远而站在高处的理论家。在意大利，新闻界、电影和广泛的社会学领域所描述的关注点都得到了极大发展，因此对作家来说，就对描述社会，描绘日常生活兴味索然。与自己时代的联系可以用更寓言的、更抽象的形式去表达。联系或多或少是有意的，因为没有必要说："我想用这种奇异的方式来讽喻我的时代。"不，你只为单纯的事实而写，但你或另外一个人将会发现这是我们这个时代的寓言。但最好是另外一个人发现的。

有一段时期，大约在六十年代，您的大部分作品都是围绕意大利现实展开的。比如《房产投机》《观察者》。有一个再次靠拢然后又远离的过程。

在《通向蜘蛛巢的小径》以及短篇小说进展顺利并且发表之后，我做了很多尝试去写现实主义的、客观的长篇小说。那时我尝试着写其他书，但从来都没有顺利过。

您自己把它们扔进了废纸篓……

不是，我把它们给别人看……然后，我在知识分子自传的类型上也就是《房产投机》上取得了成功。我本想写一个系列，它将成为五十年代的编年史，但是我失败了。有一个我想写……但不能想当然，一切都可能回到老样子。

但意大利的现实在《晚邮报》的文章中得以体现。

为了头版文章，早上他们给我打电话，晚上我必须给他们打电话，所以电话里的意大利现实比文章中的多。

您为什么选择了《晚邮报》？

在我写作的时候，所有人都在写作。这不是什么特质。作家们从一家报纸跳到另一家报纸，而报纸也从一个作家换到另一个作家。

然后是您与意大利共产党的关系。

我在意大利共产党内十二年。这是我生命中的一个重要组成部分。

有多个意大利共产党,战后的意共,与天主教民主党联手执政并且也许没有反映很多人希望的意共。

您不想天主教民主党执政,也不想要意大利共产党,总之您想要什么?

不想要意大利共产党跟天主教民主党在一起。

重要的是意大利共产党没有变成天主教民主党。

近些年,您从没有谈起抵抗运动,您是如何加入的,您对它又有何评价?

自己的生活无法改变。我那时还年轻,抵抗运动不是我发起的,我置身其中,我抓住了历史赋予我的形式。我不是领导,当时我只是个孩子。我从来都不是法西斯,但如果持续下去,我会因机会主义成为法西斯吗?我没有这样的想法,也没有这样的性格;然后为了谋生,在实践行动中,也许是另外一回事。

当您参加抵抗运动时,您多大?

我生于1923年,所以在1943年时我二十岁。二十二岁时我开始写作,解放时,我的第一批作品发表。在那个时期我参与文学,不能与建立了特定文艺思想,选择了特定风格的人相提并论。那时我已经在一个文学环境中活动,很自然就用那种方式去写作。战后,我没有太多创意,但尝试了若干次之后,我找到了一种与众不同的叙述自己经历的最佳方式。

我想知道抵抗运动对今天的影响是什么，您为谁而进行抵抗运动，作为合法性消息来源以及作为年轻人的标杆，您的艰辛是什么。

如果今天的年轻人不能明白，现在的意大利是从未存在过的最自由的国家，并且这应该归功于反法西斯和抵抗运动的话，那就意味着他们绝对是没有头脑的人。

也许有个事实是，天主教民主党再次利用并再次吸收先前的所有机构。

在四十年代末和五十年代，天主教民主党确实坚不可摧。但现在那个体制已经摇摇欲坠。遭受了数年牢狱之灾的人们在宪法中写道，这个国家是世界上独一无二的自由民主国家。现在只需看看就够了。看看像法国一样的专制国家！这是一个我不会妥协并满腔愤慨的话题：充分谈谈这些事情，我们生活在世界这脆弱的一隅，这里没有集中营，我不知道它将持续多久，因为很明显，我们正走向专制权力时期！

反法西斯、抵抗运动以及您的出版工作之间有何关系？

它们是统一的。都是围绕意大利社会的规划、让意大利变为文明国家的规划而度过的我的青春年代。这是经过无数次的错误和欠缺才完成的。有很多要唾弃之事，但是我认为意大利是一个不同的国家。

更加文明的国家？

有点问题，但是规划是有意义的。也许人们能想到赚钱，就像今天大部分人所想的一样。但是我们当时怀揣社会理想。

您生活在巴黎而不是意大利，这意味着什么？

现在我在意大利的时间比在巴黎长。然后我还不知道将待多久，我把里拉兑换成法郎用来生活。

《命运交叉的城堡》一书深受巴黎、代数组合学、能指的影响。

这不需要待在巴黎。书籍、杂志都在流通。我在巴黎可以更安静，很少有人打电话给我。

不仅仅是书籍或杂志。还给人一种印象是，您的书在文学上越来越有点像后立体派在绘画上的感觉。感觉您受到克利的影响。

克利的例子，这种富有虚构、自由、音乐性的例子，都是击中要害的。当然我不那么快乐，我很少能自我满足。

为什么？克利自满吗？

是的。画家总是更快乐，他们可以在他们所做的事情中得到很大的满足。绘画看起来很美。而作家不做那些看起来很美的东西。

有童话，水晶般的，很美。

童话读起来很美。我认为，一个人的道德享乐主义部分是非常重要的。

在童话中，变量减少为非常有限是必不可少的。

我对组合方法有一定偏好。多种元素的组合可能导致一个天文数字的搭配。但是理论上要抛弃很多可能的变量。总有一些不兼容，总能得到许多可以掌控的变量。

在童话中，有两个明显矛盾的元素共存：一方面是"图示化"、变量减少、组合的结果；另一方面是民间艺术的结果，至少从浪漫主义起，民间艺术就被看作是富有生命力的、很少思考的、古老的但是自发的、祖传的。

一直存在两种理解童话的方式。即使浪漫主义认为它是集体表达，但把它视作非常主观的东西。然而，作为民间艺术，它具有客观性，不可能与其本质不同。幻想的双重意义在超现实主义时代也反复再现。

在您整个作品中有一种反浪漫主义元素。

对于浪漫主义，跟其他很多事情一样，遵循其自身逻辑的意识形态一定不能从字面去理解，而在做事情时，重要的是职业规则。

从《通向蜘蛛巢的小径》往后，幻想小说也是您整个演变的巅峰。

需要一部作品接着一部作品来看。标签没有任何作用。每样东西都是按既定方式构建的，每样东西都是从既定数据、既定材料出发的活动。每次我都尝试着从头开始，就像这是我写的第一本书似的。每当要我谈我写过的书的总体思路时，我都极其尴尬，这些书都是孤立的点,在这之间有很多空白期,有很多我无法专注于所写东西的经历。所以,该怎么说呢?

在您的著作中,似乎将吃草莓的愉悦与性快感等同。作品中性是不存在的。但是在像《看不见的城市》这样一本如此纯洁的书中,所有城市的名字都是女性的名字。

您为什么说我的作品中没有性?因为这是这些年来大众很少涉及的一个主题吗?也许在统计上是这样,但我不这么认为。当然,谈论性欲是很困难的,只有当我有话要说时,我才会试着尽我所能。

您是否想缓和现代人赋予性欲较之其他快感的特权?

是的,从快感层面看,可能是合理的。但是性欲总是牵扯到人际关系,这是其他快感所没有的;总是存在与另外一个人的关系,这涉及很多问题、麻烦、冲突。而我在心理学方面并不擅长。

在您的作品中有反心理分析的一面。

人总是做自己会做的,这样才会做得更好。也许我很乐意成为一位伟大的心理学家。只是,我做不好。不知道怎么做一件事,于是就推论说无须做那件事,这很不好。谁会做,谁就做。

您与陀思妥耶夫斯基流派有一个绝对的脱离。

我非常喜欢陀思妥耶夫斯基,但是我无法接近这一流派。

您痴迷于精确的用词。有些您用的词，技术术语，而我，作为一个普通读者，完全不认识。这与工艺有着密切的关系。

事实上，我痛恨一般化、近似的词。现在我听到我说这些词，说这些普通的东西，我就对自己有一种厌恶感。这些从口中说出来的单词是一种软弱无力的、不成形的东西，这让我无比恶心。我试着在写作中，将这些总是有点恶心的单词变成一种精确的东西，这可能是我生活的目标。尤其是当这种情况开始恶化，当人们生活在一个单词日趋普通、日趋贫乏的社会里。面对一种走向拙劣或走向抽象化的语言，面对各种始终坚持的智能语言，朝着高不可攀的东西的努力，朝着一种精确语言的努力，就足以证明生活。

您还谈到道德伦理，谈到享乐主义的尺度。

我的伦理是实用的，经验性的。是根据经过经验验证的标准而做出的一种价值范围，我们据此而自我定位，失去它一切就分崩离析。我认为，除非经历了漫长的一系列实际例子，否则伦理不能被定义。例如，我前面说的，人们秉持一种伦理，在这之中，精确是一种价值，需要付出努力但丰富了社会生活的东西是一种价值。

但是，生命的意义难道不是脱离死亡吗？在此意义上，您所做的是会传递给别人的。因为您的作品中有一种死亡的缓和化。

我的道德是工作伦理的一部分。全部意义就是工作。而工作是主体间的东西，它建立与他人的沟通。所以人们明白人会死，但是通过工作，其他人运用你所创造的、你所生产的东西，他们继续生活,然后死亡。工作就是沟通。死亡并不是一件如此不凡的事情。

您的作品有《传道书》的一面,一个看似虚空的世界。

不。《传道书》中有完全的虚无,我的书中没有。对于我而言,重要的是你怎么样,你做什么。存在主义的自发性不会让我情绪低落,因此所有人都是生物,所有人都有生存的权利。生存的权利需要努力去争取,然而我认识的很多人没有任何生存的权利。一个人必须证明他有生存的权利,我不肯定我是否有这个权利。我必须去证明,但并不总能成功。确实如此。

所以您感觉如何?

我感觉我是个多余的人,这片土地人口过剩。

# 永不结束的故事（1979年）

《我想讲述我们这个时代的神秘》，乔治·凡蒂就《如果在冬夜，一个旅人》采访伊塔洛·卡尔维诺，《国家晚报》，1979年6月19日，第3页；同一篇文章，以《不了解状况的读者在首页（伊塔洛·卡尔维诺谈他那谜题一样的新作）》为题发表在《时刻日报》上，1979年6月21日，第12页。

恰逢（在巴黎蓬皮杜中心举办的"巴黎-莫斯科"）展览，我们来谈论此书，谈论它与二十世纪初和二十年代具有丰富资料记载的俄国的非凡文化财富之间的关系，谈论贯穿诸多推动因素中的不安。我想说，我们也是不安的。但是一种完全不同的不安。

我们的压力与不安没有可比性。决定性的差别，也许在于未来的意义，这是以前有但如今完全缺失的。我们看不到前途。

在你的书中有我们这个时代的这种阴郁的不安吗？

你知道我为此工作了两年多。只是为了这一点，我们的时代在书中有所反映。你可以称之为欺骗的小说，甚至是积极意义上的，叙事乐趣的小说，虚构的小说，通过想象来表达自己的小说。[①] 但欺骗首先是世界的不确定性的意义上的，在这里你永远不确定我们的外在和内心什么是真的，什么是假的。我们也不能确定我们的身份。

你能解释一下这个"欺骗的小说"的架构是什么吗？

构建有些复杂，也因此我不得不努力工作。但是我认为阅读是容易的，因为主题是传奇的魅力，它在一个很难发现人类事件的意义的世界里获得力量。男读者，也是小说的主人公，不断寻找对他有益的设计，带他向前的潮流，这在生活中是无法找到的。但是他的寻找是一种假象，是注定要失败的，因为小说不断戛然而止，而每次男读者-主人公要重新开始读的时候，他拿到手的总是一本不同的书。

如果我没理解错的话，小说的每位读者都是一位主人公……

是的。读者应该进入我书中呈现的读者角色，并且自己直接面对小说的神秘：为什么所有拿到手的书在某一刻就中断了呢？谁制造了文学创作的混乱？渐渐地，谜团解开，但在此之前它是非常复杂的。

---

[①] "……这本书的道德观点、结论就是阅读可以发现哪怕是最为神秘的事件背后的真相。这是女读者柳德米拉的胜利。就像对于精神分析学家来说，病人说不说实话都是一回事，因为谎话与真话同样重要，所以在每一个叙述中，每一个作品中，真正的神秘，也就是神秘的乐趣，总是揭示某些真相。"（《先生们，我出于对真理的热爱而欺骗你们》，贝尔纳多·瓦利采访，《共和报》，1979年6月19日，第15页。）

作品是对世界的隐喻吗？以什么方式隐喻？

我不想讲述小说的情节。意义是，我们处在权力以混乱和神秘为工具的世界里，在这之中游荡着一个出类拔萃的欺骗者，他出于对神秘的纯粹的爱而进行欺骗。

在读者-主角之后的第二位人物是谁？

是一个卡里欧斯特罗式的人物，伪造的人物，或者说是一个方马托斯式的人物，实际上，是一个失败者。

很明显，他是邪恶的代表。那么善良的代表是谁？

真正的正面人物是女读者[1]，她总是不断透过神秘，尝试寻找

---

[1] 卡尔维诺在其他采访中也谈到了女读者的积极作用："这个柳德米拉也代表了阅读精神，她提出了不同的阅读理想，同时也提出了对世界的不同态度。她从不满足，但这也是我们所说的追求真理的信心。"（《先生们，我出于对真理的热爱而欺骗你们》，贝尔纳多·瓦利采访，《共和报》，1979年6月19日，第15页。）

"这本书的主题既不是符号学也不是叙事学，而是阅读小说的乐趣，'看到如何结束'的乐趣。柳德米拉是小说中的女读者，她像所有读者一样具有批判精神，她不时地纠正、明确她的兴趣，排除一些叙事类型，又不断寻找其他叙事类型，但她始终相信小说和读者之间存在着特定的关系。"（《卡尔维诺：柳德米拉就是我》，尼科·奥伦戈采访，《图书总汇》第V期，总第29期，1979年7月28日，第3页。）

法国记者埃里克·诺伊霍夫在书中指出男读者和女读者之间有一种诱惑的关系，1981年，卡尔维诺在回答他的提问时说："是的，这是但丁的《地狱》中从第五歌开始的一个古老故事，通过一本书保罗和弗朗切西卡之间发生了相互的诱惑。女读者比男读者更人性化。男读者就是为了能够进入这本书而留下的一个空白，而女读者则具有积极作用。她代表了阅读的精神和愿望。每一章她都会阐明她想阅读的一种不同的小说类型，接下来的小说片段便按照她的说明而诞生。她就是但丁作品中的贝雅特丽齐，引导男读者进入阅读的天堂，进入这个不确定的阅读的天堂。"[《伊塔洛·卡尔维诺：假面作家》，埃里克·诺伊霍夫采访，《巴黎日报》（图书生活）第399期，1981年3月10日，第29页。]

一线真理。

如果你不愿意透露剧情，至少可以解释一下故事发生的地点……

　　这本书由一个框架构建而成，在这之中发生了那些生动有趣的冒险，还有一个我们这个时代的憨第德……

跟夏侠的坎迪多有些相似之处？

　　完全没有，前景迥异。奇怪的是，夏侠在他的《坎迪多》中前所未有地乐观。他表现出乐观与纯真是为了后面能够推翻它们。而我的坎迪多是完全去魅的：我的坎迪多就是男读者，因此他没有一个很明确的容貌。他就是此书的读者，他置身于男读者-主人公的角色，成了坎迪多。

因此，坎迪多就是我们。但为什么不是女读者们呢？坎迪多与正面人物，即女读者有何区别？

　　女读者总是不满足，不满意，而男读者-憨第德想知道书本身是什么样子的，也就是世界是什么样子的。

作品中有一个恶人，一个爱欺骗人的卡里欧斯特罗。还有一个好人，不满足的女读者，这二者之间是男读者-憨第德的惰性和被动……

　　男读者是有点被动的，但是，实际上他是一个没有任何幻想的人，他想了解事情的本原，而女读者不断进行选择，但是她也不断放弃。这些选择都是在不同小说类型中实现的：我的这本书包含了十本小说的开头，它们对应同样多类型的需要放弃的叙事魅力、故事诱惑。

因此每个"哲理"都有自己的风格，自己的叙事方式吗？

是的，虽然我不想拼凑、模仿，但这十本小说的开头彼此之间非常不同。在所有人之中，我的声音有点像假声一样的失真，但我认为在最后我的声音是可以辨识的。①

你能否举例说明有哪些不同的态度？

在其中一本小说中，现实就像雾一样飘忽不定。而在另外一本中，一切又极其精确、庞大、感性。在第三本中，反思和内向占了主导地位。再有一本中，有影射历史、政治和军事行动的存在主义张力。还有一本中有残酷的犬儒主义，另一本中有不适感和苦闷感。还有色情－凶杀小说，大地的－原始的小说。我还尝试了世界末日类型的小说，这是如今非常流行的文学体裁：世界末

---

① "我想做一些不同叙事可能性的抽样，但我不想拼贴或滑稽模仿，也不想拙劣模仿某些作者或某些小说类型。当然，每一个故事中，我的声音似乎有点假，就像每次都用不同的假声说话，但是我认为我一直还是我。[……]我几乎虚构了所有的情节。也许只有一个，就是小说开头的电话的那个情节是我想写却一直没写的，因为我从没有想过情节的展开。最后一个故事，也就是世界末日的故事，我构思了一个独立的故事，我可以将它单独发表。"(《先生们，我出于对真理的热爱而欺骗你们》，贝尔纳多·瓦利采访，《共和报》，1979年6月19日，第15页。)

"（这十个故事中）有些故事是完整的故事，我不知道在作品中这是好是坏。我特别喜欢最后一个故事，那个取消一切的世界末日的故事，我觉得这个故事已经结束，但我还想说点什么。"(《卡尔维诺：柳德米拉就是我》，尼科·奥伦戈采访，《图书总汇》第Ⅴ期，总第29期，1979年7月28日，第3页。)

日以带着世界将继续下去的希望，重新发现世界而告终。这样就可以继续循环。

这十部不同的小说中，哪一部将所有小说统一起来，男读者是它的主人公？

男读者是小说框架的主人公，框架将他从一部小说带向另一部小说。

但是小说的连贯性表现在什么地方？

有些情况有相似之处。尽管它们之间差异非常大，但在某种程度上，它们全部都可以追溯到一个共同的规则。

这个规则就是你对世界的观点：在坏人-卡里欧斯特罗和不满足的好人-女读者，以及男读者-憨第德的被动的惰性之间，有没有女权主义对事物的观点？

无论是在小说框架中还是在十部小说的每一部中，正面形象都是女性。我不知道她在所有小说中是不是都是正面的，但不管怎样，她始终是欲望的对象。女读者是我的书的真正人物——也许在未来的文明中能够建立价值世界的将是女性。

为什么将卡里欧斯特罗的神秘标识为邪恶？也许因为世界上没有什么更坏的了？

当然有，事实上，小说中还有一股比卡里欧斯特罗还负面的力量，是一些制造负面力量的权力形象——警察的整体系统，他们制造了整体的神秘。而卡里欧斯特罗在某一刻放弃继续玩弄把戏，反对这种绝对的消极性。

从你的描述来看，小说非常复杂。读起来也很难吗？

我想说不难。那应该是普通读者的典范。当然我的书的理想读者是喜欢看小说的人，但不一定是"文学读者"。我不想写文学。我希望写一本有趣的书。

你的这部最新力作在你的所有创作中处于什么位置？你最初是一位耀眼的作家，一位启蒙运动的新作家。通过《宇宙奇趣》和《塔罗牌》中的精确比喻，你创作了当今世界关于复杂的黑暗性的最新比喻。现在是否可能再写一部《分成两半的子爵》？

在这本书中无疑有很多对直接叙事的怀念，我觉得你能感受得到。这部小说中的十本小说，每次都是向着永不结束的故事出发的愿望。

那么，这个比喻是乐观的吗？

考虑到时代关系，我认为这一次可以有一丝乐观。书的结尾表示，以前故事要么以死亡要么以结婚作为结束，这是个体结局的必然，同时也是生命的延续。我的小说有一个圆满的结局：男女主人公结为夫妻。

# 为了找本书看,我写了十本
（1979 年）

《为了找本书看,我写了十本》,《欧洲》第 27 期,总第 XXXV 期,1979 年 7 月 5 日,第 128 页。

在书店上架之前,您的最新小说《如果在冬夜,一个旅人》就获得了评论界的一致好评。但您至今保持沉默。就连发行商也只是低调地宣传。但是读您书的读者们很开心,他们会问:卡尔维诺的构思从何而来？您愿意谈谈吗？

这本书真的是因阅读的欲望而诞生的。我边想着我想读的书,边开始写这本书。而且我告诉自己:拥有它们的最好方式就是写下它们。不是一本,而是十本,一本接着一本,所有都归到同一本书里。在这本小说中,我每开始一本新的小说,都会有新的动力推动我,而且始终是阅读的欲望。我真的想写一本读者的书。不仅是因为读者是这本书真正的且唯一的主人公,还因为这是他的（不仅仅是我的）阅读各种书籍的欲望……

那作者最终到哪里去了？

当然，他也一直都在。此外，写作的那个人，也就是作者，通常正是想读正在写的那本书的人。也就是一个人对自己说：如果它已经写成这样一本书该多好！……所以，这时他就思考，他就着手写。

但是有读者也想有能力写他正在读并且他喜欢的那本书……

确实有，他就是我书中的男读者，也是书的主人公和主人。然后，在我的书中，读者一分为二，因为还有个女读者。每章中，女读者都表达不同的阅读欲望，一种不同于那一刻她正在读的小说的新体裁小说。这就是为什么我的小说只能改变……

这位"女读者"是普通意义上的女性，还是有特定的含义，是一位与男性读者相对立的女性读者？

是女性，并且有其精确的含义。事实上，女读者同时是一个无条件的小说吞食者（就是字面的意思，吃），相比男读者，也是一个用更具批判性和自觉性的方式读书的读者。我的意思是，女读者肯定比男读者懂得多。事实上，她才是我的书的真正主角。

谁是您的原型？博尔赫斯？斯特恩？

当然，二人都是名人。当然，我也想到过他们。但是我的名单很长，有格诺，有纳博科夫，尤其是在小说结构的实验方面。

所有那些扣人心弦的剧情变化……

是的，我的小说也是一部冒险小说。事实上，我那最遥不可及的，同时也是最受追捧的原型，包含了从惊悚小说到间谍小说……

最近，艾柯出版了一本非常精彩的关于文学作品与读者之间相互影响的书——《故事里的读者》。因此，与您的小说里的思想没有什么差异。这是不谋而合吗？

是机缘巧合，此外，准确地说，我的书也可以《故事里的读者》为题。然后，与乔治·曼加内利的书《百部小说》也不谋而合——一百部寥寥几页的小说组合成的一本书。

您写《如果在冬夜，一个旅人》的时候，知道曼加内利的计划吗？

不，不知道。书出版之后，我立刻给他写信："亲爱的曼加内利：我被你打击了。你写了一百部，而我写了十部就停笔了。"

您如何看待关于过去三十年里的小说的巨大争议？

我的书中包含了所有的当代"叙事"类型。但是我也想以行动表达我对小说的信任。同时，因为小说每次不断删减、中断、出错，所以我的小说也是一部无法抵达终点的小说。不是十个模仿或戏仿，而是当代叙事的十个方向标。

真的没有戏仿？即使在非常有趣的章节里也没有？

没有。虽然我试图使用有点神秘化的表达，在这个意义上，各式各样的小说，南美的、日本的、波兰的、卡尔维诺的小说，但始终是我在写，始终带有一些暗示。那什么时候叙事作家不给暗示？叙事作家也有时候是这样，假装自己是别人。

在众多的欢快之后，也时不时的会有躁动……

通常，这是我的写作态度：我写作，享受着其间的乐趣，但随后我觉得有必要去改变，去写一本完全不同的书……

您花了多长时间写《如果在冬夜，一个旅人》？

两年零四个月。

您一直很享受这种乐趣？

每次我开始写一本新的小说时，我就很开心。但是框架费了我很大气力[1]：结构、内部的对称性等等。尤其是，我希望每页都有新东西和不断提起的阅读兴趣，这件事很费神。

您的下一本书将以什么为题？

很难说。现在，我可以做的就是列一个标题的列表。在《如果在冬夜，一个旅人》中包含十部小说。在下一本中，我原本计划包含十五本，但现在减到了十四本。

---

[1] "……框架和各个小说开头之间的风格差异［……］正是大部分工作赋予我的问题。我想把框架有意置于我的各种可能的风格水平之'下'。当然，我不得不注意避免它下滑太多，落入俗套。这也促使了杰诺·潘帕洛尼提出了一个保留意见，表述得……非常细致。"（《卡尔维诺：柳德米拉就是我》，尼科·奥伦戈采访，《图书总汇》第Ⅴ期，总第29期，1979年7月28日，第3页。）

# 用不同的名字出版每一本书
# （1979 年）

《如何用这种混乱作诗？》，1979 年 7 月 10 日在佩斯卡亚堡接受弗朗切斯卡·萨尔韦米尼的采访，《继续战斗报》，1979 年 7 月 19 日，第 10 页。之后收录在弗朗切斯卡·萨尔韦米尼的《伊塔洛·卡尔维诺的幻想现实主义》，罗马：联合出版社，2001 年，第 57—61 页。（根据卡尔维诺没有标注页码的四页终稿的手稿原件的复印版对刊印文章进行了校对。）

  为了做这一次采访——我开诚布公地说——这是一个三流的采访（需要伤害这些诗人，不是吗？），我需要弄虚作假。我要假装所有（或几乎所有）问题都是我提出来的，事实上我也是为了这些问题来到这儿的，但实际上它们不是我提出来的，而是从书上找来的。都是你知道的书，或者你翻译过，抑或是你读过的书。也有你写过的书，也就是你的新作《如果在冬夜，一个旅人》里的书。一本书的妙处也在于出版后它提出了它的问题。

  你通常如何看待世界史，尤其是如何看待通史？

  作为导入问题，你肯定不会心慈手软……我们要马上给读者解释一下，关于历史的这句话是雷蒙·格诺在《蓝花》中说的。但是很少有人知道，格诺不但是巴黎郊区的一位有趣的小说家，他还是法国哲学家科耶夫[①]的朋友及弟子。科耶夫对黑格尔做了新的阐释，认为世界史的意义在于努力走出历史，建立一个没有历史的世界。现在言归正传，我来试着回答这个问题。

世界史似乎只能给对它有所期望的人带来否定和绝望，我对它有何期待？我期待特殊历史的可能性，这些可能性可能是一种烹饪方式，一种利用波能的方式，一种向别人传达一个人所知事物的方式，尤其是调节人与人之间越来越困难的关系的方式，让尽可能多的特殊历史成为可能的方式。我认为，如果特殊历史在通史中增多，并且不相互排斥，那么它们具有重要性……我泛泛而谈？好吧，这样你才会知道你要问我的一般概念的问题从来都不是我的强项。

"博闻强记的富内斯不仅仅记得每一座山上、每一棵树上的每一片叶子，而且还记得看到它们或想象到它们的每一个场合。"你

---

[①] 亚历山大·科耶夫（1902—1968），俄国出生的法国籍哲学家，在三十年代，他曾在巴黎高等研究实践学院主持了一系列关于黑格尔，尤其是关于《精神现象学》的研讨会。格诺一丝不苟地记录下所有讲稿内容，1947年他们发表了《黑格尔阅读指南》（1996年米兰阿德菲出版社出版了意大利语译本）。"格诺为'七星丛书'工作了三十多年［……］他非常喜欢数学尤其是计算数学，他有很多数学家朋友。现在，埃伊纳乌迪出版社将推出格诺的文集《杠杠、数字、字母和其他散文》，卡尔维诺主编，1981年出版），这本文集将会对他的所有这些兴趣进行介绍，从亚历山大·科耶夫对黑格尔哲学的观点到数学，从宇宙学到生物学。"（《采访卡尔维诺》，《埃伊纳乌迪新闻简报》，1979年夏，第9页。）

在你的书中写了看起来像博尔赫斯的这句话的整个故事。你的原句是这样的:"我想把每片银杏叶的感觉与其他所有叶子的感觉区分开,但是我不知道是否有可能。"在描写的时候是可能的。那时下呢?

被固定在单个事实上的记忆无法概念化;智慧需要具备忘记个别情况以便总结某些经验规则的能力。这是博尔赫斯的小说《博闻强记的富内斯》的意义所在:一个具有太多详细记忆的人就是傻子,因为他不具备抽象概念的能力。另一方面,也有很多人离开抽象术语就不会说不会看不会生活。对他们而言,每次经历,甚至可以说每种生活也是被禁止的,更重要的是他们传播抽象概念,就像不断蔓延的坏死——我认为这些知识分子是最危险的傻瓜。文学应该是这样的:描绘每一片叶子的独特性来更加接近理解什么是叶子。接近,因此文学没有尽头,但在这方面,这种适度的方法是不可或缺的。

你的作品里有博尔赫斯的影子,有人如是说,你也这样说过。但是《如果在冬夜,一个旅人》直接追溯到源头则是《堂吉诃德的归来》。

在欧洲人们开始阅读博尔赫斯的作品时(五十年代初萨特在《现代杂志》上刊出了他的部分文章),我就已经读了他的作品,那时我已经酝酿了一个完全不同的故事,但是博尔赫斯让我对清晰地描述和心理几何学更加有兴趣。借口谈论虚构作品以创造出与正撰写的作品之间的距离感,这就是他的观点。一个字一个字地重写《堂吉诃德》的想法与这一观点有点相悖;在我的书中,有一位意图全篇照抄《罪与罚》的作家，但创作稍有不同。如果一定要我说我的这本书是受到博尔赫斯的某部作品的影响的话，那应该是《寻找阿尔穆塔辛》。(我记不太清楚名字，那是个很难记的波斯名字。)①

你能想象一下，如果你像萨德一样，写作受困于物质，也就是说，禁止你用任何墨水、纸、笔或打字机进行写作，你会怎么样？

据克罗齐的观点，诗人已经在头脑中完成了作品，写下来只是为了能够记住它。我不这么认为。头脑中的只是写这样一个东西的欲望，某些点比较清楚，剩下的全都是模糊的，虚无缥缈。只有在纸上开始一字一句地写下来，作品才开始存在。这是冲破物质阻力、对抗不确定性和迷惑性而做出实际努力的结果，目的是使某种东西能够站稳脚跟，并且能够与人们所想的完全不同地呈现出来。

那如果禁止你散步呢？

散步，也就是经历，与世界的接触，这个可以没有，如果在生活中不能散步，可以在写作中得到弥补。实际上，萨德是一个从丧失自由——不得不说，关于自由他有着独特的想法——和写作可能性中获得了极为细致且十分有条理性和系统性的写作热情的人。

---

① 博尔赫斯写于1935年的《向阿尔穆塔辛迈进》，后收入《虚构集》。

你很忠实地谈过很多次"你的书是如何诞生的"这一话题。那这一次的故事是什么？

我在书中也介绍了"作家日记"，这位作家不是我，是他想写这本书。你还想要更多的答案吗？

在日前《晚邮报》的一次采访中，谈到太空实验室和核电厂的时候，你说过，我们再也回不到过去。① 纸越多树越少？

纸越多树越少，是因为我们必须找到一种回收废纸的方法。真正的技术将是把我们从现在所生活的这个不负责任的、浪费的世界中拯救出来。

此书中真正第一次介绍的人物是"正在阅读此书的你"。但是，不可避免的是读者会感觉自己像桑丘·潘萨。有没有可能你写一本书

---

① 1973年为研究太阳和地球污染的美国太空实验室发射入轨，根据设计它可以坚持到1983年，实际上于1979年7月11日解体。它的碎片坠入印度洋，所幸没有坠入居民区造成损失。1979年7月10日《晚邮报》将部头版用于等待这个事件（《当恐惧来自天空。回忆塞维索事件，等待太空实验室，我们不要责难科学》）；这是朱利奥·纳欣贝尼的一篇文章加上安德烈·博南尼主编的一些简短采访（《人类可以胆大到什么程度。切萨雷·穆萨蒂、伊塔洛·卡尔维诺、维尔吉利奥·莱维神甫、阿尔贝托·莫拉维亚和卡洛·博的访谈》）。卡尔维诺是这样回答的："技术只有好坏之分。也许技术少一点会更好。但是这是一个不可逆转的过程。喋喋不休的指责是没有用的。现在，塞维索事件和太空实验室事件只是个例。将来还会有更多此类事件，但是我们不能抱有幻想，社会必须有能力掌控这些不可或缺的力量。回到过去是不可能的。塞维索将会遍布全球。核电厂？人们将必须学会掌握这些能源。现在它们令人恐惧是因为人类软弱无能。"有没有解决办法？"只有建立一个有责任心有能力的人的社会才能解决问题。这是一个道德事实。同样，技术进步就是道德进步。不存在神性一般的科学。科学不会言语。只有那些具有特定技能、兴趣和责任的人去说去做。需要在这些人当中寻找某些情况的犯错者。"

来满足此书的读者,但封面却不署你的名字?

就是想用这本书实现我一直怀揣的一个梦想:用不同的名字出版每一本书。也就是重复第一本书的经验、陌生作者的读者的经验。但是为了让读者能够读到我的书,书的交流机制使得我不得不把我的名字印在封面上,我必须确保正在阅读的那位读者不是陌生人。

在这样完全混乱的情况下该如何诗意化?[①]

可以用混乱进行诗意化(这不是我的类型,但很多人用)或者反对混乱从而诗意化(这样做有缺乏原材料的风险),但是不管怎样关于混乱,都是为了在一切消散在蘑菇云中之前,让某些混乱变得不再混乱,让某物与宇宙的不可逆的熵形成鲜明对比。

---

① 该问题出自唐老鸭漫画。

# 我只相信慢工出细活(1979年)

《知识分子见鬼吧》,玛利亚·路易佳·帕切采访,《全景周刊》第 XVII 期,总第 693 期,1979 年 7 月 30 日,第 80—89 页。

**众人翘首以盼的那本书现在终于出版了,您有何感受?**

一旦书被印刷成册,它就变成了客观独立存在的东西。首先,如果一个人一直对它念念不忘甚至深陷其中,这就不是一件令人愉快的事。即使现在这本书跟我有关系,我不否认这一点,但是我也只是对它很熟悉,知道些别人不知道的东西。而它就在那儿,独立于世,不再是我的一部分。

**您说的就好像孩子出世似的……**

我不知道,也许不像,生孩子是一个非常不自然的过程。[1] 并

---

[1] 1979 年 8 月 20 日《全景周刊》第 8 页的《书籍与孩子》的更正声明中,卡尔维诺写道:"《全景周刊》第 693 期刊出的我的访谈,我看到其中在回答出书是否就像孩子出生时,我说:'生孩子是一个非常不自然的过程。'我绞尽脑汁也回想不起一个可能让我说出如此奇怪言论的原因,因此我认为这个句子应该是一个误解。所以我必须纠正这一说法(并且使之与我关于写作困难的其他说法一致):'出书是一个非常不自然的过程。'伊塔洛·卡尔维诺,佩斯卡亚堡。"

且这是个自打出生就让人担忧的孩子。而对我而言，此次"怀胎"的过程很漫长，两年，几乎两年半……

通常，您完成一本书需要多长时间？

看情况。我总是有很多未下笔的书，很多试图同时进行的计划。我制订出一些计划，一些周计划，用一天时间写这本书，再用一天写另一本书……然后中途总是因临时的工作、合作、出版社的工作等诸如此类的事情而不得不中断写作。于是，最后一无所成。于是，某一刻，我决定全身心地投入到这部小说中来，为此我付出了很大努力。

您努力是因为花费了很大力气去设计结构吗？

也有这个原因。当我觉得构造比较复杂时，我就尝试对其进行简化，但最终却更加复杂了。但花费我更多精力的是我要使之成为一本可读的书，但却丝毫不会削弱其张力。我不断写了然后撕毁重写，就如同佩涅洛佩织寿衣计里的那匹布。很多部分我重写了很多次，但是我都不满意。

难道您写作不是一气呵成？

不是，我没有下笔成章的才能。每次开头要花很大功夫。这部最新小说，我每次重新开始写，都会遇到新的问题。并且，写作是一项经常会停工的工作。

但有些作家写得很快?

是的,他们坐到打字机前,只要想写就能写出来。我非常羡慕他们。

比如说,有谁?

莫拉维亚说他就可以如此。

但是我恰恰从莫拉维亚那里听到了相反的说法:他写了又重写,很多内容他写了不下十遍……

当我还年轻的时候,莫拉维亚说:"写作只是一个意愿问题。我每天早上九点坐到书桌前开始写作。"

您很看重莫拉维亚的这一说法吗?

是的,因为我从来就做不到这一点。我年轻时拜访过的另一位作家是海明威。那是1948年在斯特雷萨镇,[①] 他对我说:"秘诀就是每天晚上还有东西可写的时候就停止写作。这样早上,当我重新开始写作的时候我就不用浪费时间重新想象。"我认为这是一个非常明智的建议。但是我从未能将其付诸实践……

如果我理解的没错,问题是在早上……

---

[①] 在1948年10月11日写给维亚雷焦作家西尔维奥·米凯利的一封信中,卡尔维诺写道:"我与海明威、娜塔莉亚·金兹伯格和朱利奥·埃伊纳乌迪一起在斯特雷萨镇度过了美好的几天。"(《书信集》,第233页)

我下定决心要开始写作，但是我很快就会找到各种不动笔的借口。但需要说明的是，停工对写作也是大有益处的。关于这一点有一则中国寓言……

讲的是什么？

从前有一位最擅长画蟹的伟大画师。一次，皇帝要他画一只螃蟹。这位著名画师说需要七年时间，外加一处宅院和十二名仆从。七年期满，皇帝的信使来索要画作，他说还需三年。三年过去了，他们再次来索要画作。他提笔一挥而就，只用一笔就画出了一只完美的螃蟹。①

再也没有这样一位皇帝，您是否会感到遗憾？

但是客户永远存在。人们总是要为某人而工作。我不相信存在只为了表达自己而进行写作的孤立作家。

您的"皇帝"是谁？

"皇帝"就是读者大众。我始终相信我与读者大众有某种关系。一种每次有待创作的关系，每次有待创造的读者大众。而我现在所写的书，是一本读者期待的书，正是从这一考虑出发的。在文学面前，我也是这读者大众的一分子。

---

① 在《美国讲稿》的《速度》一章的结尾将再次提到这个寓言故事。

您说过，一本书只是一个开头，您在写这本书的整个过程中一直保持着开头的那种潜力。但是在这本书中有很多个开头。不仅仅是框架中包含的十本小说的开头……

是的，就连框架都是开放式的，其中有诸多不同故事的空间……

比如，对故事有很多不同的假设，用很多对比的情节表现，这些故事以饱受折磨的作家和多产的作家作为主人公……

也正是因此，我很难理清这团乱麻，因为它是一本内部发生剧烈"爆炸"的书。

有人想知道，即使您不想说，但已经提出的很多文学模型都已经被写完了……

我想说的是，世界是如此丰富，取之不尽，用之不竭，写作永远无法跟上它，而且因为写作是一个协议系统，必须将世界上这些方法、协议翻倍，尽量去关注这种多样性。

所以，您的书是文学重要性中的一种信仰行为？

人们不得不继续追赶这种事情，在这个意义上它是一种信仰行为。但是我要说的是，在我的书中，在文学和（我们用一个比较通用的词）"生活"之间，生活获胜。在这个意义上，我不同意他们对我的评论……

谁的评论？

克劳迪奥·马拉比尼，《卡尔利诺币零头报》和《民族报》的记者，他写了一篇非常有激情、非常敏锐的评论，但是他说对于我而言只有写作……不，不是这样的，事实恰恰相反。在写作之外，我想让人们感受到存在的多重性和不可预测性。

但是在《不存在的骑士》中，有个叫布拉达曼泰的女战士，她有时驰骋沙场，有时隐居修道院写下她经历的故事，"以求领悟人生"。这难道不意味着文学和生活的对立吗？

《不存在的骑士》是我若干年前的作品。甚至，准确地说，是二十年前的作品。并且，即使那些人物形象来自书籍索引，我认为其中有那时被称为"生存张力"的东西。有期望，对生活的期望，当然这在《如果在冬夜，一个旅人》中在开篇就被排除在外了：读者－主人公说他不再抱有任何期望。

为什么？

第一章就说道，这种等待是年轻的等待。那么是年龄原因了？哎！或许也是因为当今这个世界已经没有什么可期待的了。或者改变期待事物的方式……所期待的事情以另外的方式，甚至在极其细微和边缘的事件中表现和分布。但是我认为，我从来没有说过，也从来没有想过，只存在语言，只存在文学的情况。

有人如此认为吗？

如今，所有哲学思想和文艺思想都朝这个方向发展，尤其是在法国。总之我不相信，尽管我没有自己原创的理念与之相对抗。

我觉得您的理念一直是热忱的理念、努力的理念、内部清晰的理念、意志的理念……

对，意志。但我并不认为只要有意志就能解决任何问题。相反，我认为首先要了解把我们的头撞破了的那堵墙。首先要了解世界是如何构成的，了解我们自己，并对其进行思考。只有当我们不自欺，并且按照一定的力量行动，不妄想，不强迫时，个人意志和集体意志才会发挥作用。我认为，即使在人类历史事件中，自然和自然决定也占有重要地位。

不需要对其进行思考？

不对其进行思考的人就会面临灾难。而几乎整个当代史都是灾难的历史，那些知道如何在恰当范围内并在正确的意义上运用人类行为的人除外。当然，总有你必须接受的风险因素。

在当今社会，知识分子的作用是什么？

我的回答是：知识分子都见鬼去吧！对知识分子的反思恰恰不是我担心的。我无法容忍知识分子这件事是从一开始就一直存在的，从将知识分子作为一个类别、一个问题、一种态度进行考虑，到现在已经变成一种不兼容性，我一闻到那种语言、那种思想的气味，就要逃开。我希望始终谈论与特定工作相关的人，或者对所有人都有价值的人。我认为，谈论知识分子毫无可取之处。

您的意思是知识分子与其他人一样，都是普通市民？那么在意大利这样多灾多难的情况下，作为一名市民该怎么做？试着理解还是行动？

我不知道通常一名意大利人应该做什么。要么进入更精确的案例分析（即使我认为那也并不能给任何人建议），如果不进入精确案例分析的话，从整体层面上讲，意大利人的情况就是地球上任何人的情况。那么只能从最普遍的角度重新考虑这些问题。康德说："你行动，以使你的行为规范可以成为其他人的行为规范。"

但意大利有个特殊情况，比如说，恐怖主义。您对这一现实持什么态度？对其进行一种纯粹且明确的谴责，还是努力寻找原因，并找些辩白之词？

有些人总是考虑事物背后的东西，也就是非常具体的利益，意大利人和（或）外国人在恐怖主义下试图以保守的方式来影响意大利政治，我就是这些人中的一员。也就是说，我不相信他们只是喜欢冒险的几个毛头小伙子。诚然，是有喜欢冒险的小伙子，并且他们天天看报纸，找些"那么只有砸烂一切"的借口，这也是可以理解的。所以存在这种态度，并且这种态度也许将继续长期存在。所以我们必须考虑到，即使在一个到目前为止一直奢侈浪费、贪图享乐，并且远离任何内战气氛的国家里，恐怖主义仍将继续。到目前为止，因为等待我们的有可能是更为艰难的时期。

从什么角度看？

我认为，目前是从恐怖主义的原因看，我说的是鼓动个体实施者的原因，更多的是心态、文化、神话、思维模式的原因，而不是经济和社会原因。但是，如果即将到来的经济危机就是经济学家公布的那样（也就是说，在一贯的错误之后，这次经济学家们终于正确的话），那么社会原因也将成为原因之一，甚至"砸烂一切"也可以成为一种策略。

现在，依您看，情况并非如此？

砸烂一切是一件可以带来某些满足的事情，当然，恐怖分子是剥夺满足感的人。但只要不是有人有意识地以专制的方式来控制局势，这就不是一场政治行为。

您觉得如今在意大利哪个政治计划是可行的？

也许政治计划只能是非常温和的。它们可以是力图让停滞的事情运转的计划，可以是力图在普遍腐败的情况下创造道德空间的计划，也可以是努力接近一种适合所有人的文明模式。

要多久？

我只相信慢工出细活。我认为，只有那些发生在社会最深层、在人与人之间的关系中的、在人的心态里的东西才能决定历史的变化。其他一切可以带来满足感，我不否认，革命也有非常美好的时刻，直至他们开始大屠杀之前，一切都非常有趣，我在巴黎经历了

1968 年五月风暴的一段时期，那段时光是美好的。但是随后，我们知道，对于胜利者来说，获胜的革命都成立了新的领导官僚阶层，而取代了旧的官僚阶层，并且立即终止了所有的可能性。如果社会没有任何深层次变化，随着时间缓慢地推移，就像地质层的运动一样，一切都是徒劳的。

难道您谴责一切革命？

我什么都不谴责。我认为，如果发生革命，重要的是经历革命的心态，或者如果等待我们的可能是反动活动，重要的是经历反动活动的心态，或者如期望那样发生的是改革，重要的是经历改革的心态……

卡尔维诺走在改革之路上……

只要是非常严肃的改革就行。像那种短期内废除精神病院的改革只能带来灾难，别无其他。我们是一个长时间以来处处需要迫切改革的国家。然而在意大利，占主导地位的要么是明确的保守主义，但人们不知道什么可以保留，这是一种混乱的保守主义；要么是不知所以然的对救世主的期望，其实这也是一种保守主义。所以，人们浪费了时间、精力……

您希望立即开始的是哪种改革？

那些能让国家运转的改革。我认为，就这个问题，我没有什么原创观点可以说。健康，在我看来是一件重要的事情。学校，不起任何作用。年年虚度光阴不学习，摆在我们面前的是多年的殖民依赖。

以什么机制为基础？

反对学习的人（我说的不仅仅是学生，还有一些轻率肤浅的教授和目光短浅的部长）只是简单地想，由世界或欧洲水平上占主导地位的文化和经济精心设计的计划为基础，和在其他背景下训练有素的技术人员，来应对我们的经济、生产、理论、社会组织问题。

那意大利人呢？

意大利人轮到的是第三世界人民试图拼命挣脱的从属和被动的角色。

您主张重新开始严肃且有选择性的学校教育吗？

重要的事物都只有一个原则：致力于解决最难的问题。而只以最简单的问题为目标则与寄生主义阶级的精神别无二致，这些人只知道简单地生活，只想依赖他人而保持轻松的生活空间。

但也考虑到南部移民的孩子的问题，他们不得不面对义务教育学校，而他们尚不会讲意大利语……

是的，这一点涉及整个移民问题。意大利工业只顾自身的眼前利益，以不负责任的方式前进，而政府同样不负责任，不对其做任何管理，这是一个巨大的变化。然而，这也意味着，这是一场意大利许多个世纪来所知的最大的、当然也不可逆转的革命。为了使社会结构与从南到北、从农业到工业的大跨越相适应，几乎一切仍有待完成。特别是在教育领域。但是培养出一群新的既无才也无财的毕业生，我觉得毫无意义。

因此您认为教育首要的是技术效率？

不，在伟大的变革时代，首要缺乏的是文化的必要条件和具有公共事业感的风尚的必要条件。

您谈到了公共事业，但如今很多年轻人的问题集中在欲望……

我对这个问题的贡献是为埃伊纳乌迪出版社主编了傅立叶的著作。傅立叶一直在寻找一个程式，在此程式中，个人的欲望越大，对社会和谐的贡献越大。

傅立叶，跟巴塔耶一样，是一段时间以来被年轻一代引用最多的作者之一。

巴塔耶是一位伟大的作家。傅立叶，作为作家，非常糟糕，但是反复回味则别有一番滋味。傅立叶的想象力的某些方面让我感觉与他很亲近，而巴塔耶反叛的严重程度让我离他很遥远。

傅立叶，巴塔耶，两位色情主义理论家。但是，卡尔维诺，在您的新作中，第一次以非常现实的手法描写了性行为。为什么会有此变化？

总的来说，我认为间接描写比直接描写能表达出更多内容，传达出更为强大的情感负荷。但因为我在此书中介绍了一系列当代小说的例子，露骨的性行为的浪潮也席卷了我的写作，这是很自然的。但我认为色情内容存在于我所有的作品中……

比方说？

现在不适合在此给您列书目……比方说，写于1949年的短篇小说《一个士兵的奇遇》。如您所知，艾瑞卡·琼在她的小说《怕飞》中讲述了在意大利电影中看到的故事桥段作为"无拉链"速交的例子。那么，只要重新描述一下由伟大的演员尼诺·曼弗雷德完美饰演的《一个士兵的奇遇》即可。

琼的女性原型是一位非常激进的女性。您的《如果在冬夜，一个旅人》中的女主人公也是这种类型的女性。更不用说她的姐姐。您的作品中的其他女主人公，像布拉达曼泰，都是女战士的形象。这是暗指女权主义者吗？

在我的书中，很多女性角色都是果敢的、意志坚强的女性。我想，总的来说，在我们所生活的世界里会遇到很多这种女性。她们在个性上经常被打上男性的烙印。在这个意义上，在女权主义蔚然成风之前，我的书中已有这种暗示。

但似乎您对这些女性有些恐惧。在《命运交叉的城堡》中，有一个男战士被女战士或女祭司攻击的故事，虽然没有明确的表述，但似乎她们把他阉割了，是吗？

这一内容当然是由时代决定的，也是由认为自己受到威胁的男性的负罪情节决定的。这正是近几年流行的主题。

*但对于您个人而言，这些主题也是流行的吗？*

我的生活，和大部分男性的生活一样，取决于女性。因此，性别之间斗争的张力，就如近几年明确发生的那样——我说"明确"，是因为现在才找到表达自己的话语，但实际上一直存在——不能不影响行为和思考。

*但现在有一种新现象：在法国，一些知名的"历史"女权主义者，重新回到家庭，并且对忽略了家庭生活的满意度而感到痛惜……*

我认为这种事情应该从整体上去看，从二十世纪的角度来看，从近年来的摇摆动荡仍将存在的角度看。因此过多地纠结于最为疯狂的方面、纠结于极端主义是无用的（我也读过索拉纳斯①的作品，她竟然建议将我们所有人都阉割了！），所以她们的回归只能是偶然事件。这些是全球范围内不可逆转的变化。

*您肯定已经开始构思另外一本书了。这些想法会有发展吗？*

---

① 瓦莱丽·吉恩·索拉纳斯（1936—1988），美国激进女权主义者，1967年发表的《阉割男性社会宣言》的作者，该书意大利语译本题为 Manifesto per l'eliminazione di maschi，1976年由罗马的女性出版社出版。

我不知道，我有几本尚未开始的书。到一定时候，其中一本酝酿到一定成熟度，我就会放弃另外几本，而专注于这一本。但目前，我手头还有其他作品，其他体裁的东西。

您的意思是？

为卢恰诺·贝里奥写的歌剧剧本，该剧将于明年春天在斯卡拉大剧院上演。这部歌剧，贝里奥已经完成了大部分音乐部分，也构思好了主要戏剧情节。只是还没有下笔写，而我将为他写出来。①

这是一部前卫作品，还是一部传统戏剧的滑稽模仿？

不，不是滑稽模仿，是传统戏剧的稍作升华。因其戏剧情节和标志式的发音，它被视作歌剧《游吟诗人》的原型。

它是用诗歌写的？带有韵脚？

是的，是用诗歌写的。某些情况下押韵。

您是第一次写这样的作品吗？

在某种意义上，所有人在他们的生命中都作过诗，歌剧对某些从来不敢宣称自己是诗人的人来说是一个写诗的机会。然后，因萨尔茨堡音乐节，未来几年内我还要按计划为贝里奥写另一部作品。

---

① 《真正的故事》，于1982年3月在米兰斯卡拉大剧院上演。

而那部作品是以我的构思为基础。①

可以提前透露一下吗?

不行……

另外一个问题。很多人带着好奇的眼光看待您在法国的逗留。为什么卡尔维诺会定居在那里?

但我并不觉得我定居在法国。我一直来来去去。总的来说,我在意大利的时间比在法国多。我妻子曾住在巴黎,在巴黎工作。丈夫应始终追随妻子,所以我在巴黎过我的家庭生活,并在那里逃避在意大利常有的采访和电话。

---

① 《国王在听》,于1984年8月在萨尔茨堡音乐节上演。

# 人成年了吗？（1979年）

《伊塔洛·卡尔维诺：理由与谎言》，保罗·毛里采访，《共和报》，1979年8月26—27日，第11页。

自五十年代，从《分成两半的子爵》时起，启蒙主义者就是我带有的标签……但这个标签不属于我，而是别人赋予的。如果我说"啊，你们知道吗？我是启蒙主义者！"，那将会很讽刺。并且，这个词的外延没有人们认为的那么精确：只要想想"启蒙主义者"一词在法语中的用法与在意大利语中的用法完全不同就可以了，因为在法语中，它意味着开明的神秘学者，与深奥的哲学息息相关。的确，在法语中启蒙哲学和启蒙运动之间的界限并不清晰。事实上，启蒙时代的全部理论和蒙昧主义以及进步的意识形态都是十八世纪诺斯替宗教的分支。启蒙主义者这一术语，当他们开始用在我身上时，尚且还是一个褒义词，十几年之后，它已经成为一种侮辱。这期间，还有霍克海默和阿多诺以及颠覆价值尺度的整个问题……起初，我总是避免说出"是的，我是启蒙主义者"这样的话，但后来我毫无顾忌："我，启蒙主义者？开什么玩笑？"而把它作为进步的崇拜可能是最愚蠢的事了，所以那么多知识分子对于人类的基本成就（可惜这些成就始终处于危险之中）不屑一顾，在我看来这即使不是无赖的态度，也是白痴的态度。

重重寂静护佑着卡尔维诺的假期——他的房子坐落于格罗塞托，距佩斯卡亚堡仅有几公里，他家屋前除了松林别无他物，几步之遥就是大海。这些让人无法想象一场关于启蒙主义的采访：如何问他对世界、人生、命运作何看法。因此，他带着一定的尴尬，随意地谈谈。

或许，你也找错了人——我不像别人，在此我不对他指名道姓，我从来没做过君主顾问……启蒙哲学的一个重要方面就是影响历史、社会的信心，成为君主顾问。而我，我喜欢将我的话题定位于所有人或者不定位于任何人……君主的事情让君主们自己去解决吧！

一边是今天的君主们，另一边是知识分子：权力和话语，手无寸铁的话语，至少从最直接最明显的效果看是这样。历史似乎在重演，我想到了意大利的十八世纪，想到了走上阿卡迪亚、创作改革的广阔道路的知识分子。当然，也有贝卡利亚……

必须注意一个令人恐惧的败笔：大多数国家实施酷刑，对暴力的狂热控制了世界上大部分地区。革命都是由阿亚图拉们领导的；基于酷刑的技术性专制政治，就像沙赫统治下的专制政治，被倒退的叛乱推翻。在阿根廷，左翼投入最无首脑的民粹主义的怀抱，比如庇隆主义,最终被暴力的军事独裁政权所屠杀。

如今启蒙运动是什么?也许仅仅是对精神洁净的忠诚,拒绝谎言,拒绝没有任何意义又总是带来有害后果的话语。

我们来谈谈彼得罗·韦里曾经说的文人墨客的古老的中心地位:如今谁还能在这样的确定性中藏身?穆拉多利曾说,真正的哲学家是那个发明了织袜机的人。

如今像这样的话定能引起所有反科技的辩论家的滔天怒火,他们总有的是理由,而且这些理由总是充满偏见与陈词滥调,就像懒婆娘的裹脚布又臭又长。但我却喜欢这句话,因为我始终相信实践的重要性。问题是,在这个织袜机的背后有一种如今更没有把握的完美张力。

我想起一个关于这一问题的广为流传的"采访"。是康德教授对启蒙运动的一个著名问题的回答,以及人如何变成成年人的定义。那么人成年了吗?如果他作为个人,作为个体已经成年,那么他作为"大众",作为集体行动时是否一直是成年人?

这仍然有待解决。从总体上说大众行为(从文明的角度而言)是一种文化。大众行为会产生不同结果,当个体时刻……我的意思是,个体只有通过这一时刻,他才可以是个人的、游戏的、内心满足的,就像诗人的作品,通过协调的过程能够与文明的形成相吻合,而文明将塑造群众的思想和行为。

卡尔维诺慢条斯理地讲着。他不断地停顿，讲到一半就不讲了，似乎在集中精力捕捉正确的词语，耐心地使之与其他词语保持一致。他说话不重复，极少改动。这些词云山雾绕，给对话者留下了很多"想象"空间，话题注定会在"词语"上、在作家的作品上岔开。真的，没有半句假话。但文学该何去何从？我提醒卡尔维诺，在与此类似的一次谈话中，夏侠指出在他的关于马约拉纳、鲁塞尔、莫罗的作品中有一个现代启蒙运动的例子。总之，是文学与现实之间的由来已久的较量，工作的幻觉……卡尔维诺笑了，对于他而言，对话也来自远方。

这个问题很复杂，它需要创作和风格的陈述……以便在自己的作品中遵循隐含的道德因素。生活在一个错综复杂的社会，至于明确的文明之战，这一任务在历史的某些时期以及今天仍然存在的其他社会中，只能由作家来完成，并找到多种解决途径。在一种我既没有感到遗憾也没有感到任何留恋的氛围里，作家活动的政治功能的主导地位已经表征了我的年轻时代。在过去二十年里，让我最引以为豪的是我拒绝了不仅在比我年轻也包括比我年长的知识分子之间流行的幻想与盲目崇拜。我不知道这是否是非常明智的，但如果我不了解一件事时，我宁愿闭嘴。

他当真缄口不言，就像在证明他刚说过的话一样，直到我告诉他，从罗马到他家的整个路上我都在回顾他的最新小说，受采访主题的影响，我想把它与十八世纪的自动机械相比，与机械装置的狂热相比，尽管传动装置表现在外，但它没有放弃伪装的爱好。卡尔维诺笑了，似乎松了一口气。

是啊，是啊……总是会回到十八世纪，尽管这本书没有提出一个特定的争论话题，正如你所说的，建造这个机器，这个自动机械，自然就复制了世界的功能性，因为我们生活在一个不知将在何时结束，也不知是在何时开始的历史时代。在通过当代世界的各种环境与我的读者的碰撞中，我得到了一个可怕的世界的画面，这个世界肯定不会比伏尔泰的憨第德在其中挣扎的那个世界更令人欣慰……

与憨第德以及当代其他憨第德不同的是，我的憨第德无论在什么时候都没有任何幻想。我觉得，幻想缺失的句子属于遥远的地质时代……

因此，启蒙运动的两个方面，一个是投射在一个不同的、注定"理性的"世界上的乐观方面和空想方面，另一个是罪恶方面和悲观方面，而后者根据自身原因摧毁了神话和乌托邦，所以只剩下了后者。卡尔维诺的回答如喃喃细语，声音逐渐减弱直至无声。

嗯，是的……是的……是的。

# 我怀疑得越来越多（1979年）

克里斯蒂安·德拉康帕涅，《伊塔洛·卡尔维诺，古典浪漫主义》，《世界报》，1979年12月16—17日，《世界报星期天专版》第XVI—XVII页。后来克里斯蒂安·德拉康帕涅将此次访谈以《伊塔洛·卡尔维诺》为题收录在《〈世界报〉访谈录。2.文学》中，巴黎：探索出版社，《世界报》，1984年，第31—41页。

阅读往往是您的小说的主题，从这个角度来看，您的新作《如果在冬夜，一个旅人》可以被看作您以前所有作品的回顾吗？

书的主人公是一位读者，或者更确切地说，是"那位"男读者。讲述的是这位读者因在生活中没有任何规划，试图在一本小说中追寻规划的故事；但是这本小说总是不停地中断，当读者认为他找到了这本小说时，它又是另一个故事。因此我的书中包含了十本不同的小说，或者更确切地说，是十本小说的开头——每本小说对应一种小说类型，这些小说类型是我想写的和没有写过的。这些可能的小说的名单列举了我放弃过的那些道路，它们不仅是文学类型的表达，也是人类态度、与世界的关系的形式的表达。因此我的书最终回顾了环绕在我们周围的所有那些禁止通行的道路，是我们难以描述世界的一则寓言。

如果像书中所言，在这个世界上我们如此难以立足，这难道不是词语的错误吗？毕竟，词语要么是为了表达人之所想，要么是为了隐藏它们。

我只对口语感到厌恶。这种从我口中出来的软弱无力并且无形的东西只会让我充满了厌恶。[①] 我不喜欢听自己说话……至少乍一看，用书面语事情也好不到哪里去。不准确性、含糊不清、近似、立在流沙上的感觉，这就是词语让我恼怒的原因。正因如此，我才写作，为了给这个不够准确的东西赋予一个形状、顺序、理性。

就像您希望给书面文字赋予严谨性一样？您用到逻辑模型或数学模型了吗？

在我的一些书中，我对结构的调整比写作本身花费了更多的精力；只有当我为之写作的结构因其设计准确而站稳脚跟，我才能安心。同时，文学追寻极其模糊并且始终不可捉摸的事物，它处于一种不可言状的范围内。这是它与数学语言的区别。我认为，文学应该同时走向两个方向，即朝着形式严谨的方向和朝着那些尚未言说之事的方向。不过，至于严谨，对我而言这更多的是探索在很多法国作家和思想家身上发现的思维方式的很多可能性的一种兴趣。我始终排斥将自己封闭在一个系统之内。

---

[①] 在马尔科·德拉莫的采访以及 1973 年与费迪南多·卡蒙的对话中卡尔维诺也有相同的话语和观点。

在这方面，过去二十多年的法国文化教会了我很多东西，它总是让我因囿于单一的语言而痛苦。结构主义语言学及其在所有人文学科上的应用的严谨性令我着迷，同时它又将我推开，因为如果你追随它，你就只能用一种方式言说；而对于我来说，始终用另一种方式传情达意是必不可少的……

但是，您仍与雷蒙·格诺有过长期的合作关系，并且您也曾参加了乌力波（潜在文学工场）。

是的，因为雷蒙·格诺的小说和他的知识分子的整体形象，所以我非常欣赏他；我还翻译过《蓝花》，目前我正在准备《杠杠、数字、字母和其他散文》的意大利语版。[1] 我认为，在格诺身上还有待发现隐藏在审慎和幽默背后的整个理念。对我而言，他是在我们这个时代始终逆流而上的智者的一个罕见典型。在那时候，格诺就将我介绍给他在文学潜在工场里的朋友们……乌力波的理论核心——文学里限制的创造性力量——从一开始就吸引了我。比如，《命运交叉的城堡》无非是基于塔罗牌游戏的故事集，据此我创建了一种用来讲故事的机器。

事实上，在文学中，始终有游戏的一面，因为写作——写一个文本，任何形式的文本——是一场赌博，是必须遵守一定规则或有意识地打破规则的行为；在文学中，游戏的一面在方法论上是必要

---

[1] 雷蒙·格诺，《杠杠、数字、字母和其他散文》，卡尔维诺作序，乔万尼·博廖洛翻译，都灵：埃伊纳乌迪出版社，1981年。

的。这并不意味着文学不严肃——游戏也是很严肃的事情。

有严肃的游戏，但也有危险的游戏、冒险的游戏。作家这一职业的风险有哪些？

至少有失去部分自我的危险。如果某人有一个回忆——包括所有模糊的、不确定的——并且他试图将其付诸文字，当他成功了，他能得到一些东西，因为他为自己也为他人做了阐释，但他失去了明确回忆之前存在的那种摇摆不定。他失去了激情。这是一个不起眼的风险，但我还是想将其指出来。很多作家都比我更清楚地谈过其他风险。

当我们定义一个回忆或激情的时候，我们就失去了它，这真的很悲哀。因此在文学中没有幽默的位置吗？

当然有，因为幽默在方法论上是必要的。幽默就是怀疑一切，包括刚才所说的。相反，讽刺是对别人的讽刺，一种可以轻易显露的态度……我觉得自我嘲讽是幽默的决定性方面，要知道，我可以在任何时候说反话，能够不断质疑自己的观点，在我看来这才是智慧的首要条件。

因此，从对幽默的热衷可以得出您怀疑一切这样一个结论？

我怀疑得越来越多。甚至我认为，怀疑是一位作家可以传授的唯一东西。怀疑意味着破坏所有热情，以及所有过于肯定、过于根深蒂固的想法。同时，有时没有说出来，甚至是不用说出来，我相信，在正面与负面、多与少、善与恶这些方面，我始终坚持着选择。

如果作家的功能是批评一切幻想，这是不是也是一个政治功能？

在我的新书中，我想刻画出我们所生活的这个世界的一个爆炸的、瓦解了的形象，在这个世界上越来越难以区分伪装的阴谋家的阴谋和真正的警局的阴谋……我们完全生活在一个政治语言饱和的世界，但却几乎什么都解释不了。我相信所有非直接政治的所有事物的政治效验，一切可以说另一种语言的事物的政治效验。用政治术语解释一切的累加要求代表了我青春年代最消极的方面；如今，这种语言已经改变，但由这个要求引起的损害却有所增加。

您如何看待您的政治经验？

我属于从青春早期就被推进并陷入政治泥潭直到战争的恐怖将我们完全淹没的那一代人；但我并不遗憾，因为也许青年时代有些政治经验更好，它至少可以作为道德学徒为我们服务。我说"道德"，意思不是"道德主义者的"，我说的是在行为上、在价值观上的道德实践。如果它不公开，保持含蓄那更好。

在这一经验的基础上，您变得乐观了，还是悲观了？据您看，比如说，人们可以对欧洲或意大利的未来有何预期？

我总是做最坏的打算。我了解到，很多时候坏的后面是更坏的。政治家最让我恼火的事情是他们无力做任何预测，他们盲目地前进。经济学家也是一样，没有比他们的科学更不确定的科学了。就更不用说意识形态了……总之，与在政府或企业里的所谓实用主义的人相比，文化没有更多的启示。出于这个原因，积极的东西只有在我们最不抱期望的地方才有那么点点滴滴。

我并不认为，意大利的情况与世界其他地区有很大不同。唯一的区别是，在过去二十五年中，意大利经历了一场真正的、巨大的革命：以其他国家未知的速度从基本的农业社会向主要工业社会转型，这要归因于数以百万计的家庭从农村向大城市郊区迁移；甚至法律和社会习俗也做出迅速的调整。因此，如今意大利处在一个奇怪的情况中，它的立法——例如，劳动或公民权利的条款——是非常先进的，几乎称得上是一个完美的社会（或者更确切地说，是一个比我们的社会更富有更稳固的社会）；同时，意大利是一个看似什么都不运转了的国家，一切都堵住了，堵塞了，或者说一切都泛滥或爆炸了。然而，他们可以找到几乎无限的平衡资源和适应能力。

这一切可能会有什么样的结果？

这很难说，因为政府缺乏远见，他们不"革新"，他们继续跟以往一样得过且过，使得这种演变很成问题。如今，意大利是一个集所有疯狂和智慧于一身的国家，是一个本身拥有巨大智慧的国家，同时又是一个疯狂日益加剧的国家……但智慧总能减缓……疯狂！也许法国人已经开始明白；不管怎样，多年来，人们一直预测意大利会崩溃，这么奇怪的一个国家如何能不沉没呢？我认为，现在人们明白了，意大利是由这几件事物构成的：管理不善、腐败、官方机构的怠缓，但也具有应对新环境的全社会的想象力和勇气；有很多有组织的暴力活动，包括犯罪和政治暴力，但较之过去，私人暴力少了很多。

您如何看待近期一些法国知识分子反对意大利的镇压运动的抗议？

"镇压"一词让我想起1968年五月风暴里法国的那几个月：巴黎到处都是警察，如同城市被攻占了，每个路口都有囚车……法国是一个右翼作用发挥良好，能够确保植根于法国社会的基本民主自由的国家，但它仍然是一个右翼国家。我觉得很可笑，人们在这里谴责发生在意大利的镇压，但实际意大利的情况更加自由。应该说，此外意大利的情况更不明朗：与法国不同的是，我们从来不知道如果一件事情是允许的，但在何种程度上是被禁止却不予处罚的，反之，什么时候会触发司法陷阱的发条。意大利是一个公民、劳动者以及囚犯的权利问题被广泛讨论的国家，这是其他任何民主所不曾有过的。我非常清楚，当涉及意大利问题时，抗议者扮演的角色在法国就变得很流行，但由此产生的形象与真相相差甚远……

那政府的丑闻呢？

如今在意大利，政府丑闻不可能再被封锁了；但是人们已经形成了"丑闻不再是丑闻"的习惯。尽管速度很慢，一部分真相还是会大白于天下。人们可以很清楚为什么在面对法律对某些前部长做出一定宽大处理的时候，有些年轻人只想着"砸烂一切"……但意大利具备忍受打击的强大能力,以至于一切——包括暴力——最终都被吸收了。

以何种方式?

天主教民主党及其大多数最恶劣的"否定一切者"普遍认为国家或社会是一种巨大的"福利服务"。如果人们相信天意可以滋养世界,那么人们永远可以相互理解。

您是想到了历史性大妥协?

您看,在这一点上的区别更加微妙。所谓的妥协——如果各政党是文化传统和利益上均不同的势力,如果与其他党派相比每个政党都保持着不同甚至是怀疑——比起总是存在于意大利政治传统中的暗中调解的爱好,危险就要小得多。

总之,政治给了我们成为悲观主义者的充分理由。但作家,从他们的角度出发,难道不能在文学中找到希望、了解世界或逃避世界的理由吗?

我在《看不见的城市》中写道,即使一座城市——也可以说是一个社会——看起来像一个地狱,但你仍需在其中寻找不是地狱的方面,并且让其持续,给予其空间。您说到"逃避",在文学中,这个术语通常作为消极意义使用;但对于成为——或者自我感觉是——囚犯的人来说,这个术语只能是积极的。写作是力图使一小块世界——不会比所写的那张纸大——免于整体沦落。但在那时说文学将走向何方与说世界将走向何方一样难；它不单纯是一场危机，因为危机总是一种多产的东西，只是陷入了僵局。在意大利，就像在法国或其他地方一样，在文学作品中，很难标示出方向路线，甚至一部作品到另一部作品的路线都无法标出。我始终认为，文化是一个集体性工作，如果有时我能看到我个人作品的意义，而关于其他人作品的意义看到的则要少得多，这种情况下我会感到一种贫瘠化。也许是因为如今所有的集体意识的东西我都不喜欢。

我们至少还有可能在人际关系，比如在友谊和爱情中找到真实的集体意识吧？

很多人说在年轻人中再次发现爱情，并且爱情实际上再次成为被分析的对象。在生活中，爱情非常重要，因为它代表了，我说的不是同他人的关系，这很庸俗，而是同另一个具体的人关系。在这个意义上，它不可避免地导致问题增多。在爱情中，不仅会有自己的麻烦，还会有另一个人的麻烦……在小说中则不同：爱情是一种"文学的引擎"。它可以赋予叙事一个动机；并且当给叙事赋予一个爱的动机，那么事情就能始终运转。甚至，在小说中，爱情是一种动机、一个终点的表达，但在生活中没有终点。

那么爱情是可能的还是不可能的？……

当故事达到设定的目的，当设计完成了，小说就结束了；相反，在生活中当人们认为已经到达一个点，两个小时后就会出现其他问题，会发生一些改变一切的事。我认为，在生活中"麻烦"始终占据主导地位。人生在世只为不称意，不为别的。

您的看法很不浪漫。那么您如何面对今天的浪漫主义复苏？尽管您爱好几何、法国十八世纪意义上的精神，实际上您身上也有某些浪漫特质，我可以这样说吗？

我，浪漫？当然，我毫不介意"黑色"浪漫主义的虚构，但我极其怀疑狂飙突进运动、各种形式的热情……显然，在《如果在冬夜，一个旅人》中，伴随着所有这些小说的开头，我追随着小说的兴奋，这无疑是一个浪漫的元素；但是这些小说总是中断，兴奋总是以失望告终……同时，我也试着响应构建、计算、控制世界的复杂性的需求，响应最经典的需求，这种需求几乎不会令人失望，它总是得到了满足。

所以，总的来说，您是古典派的？

您真的认为，如今还有可能成为古典派？而且，您也知道，有时候，古典学派是些非常讨厌的人……总之，我们说，我总是试图用古典的丝丝凉意减缓浪漫主义的热度！

# 关于新个人主义（1980年）

《卡尔维诺：我，我，我和其他人（就"新个人主义"对作家进行采访）》，列塔·托尔纳博尼采访，《新闻报》，1980年1月12日，第3页。

十年来，文化合法的价值观就是集体价值观、参与式民主、群众政治、集会主义、平均主义、团结；年轻人最共同的渴望就是"相处融洽"。现在，个人价值、个人的成功、功劳、情感和感性的世界合法化了；而年轻人如果没有迷失在毒品、自杀或新随波逐流者之中的话，他们似乎首先就想"找到自我，培养自己"。这是对社会理想失望的反应，新发现的均衡形式，对集体生活的平等、强制和不宽容的抗议，临时的风尚，对自私自利的冷漠态度或无政府主义的虚无主义的欲望吗？而如今在经济亏空的大众社会里，个人主义又可能是什么？您觉得这种价值颠覆能够成为可能吗？

一般的想法，刚一付诸实践，就必须处理特殊情况下的具体性：那么就可以看到两种价值，集体价值和个人价值，它们可能比认为的矛盾要少些。人类、民族和阶级这些抽象的术语指向的实体是由具体的个人组成的，而这些个人有自己的做事方式，他们以自己的方式受苦、享受、思考和反应，如果没有充分意识到这一点，那么谈论这些抽象的术语可能就是一个骗局。直接的民主确实应该让政治更接近个人，让它的主体在政治范围内采取行动。当然很难达到这一目标。对团体的内部压力有时会蜕变为恐吓和威胁。集会，对于我这样有表达困难的人来说，它永远不会是理想的方式，因为它将能言善辩之人强加于别人身上，这对我来说它会让人想起那个律师们的意大利，而我对此一直不信任。

平均主义与个人功劳之间应该不存在矛盾——重要的是个体差异可以帮助别人，而不是压倒别人。如果我肌肉更发达一些，我会提着所有的行李，我的优势在于我能决定我们的旅行坐在哪节车厢，而你没那么强壮的优势则在于你不用提行李。

您觉得新个人主义是可取的？

我们所生活的社会宣称服务于个人，鼓励个人消费，提高文化中的个人价值和个人利益。但就其本质而言，它强行要求可怕的均匀性和扁平化。在我看来，现在很多人过于关注和担心自己，而在自身之外的兴趣很少。就像在一个没有强制标准和模式的社会里，缺乏一定的集体幻想，却出来一个宠坏了的独生子女的集体。如果今天重印麦克斯·施蒂纳的《唯一者及其所有物》也没什么奇怪的，它是第一次极端的个人反抗，用其具体性反抗人类、公民等概念的抽象性。

如今，个人主义、个人是什么？

由于现代遗传学，如今具体的个人可以用更加精准的方式进行定义。从生物学角度如何解释人类物种内的个体独特性？调节染色体组合的机制带来数量如此巨大的可能性，以至于排除了存在、已经存在或将会存在两个相同的人的可能，除非是同卵双胞胎（并且即使是同卵双胞胎放在不同的家庭抚养也会变得不同）。对于我们自身的一部分而言，我们意识到我们不能与我们所成为的人不同，所以这可能激发宿命论的倾向；但同时，我们意识到我们要成为一个独一无二的"我"，一个前无古人后无来者的"我"，这会鼓励我们尽最大可能实现我们可利用的那些可能性。从精神分析的角度看，事情并非如此不同：每个人都被一些创伤和复杂之事的总和所影响，但每个人都可以找到出路或者适应方法。

但对我而言，最根本的一点是另外一点：对自身个性的识别必须通过对他人个性的识别来完成。认识到自己是一个个体可能很容易，重要的是要认识到其他人是一个个体。另外重要的一点是试图了解自己，了解（只有通过经验才能做到）自己想成为的那个人，可以成为的那个人。世界上满是投票支持与自己内心最深处的政治倾向相悖政见的人；满是可能在实践活动中更有天赋却决定从事智力活动的人；满是从事实践活动却从沉思活动中找到他们的平衡的人。因此很多人过着错误的生活，每个人回首从前，可能会问自己在那些不属于自己的事情上浪费了多少时间。人们经常谈论"实现自我"；只是说说而已，并不说明什么。

那么实现自我到底意味着什么？

第一批颂扬个人主义的人中就有司汤达，他来自能量大爆发的拿破仑时代，但恰恰是他的小说说明了实现空洞无物的个性是多么的荒谬。无论是《红与黑》中的于连·索黑尔还是《帕尔马修道院》中的法布里齐奥·德·东戈，他们都带着过剩的能量处在复辟的沉重压力之下，他们能做什么？他们二人都穿上了长袍，做了教士，他们选择的正是与他们的志向和他们的理想完全相反的实现类型。他们选择了可以允许他们参与一定权力的道路，但是一旦他们拥有了或者认为自己拥有了权力，他们便不再是他们自己。不能抽象地实现自我，实现自我意味着在自己的才能范围内和可能的情况下实现自我，还意味着自己知道哪些约束是值得面对的——因为每次学习都是一种约束。在施蒂纳的《唯一者及其所有物》中，与身体和实现自我的整个当代问题并列的是那句成为女权主义的口号"我只属于我自己"。这种说法是一种神圣不可侵犯的成就，因为它拒绝牺牲自己成为别人强加给自己的角色，但是如果认为自己的这种占有是独特的，那就变成了一种错觉。我们生活在社会之中，而不是虚空之中，每个人际关系都是由各种制约依存构成的。每个人都应该知道，什么可以选择，可以在什么范围内活动。会有些不公正的以及外部强加的壁垒，你必须设法打掉，但是你总能碰到一些你必须接受的壁垒——"自我"不是一朵云。

每个人的自由权利和幸福权利以及过去十年占主导的抱负，现在这些被许多人认为是可笑且幼稚的乌托邦。您也如此认为吗？

我研究傅立叶数年，还出版了他的一本作品选集，他是法国十九世纪初期的一位空想家，他的整个理论都建立在如何做才能使个人的独特性和享乐可以对社会有益。① 他预测群体的构成，在群体中每个人根据自身的倾向做一些令他人愉快且对他人有益的事。比如说，道路清洁可以成为那些喜欢玩垃圾的小孩子的消遣活动。在对性爱群体的想象上他的幻想达到了登峰造极的地步，他认为，在性爱群体中所有人都占有一席之地，包括那些有着例如抓挠爱人的高跟鞋的极为罕见的一些情欲的人。他的理论过于复杂、矛盾和机械，无法付诸实践，但它作为一种模式让我很感兴趣。我认为，傅立叶不能被认为是疯子，因为特殊利益和普通利益之间可调和的可能性是任何其他政治思想家所没有的。

与新个人主义相关联的是当前爱情和宗教情感的文化复兴。您对此如何评判？

我认为，它们是迥异的问题。除了文化复兴即讨论他们所说的问题，爱情被认为是重要的也是一件好事。爱情旨在对他人的承认，总是带来某些与"自我"的浪漫表达不同的东西，这意味着总是处在自身的问题以及所爱之人的问题之中。也会有很大的满足感：如果没有麻烦，那就谢天谢地了。

---

① 参见乔治·凡蒂的采访。

宗教是另外一回事，它是对超越个人的东西的考虑，但是如果超越个人的东西否定个人本身，那么麻烦就开始了。从人们所见到的那些迹象来看，我认为，在不久的将来人们会继续热议宗教——现在我们已经看到，在地球上所有的最热门的区域里宗教消费达到鼎盛。我担心的是，在这个宗教问题的基础上，教会能够建立起狂热且邪恶的权力。这让我想到像伊朗革命那样的一场革命，它不会带来政治实体，因为宗教权威会破坏任何计划和权力。我想到了文鲜明的组织①，想到了那些女孩的空洞表情，她们四处散发着该教派的小册子，叫人们消除所有意愿。我想到了琼斯牧师和我们希望从记忆中抹去的那场可怕的集体自杀，② 然而它是我们所生活的这个世界最为重大的事件之一，是独裁领导者、服从的天职、人们屈从于狂妄权力的无限容忍力的破坏性的象征。

一些人认为，在意大利需要权威、命令、强硬施加命令。您也这么认为吗？

我认为，最强烈的集体需求出自持续的压力、痛苦、傲慢和

---

① 文鲜明，韩国传教士，统一教的创始人。统一教是在全球拥有数以百万计的信徒的宗教运动，尤其以在首尔体育场、华盛顿广场公园举行集体婚礼，以及后来通过视频、网络举行集体婚礼而著称。
② 这是二十世纪规模最大的集体自杀，于 1978 年 11 月 18 日发生在圭亚那琼斯镇。有超过一千名的追随者，全部为美国人，在"人民圣殿教"的创始人和领导者吉姆·琼斯的胁迫下，为"防止邪恶势力入侵"而喝下含有氰化物的菠萝汁。最终导致 911 人死亡。

腐败。然而我们知道，专制与极大的焦虑和极大的压迫相关，所以……人们想要的是可以使自己的生活有序、可以以某种方式预见自己未来的一种环境：因为通货膨胀、经济和政治的不稳定、身份角色的不确定性让事情变得日益困难。这不是对宁静的慵懒渴望，这是人类的简单愿望，即在自己的计划中找到个人的生命张力和消耗自身精力的意义。

# 小说心愿单（1980 年）

《与伊塔洛·卡尔维诺的会面》,《人类与书籍》第 77 期，1980 年 1—2 月，第 40—41 页。

您的最新小说《如果在冬夜，一个旅人》似乎见证了从《命运交叉的城堡》的作者的虚构和"符号意识",《看不见的城市》的地理－历史的隔阂，到《如果在冬夜，一个旅人》的缺乏中心的转变，缺乏中心旨在不断投射在"别处"。您愿意就此谈谈吗？

我耗费了几年时间才完成了这部小说，因此，这本书最能证明我最近的心情。《看不见的城市》让我看到一种关系，因为那部小说是一些虚构的城市的目录，其中大部分是愿望中的城市。而《如果在冬夜，一个旅人》是虚构的小说的目录，是愿望中的小说的目录。但是这三本书在很大程度上是同时代的，因为它们的构思非常相近，尽管完成的时代有所不同。

在说到维托里尼的一部小说时，您说，每部小说都是一段旅程，您还谈到了旅程的"神话形式"。在我们看来,在《如果在冬夜,一个旅人》中旅程的神话形式构成了基本要素和载体。您怎么看?

让我想想。是的,在这部小说中,有些去过很多地方的人物,但也许旅程的意义、旅行的精神主要呈现在像《看不见的城市》这样表面看似更静止的书中。在《如果在冬夜,一个旅人》中,在某些时候,男读者也踏上了旅程,但我认为所有这些波折,即使是作为文体效能,相对于体现为真正旅行的阅读因素来说被低估了。"旅程的神话形式"应与发起的路径,甚至精神之旅相对应。因此目前我们只需知道男读者和他的贝雅特丽齐[1]经过的这条阅读路线是否是真正导致改变的指引之旅。在《阿尔法贝塔》杂志上发表的注解中我力图交代这段旅程。[2]如果确实如此,那么必须由评论家和读者来言说。

与旅行主题相并列的是流浪生活主题。流浪从来没有中心,没有固定地点。我认为,在《如果在冬夜,一个旅人》中,从一个情节到另一个情节的不断变换,新情况的不断发生,从根本上反映了现实的相同过程,即现实从没有固定的中心,被投射在走向"别处"的它的变化中,总是产生新的且不同的解决方案的可能性。阅读您的小说给人的印象是总是会有新的发现,真相永远与它当下的面貌不一致。您是否打算通过写作来表现现实、流浪、投射在"别处"的

---

[1] 贝雅特丽齐是《神曲》中指引但丁游历天堂的女性。——译者注
[2] 《阿尔法贝塔》第I期,总第8期,1979年12月,第4—5页的《寒冬解说人》;随后收入《长篇小说与短篇小说集》第2卷,第1388—1397页。

不断转变的这种意义?

我认为,"别处"正是对小说的阅读,对"别处"的探寻是我的作品的基本主题。这是人们在其中必须重新返回的"别处",因此也是一种识别的探索。在对"他人"的寻找中,总伴随着对自我的寻找,对此时此地的寻找。

关于我们可以称之为阅读"理论"的方面,《如果在冬夜,一个旅人》的第十一章呈现出一种近乎评论文的特性。在您的这部小说的背景下,您想赋予这一章什么功能?

男读者和女读者的区别在于男读者总是注重眼前的事物,而女读者总是寻找另外的东西。第十一章的情节在图书馆中展开,它的功能在于使人明白我在小说中未能校准的阅读类型。小说的主题是小说阅读,我们称之为"大众"阅读,是一种想知道接下来会发生什么,结局如何的好奇心;这给我一种符合现实的阅读画面,但同时大部分阅读置身现实之外。于是我力图将精力集中在这第十一章,集中在关于阅读的柏拉图式对话中,即阅读本身的一种"理论",其中有七个不同的角色对应不同的极端立场,而男读者最后表明了自己的立场,因此他意识到自己身上也发生了一些事情。这是书中的一章,第十一章,在这本书的写作过程中让我费心劳神的一章。我不知该将它放在书的中间,还是放在书的末尾。甚至某一刻,我还想过让小说中的所有人物在这个图书馆里相遇,并且在这个图书馆中将会给出小说的线索,侦探小说的线索。在最初的草稿中,两位教授在图书馆中相遇,他们二人似乎是两个派别的启发者。而小说家弗兰纳里在《一千零一夜》中寻找整个故事的关键故事。我还想象过,男读者进入藏书的图书馆,在艾尔梅斯·马拉纳的追踪下失踪,即使看不见马拉纳,但他可能就在那里。这个片段作为情节行之有效,但作为手稿不能令我满意。最终以看似有些机械的内容结束。所以我喜欢大篇幅改动我在前面一章中赋予故事的解决方案,前面一章中有伟大的官员这样的人物,他的无所不知能够解释一切。所以我更喜欢赋予第十一章少一点情节而多一点评论性的特点。

那么在这第十一章中,在说明读者的不同意见时,您是否有意突出阅读的极端主观性?

是的,当然。因为这就是我的想法,我一直有的一个想法,读者应该参与本书的内容。总之读者是作家的合作者。因为作家写书是为了让别人读,所以作家写作时,就会有一部分读者与他合作。我想说的是,在写作的时候读者就已经在场。因此,一部作品到达真正的读者手中时,读者的投影已经与作品合作过。所以,应该在这个意义上理解读者的功能,直至改变关系的范围。

依您看,在阅读的这种极端主观性中,通过写作是否可以看出对人类状况的隐喻,在本质上一个相当悲观的隐喻?

我认为可以,更何况我周围的现实并不允许我有非常乐观的预测。甚至情况恰恰相反。这是对异化的、格格不入的、缺乏安全感并且处在危险中的现代人的一个隐喻。

关于批评界和公众的反响,您有什么可以对我说的?至于读者的参与,在我看来,那是延续不断的。

我当然不能抱怨批评界对我的书的好评以及公众表现出的兴趣。二者都非常令人满意。公众在阅读《如果在冬夜,一个旅人》中得到娱乐。而作者必须会使公众得到娱乐,必须会在每一章里创造理由和兴趣动机来推动读者继续前进,继续阅读。

关于您的下一部作品,您有什么可以给我们提前透露的?

我正忙于一本评论文集。我认为,如果我不是唯一的,那也是为数不多的至今还没有将自己的评论文章收录成册的意大利作家之一。现在我开始着手做了。因此这将是从我写作之初开始重温我的创作之路的一本书。①

---

① 此书为《文学机器》,埃伊纳乌迪出版社,都灵,1980年出版。关于此书,参见皮耶罗·比亚努奇和尼科·奥伦戈的采访。

# 司汤达与复杂性（1980年）

达尼埃莱·德尔·朱迪切，《司汤达，一个想成为另一个人的人（就法国作家的话题采访伊塔洛·卡尔维诺）》，《国家晚报》，1980年3月19日，第3页。采访刊出的当天，卡尔维诺在米兰召开了一个关于司汤达的会议，并且做了一个题为《银河知识》的会议报告。（之后该报告以《司汤达作品中的尘埃知识》为题收录在《散文集》第942—958页）

用以描绘司汤达有一幅非常常见的画面：作家精明地"围于"自己的个性之中。连尼采都爱上了这种固守的、实践的个性。正因为这种个性，保罗·瓦莱里谈到司汤达时说他像"自我岛的岛民"。但这种自我以什么方式与大陆、与世界相衔接？

司汤达绝没有局限于一个小岛，他的自我是完全外向的，只存在于"外部"功能中。司汤达想要在自传体作品中实现的是存在的趣味，即他自己经历过的存在，他的独特个性经历过的存在，并且通过他身体的消极性掌握"他的"生活具有的生命特征。另外，他是一个具备足够能力去观察"外部"、社会、上流社会、情感、政治的人，在他那个时代，除了巴尔扎克，没有人能够与他相提并论。在风格渲染和人物机制方面，他始终具有非凡的客观性。

很多人写过他的密码加密、伪装、非常个人化的代码系统。司汤达首要关注的是通过倍增自己的形象来隐藏自己。为什么这会出现在一个认为"清晰"是至德的人身上？

司汤达想成为另外一个人。他相貌丑陋，体态粗笨，出身于资产阶级家庭，他怨恨他父亲，怨恨他在格勒诺布尔度过的童年。他的笔名就是想象他自己是他人的一种方式，但并没有让他真正远离真实的自己。他是一个对自己冷酷无情的人，从不掩饰，他是继卢梭之后朝着绝对精诚前行的人。在他的日记中主要记录的都是些鸡毛蒜皮的小事和负面事件。不像他的小说中的人物：索黑尔是一名有职业目标的工人，勒万是在贵族世界中笨拙前行的资产阶级。我们与自我的浪漫化身完全相反，例如，在同时代拜伦的作品里的人物。

谎言大师，真理大师。似乎只有精明地实践谎言，才能实现对司汤达而言是计划的"真理"的（启蒙运动的）理想。但以什么方式实现呢？

谎言是他的三大小说里人物的谎言。那是三个对法国大革命、拿破仑式革命充满热情的人，但索黑尔决定从事传教士职业，德·东戈最终与他命运相同，勒万拥护正统王权，以虔诚信徒身份进入教会获得关注。吕西安戴了两次"面具"：先假装是坚定的奥尔良派成员，后来又假装加入阴谋家的圈子。小说家司汤达描绘了一个封闭的世界，在这个世界中曾经开放的伟大革新，即卑微条件下的年轻人的工作机会都被封闭了；因此这股能量、这种野心除了虚伪找不到其他出路。可以说司汤达是第一个资产阶级-职员身份的史诗作家，其中唯一的希望就是晋升。在他的一生中，他以最具乐趣的方式从事他的职业。但它始终是基于事实的一个谎言：是内心的真实，也就是实现自己的个性。

在谈到司汤达时，布朗肖所说的"难以理解的自然性"是否就是谎言与真实之间的双重运动的结果？

　　这是一个非常复杂的自然性。司汤达总是研究复杂性。在爱情中亦是如此。在《论爱情》中他写道，爱情就像银河，是由许多光点组成的。在他笔下的人物身上总是有一股强大的初始推力，但要实现自我总是要绕很远的路。司汤达能够遵循这些情感的曲折路径。因此我不想说他是"充满能量的诗人"，多年前我读他的书时那表面形象也曾经让我深深地着迷。如今，我意识到"留下来的"司汤达是写内心作品的那个司汤达。

在《自恋回忆录》中，司汤达为自身找到了定义，能够"认识他"是极大的幸运。但这种自恋是由什么构成的？

　　它是对自我特异性的研究，不是对"普遍性"而是对主观特殊性的定义。仍然是在《论爱情》中，他力图将自己的认识方法与哲学家和认为激情绝对化的小说家的认识方法区分开来。对司汤达而言，激情是由无限划分的最小的心理运动组成的。因此，日记作者司汤达坚持写消极方面，极少谈论幸福。《亨利·布吕拉尔的生活》，也就是他的自传，作品在写到他到达米兰时的那个幸福瞬间就戛然而止了。而《自恋回忆录》谈到一段悲伤时期就是从米兰开始的。

意大利是司汤达的最大幸福。对他而言，这个国家代表着什么？

巴黎是空虚无物，意大利是一个还充满着激情的世界。司汤达热爱意大利，因为用现在的话说它是一个"欠发达"国家。没有巴黎人际关系中的激烈竞争，但有让他感到行动自如的节奏和方式。再有就是他熟知的政治局势。司汤达能够很好地明白意大利经历的复辟，尽管这是个由偏执分子和暴政分子组成的王国而不是路易·菲利浦斯一世的那个王国。在《帕尔马修道院》中，他已经以醒悟的眼光预见了我们的复兴运动。帕尔马公爵在依靠最为反动的派别（莫斯卡伯爵）时，也尽量不惹自由党人不快，因为他的梦想是领导意大利的独立运动，变成司汤达无法得知但却预见到了的那个人——未来的复兴运动中的卡罗·阿尔贝托或维托里奥·埃曼努尔二世。司汤达完美地预见了将要发生的这一切，以及角逐的各方力量，还有虚伪。但是，通过他的非常个人化的认识方式，他首先抓住的是悲怆，也就是复兴运动的道德动力。

# 《文学机器》，我的死后书
# （1980年）

皮耶罗·比亚努奇，《卡尔维诺梦想写一本反对知识分子的书》（《作家访谈：话语与沉默》），《人民报》，1980年4月18日，第3页。
尼科·奥伦戈，《重新开始的石头》（《与笔者的对话：如何评价他的演说》），《图书总汇》第Ⅵ期，总第15期，1980年4月19日，第3—4页。

最令我满意的是本书的封面设计，这是由斯坦伯格设计的。

我们来看看。在一个非常陡峭的斜坡上，一位小骑士手持长矛追着一条看起来像鳄鱼的龙，马和骑士后面紧追不舍的是一个要吞噬一切的圆形巨石。

巨石也是世界本身。

那骑士是对知识分子抑或是作者的比喻吗？

二者都有，隐喻知识分子和他的一败涂地。

卡尔维诺讲得很慢。在他的句法中,沉默也是讲话的一部分,有时无声胜有声。在沉默中,你可以平静地看着他有点宽大的外套,深绿色没扣领扣的衬衣,没打领带,然后是毛衣。

事实上,这本书真正的最后一篇文章是不存在的,也许有一天我会去写,那将是一篇反对知识分子的文章,文章将会说知识分子是如何的愚蠢和有害,他们的奢望落空了才是如何的正确。但不幸的是,这些奢望的落空带来了毁灭。这是些具有致命危害的奢望……

但是在前几部基于伟大的奇思妙想的长篇小说之后,读者已经有这样的印象——卡尔维诺也变成了一位知识分子的叙事者。那这篇反对知识分子的文章是不是有变成自我批评的危险?

也许。也许真的是我最新的几部小说更难,更强调智力。但我唯一想尝试做的事情就是与众不同的话题。

[ …… ]①

是的,我把它们集合起来正是这个原因,也是为了给所有坚持要知道我所做这件事原因的人一个答复,特别是对于六十年代初出现在《梅那坡》上的那些评论文章。我拖延了很长时间……我不想再读这些文章,我一拖再拖。然后,看到有些作家去世了,有人忙于主编他们的遗作……于是我想我也应该编一本我的死后书……

---

① 此时比亚努奇引述前言中的两段话,包括结束语:"让我们既往不咎。"

*意思是您现在已不再写这些东西了？*

没有人会重写自己写过的东西。当然，以前我时不时地想改一些东西。但我没有修改过它们。这可能是一种非法的也是反历史的行径。

*但文章的连续性可能最终将重新定义合集的意义。*

是的，在一定意义上是这样。我试图找出一个话题，在这么多不同的话题中找到一个共同的思路。不管怎样总有一个连接所有作品的经验——一切都诞生于经验，我的经验。我试图使它们排列有序。但是，当然每种顺序都会陷入困境，没有一个最终的顺序。世界总是与人所期待的不同。

*好吧，卡尔维诺，我们来谈谈贾尼·罗大里，儿童文学作家，前几天刚去世，他与您有很多相同的经验：都是《团结报》的记者，童话故事作家。您对罗大里都记得些什么？*

他的纯洁，他的简单，他的雷厉风行。他是一个简单的人。他最初在《先锋报》工作，这是面向青少年的意大利共产党机关报。罗大里带着自发性、愉悦、创作的轻松去做这件事。

*他经常受到孩子们创造的故事的启发……*

是的，确实如此。那是他的工作方式。但他也创作了现代故事，甚至童话理论他也做得有声有色。

传统童话总是基于重复机制，由此产生它的保障功能。但罗大里总是避开重复模式，创作一些不同的故事。也许正因如此，他的童话总是出人意料，不落俗套？

创意对他来说非常重要。除此之外，他还写了《幻想的文法》一书，在书中他刻画了一种结合了各种童话元素的游戏，某种跟我的叙事手法非常相似的东西。但我对他不会做出理论性评论。对罗大里只能从人性角度做出评论。他用玩笑就将周围这些知识分子消灭于无形。

卡尔维诺，当您写童话时，还是那个为成人读者写作的卡尔维诺吗？

是。机制是相同的。

罗大里是一个凭本能行事的人吗？

他是一位大师，一个简单的人，他因本能而写作。我们不要忘了他首先是一位记者，他每天都写短评。他的目的是让读者开心。他在《兰贝托男爵》中就是这么做的，您记得吧？

对于熟于此行的人来说，这也是对埃伊纳乌迪出版社的隐喻……

（他狡黠一笑）我不知道。

您对如今很多作家在青少年和儿童之间寻找受众有何看法？

确实，有很多丛书、很多出版商在尝试这条路。他们按照父母的文化假设，让在成人中很有名气的作家为孩子们写故事。家长们将这些书买回去，随后孩子们就把书扔了。我希望召回大量此类作品。重要的是自发的成功。市场有其自身的规律。毕竟是孩子们决定看什么书。

\* \* \*

您为什么选《文学机器》作为书的题目？

很长时间以来，我一直不确定应该给书定一个某篇评论文章的题目还是起一个与书的内容没什么关系的题目。其中一些文章在当时受到广泛讨论，比如说1955年的《狮子的骨髓》、1959年的《物质的海洋》和1962年的《挑战迷宫》。但在任何大胆都是绝对没有道理的时刻，给选集一个诸如《挑战迷宫》或《狮子的骨髓》这样大胆的题目，我觉得是错误的。于是我想让题目指出时间流逝造成的距离感，在这之中规划一个新社会和新文学是当时的主题，新文学也是这个规划的一部分，而如今任何预测都是不可能的。因此，我选择了《文学机器》，它给出的话题意义是：从头开始，走了很长的路但与其目的相比又不能算胜利。

您将1955年的文章《狮子的骨髓》作为书的开篇，而其他文章都是六十年代和七十年代的。那个开篇文章的价值何在？

《狮子的骨髓》类似那些年我做出的选择和舍弃的地图，就像一个前传。但是在我的第一篇纲领性文章中已经有些方面在继续，这也可以在后面的章节中得到验证。

1. 我不喜欢意识形态语言，即使是在带有明显方向性的话题中亦是如此，这种不喜将在后来面对所有全面和排他的思想体系（例如关于结构主义方法论）时得到证实。我并不担心一个理论是否被其系统所接受，我一直担心的是我的话题是否符合不断定义的真理标准和价值观标准。谁像我一样相信真理和价值观总是相对的，谁就必须在认识它的时候比那些相信真理和价值观永远是绝对且稳固的人更为一丝不苟。

2. 我在第一篇文章题目的充满活力的隐喻中就已经说过，文学与政治意识以及社会行动之间的关系在文集里的其他文章中将继续存在。没有"消极"文学，因为如果文学有基本原则，它就不能作为世界观和行为准则的"积极"因素而被获取。引出标题的那句话是这样说的："在每一首真正的诗歌中存在一个狮子的骨髓，它是严格道德伦理的给养，是精通历史的给养。"

3. 我意识到，在这些作品中我的语言趋向于摆出庄重严肃的散文语调，就好像我每次必须起草一份声明、公告或遗嘱一样。这与我其他的作品倾向于更朴素的、更简约的且更日常的语调形成反差。因此人们不禁要问，在我的这些庄重言辞之中究竟有多少演讲辞令。

所有这些方面都可归因于可能源自克罗齐的"禁欲主义"的范例，关于这一点，恰逢《狮子的骨髓》受到热议，西塔提的评论文章（《禁欲主义的结局》）几个月后同样发表在《比较》杂志上，他立即在文章中声明禁欲主义已经过时。

我这种态度的重要参照一方面来自帕韦塞（一个"禁欲的"帕韦塞的形象顽强地反对任何其他阐释），另一方面来自贾伊迈·平托尔，这篇文章正是以他的名字作为结束。

在诸多年迈的好友中，我选了年龄与我相仿的人作为典范，但我因未能认识他而抱憾（1919—1944年），我曾尝试从他去世后出版的文集（1950年）[1]中重新发现清晰而鲜明的道德和文学风尚的秘密，灵巧轻快但充满自信的步伐的秘密，也许还有在盾牌与盔甲的掩护下选择保留最后一个本质的秘密。我强调贾伊迈·平托尔的那句话"捍卫自己本性的平静决心"（以及"评判的极度冷静"），并不是没有原因的。

---

[1] 《欧洲的血液。文学和政治著作》（1939—1943），瓦伦蒂诺·杰拉塔纳主编，都灵：埃伊纳乌迪出版社，1965年。

# 在十八世纪我会如鱼得水
（1980年）

《会面》，1980年8月卡尔维诺在洛卡马勒接受瑞士意大利语电视台萨尔瓦托雷·玛利亚·法雷斯的采访；之后此次采访内容收录在萨尔瓦托雷·玛利亚·法雷斯主编的《致伊塔洛·卡尔维诺》中，书中收录彼得罗·西塔提、马里奥·里戈尼·斯特恩、格里斯克·马肖尼的文章，贝林佐纳：卡萨格兰德出版社，1985年，第11—17页。

您为什么会成为作家？是命中注定的吗？

当一个人什么都做不好时就变成了作家；我年轻时，不擅长实践活动，体育不好，也没有生意头脑，甚至在学习上我也成绩平平，因此用排除法，我只能当作家了。正如福楼拜所说，作家始终是家庭的白痴。①

您提到了福楼拜，那位"文人"，对他而言写作是一项艰巨的工作；不过有人认为写作本来就不可能简单。那么写作究竟难在何处？

---

① 卡尔维诺暗指让-保罗·萨特的书《家庭的白痴》。在1983年面对佩萨罗的学生提出的同样的问题，卡尔维诺用类似的话做出了回答。

对很多人来说，写作是很容易的，有的人毫不费力地写满一页又一页。对我而言并非如此。我一直有自我表达障碍，当我说话和写作时，我总是必须让某件事、一种形式、一个结构形成结晶，因为总是有词语的巨大阻力。当我们下笔开始写的时候，我们永远不清楚我们要写什么，精确的表达永远不会一气呵成；我不相信一气呵成的东西，不相信自发性和灵感。给人以轻松印象的文章都是经过精心构建的。

但似乎再也没有"文人"了，作家在白纸上勤奋劳作直至感到痛苦，直至感到在自己面前那张需要填满的纸的障碍……

我认为，那些真正写作的人继续以那种方式写作。试图给写作素材赋予一种形式意味着与语言、与表达做斗争。我想，理解写作没有其他方式。

您选择了幻想的道路。什么是幻想？

可以说是组织形象的一种方式。我们所有人通过形象进行思考、交流、生活，并且组织这些形象的方式有很多种。

通过幻想进行表达的一位伟大作家就是博尔赫斯。您如何看待他和他的幻想世界？

他是一位令我十分感兴趣的作家，在五十年代他刚刚在欧洲为人所知时，我就开始读他的作品了。我立刻感到与他志趣相投，例如，我们对叙事和推理的几何构想的兴趣，在表达上具有一定的晶体性。我开始读博尔赫斯的作品时,我作品的一部分已经写完,我所写内容的设定已经确定,但博尔赫斯的出现肯定有助于加强我的一些倾向、一些我身上已有的趋势。

博尔赫斯是一位用智慧写作的作家,我想说的是他"用"并"基于"智慧来构建一切,但似乎今天对智慧的爱正在消失,尤其是在文学中。

　　在二十世纪,可以说,博尔赫斯属于那群耀眼的具有冷智慧的作家,其代表人物为保罗·瓦莱里,我非常喜欢他的散文;然后还有其他类型的智慧,然而现代文学常常承载着相反的过错,即智力万能主义,但这已经是有所不同的东西了。但有一群作者,他们谈到一个明澈的精神世界,由轻盈以某种方式构成的世界,这是一个一直存在的并且我相信将会继续存在的世界。意大利是莱奥帕尔迪的故乡,他是一位只有我们意大利人才熟知的作家,我们从来没有能成功地将他介绍出国门,但他对我们而言十分重要,每一代意大利文学都通过它与莱奥帕尔迪的关系进行定义。

当您提起莱奥帕尔迪,我想到了诗人对于知识的热爱。现在还有那种爱吗?有人说,现在所谓"有涵养的"作家很少。

　　当我们说某样东西消失了,我们就需要注意了;我们不能只相信那些最明显的事情、流行的东西。

　　当我开始写作时,当时的价值观是坦率,是存在的动力,是一定的野蛮,就连我都是它的代言人。从那时起,我身上已有的其他才能走向成熟；最近我提出了一种百科全书式的卖弄，这在某些作家身上总是伴随着幽默和绝对缺乏学究气。如今，我们处在一个经常卖弄学问、满是教授腔调的时代，这些与我所喜爱的精神正好相反。

所以我们不应该过于听取那些认为意大利叙事文学染病了的人的话。但假设它真病了，那染了哪些病？卡洛·博曾对我说，今天的文学缺乏对生活的认识。

我们需要看到有正在变好的，发展得更好的叙事文学的地方。也许在德国，但肯定不会在法国，总之，每年都有些有趣的叙事文学。在英国从没人谈起过，在美国我表示怀疑。

我们对著名的拉丁美洲的叙事文学的繁荣近乎全面了解，因此这背后是多年的积累和一个大陆的辽阔空间。

在叙事文学中有丰裕期和贫瘠期。

当然，如今在意大利有诗歌的复兴，这是一个非常积极的标志，因为意大利文学的使命、意大利的文学传统一直以诗歌为中心。因此我不想谈病情，但会谈到一直存在的并且时不时有所感觉的器质性脆弱。

乔万尼·特斯托里认为，最近已经不再有与我们这个时代的问题相符的书，似乎没有人注意到人类遇到的并且与之共存的"死亡的风险"。

当代报道的可怕事件，我们每天早上都能在报纸上读到，每天晚上都能在电视上看到，它们只能以间接的、表面的方式从文学上描述。我在《晚邮报》上读到莫拉维亚写的一个故事，讲的是一个被死亡危险追赶的人，虽然是一则没有详细阐述，也没有按莫拉维亚的叙事方式——通过景物、对女人的描写、丑恶的内心——进行讲述的故事，但却完美地呈现了我们每日经受的痛苦。

从某种意义上来说，我认为我们生活在一个我们作品中所写的时代。那将是预言性的图景或是很久之后才会发现的指导性图景；与新闻的现实性相比，我们难以对文学的现实性做出评判。

卡尔维诺，依您看，现代人缺少什么？

这我真不知道。缺少宁静，面前缺少一方可以施展抱负的前景的可能性。缺少一个世界，一个可以在此计划哪怕是极小行动的世界。无法计划任何事情和对正在发生的事情了解太少的事实让我感到沉重的压力，让我错失了一些东西。这有点像钱币，我们不知道我们口袋里有多少钱，通货膨胀让一切贬值。生活中的事情也与此有点类似。因此我缺少一种社会环境，一个可以让我有自主位置的社会。但是今天，连这个都不可能了，因为一切都像处在流沙上一样。

在1968年，他们喊出了"权力的想象"的口号。卡尔维诺，您具备一种独特的想象力：假设您感兴趣，如果您当权您会做什么？

"权力的想象"是一个美丽且诱人的口号，实际没有想象出任何东西。今天任何权力的想象都让我感到害怕，我将其视作一个杂乱的会客厅。我看到目标非常有限的政治；我认为，社会运动是重要的，那些运动几乎总是在不为政治和权力所知的情况下发生的。不存在对将要发生的事情的科学预测。我觉得经济是肮脏的骗局；政治理论已遭受可耻的失败。因此只能转向真实的东西，生活中的东西，以这些东西为基础我们才能真正干涉和控制那些应该是政治家的呆板人物，同时期望他们少一些可能的想象力。

政教分离的意大利将会比现在的意大利更好吗？

我认为，意大利除了被一个自称大主教的党派统治了三十五年之外，再没有任何宗教的东西———一点也没有，至少我看到的是这样。我认为，近几十年来他们已经导致任何宗教视野的消失（如果曾有过这样的视野），我认为意大利的宗教情感很大程度上是外在的。不管怎样，我认为意大利是如今存在的宗教化程度最低的国家之一，因此，我们想知道在面对未来宗教成为最大的复兴事件之一时，人们将会有哪些反应？2000年作为伟大的宗教复兴的千禧年即将到来，毕竟这才是我们在世界大部分地区所见的。

您说您感到缺少一个社会环境并表达了对我们这个时代的不确定性，我觉得您对此十分不满。如果您能进入时光机，您会选择去哪个时代？

人们总是说，我也承认，我的时代是十八世纪，即一个准备阶段的、充满变化的时代，在这个时代人们仍然以为世界和社会是可控的某种东西。我认为，在那个世纪里我会如鱼得水。在那个时代人类的野蛮行径（是一直存在的，但在某些时候表现出来得更多）和保持文明的能力似乎达到了一定的平衡。是幻想，当然，幻想也可以让人有效地开展工作。

那是一个要获得就必须付出的时代。如今所有人都要求和期望从他们所属的那个社会得到奇迹：我们以奢求为生，以美国人所说的"raising expectations"，即以越来越高的期望为生。依您看，个人期望得到的多于付出的，这正确吗？

前面您跟我谈到天主教和世俗主义。在一定意义上，意大利确实是一个天主教国家，因为所有人，从最极端的左翼到政府人员，都有天命的意识。那是在任何情况下都必须具备的天命，关于出生，人们认为是有生存的权利。我不相信这一点，但我认为生活要不断合理化，我认为只索取不付出，没有牺牲精神，没有共同的使命感是错误的。我认为这是人们可以遵守的唯一准则。如果人们愿意，这也是一个宗教思想——直至昨日还是以所谓的世俗宗教为基础。而我将继续坚持我的这一想法。

您相信任人唯贤……

当然！我认为一个人在某种程度上必须对得起他所拥有的。

我不想以悲观的论调结束我们本次会面，但我直觉地感到了您的某些担忧。您担心核战争吗？

是的，我想迟早会有冲突。也许不是核战；不管怎样，已经有战争爆发，甚至那些和平国家也在演练战争活动，并且受制于人们所不知道的战争策略。就我而言，我有着大街上的一个普通人的所有恐惧，有着活在当下的所有普通人有的恐惧。

*您是一个"普通人"。作为一个普通人，您对两个超级大国有什么要说的？*

我想说的是，不要过分信赖对方，但也不要有鲁莽举动；不要解除武装，因为很明显只要一出现武器的不平衡就会发生比平衡时更糟糕的事情。我想说不要做些无意义的事，要解放那些附属于各自帝国的社会，因为社会的改善是决定性的。我想说不要表现得过于理想主义，因为这可能是伪君子的行为。我想说要有现实感，但不要偷奸耍滑。

# 更换班子(1980年)

《更换班子》,马里奥·福斯科采访,《文学杂志》第165期,1980年10月,第17—19页。

您怎么看1960年以降意大利文学的发展?

这个问题不好作答,主要是因为最知名的那些作家基本上都是前一个时期的。

六十年代的特点是出现了拒绝与前面一个时期有任何关系的一代人,即间接地与历史先锋运动相关联的新先锋运动。最初有一群诗人被称为"最新的诗人"(圣圭内蒂、波尔塔、巴莱斯特里尼、朱利亚尼和帕里亚拉尼)。随后出现了六三学社,它始自"最新的诗人",自称是对所有年轻作家开放的运动,其成员对各自作品展开最为活跃的批评,尤其是在各种著名的集会中。

之后是第二次浪潮,主要发生在1968年左右(不过意大利的1968年现象比法国开始的时间更早,持续的时间更长),带有更明显的政治倾向。话虽如此,1963年那场更正式的革命与1968年出现的分散派别之间很难衔接。不管怎样,它只涉及数量有限的新先锋作家；对于其中很多人而言，政治立场也从文学角度为改变他们做出了贡献。

直到今天，在年轻人中，我们可以看到以存在主义经验为标志的新趋势，这主要体现在诗歌上。在这个意义上，人们可以参加新节目，比如说，大众朗读诗歌，或者像去年的波尔齐亚诺城堡诗歌节一样，它以如此动人的方式进行，并且被拍成纪录片，最近在意大利电视台播放。

至于小说，不乏受毒品、年轻人的爱情和性生活启发的小说，这些小说经常故意以无形、冗余、形形色色的语言写成，如帕兰德里或通德利的年轻作家就是这种情况。这些文本主要记录了近几年不同年轻群体的趋势和情绪。显而易见，与近年来文学的整体画面相比，这些趋势是微不足道的。但是这些文本提供的青春形象十分具有预见性。也许二十年后我们会发现，今天的青春形象不是那样的，而是在我们今天所不知道的文本中存在的那种形象。

目前意大利文学的形势有什么特点？

首先，一个事实就是一些二十五年前被认为是边缘化的、古怪的作家如今变成至关重要的了。比如萨维尼奥，对于意大利人来说他从来不陌生，但他一直处在边缘地带。近年来，他的一些书得以重印；许多以前未公开的书也得以发表，这有助于提高他的重要性。当然萨维尼奥是一位有着一流文学兴趣的作家，他也代表了以群体"现象"为特点的文学状态。

还必须说的是，以高度讽刺元素和喜剧元素为特点，具有怪诞且离奇灵感的文学潮流越来越重要，它与五十年代的凄美完全不同。萨维尼奥再次掀起这种兴趣，也包括像兰多尔菲或安东尼奥·德尔菲尼这样的作家，虽然他们发表的作品从时间上看属于前一个阶段的，但在今天他们受到了更正确的赏识。

诸如阿尔巴西诺、马莱尔巴、切拉蒂都可以归为这一流派：阿尔巴西诺的写作生动且从不间断（这种写作是一种流动，"外部独白"，以单一的方式模仿形形色色的人讲话），与对国际舞台的敏锐观察力相关；马莱尔巴则是一位自相矛盾的、讽刺的、极其有趣的小说家和叙事作家。然后，乔治·曼加内利，因六三学社而崭露头角的一位作家，尽管他没有六三学社其他成员年轻。他是一位真正的文学家，受过良好教育，具备取之不竭的、荒谬的幽默，是这些年来的一个典型人物。另外我们还应该提到像加达这样的一个人，他就像是他们身后的一个水印，他更为年长，却占据了六十年代初的绝对核心地位。

至于圣圭内蒂，六三学社的领头羊，已经把他的讽刺和争论的攻击性转向智慧和政治纪律方向，但他发挥了重要作用，他除了是著名诗人，还是大学教授——他是一位伟大的学者。目前他是国会议员。

也可以说，新先锋派的经验涉足各个流派，尤其是在批评领域，翁贝托·艾柯以极其卓越的方式加以运用的符号学明显占了主导地位。

最后，无论詹尼·切拉蒂是作为作家还是理论家，都必须为他保留一席之地。在他的小说中，尤为重要的是《奎扎尔迪历险记》，这是一部用子语言写就的小说，旨在绝对的喜剧性，通常被认为是提出与无声喜剧电影相当的尝试。这让他取得了类似贝克特的效果，尽管在色调上不是悲剧的，而是感人的－青年的——切拉蒂对我们谈到的那些存在主义的独白作家产生了巨大的影响。

这些作家和诗歌之间有关系吗？

有关系。在过去二十年里，诗歌对小说，甚至在小说内部发起了强烈的冲击，与战后那时散文首当其冲地扩大对诗歌的影响有所不同。如今，诗人开始写小说，并将以隐喻为特点的语言引入小说式的散文中。

第一位引领诗歌到小说的转变的人是帕索里尼，尽管在他的作品中诗歌的语言和小说的语言之间存在巨大差距。五十年代另外一些接近帕索里尼的作家，例如沃尔波尼、罗维西、莱奥纳蒂，他们在发表在《工场》中的小说中运用了一种承载抒情张力、象征、晦涩文字的语言。

当然，我讲的只是那些最有名的、拥有大量读者的作家。话虽如此，我们需要着重指出基于道德存在的典型意大利小说的持久性，其中最突出的例子也许就是普里莫·莱维；莱昂纳多·夏侠也是如此，他在法国非常知名。

在这种背景下，作家伊塔洛·卡尔维诺应该处于什么位置？

（他笑了）在一个没有中心的文学中，我们所有人都或多或少偏离中心。我一直痴迷于绘制地图、重建总体设计，但也许这与很多癖好一样，是一种顽念……

也许意大利是文学在很大程度上是散文家的领地的一个国家？

是的，像艺术评论家罗伯特·龙基、英国语言文学研究者及比较学家马里奥·普拉茨、法国语言文学研究者乔万尼·马基亚都是伟大的专家，同时也是优秀的作家，情操高尚并受人尊敬。这是一种因曼加内利而重新出现的现象——曼加内利既是散文家又是小说家，他在两种情况下都使用相同的语言进行表达。

在同样情况下，需要指出的是，彼得罗·西塔提或圭多·切罗内蒂具备极其深厚的文化知识，他们写出了许多不同主题的作品。

最后，一位在文学和政治散文领域占据突出地位，一直参与争论，并且以敏锐的阐释和复杂感而著称的人物就是诗人弗朗科·福尔蒂尼，深受1968年那一代人的爱戴。我们还需要提及的是，与福尔蒂尼在同一个方向上，但风格有所不同的作家是切萨雷·卡塞斯，他也是高度政治化的文学批评的代表。

这种文学对意大利读者有什么影响？

在很大程度上，读者与那些更为年长的、前几代的作家密切相关。不过在我看来，那些"新"作家在意大利比在法国拥有更多读者。在法国，先锋派作家很快闻名世界，但他们的作品发行量非常有限。在意大利，我们可以说，先锋派作家名气不大，但拥有的读者更多。

还必须考虑到报纸在不断敦促作家写文章并答复各类调查提问。在意大利，媒体在文学和大众之间的联系上起到了基础性作用。尤其是从七十年代开始，这种作家的报刊业得到了迅猛发展。这一现象始于由皮耶罗·奥托内领导的《晚邮报》。正是那时，那些主要的日报将头版向作家们开放，让他们完全自由地发言。也正是那时，帕索里尼在报纸上有了自己的空间和举足轻重的作用，用他激烈的论战反对消费社会，反对政府，也就是反对政治权力，尤其是反对天主教民主党，他不断建议对天主教民主党进行公开审判。

帕索里尼的去世标志着媒体的这一作用的转折、改变和削弱。然而，无论是从社会行为问题看（必须记住的是，近年来在意大利风俗习惯方面发生了一场广泛而深刻的革命）还是从政治道德问题看，作家在报纸头版的存在始终是必需的。这就是说，我们必须认识到反暴力和反腐败的抗议是一件只有三分钟热情的事情。面对所写的文章毫无用处，人们就感到厌倦了。

在这种背景下，文学杂志是否发挥着独特的作用？

首先必须说的是，杂志在急剧衰落。从曾经的文学传统地位，到如今的不再有多大的重要性。大型媒体的压力过强：除了大学的那些杂志，已经没有杂志的空间了。相反有很多诗歌杂志，对其发行我不是很了解；它们往往昙花一现，但多不胜数。

您是否认为外国文学对意大利文学有重大影响？

我认为最接近我们文学情况的是德国文学。法国文学仍在引起众人的极大兴趣；但必须指出的是评论和小品文的语言正迅速过于专业化——只要看看拉康的情况就知道了。泰凯尔学派与六三学社有很多相似之处。但对菲利普·索莱尔斯的文本研究在意大利引起了极为微弱的反响。在意大利，拉丁美洲的作家如同在法国一样，拥有充满激情的受众；但很难说他们是否产生了影响。但我觉得，为了施加这种影响，意大利就需要像法国一样，具有活力或奇特之处，但我认为这些是不存在的。较之1940年到1960年间，也许除了查尔斯·布考斯基和以巴勒斯为首的"垮掉的一代"，北美作家少了很多。相反，奥地利文学的活跃成为一个重要的现象，不能把它归结为一种时尚，但它与阿德菲等出版社出版的重要图书以及克劳迪奥·马格里斯的研究息息相关。

依您看，在意大利是否有默默无闻的伟大作家？

我想说的是，我提到的那些作家中的大部分人都不为人所熟知。但仍然有一些完全默默无闻的作家，比如兰多尔菲和德尔菲尼。如今在意大利，人们对意大利文学现实性产生了兴趣，这是近年来的一种现象。

# 我钦佩会讲故事的匠人
## （1980年）

《我钦佩会讲故事的匠人》，对尼科·奥伦戈提出的五个问题中的四个的答复，《小说，如果你在，你就敲一下》(《很少创新，很多的重新发现：八十年代有什么小说？》)，《图书总汇》第VI期，总第243期，1980年11月1日，第4—5页。

七十年代的意大利小说似乎再也没有了派别，没有了计划。虽然每一代评论家和受众都能确定具体的流派，但在七十年代，六三学社的声音也变得微弱，意大利小说似乎散布在古怪的表现形式和作家中：伟大的重新发现、死后的成功、直率的小说家。在您看来，是什么原因造成了这种支离破碎的状况？

文学的发展一直是一个断断续续的过程，时有时无。有时有流派、派别、群体，有时只剩个体，甚至有时连个体都没有了。也许善意的评论家会尝试重新绘制八十年代的地图。但为了不被简化为简单的人口普查，它应该只考虑那些在质量上或作为标志的特别重要的事件，摒弃那些外部现实性的呼唤。

近年来，最引人注目的创新都出现在诗歌领域。较之小说家，诗人多了哪些工具和方法？

在诗歌重新拥有年轻读者的那些理由当中，肯定存在误解的部分，那就是寻找一种情绪的发泄。但结果却朝着完全不同的方向发展，比如"思考类"诗歌方向，其中就有瓦莱里奥·马格雷利和朱塞佩·康特；或者在用词巧妙的方向上，这是诗歌的基本条件，它可以先于、伴随或追随甚至是取代思想的张力。

八十年代的小说最有前途的方向是什么？

最有趣的新小说是一年前在法国出版的乔治·佩雷克的 *La vie mode d'emploi*（即《生活的使用指南》），那是一本有 600 多页的大部头。人物拼图的热潮正在世界范围内扩散，并且以冒险故事和环境描写的激增为中心，博尔赫斯、鲁塞尔、罗伯-格里耶都汇集在这股潮流之中。但首当其冲的是巴尔扎克和在意外复兴的、丰富的《人间喜剧》里的整个当代社会，它带有当下的特征，即黑色幽默、空虚感和烦恼。①

---

① 卡尔维诺试图翻译并让埃伊纳乌迪出版社出版该书没能成功，最终《生活的使用指南》由里佐利出版社（米兰，1984年）出版。卡尔维诺在《美国讲稿》的最后一章《内容多样》中写道："'超级小说'的另一范例是乔治·佩雷克的《生活的使用指南》。这部小说非常长，由许多交叉的故事组成（无怪乎该书的副标题为"故事集"），它重新唤起了巴尔扎克式的伟大系列长篇小说的乐趣。在我看来，这部于1978年（在作者年仅四十六岁就去世的前四年）在巴黎出版社的小说，无疑是小说史上的最新的重大事件。原因有很多：结构庞大而内容完整，表现手法新颖；综合了叙事文学的传统，涵盖了反映世界面貌的百科知识；具有时代感，即今天这个时代是建立在过去的种种积累和空虚造成的恍惚之上；讽刺与忧虑的不断融合。总之，这种方式把对结构方案的追求和诗歌的深奥融为一体。"（《散文集》，第730—731页）

这种现实的空虚,这种世代的更替似乎并不是意大利独有的现象。在法国,什么也取代不了"新小说",在拉丁美洲继续追溯加西亚·马尔克斯的路线,美国推崇布考斯基,也许德国因彼得·汉德克和维姆·文德斯而与我们的情况最为接近,英国似乎专注于传记小说。同时,在所有这些国家我们看到消费叙事的成功,其中美国作家和他们的"畅销书"排行榜首。据您看,这两种现象之间有什么关系?

当消费叙事有创作或智力或感情深度等需求的时候,当它是一种文化副产品时,它就是一件绝对消极的事件。在大多数情况下,今天的消费叙事就是这样,还可能更糟。但如果消费叙事意味着了解其行为、程序机制和作用的匠人的叙事,那么我对其成功抱有充分的尊重和钦佩。但今天销售的假文学商品更多,而完全不考虑小说要求的精工细作。

# 如果在秋夜，一位作家……
# （1980年）

《如果在秋夜，一位作家……伊塔洛·卡尔维诺的自我对话》，由卢多维卡·里帕·迪·麦阿纳编辑，《欧洲》第XXXVI期，总第47期，1980年11月17日，第85—91页。在《欧洲》的第48期（1980年11月24日，第167页），伊塔洛·卡尔维诺做了如下说明："我必须纠正一点，发表在《欧洲》第47期的我的采访的开篇中写道：ّ问题……也是卡尔维诺提出的。'事实恰恰相反。问题是卢多维卡·里帕·迪·麦阿纳提出来的，是一个书面问卷的一部分。我只是对这些问题做出了回答。"

我在巴黎打了很多电话找你都没找到，后来我发现你在罗马。他们甚至说，你回意大利定居了。你的这次行程有特定意义吗？为什么是巴黎？你又为什么回来？

居住……仔细想来这是一个奇怪的词。它与衣服、生活习惯有关。我希望每座城市都如一件衣服，你穿着它，然后脱下来的时候放在椅子上，确保不会弄皱了还能再穿。一座城市也是由习惯构成的，每座城市对同一人表现出若干习惯。一座城市也是用来藏身之地。只有当一个地址可以用来让我给另一个地址寄邮件，并且从那儿再给其他地址寄邮件，我才会真的觉得这个地址是我的。总之，你听说的关于我的行踪是有一定道理的。过去几年我经常在巴黎，这是事实；近年来更多的时候我在意大利，这也是事实。除了危机使得意大利人去国外旅游更容易这个明显的理由之外，还会有一些存在主义的原因吗？好吧，也许还是藏身的问题。这是我一直以来的需求，但也许有些东西已经发生了改变。

我年轻时需要隐藏是因为我觉得我就像没有外壳一样；如今我有一种随身带着外壳的错觉，这让我无论身处何处都可以藏身。

不过，巴黎对你而言首先意味着什么？

一座可以去电影院看电影的城市，因为那里的电影没有配音。很长时间以来我都无法忍受配音。上周我在巴黎看了黑泽明的新片；[①] 你想想看，在意大利的话，哪怕是日本电影我也不得不看译制片，而声音是电影的一半精神。我认为配音就是野蛮的废话，我不明白为什么没有人反对它。

所以对你而言，巴黎只是圣日耳曼德佩区放映原声电影的小电影院，还是还包括剧院？或是还有其他什么东西？

除了电影院，还有就是我可以觉得我是无偏见的、匿名的旁观者。而在意大利，总有人让我评论我所见内容的知识内涵，总是些愚蠢的话题。当然在法国也有这样的人，甚至比我们这里更甚，但

---

[①] 是《影子武士》，关于这部影片，卡尔维诺写了《坐着的人的权力》，发表在 1980 年 11 月 12 日的《共和报》上，第 16 页，后收录在《散文集》中，第 1941—1943 页。

是我在那里遇不到他们。此外,我从来不看电影评论,我只看广告就够了。我也常被巴黎的电视节目所吸引,它让我感到愉悦。

我从来不喜欢说意大利的事情更糟糕,但对于电视节目,我真的要说它无法与法国的相提并论。在意大利有安装天线的自由,这是件好事,这是法国所没有的,但我们这里能够收看外国大型节目的只有二台。对我而言,如果可以收看所有其他国家的大型节目而不是这些小型私人电视台的话,那么安装天线的自由才开始变得有意义。

那说说罗马吧……罗马也是你的城市之一吗?

罗马是一座非常招人喜欢的城市。我喜欢罗马的炸丸子、炸饭团、各种三明治、所有可以在酒吧里吃到的食品,而酒吧构成了文明的一种特殊形式,这是世界上其他地方所没有的。无须坐在桌子旁,可以在城市里边走边吃各种各样非同寻常的食物,我觉得这是极大的安慰,尤其是对紧张且急躁的人来说。所以,这座城市让人紧张和急躁,但也给人以生存的些许慰藉。

但多年来,你的城市不是都灵吗?

是的,都灵的街道横平竖直,满足了我对秩序的一贯需求。在这个意义上,都灵一直保持着它的优点。我曾经想写(也许早晚有一天我会写)一个在米兰和都灵两地生活的人的故事,他的心理随着从圆形城市到方形城市之间的往来而不断变化。

我本来希望你能谈谈都灵在你生活中的价值所在：你在埃伊纳乌迪出版社的工作，与帕韦塞的时光……今年因帕韦塞逝世三十周年，有很多关于他的文章。你与他共事，并且你早期的著作都归功于他，但你却没有写关于他的文章……

没写，因为已经有很多文章在谈他了……我做的反思是别人从来不会提及的帕韦塞的一个讲话，我说的是可以识别出他的话语和语调的一句话。好吧，他很少讲话，但讲的总是些独特的笑话。于是我在帕韦塞还在世时我写的关于他的那些文章中翻找，看看我是否曾标记过什么。在1947年的一篇文章，也是给出版社的一种报告文学中，我讲述帕韦塞像往常修改一篇译稿时，他说："如今没有人愿意当翻译，所有人都希望成为小说家或部长。"[1] 这就是我设法保存以期不被遗忘的东西。事情很小，但却紧密地对应于帕韦塞的情绪，并且这是丝毫不过时的断言，今天也完全适用。

让我们再回顾一下你的经历，你的家乡圣雷莫，都是植物学家的父母，植物的世界。你父亲的形象时不时地出现在你的小说中，但你的母亲却没有。你与她是什么样的关系？

我的母亲是一位非常严格的女性，无论大事还是小事都固守她自己的想法。我的父亲也很严格，脾气粗暴，但他的严厉表现为

---

[1] 《出版社的秘密生活》，以恩亚·特拉维索的笔名发表在《文化信息通报》（面向埃伊纳乌迪出版社的书商发行的油印件）上，第13期，1948年1月10日，第7—10页；随后收录在由卢卡·巴拉内利和埃内斯托·费里罗主编的《卡尔维诺专辑》中，米兰：蒙达多利出版社，1995年，第91—100页。

吵闹、易怒和间歇性。无论是作为深深扎根于故乡的老派利古里亚人，还是作为曾周游世界并经历过潘乔·比利亚时代的墨西哥革命的人，这一切都使得我父亲更适合作叙事人物。他们二人个性都十分强硬与鲜明。绝对的世俗教育可能比天主教的教育更具有压制性。对于孩子而言，为了不遭受强势个性的碾压，唯一的方法就是建立自己的防御体系。但这也会带来损失，所有本可以由父辈传给孩子的知识就失传了。

但我必须说的是，我的性格使我在表示拒绝时总是思虑颇多，从不会断然拒绝。我表示赞成时也是如此，每当我赞成某事，相信某物时，我又总是有所保留，与其保持一定距离以便能从外部对其加以识别。

所以，以你为人子的经验来说，你相信作为父亲你不能是镇压式的？

我什么都不相信。在我看来，如今宽容的家长丝毫不比镇压式的家长好，首先他们并没有让他们的孩子幸福。我在教育方面没有任何先入为主的想法；我们可以看到，不管你对孩子做什么，永远都是错的。但我想补充一点：不管你做什么纲领性的事情都会得到错误的结果。

作为父亲，我尽量顺其自然；我不会试图弱化无聊且专制的父亲形象，我做自然的我自己；如果我能表现出一个更好的形象，那更好。

只要家人在一起能够快乐，一个家庭就能运转。无须每天或每星期都这样，只要隔段时间有十五分钟或十分钟就足够了。一个人需要知道如何限制自己的期望，需要知道孩子来到世上是因为我们的自私，因为看到他们的成长能给我们带来快乐，我们希望他们健康快乐。无须每天都快乐，要不就成了动物，但要有快乐的潜在能力，在生活中发展顺利而不会事事惨败的潜在能力。然后，其他的，没什么了：没有什么教育方法；我没有什么可教的；我只是想教大家如何去反抗当前由环境强加的所有教育方法，这些方法都可以被定义为虚假且愚蠢的。

教育学不行，这我同意。但有一种特殊的教育方法，即讲故事。作为童话作家，你如何与听故事的孩子打成一片？作为喜剧作家，人们会问他是否哭过；作为讲故事的人，人们会问他是否想过自己的真实年龄或者是否一直保持着孩童的思维方式。

  讲故事的人都是爷爷或曾祖父这样的老人，或者像《宇宙奇趣》中我写的 Qfwfq 那样的来自远古时代的声音。因为我曾是"青年作家"，所以我的青年时期很长，差不多有二十多年。当某一刻我意识到我再也无法延续青年时期了，我决定跳过所有中间阶段，直接开始老年时期。由于开始得比较早，就可能拥有一个很长的老年时期；然后在身体相对强健的情况下经历自己的老年时期可以带来很大的满足感。尤其是可以奢侈地允许自己不再了解当下发生的、自己时代的各种荒唐；不必再合乎时势，可以在自己的思维方式和时代精神之间保持一个有益的距离。

但就在几年前，你还在《晚邮报》上与帕索里尼和夏侠谈论民生大问题。那是以前工作激情的最后闪耀?

你看,我认为我并不适合写社论新闻。多年来,一些日报的头版上,先是帕索里尼,后来是夏侠,他们写了些其他人从来没写过的或正确或愚蠢的东西。我现在不讨论价值的问题,写愚蠢的事也可以让我们思索正确的事情。而我喜欢写更接地气的、通情达理的话题,所以很自然地,我的文章得到了很多支持,但是,当然,文章不太令人振奋。

至少,我以训诫者身份写的那些东西,并没有让我感到兴奋。我认为,如果我间接地表述某些事情,如果我以不会因明确话题而枯竭的寓言来表述,那么效果会更好。我认为,作为政治隐喻的效果,重要的是发现那些独立于时事的想象力机制。如果一个比喻起作用,那么它将在人们的头脑中继续单独起作用。当然,在这个领域,我也可能受到所谓的非诗性担忧的束缚,也就是所写的寓言被人从字面上解读。例如,十几年前,我曾着手写一本书,《领导的斩首》,其中我提出将所有执政者的极刑作为完善政府的一个制度,一个定期仪式。随后我想:"但如果真的发生这样的事情呢?"于是我停笔,将其放进抽屉。我这么做是有道理的,你永远不知道他们将会如何解读你。

P38手枪成为恐怖分子的崇拜对象,你还记得吗,在你的第一部小说《通向蜘蛛巢的小径》中主角的宝贝武器正是P38手枪……它是否给你留下了深刻印象?

是的,我预计迟早会有人问我这个问题。在那部小说中,即使是游击战争的血腥片段、对武器的狂热迷恋、个人藏有武器的兴奋，都被视为一种童年的怪诞嗜好。如果在战争期间使用武器是由客观情况强加的，这是真实的话，可想而知如今这种狂热没有任何意义。

即使在今天，战争的隆隆声仍响彻四面八方。你如何看待今天的西方人能够想象得到的世界之战？

我无法想象下一次世界大战会是什么样子。我们现在享受的和平是建立在军备平衡基础上的，只要两大集团中的一方觉得比对方强，战争就可能成为不可抗拒的诱惑。并且我相信，尽管下一场战争具有很大破坏性，但将会有相当多的幸存者，有相当多的土地不会被污染，在短暂的停歇之后，将会有另一场更大的战争，之后还会再来一场。两千年将是一个很难跨越的千年。

那谁将是最后的赢家？

老鼠。在罗马，老鼠的数量和居民的数量已经一样了，你没读过这个报道吗？

我们还是回到现在吧，因为我觉得你说的未来太可怕了。我希望你能告诉我你对菲亚特事件、意大利共产党、约翰·保罗二世教皇……的看法。

你看，如果我们开始谈论政治，那么这次采访就变得跟报纸上的所有其他版面的内容一样了。我现在想强调的是，在其他方面的政治变化，比如世界观、习俗、人际间的直接关系、经济和技术实践、产品的可用性、人们用来考虑自身生活的形象和话语,都是为真正的社会变革做准备。

政治,包括所谓的革命,随后会对已经发生的事实予以认可或进行篡改。在过去十年或十五年间,意大利也经历了一场革命,尽管有些杂乱无章,但也是其历史上最深刻的革命之一。从农业国变成一个城市化国家,从一个天主教国家变成一个世俗化国家。因为涉及人的思想,所以这些改变不可逆转。

*总之,你也将公私转化理论化了……*

私……对我而言,比如我喜欢思考动物到人的转变,自然形态和文化形态之间的类比,词语和思想之间的关系……这是私吗?当然,我厌恶公共生活,却完全不反对私人生活。事实上,我的职业使得我经常闭门不出……

*那么给我讲讲你的家,你如何看你的家?*

我的家永远都是我妻子的杰作。我不会给一个家打上我的烙印。而我妻子有表达自己的天赋,她可以让一个家成为她的或者只是她的家,不受特定时期和文化的千篇一律的陈词滥调的影响。我非常喜欢住在一个令人心情愉悦的家里,但我自己却没有能力让它变成这样。

*给我稍微描述一下你的生活。你每天的生活是怎样的?*

嗯,这取决于我在什么地方。通常,一起床我就觉得有必要出门，买报纸……然后也许一整天我都不会出门了。在国外，意大利报纸总是需要走不少路去买，你需要知道哪家报亭有卖。在巴黎，我要到圣日耳曼德佩区去买。在伦敦，我要到苏荷区，即使是我住得非常远，我也会坐地铁去苏荷区。在纽约，我要到里佐利书店。有一次在纽约，只有在时代广场的一家地下报亭才出售意大利报纸。我当时买了《新闻报》，上面登着《基瓦索的退休老人扼死妻子》的新闻。这是我静下心来的唯一途径。

你是报纸的忠实读者？

不是。我花很多钱把它们买来，但是我不看。我把它们放在一旁为了晚上也许会看一下。但晚上更适合看书，看很多书；我总是把一摞书放在床头柜上用来晚上看。

在你阅读的排序中，你将更多的时间用来读小说，还是诗歌，或是评论文？抑或是你在写作中广泛运用的科学论文？

基本上我是一个杂食性读者，因为审读编辑也是我的专业工作之一。但我尽量把尽可能多的时间用于无偏见的读物，用于我喜欢的、富有创作性的作家，我认为这才是真正的给养。

你最喜欢的作家是谁？

你给我出了个难题……让我们来看看：二十世纪具有重要地位的保罗·瓦莱里，散文家瓦莱里，他反对关于世界复杂性的思想排序。在这条线上，按照丰满度的升序，我将排上博尔赫斯、格诺、纳博科夫、川端康成……

你有重读你喜欢的书籍的习惯吗？

我最大的满足之一就是重新阅读多年前读过的伟大著作。我的梦想是全神贯注于我认为是我的书的那些有限数量的书。在我生命的不同时期有些书我读过多次，而还有些我从来没看过，但我知道它们在那里等我去读。我已经到了必须考虑无用或多余的书所浪费的时间的年纪了……与此同时，一天的时间就那么多，如果我要写作，我就没有时间阅读……

你更喜欢阅读还是写作？

写作非常辛苦。作品写完才会带来满足感，而写作行为本身不会。

在《如果在冬夜，一个旅人》中，你讲述了作家的无能。如今，小说真的变成了不可能？

怎么可能呢，所以这只是一部小说，并且不断分成其他很多小说。它出乎意料地受到了读者欢迎，证明了尽管有争议，但是一本真正的小说。

这本书描写了性欲，这在你的其他作品中是不曾见过的。你真的如此色情吗？对你而言，性欲是什么？

你希望我怎么回答你？"啊，你知道吗，我非常好色？……"

在小说中，性欲传递注意力的一系列效果……但在生活中，比如说，我的嗅觉并不发达；而味觉，他们又说我吃饭太快以至于食而不知其味。但我对感官知觉感兴趣，我正在写的一本书就是关于感官知觉的，关于五感的——如果感官知觉真的是五种的话。我非常尊敬的一位思想家布里亚-萨瓦兰曾说过，性的吸引构成了一种第六感，称之为生成性的第六感。

最后一个问题。在你看来，女性总是像《命运交叉的城堡》中例如"幸存的骑士的故事"里描写的那样可怕吗？

那个故事是男性面对女性革命的一个噩梦。在我的生命中，我遇到过许多力量强大的女性。离开女性我就活不下去。我只是那个具有两颗头颅和两种性别的生物的一部分，这种生物才是真正的生物机体和思维机体。

# 还能讲个故事吗？（1980年）

《还有机会讲个故事吗？（伊塔洛·卡尔维诺和达尼埃莱·德尔·朱迪切之间的对话）》，《和平与战争》第I期，总第8期，1980年11月，第24—26页。

我不想谈表现形式的分析，文学史、文本的精神分析，并不是因为这些做法没用，而是在某种意义上它们的意识已经是叙事形式，也就是叙事的实质。它们代表了我们唯一需要考虑的"叙事"财产，这是一种越来越受困于大学"学科"和图表的财产。但我感兴趣的是可以超越阅读技巧的程度，这些阅读技巧不断构成"自主"知识，我觉得它们再也不能提出关于叙事的问题，或者至少关于"可能性条件"的变化的问题。因为这一点，例如，我不想和你谈"小说危机"，这在二十世纪的前二十年已经被说烂了；但另一方面我也不想满足于"写作实践"的定义或"写作"的广义，当叙述从其传统形式转变出来时，定义就被替代了。我们可以研究一些词，一些词的概念，来接近叙述的节点——我们可以通过不同的路径来达到同一个目的。第一个词可能是"经验"。由于缺乏经验以及变为纯粹事件的集体无经验，使得叙述的主观性变得更加错综复杂。再也没有生活常理和个别情况可以拿来作为自己的经验：荣格尔的军团青春、劳伦斯上校的多样性经历、巴塔耶作品中（至少从非哲学角度）对极限的寻找、斯蒂芬·迪达勒斯或利奥波德·布鲁姆的大都市历险，这些情况都不可以作为经验。我的意思是，在事件的冷漠中，叙事在哪里可以找到源头？

从个体独特性的角度看，"经验"意味着很多东西，甚至是相反的东西。在科学语言中，经验是每次可再现的东西，是可能存在的最为泛指的东西。在注重开创路线的宗教中，经验也是非常泛指的，或至少以非个人化作为目标。例如，赫尔曼·黑塞（引用他作为这一知识类型的现代作家代表）打动我的是他的作品中极端的非个人化，其中以亚洲的精神性作为典范的理想路线。在叙事文学中，经验作为个性的秘密有着特殊含义，也许是在丹尼尔·笛福的传记体小说之前就已经诞生的某些东西，在笛福的传记体小说中是兴衰变迁的相继交替和非凡性，这种兴衰是人类生命的独特性，是卢梭和所有试图在自身真相中迈出新的一步的后继者们所追求的自传式经验的独特性。与此类似，但不完全一致的是作为探索报告的经验。这种类型的叙事也可以作为"精神探索"、可以想象和言说的界限探索，即我们称为萨德-巴塔耶路线的文学模板。二十世纪的大部分文学是经验的论断，这种经验是在讲述的过程中逐渐形成的。在萨德讲述的事件之外不存在萨德的"现实"。如果在某种程度上存在的话，那是萨德的事，我们对此不感兴趣。你所说的这一切实际上已经消耗殆尽，因为我们很少相信独特性的魅力，我们就像在"经历过的"真正现实的经验的均匀性中被打败一样。也许这就是为什么今天的叙事文学就像冷施工,就像在叙事模式下具有完美密闭性的假设系统,它仍是最牢固的叙事文学之一。在这里,我再回到我刚开始说到的经验一词的科学内涵:在二十世纪,最有特点的科学经验是爱因斯坦提到的思想实验。在其抽象中,它们也是最具个性化的、大多数带有提议者的创新印记。我认为,叙事经验没什么不同,它基于抽象构建,比起我们在生活中"直接"追寻——当然也永远无法追上它——来说,它可能带来更巨大更痛苦的效果。

因此,你谈到的精神之旅是在静止中,在所有运动的"虚假"中,在它的因袭性中产生的。我觉得维姆·文德斯在他的题为《歧路》的电影中已经探讨过这一主题:一位年轻作家穿越德国,按照传统进行"旅行""漂泊",这些经验收获将成为他写作的灵感,他发现他的行动绝对是个假象,因为可以行动的当然不是他在"外部"进行的行动。所以,这一切在叙事上并不是没有结果,就像文学讲述动作仍在进行,所以写道"乔治进入房间",这里以某种可能的方式进入一个房间的唯一的乔治可能是乔治·阿门多拉,或乔治·加伯:要想成为虚假、虚构,就必须在某种方式上是"真实的",反之,"虚假"是为了变成"真实"则不成立。回到旅行,很显然不再是"世界上"的旅行,也不可能是任何类型的东方之旅,也不会是一次东方国家的国内之旅,那么"旅行者"会发生什么事?如何去遇见?不再是遇见"不同",那么又如何讲述这次遇见?又如何运用你前面谈到的非个人化?

为了能够享受安稳以及安稳写作的自由，也许需要旅行过。文学中充满了有过精彩旅行经历的非旅行者的故事。波德莱尔去安的列斯群岛，却拒绝下船；或者雷蒙·鲁塞尔乘着他的船周游世界时要么不下船，要么就在旅馆闭门不出——他们都是不再需要相信包法利主义的作家的典范，如果他们有些异国情调的梦想，他们知道该如何实现这些梦想。这就是说，你谈到的首先涉及叙述者在叙事中的存在。存在已经变得越来越庞大，事实上客观叙事、"摄影视角"、自然主义或罗伯-格里耶主义的所有幻想从来没有影响过存在。我们要考虑，书面叙事的起源是口头叙事，也就是叙述者作为唯一人物的一种表现形式。在童话的规则里——童话是我们所能想象到的最为非个人化的叙事——叙事者出场，进行讲述，甚至对很多故事做出"他们大吃大喝，但却什么都不给我"的结论。叙事者的存在包括童话模式规则中的叙事者、曼佐尼式的叙述-评论者，以及占据整个场景的"叙事者'我'"。叙述者的存在并不是"真实"的保证，而是有人叙述的事件的保证，即叙事对象真的存在。如果想想，作为叙事我们适应另一个真正的人的方式就是让他讲述他的故事，哪怕是对着录音机讲，然后再转写为文字，这就更为真实了。

关于童话，你所说的从口述传统到书面传统的过渡是叙事的极其重要的时刻。当你开始写一个故事，事实上就是对始终相同的、不断重复的故事情节写"备忘录"。而通常这些文字部分是物品目录、一览表、技术的描述：如何做盾牌，如何造船。这是知识的储备。

原始叙事写作的这种记忆特点，中止了叙事的不变部分即目录和主要的修辞形式，已经表明叙事的重复以及围绕着曾是神话的某物运转。因此讲述是漂泊、流浪的一个特殊类型，总是试图达到同一点。我认为，这之中，叙述者的个体性逐渐减弱：叙述者就是不断重复故事，那个唯一的故事的人。或者是反对重复唯一故事，试图讲述"不同于"唯一可讲的故事的人。

是的，当我谈口头性的时候我想到了声音因素。即使是同一个故事，叙述者的声音构成了一个信息，是叙述者引导的某种东西：他的语调，后来成为文学叙事的风格。今年，为纪念贝纳迪诺·达·锡耶纳诞辰六百周年，人们写了很多文章，但我认为文学上最重要的东西却没有被提及：贝纳迪诺·达·锡耶纳从来没有动过笔，但他却是我们文学史上的一位伟人，因为他找到了一名抄写员记录他的布道，这位抄写员极为忠实地记录下他的说法，他使用的感叹词，甚至记录下了他的咳嗽。因此，在他的作品中，我们听到一个人说话的声音。所以我们现在拥有了这个可以与薄迦丘的文学语料库比肩的故事语料库，二者都个性鲜明：薄迦丘的特点是通过深厚的语言功底展现了非凡的多样风格，而贝纳迪诺的特点或许是因为熟练的速记员与受欢迎的传道者之间的一次偶然相遇。声音或是书写的那只手是过滤器，叙事必须通过的漏斗。我正是从这里出发来说明叙事中个人的必要性。

由此出发你遭遇了两个问题，语言和身份，并且它们之间很可能相互关联。那个活动不再可能在外部世界展开，而是在语言内部进行。正是在这里，为了坚持这个隐喻，你完成了旅程，正是在这里你完成了叙述。克服所有困难完成了，这些困难曾经是"真正的"旅程：你在讲述－流浪的过程中，有些时候你受到推动、强迫，有些时候你控制或你幻想控制你的航行，然后还有危险重重的大海、你无法复制无法超越的上司。关于语言，语言中的叙述与你的身份相关。我想到史蒂文森的小说《炸弹客》：不得不隐藏起来不能露面的女主角，每次遇到某个人，为了确立关系，她必须讲一个故事，她的"故事"。剩下的就是日常琐事。事实上当你遇到某个人，听他讲他的故事，这个故事完全不确定——很显然如果没有问起，没有人会跟你说"我什么时候出生，长大，我都做了什么……"，但你正在听这个故事，你希望通过他的举手投足、他的态度、他"现在"的语调去了解，也是通过这一切你让你的故事得以叙述。史蒂文森的小说中打动我的是，女主人公每次都不得不从头开始讲述她的"虚假"的故事，并且每次都不同。为了隐藏，她只能对现在说谎，在见面时说谎：然而她需要从头、从出生重塑自我，就好像只有赋予自己深度和过程，才能让现在变得"可信"，时间上的"串联"恰恰是叙事的联系。

  人的生命从出生开始到死亡结束，本身就是一个故事。同时，一个人传达出的个性可以被特定时间里的他呈现给你的他的存在、他的照片所定义；但是立刻被个人呈现给自己的形象所删除。因此，有一种错觉是，这就是当下的生活故事，或者逝者从生到死的故事，它决定了一个人的全部。一个人的任何定义都会产生一个不确定的传记。精神分析学正是以此为核心：要解释神经性痉挛，说话与书写中的失误或食欲不振的原因，你要做的事就是讲述自己的故事。因此，叙事中总是存在病因推论，对原因的解释，好像事实是不够的。这也是语言的两个基本探索即叙事和诗歌的区别。诗歌也是语言的统计，是在特定时期或特定社会中的口语单词的语料库的选择。每位诗人都提出自己的建议：一个附加了新词义或意识形态的词，另一个则拒绝。但诗歌的语言操作与叙事的语言操作有何区别？事实是，叙事以行为动词为基础，而诗歌可能只要动词"是"就够了⋯⋯

"是"（和它的论断方式）也是哲学思考的动词⋯⋯
　　对。诗歌是关于"是"，关于现在的（当然我讲的是抒情诗，因为我相信诗歌的抒情本质，否则诗歌也可以是叙事）。个人-语言关系或个人-社会关系的当下维度是诗歌的当下维度，而这种关系的时间维度则是叙事的维度。

巴特在《明室》中指出，摄影是对"这个存在过"的描述，其本质是：你在照片中看到的是"这个存在过"。作为形象，它是"虚假的"，因为你看到的内容在现在"不是"，但它在时间上真实地"存在过"。因此在叙事中有类似于摄影本质的东西。
　　是的，但是摄影是关于现在的，是作为过去呈现给你的一种现在。而叙事则不会对你说"这一刻安娜·卡列尼娜正在卧轨自杀"，而是告诉你她已经卧轨自杀，或将要卧轨自杀；或者你现在已经知道她最终卧轨自杀，你回顾导致她做出这一举动的过程。或许叙事恰恰是排除当下的东西，尽管有很多活动发生在现在，但正是为了强调它们被排除在叙事之外。叙事的另一个特征是，以实用-情感类为目的的策略。你讲一个笑话是为了让人发笑，你讲恐怖故事是为了让人害怕，这是你打算得到一个实用的生理效果。甚至道德故事也是以同样的方式发挥作用，因为它在你的记忆中留下了情感的烙印，这种情感会发挥作用。侦探小说是一种策略，它让你每次明白少许，或者让你知道你应该明白却不明白，带你进入解开谜题的过程，这些都赋予你特殊的愉悦之情。所有这一切都如同按摩或拔牙一样非常实用。叙事者以某种方式对身体发挥作用。

但事实上，构成叙事的正是你不能通过最完美的策略得到的那个东西。

　　对，我现在所说的与我们开始说的，即变成完全精神的那一点，有点矛盾……

这就像为了叙事的发生，你必须准备好一切，计算好你的策略，安排好每件事，并且为了叙事的发生，你要在你的界限内操作。但之后，叙事正是这一切的残余物。它是你的操作的残留，与物理操作不同，其结果并不完全是实践的结果。

　　是的，在某些时候它是并没有夹着牙齿的拔牙钳的展示，但是你会对某些东西表示钦佩,这并不是拔牙的结果。是的,你即使不笑,也可以对一个笑话表示赞赏。我相信我们看恐怖故事的时候,你和我都不会害怕,甚至它会让我们感到有趣。所以我们有我们的兴趣类型、快乐类型、我们关注的投入类型,这与最智慧、最超脱于原始的人类学功能的叙事没有什么不同,尽管这些功能主导了这些机制的形成。因此有些东西可以作为一种机制,并且独立于结果而存在。

我想提一下前面你说的关于科学经验的那些话。这是什么类型的"叙事"?我的印象中,尽管我们所有表达"真实"的意图现在已经不可逆转地分裂成特定的语言,但正是在这些语言的冲突和差异中,这些意图具有某种联系。很可能"$E=mc^2$"是有史以来最美的故事之一。这个故事有一个"实用"的结局而其他故事没有,这无非是一个非常庸俗的差异,显然,就像原子弹一样"庸俗"。在"描述"部分,也许最具决定性的差异和冲突已经发挥作用,抑或我们可以更清楚地看到它们。

伽利略是一位伟大的科学家和作家,他做出的最轰动的事例就是证实了实验可以成为叙事。当伽利略成为一个典范,很多时候是一个美丽的小故事,所以恩里科·法尔奎将其选编进他的意大利十七世纪科学散文的合集中。"两条平行线在无穷远处相交",还有比这个更美的故事吗?并且话题可以拓展:多年来,格雷马斯研究每种语言生产、每种句法运动的叙事性,并在保险合同或法律规定中发现了民间故事的相同功能。将一个主语、一个动词和一个谓语组建在一起始终是一个叙事行为。我们可以说，在学会说话之前我们就学会了叙述。

存在科学的明确叙事，你刚提到了伽利略，也存在哲学家的明确叙事，甚至还有不明确叙事：没有断言的图像，但可以用来进行概念化，或者"服务型"的图像（桥梁、门、小径、通道等等）。然而，在很多情况下，科学叙事讲述的是一个等式：一个东西等于另一个东西，二者之间的区别在于"转化"。维特根斯坦作为哲学家会对你说："我发明的只是一些相似之处。"好吧，我知道要用非常简要和通用的方式表达自己，但是我觉得，在二十世纪，科学叙事或哲学叙事给你讲述的是世界的等价物及其可转化性。在这之中是它们的力量，它们的有效性，它们的"美"。

　　叙事总是以差异为基础，即使叙述的主题可以是世界的统一。奥维德的《变形记》完全是关于一切的变形的诗篇，因此也就是关于宇宙实质性统一的诗篇。但是，叙述变形的事件本身也在叙述从某物到某物的变化。科学是等式，但也是潜力的转移、能量的传递；叙事永远是能量的传递，总有一个供体和一个受体，总有一些东西是从一个人传给另一个人的。而且总有一个人变得与他之前不同，或者即使发生着改变，但他仍可以保持不变。

我感兴趣的是文学叙事与"科学和哲学叙事"之间不基于传统差异（概念图像等）的比较，当然远没有要将永久不可逆转的分裂的东西重组的任何打算。但或许在语言之间的冲突和分裂部分中，在一个和另一个的差距中，可以寻获到问题的相似性。从这个意义上说，在科学能力和哲学能力与叙事之间也许有一个可能的平行面，或可能的差异域。科学能力和哲学能力是围绕自己的假设运转，对于充分的假设将其形式化，并在这种尝试中不断超越，叙事也是围绕一个假设运转，因为这个假设"自身的显著性"，所以你不能说出这个假设：它撕裂叙事，同时构成叙事的限制，也许这就是它的"显著性"。

今天科学被时间问题分裂和困扰。在普里高津的著作《新联盟》中，科学中的时间问题与叙事问题密切相关。此外，科学是关于诸多可能性的问题，叙事也是关于诸多可能性的问题。保罗·杰里尼在他的著作《无限简史》中，就这一主题进行展开，并且因此他经常提及穆齐尔。这些天来我们读到的很多关于穆齐尔的文章中就经常探讨诸多可能性的问题。

但关于穆齐尔，我觉得几乎是一个逆转。在某种程度上，穆齐尔的作品中有对可能性的捍卫、对质疑可能性的捍卫，与个人需要的"冲突"。然而，如今你拥有全部可能性。艾柯的"小说"《玫瑰之名》就是一个例子。也许你的《如果在冬夜，一个旅人》也是。我想说，我认为，这是对诸多可能性的枚举，也是对诸多可能性的沉思，仿佛在诸多可能性的多样性中，在其铺陈展开中，在其和平共处中，从某种程度上说，可能有解决问题的办法。我认为，在穆齐尔的作品中，问题的一半是存在诸多可能性，另一半是存在个人的需要。

在我看来,你说的触及了一个基本点——叙事,也许一直是对唯一性的回避,总是对多样性的沉思,是诸多可能性的倍增体系,而诸多可能性是为了驱除唯一性的悲剧性。生命是唯一,每一个事件是唯一,这一事实带来无数其他事件的损失,永远的损失。叙述者是想要摆脱这种命运的人。

1981-1985 年

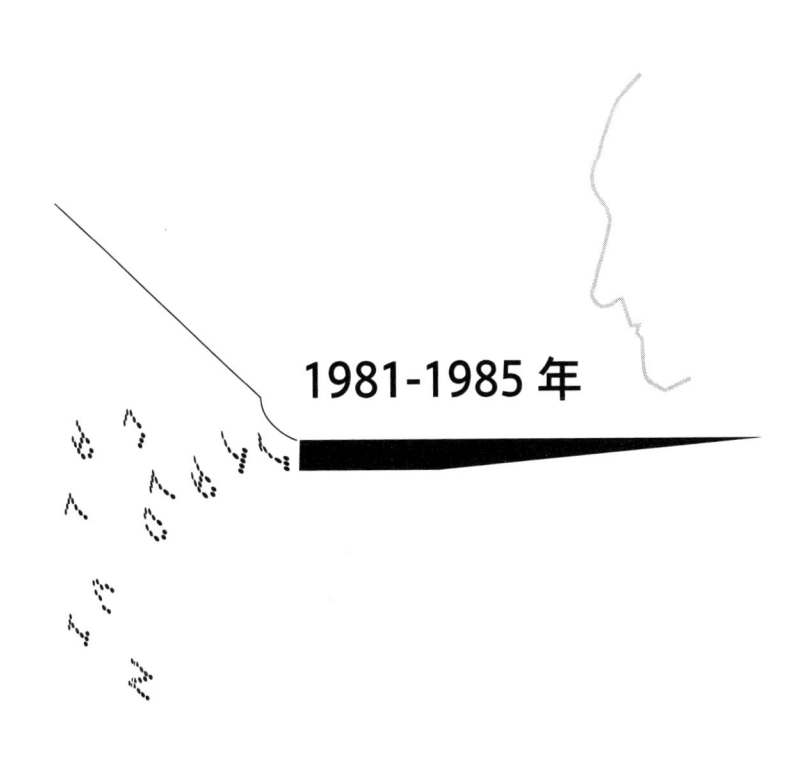

# 我喜欢越狱的囚犯（1981年）

《讽刺的工具》，马里奥·坦波尼采访，《前进！》，1981年2月15—16日，《文化》增刊，第 IV 页。

在您身上，有人隐约看到从抵抗运动走出来的意大利知识分子的负罪感和面对新现实的无能为力。是这样吗？

我不知道我哪里表现出这样的特点。新现实很难理解，我经常沉默是因为我不明白。我不知道我哪里有负罪感。

意大利人从战争和法西斯主义中学到什么了吗？

当然，学到了很多。他们朝某些方向前进，而放弃其他方向，是因为他们知道他们已经走过这些路，而这些路通往毁灭。

对您而言，1956年匈牙利暴动之后您退出共产党代表着什么？之后您重新思考过吗？

对我来说，退出意大利共产党意味着看事物没有以前有情感。所以不可能有任何想法的改变。事实上，从党派的角度思考现实不符合我的性格。

您奇幻的文学体裁，将历史事实改造成超现实主义的倾向，经常使您遭受"无政治倾向"的批评。但您自认为是一位"有政治倾向"的作者吗？

一个文艺评论想在所有作品中，也就是说包括非政治性的作品中寻找政治内容，这种企图几乎总是以失败告终，这是它毫无道理的最好证明。尽管我的作品主题似乎离现实主题很遥远，但它们曾启发过或可以启发政治思考。实际上，就算我根据幻想材料的内部规则组织我的想象，我还是一个生活在我们这个时代的人。

但您的幻想世界难道不是对现实的逃避吗？

几乎在我的一生中都能听到"逃避的文学"对我的谴责。但实际上，我喜欢越狱的囚犯。对囚犯而言，越狱的欲望是正当的；越狱也是对监狱的一个回复、一个审判。总之，我认为越狱是有积极意义的。另一个是神秘化，它掩盖现实，使其比本身更美。但越狱，现实仍是其本身的样子，并且试图创造出一些不同的东西，而且自己知道这是一个幻想创作，所以对我来说具有积极意义。

维托里尼说比起任何空洞无物的现实主义小说，他更喜欢《一千零一夜》。在某种程度上，您是否与他有相同的爱好？

《一千零一夜》——这本书从维托里尼青年时就吸引并启发着他——最吸引我的是故事增殖的感觉，一个故事是由其他故事产生的。我的最新小说(《如果在冬夜，一个旅人》)用几个当代的观点反映了当代生活，在小说中我尝试给人很多故事的感觉，这些故事尽管相互关联，但它们一个是由另一个分岔而成……就像《一千零一夜》，人们读另一个故事的时候，总有在继续读前面的故事的印象。

您觉得阿尔贝托·萨维尼奥的幻想世界是不是也很熟悉？

我非常喜欢萨维尼奥。在世时，他被认为是一位相当边缘化的作家；而如今人们在他的作品中发现了高尚的人格和思想体系。萨维尼奥在文集中做到了最好的自己，这些文集在他去世后得以出版，但是他的叙述方式非常自由。他从来没有我不得不面对的那个问题，即叙事形式。对我而言，写一本新书意味着构建一个新的小说形式。所以萨维尼奥是一位不同的作家，属于不同的一代人。

在我们这样一个充满悲剧和矛盾的社会里，您赋予您的讽刺－幻想文学什么功能？

我的文学诞生于这个社会，说明是这个社会让它成为可能。我认为，今天只有讽刺文学才能对抗我们所生活的这个世界的恐怖。我们不能依赖高尚或悲剧，因为我们沉浸其中的悲剧太强大了，它显示出我们的语言毫无用处。

在您的所有作品中，幻想以某种方式变成了现实，它是开放的并提供了很多可能性，但在《命运交叉的城堡》中，您则是从一个封闭的系统出发，在这个系统中所有元素都具有非常精确的位置，就像塔罗牌游戏一样。您对这一新的文学构思的经验是什么？

对我而言，《命运交叉的城堡》代表了一种独特的经验：在这之中我利用了一个既定系统的叙事可能性。那些形象因素深深吸引着我，这些形象相当复杂，每次我都能以另一种方式对它们进行解读。很长一段时间，我一直抱有这样一个想法，利用丢勒的版画，那些最复杂的寓言比如《忧郁症》《复仇女神》《骑士、死神与魔鬼》，写一本书、一个系列的短篇小说。它不是根据肖像传统而是通过创作其他故事来解读那些形象。不管怎样，在我最新的几本书中，我总是试图建议自己用严格的规则来构建一个作品，给自己提出一些需要克服的困难——创作就源自对困难的克服。

但如果您从一个封闭的系统出发，是不是已经脱离了现实？

利用古老的肖像材料，人们当然感到有责任表达古老的心理学：恶魔、死神……但与此同时，这个出发点发出的挑战是能够谈论今天的。我认为，在《命运交叉的城堡》中，我在某种程度上接受了这次挑战。它对今天的影射是连续的，甚至比起任何其他一本书，也许我在这本书中谈论我自己所占用的篇幅最多。当然，在某些时候人们厌倦了那些符号的既定剧目，因此，在这本书中，我从持剑骑士和隐士的形象过渡到另一个封闭系统，也就是卡尔帕乔的关于圣吉罗拉莫和圣乔治的故事的壁画，并且我让它成为一个单独

442

的故事。但是，我再说一次，在所有这些活动中，关于今天和今天的伦理道德是连续的。

*《看不见的城市》也代表了城市符号的封闭系统……*

是的，但是这个固定数字没有脱离现实，因为是我们建立了它，就像是我们将现实的任何经验改写为一定数量的符号。让我来解释一下。面对"城市"这个主题，在城市现象的不计其数的表现中，是我来选择那些我感兴趣的，对我而言那些构成城市的东西；并且在这一定数量的元素基础上，我建立了一系列组合和对立。如果我对城市进行论述，重新进行经典定义，例如马克斯·韦伯写了一本关于城市的书，如果我说，现在我完全基于韦伯的这本书所有章节的题目来写一些短篇小说，那么做法将是相同的。

*您是否认为，《看不见的城市》中蕴含的信息具有普世价值？*

虽然我的经验是具有某种生活方式和一定社会阶层的西方世界公民的经验，但从某种意义上说，它确实具有普世价值。对城市的爱和因生活在城市中的困难而忍受的痛苦让我决定写这本书。

*在《看不见的城市》中您用女性的名字命名城市。为什么？*

我是从诸如巴尔米拉这样的名字开始的，它们既可以是女性的名字也可以是城市名，于是我就创造了整个系列。最初的名字可能是东方人的名字、拜占庭人的名字；然后过渡到受伦巴第人历史启发的日耳曼人的名字。跟给人物起名字一样，这是一项有难度的技术活。

对您而言，给您的作品人物起名字意味着什么？

对于一个作家来说，它始终是一个很微妙的时刻。我有时会因无法给一个人物起名字而卡壳好多天——一些人物适合这一个名字，另一些人物适合另一个名字。正确的名字有利于人物的自我定位以及同试图理解该人物的人进行交流。

在您的《宇宙奇趣》中，为了从日常生活中得出自己的联想，您运用了一些科学数据和科学引证。与其将宇宙用这种方式人性化，把它留在那遥不可及之地不是更好吗？

这是个很合理的批评。我的朋友，诗人安德烈·赞佐托也对我说，我不应该这样不尊重宇宙。但现实是另一回事。今天的科学不再创建图像，它将图像置于一旁，而打开了一个完全抽象的世界。从我在现代科学论文中找到的启发出发，我试图重新找到神话的可能性，试图创建原始的宇宙神话。与此同时，我想避开宇宙的某种浮华，通过一种共同的语言，通过日常生活的符号重新找到宇宙。我不知道我能不能做到，但这是我的本意。

在您的作品中，与博尔赫斯的相似性似乎越来越明显了……

对我来说，博尔赫斯具有非同一般的重要性。阅读博尔赫斯是为了揭示在我的兴趣中、在我的想象力的倾向中已经存在的某些东西。博尔赫斯喜欢一些英国作家，比如史蒂文森、吉卜林和切斯特顿，而我对这些英国作家也满怀钦佩之情，这将我们二人联系在一起。在读博尔赫斯之前我就已经喜欢所有这些东西。自然我有着完全不同的故事，一个几乎是第二次世界大战之子的欧洲年轻人的故事……并且我是从完全不同的文化坐标出发的。但跟博尔赫斯一样，我一般喜欢那些在幻想方面具有心理几何爱好的作家……并且我力图加入这个明星群体。

您是否觉得与德国当代作家也很接近？

我认为自己是君特·格拉斯和恩岑斯贝格尔的同龄人。也许现在的德国文学比意大利文学更丰富，更令人兴奋，德国有很多值得我们学习的东西。并且我认为在德国作家和意大利作家之间可以有一个非常富有成效的对话，也是因为已经存在一种共同语言。

您说您感觉是第二次世界大战之子。帕索里尼也曾认为自己是。但他也试图与战后欧洲理性历史中涌现的某些非理性倾向做斗争，比如消费主义倾向。那么您的立场是什么？

帕索里尼在消费社会里看到了野蛮和暴力。在他人生的最后几年他对此表示的谴责越来越具悲剧性……他的结局几乎就是对此的一个悲剧性确认。在这一点上，我的立场是非常困惑的。当然，在过去的十五年到二十年里意大利经历了巨大的变革：农村人口减少，城市变成混乱的大都市。这是在利益的推动下发生的，这些利益完全处在理性之外，也从不考虑未来。事实上，当今意大利是一个运转十分苦难的国家……也是因为没有任何政治力量、经济力量也包括精神和文化力量能够预见伴随着这场工业革命所发生的一切。

但您没有拒绝"理性主义者"和"启蒙主义者"的标签，这是在过去您经常被贴上……

确实，但这并不是说，我没有看到今天这场危机正在阻挠理性和进步这一原则。如果我没有看到的话，我就成了瞎子。但我也不知道是否有可靠的替代形式。不管怎样，我不认为生路在于回归农村世界，帕索里尼最后几年将其理想化的那个世界，其实他也是当时的受害者。可能我模糊地预感到出路在于使我们生活的这个世界变得更人性化，更适合居住……但不要问我怎么做，因为我不知道。

在此背景下，恐怖主义是不是有一定的文化意义？

也许有吧。但对我而言，恐怖主义主要是一种思想狂热化的结果，所以我只能从存在主义上理解它。这涉及的是一些年轻人，他们在政治上看不到任何解决方法，于是他们走上这条自杀与绝望的恐怖主义之路。

# 叙事的力量（1981年）

《叙事的力量（卡尔维诺）》，与让-巴蒂斯特·帕拉的对话，《革命》第53期，1981年3月6日，第36—38页。

概括一下，在您的作品中可以区分两种主要表现方式。一种是直击现实，以《观察者》为典型；另一种是通过整个一系列的媒介来认识现实：梦幻般的冒险、科学幻想等。在这些不同的方式之间您看到的是矛盾还是互补性？

首先，很明显我没有做选择。有时我踩下这只脚踏板，有时我踩下另一只。当我用间接的方式，即象征的或寓言的方式描述我的时代时，我能更好地表达自己，而无须过分担心那些寓言的意思。当一个图像变成我的想象，它就像具备了自己的力量，我就开始精心加工它，在这个过程中，含义、影射、与其他水平的知识和经验的关系就呈现出来了。当我阐述故事时，我就让含义的网络自行发展。我经常关注的是开放性的阅读。

另一方面，在一种高度现实的氛围里，现实立即强加于我这一代人（在抵抗运动之后，在战争之后，我这一代人迈出了文学上的第一步)……

正如您在 1964 年《通向蜘蛛巢的小径》的序言中解释的那样?

是的。那时我首先尝试的是写一部客观的现实主义作品,而不是自传。我的第一部小说也是为反对那个时代的整个回忆录式的文学而写的。

确实如此!在 1955 年的一篇文章《狮子的骨髓》中,您再次谴责存在于历史中的文学,并且一方面批评"倾向于没有理性秩序干预的客观性的……诗学",如"生活片段"或方言文学,另一方面批评"在非理性抒情的推动下使灵感和语言膨胀的表现主义的唯意志论"。您还说:"我们希望看到的文学应该表达出对我们周围的消极事物的敏锐智慧,应该表达出将骑士移进古老诗篇中的明确且积极的意愿。"二十五年后,给人的印象是您的分析得到充实,与此同时也发生了改变。那么您如何看待您走过的这条路?

我在那个时代写的作品还是进入了倾向文学,它处在一个自那时起获得了几次成功的总体蓝图内。今天,世界文学的全景,如果还能指出一个的话,已经完全不同了。某些恒量仍然存在:我对几何设计的热爱,对其中也包括道德冲动的叙事力量的热爱;但这个设计变得越来越复杂了。并且我对复杂叙事技巧的兴趣增加了。

这些话让我不禁想问您,您以什么方式写的您的那部新小说?您是如何选择了这种形式？产生这样一个如此完美的迷宫的过程是怎样的？

　　为了完整保留每个叙事在它开始时刻的力量，这本书是由多部小说的开头组成的。在小说的《西拉·弗兰奈里日记选》一章中（西拉·弗兰奈里是一个与我思想相距非常大的人），有"陷入深渊"的故事，即这本书诞生的故事，写这本书的第一个方案、想法。这个想法伴随我多年，我遇到了困难，我做了很多尝试。我真正开始写这部小说的时候，我没有写主人公男读者在读的文章，而是写**他的阅读和他的阅读效果**。之后，无法以这种方式继续下去，他读的东西似乎是真正的文章。但在这部小说的每个开头里都有一段关于写作和阅读的表述。

很难把握现实的复杂性、其扩展性、其出乎意料的事件、其破裂、转变，这些就像一条红线一样贯穿整部小说。您为什么将这个问题置于如此白热化的状态？在您的前期小说中它不是更简单吗？

　　年轻时，我们相信如果我们不明白一切，那么我们可以明白一切，可以简化一切。年纪大了，我发现世界越来越复杂，于是我就力图描述这种复杂性。我在表现形式上的爱好将我带向封闭的形式、几何的形式、相当规则的形式，但我看到的一切与我周围的混乱爆炸截然相反。我力求借助破碎的、复杂的形式，描述这种复杂性，以求找到一种统一，一种意义或相互交织的多种意义。

阅读、写作、书籍和思想的联系、批评等等，通常都是构成评论文或类似内容的话题，您为什么要用这些话题创作一本小说呢？

我看到这本书在我手中成长起来，并且日趋变成关于书籍的阅读、创作和传播的一种百科全书。有一个内在原因：当我有一个想法时，我总是尽量组织与主题同质的细节；并且因为有阅读和书籍作为主题，自然我就力图在这方面进行探索。再有就是我自身的原因：我一直在都灵像埃伊纳乌迪出版社这样的出版社里工作，当我旅行时，我也总是与出版商有联系。

事实上，您住的这所房子位于这条街的29号，而您的出版商住在27号！

（他笑了）还有一个文学的挑战。我要面对的话题通常是评论文、相当无聊的文章里的话题。我希望把它们变成故事，变成历险。

在当代评论文以及您的评论文章中，您如何看待作家和文学批评之间的关系？

我从一开始就关注法国评论家的问题和叙事的符号学研究。我还去听巴特关于巴尔扎克的《萨拉金》的课和格雷马斯的课。在这个领域，我对叙事结构的分析比对文本解构实验更感兴趣。在欧洲开始进行民间故事研究之前，我就已经研究它了，我一直对"演义"小说感兴趣，并且我认为在我的最新小说中可以发现对这个问题的反应。但我不是一个太严谨的学生。我抓住一个问题，并领会它，而当我写作时，真正让我感兴趣的则是我正在写的文本中的内在问题。我不喜欢仅限于使用解释性架构而忘了文本实质的批评。我喜欢保留惊喜的阅读。我对旨在于文本中寻找自己论点支撑的评论不感兴趣。我们始终需要进行反理智主义的论辩，因为必须始终保持与文本的直接接触，对此也可以用另一种方式进行理论化。应该说，需要在一定时间去理解的东西之后会变成一个障碍。

**在构思《如果在冬夜，一个旅人》期间，您是否想到了《宿命论者雅克》？我想说，在您的小说与狄德罗的小说千差万别的背后，两本小说中读者与阅读之间有着非常积极的关系。**

确实。《宿命论者雅克》是十八世纪的一部小说，其中的事件是由作品中的读者扮演的角色构成的。这是一本我非常喜欢的书。

**在《如果在冬夜，一个旅人》中，您写道："这位作者的每一本书风格变化都很大。这些变化正是他的独特性。"人们会认为这就是您。像您这样一位启蒙时代的崇拜者，您没发现在这些可以称为变幻海神的永恒变化之中有些巴洛克的东西？**

十八世纪是一个非常复杂的世纪，无法用太概括的程式来定义它。正如您可能知道的，我不喜欢写作。写作是一项艰苦的工作，只有当我写完的时候，才能给我带来满足感。对辛苦的唯一回报就是做一些新的东西。我也喜欢带领我的读者（到目前为止我还能让他们跟随我）进入新的形式。

在《分成两半的子爵》中，主人公寻找他的整体；在《树上的男爵》中，主人公寻找自主性；在《不存在的骑士》中，主人公寻找他存在的确凿证据。在您的新作中，读者出发去寻找小说……

寻找几乎是小说的一个条件。叙事必须朝着结局发展。就像侦探小说或寻宝的冒险故事一样，寻找也是民间故事、尚松、骑士小说的经典形式。您提到的三部曲以完整的人作为目标……也许我不再相信那么多……虽然没有一个理想的完整的人，但我还是继续与不完整的人做斗争。

大约十年前，您将夏尔·傅立叶的作品选编并介绍到意大利。现在有没有您想介绍给意大利读者的其他法国作家？同样，有没有您希望让法国读者认识的意大利作家？

对傅立叶作品的系列工作是在1968年五月风暴的背景下完成的，但我也抱有一定的讨论目的：傅立叶其实是要建立一个没有任何自发性、以精心组织为前提的理想中的社会。这与某种存在的冲动完全相反，无论是在那个时代还是在今天，存在的冲动都被视作解放的必要条件。①

总是有很多作家等待大家去发现，但也有很多知名作家等待大家去重新发现：尤其是巴尔扎克，犹如取之不尽，用之不竭的宝

---

① 见乔治·梵迪做的采访。

藏，我曾多次对他做重新解读。从阿里奥斯托开始，需要让法国人了解的意大利作家不胜枚举，在伏尔泰时代，阿里奥斯托在法国为人熟知，任何受过教育的法国人都能用意大利语读他的作品！

当代作家中，情况令人汗颜，例如，没有任何一家法国出版商出版乔治·曼加内利的作品，而他是一位非常细腻非常有趣的作家，一流的名家！

# 我总是尝试新事物（1981年）

《名为卡尔维诺的魔术师》，由卢恰诺·卡普里尔采访，《工作》，1981年，第3页。

您说过，一座城市也是一个藏身之所，在巴黎居住了十三年之后，几个月前您回到了罗马。也许与其他城市相比，巴黎能更好地发挥这一作用？

近年来，我经常住在巴黎，现在我仍时不时地去那儿住一段时间，也是因为在巴黎我可以更清静，不会有太多采访请求。

那么圣雷莫，您的出生地，您会时常回去吗？

那儿还有些家族事务，我有时会因此回去，经常牵扯到一些实际的麻烦。

在您早期的小说中经常出现利古里亚大区的环境和氛围，随着时间的推移，您不再描写这些。也许是因为您不经常回去了，所以您已经跟家乡失去了联系？

我想这更多地应该归因于作品风格：我对回忆录式的文学涉足得越来越少，而回忆则是与利古里亚的风景密切相关的。但我认为，不论是在人物形象中还是在语言中，利古里亚时不时地出现在我的作品中。

您的第一部小说《通向蜘蛛巢的小径》，是以圣雷莫周边地区作为背景的。
　　我对圣雷莫的腹地和利古里亚的阿尔卑斯山地区非常熟悉，我是利古里亚的山里人，而不是利古里亚的海边人。

《树上的男爵》的情节也是在您童年时期的环境中展开的。
　　实际上那是基于利古里亚大区幻想的场景。

从那之后，您有何变化？
　　当我写《树上的男爵》时，在两个截然不同的角色之间，当时也许我认为我与在树上且被政治所左右的哥哥更能达成一致；现在也许我觉得我更接近那个用第一人称叙述的角色。

实际上，多年前，您在《晚邮报》上发表过政治和社会性质的社论文章。
　　曾经有一段时间强烈要求作家参与头版文章的发表，我总是力求发表一些负责任的话题。现在我还时常在《共和报》上这么做。在这些新闻评论中，持有自相矛盾的论断的人最为聒噪。我有时也想说些自相矛盾的话，但后来我想万一我的说法被采纳了呢？所以我宁愿保持沉默。

此外，您说过，通过您的小说中的寓言来谈论时事让您最为快乐。

我认为，直接陈述的事情只有在说出来的时候才有价值，间接地、通过象征陈述的事情则一直有现实意义，并且能够找到新的应用。

由于您那引人入胜的讲述方式，您讲述的故事经常有一种将读者带入业已失去的那种童年时的幻想世界的能力，从中看不出来作家的"技艺"。

谁知道呢，也许一定的纯真和简单符合读者的交流和行为技术。这不应由我来评说。

您有非常广泛的受众，从小学生开始都是您的读者。

多年来我的书《马可瓦尔多》被老师们当作教材，在小学里得到广泛阅读。因为这是一个相当简单的范例，老师们敦促他们的学生创作出马可瓦尔多的同类型的其他故事。孩子们还创作出很多画作送给我，我现在有一整套收藏。

您说过，对您而言，写作非常难，但我认为，难的是找到一个好的主题去写。

就像我在口头表达上有一定困难，我在写作上也存在困难：写作意味着删改，意味着将一个句子组合在一起，然后对其进行加工，使其尽可能接近我想说的那个意思。

但是在您的作品的某些篇章里，例如《宇宙奇趣》或者写给阿达米的那些文章①，您的讲述方式是如此流畅，充满自发性，下笔如有神。

有些时候确实如此，但是通常情况下，这种容易、这种流畅是一种结果，而不是起点。按照相同的书写动作、书写或绘图姿势进行写作是我的主旋律之一。

他们说您是非典型的小说家，同时他们把您与博尔赫斯相提并论。您同意吗？

我第一次读到博尔赫斯的作品时，我已经写了部分书，具有自己的特点。但是当然我在他身上找到了相似的品位与风格，这在我的作品的某些方向上可以得到证实。但我每次写书，都会做些新的尝试，这正体现了我的非典型性。

《如果在冬夜，一个旅人》让您的实验主义达到了高潮，创造了大盒子套一串小盒子的中国盒子，或者正如人们所说的，寓言的寓言的寓言。

---

① 《献给瓦莱里奥·阿达米的四篇伊索寓言》(即《手与线》《脚与外形》《水平线与蓝色》《文字、颜色和声音》)，收录在《瓦莱里奥·阿达米》，马可尼工作室，米兰，1980年。后编入《长篇小说与短篇小说集》第3卷，第414—418页。

其实,虽然我把这台机器安装得如此复杂,但我见读者都乐在其中。

最后一个问题:您是否正在创作新小说?

为了避免霉运,我从来不谈我正在做什么,也是因为我总是很多事情一起开始做,但最后有些能够坚持到底,有些则半途而废。

# 叙事可能性的一览表（1981年）

《站在所有著书人背后的人（伊塔洛·卡尔维诺的《如果在冬夜，一个旅人》)》，由菲利普·迪·梅沃采访，《文学半月刊》，第346期，1981年4月16—30日，第11—12页。

从《命运交叉的城堡》开始，就可以感觉到您对叙事方式赋予了极大的关注，尽管之前就已经很积极了。

我认为，过去十五年里，当代批评一方面朝一定的文本解构发展，另一方面对传统小说或通俗小说的叙事方式产生了兴趣。就我而言，我一直对叙事符号学感兴趣，并且希望在我最新的这部小说中看不到理论研究，而是近乎天真地沉浸在小说阅读的愉悦之中。可以说我这本书的男主人公是一位天真的读者。女读者进行的则是更自觉的阅读，她始终表现出阅读的欲望，始终无法满足于她想要读的内容。这里列举了可能存在的读者的完整清单：像乌齐-图齐教授一样超级高雅的读者，女读者的姐姐罗塔里娅则是不良阅读的例子，或者说是总是在文本中寻找对她已知内容的确认的理智女读者。还有一个绝对的非读者的角色，伊尔内里奥。

按照我的习惯，我围绕一个主题，力图竭尽其所有可能而构建了这部小说。

阅读似乎是《如果在冬夜，一个旅人》的主题之一，但它首先涉及的难道不是作家权利的重申，您的职业的重申吗？事实上，读者这一人物角色，以及狭义上的读者，都只不过是您手中的木偶，您拉着所有的线，给他们指出他们快乐和失望的地方。

是的，在意大利，一位批评家已经注意到这种情况：我一方面坚持给读者自由，而他们作为人物角色，我又将灾难性的冒险强加给他们，他们作为读者，我又将各种不如意、坎坷强加给他们。是的，可能作家无法从他对读者的专制角色中摆脱出来；或许作家注定要扮演这个角色，但我要强调一个事实，即作家始终为部分读者写作，他始终感觉有若干双眼睛正盯着他的白纸黑字。读者的愿望以某种方式强加于作家的作品。这是非常商业化的作家角色的问题，我想将他塑造成一个成功作家同时又具有超批判意识，一个消费作家同时也是一个饱受折磨的作家形象。

您非常喜欢十八世纪的小说，当您开始写您这部小说的时候，心中是否在想着《宿命论者雅克》？

我想过，但不是在开始写的时候。在某一刻我意识到，是狄德罗在《宿命论者雅克》中将合著者这一角色赋予读者的（他是在读了斯特恩的《项狄传》之后写成此书的）。它是第一批从外部视角进行审视的小说,没有强制读者相信他周围的虚构世界,而是让读者自己去观察;它假设读者在看书的同时看这个世界。

因此它提出了文学事实的模糊性和文学虚构的力量。
　　我认为,这种模糊性在布莱希特的戏剧中得到了极大的重视和完美体现,他希望观众是有意识的……

但在您的作品中没有说教……
　　我的作品中没有说教。如果说能从文学中学到某些东西的话,我认为学到的东西取决于想象的形式,取决于我们观察世界的模式,这是一件非常缓慢的事情,是对灵敏度、与世界关系的影响;我不认为有人可以在抽象理论方面给人教导,否则就不值得写小说和短篇故事了。

这本小说发表后,您立即出版了题为《文学机器》的理论著作。人们对此书的印象是,对您而言,理论包括在叙述主体中,无法与之分离。
　　是的,我认为,这将是理想的。有很长一段时间,我在写作的叙事语言和理论化语言之间经受着一种精神分裂症般的折磨。我的作品发表时(我于1955年开始写作这些文章,那时我开始用批判的眼光看带有时代政治倾向的文学)我选择了《文学机器》作为标题来标示距离感。今天,这本书中我唯一完全认同的文章是最后一篇。①

您所有的故事题目组成了独一无二的一句话。这是否意味着我们面对着两种论述：一种是"批评性的"，另一种是纯粹故事性的，它以"文学如同谎言"的意大利争论为背景？

我的书与乌力波的共同之处在于 le contraintes，即强制。我需要以某种方式将一些必要的开头组成的书作为规则，因为题目必须限为一句话，也许这句话本身就是小说的一个开头；每个类型的小说也许由女读者在每个章节里宣布。女读者说"我不喜欢这本书"，"我想看另一本"。这个题目对下一部小说里发生的事情有文字指涉，所有这些小说的开头都有一种形态，简而言之，就是它将所有人联系起来。以第一人称说话的男人被一女性吸引，他陷入一种非常危险的境地，他要面对一名极其危险的、集体的敌人，这种情况始终重复。如果这不是民间小说的"游戏"的一面，就是传统小说的"游戏"的一面，同时这些危险加剧了今天追随一个故事的不可能性。这也许是我们生活的这个世界的反映。读报纸，看到了故事的开头，但永远看不到结尾，看到了影响但却不知道隐藏其后的原因、起因。我的书谈的是文学，但也是谈世界的状态。

似乎您在用书籍反对媒体。在您最初对文学营销的模仿中，尤其在您提出的阅读中，包含着分离、孤独之意。您笔下的人物在他们开

---

① 最后一篇为《文学中现实的层次》。

始阅读的那一刻就彼此分离了。

这是一本关于阅读的书,是一本关于这种孤独条件也是创造性条件的书。事实上如果没有这种孤独的、沉默的、思考的阅读,没有一种内在的时间,这本书就将不存在。在面对媒体的集体施压时,我支持这种阅读的力量;同时我认为,读者的自由也始终存在于大众社会中,反对对大众文化进行末日批判。[……][1] 阅读体现的空间是不可摧毁的。在我的书中,阅读最终获胜。

我的书诞生于突出文学事实的虚构这一文学形势下。在意大利,乔治·曼加内利是声称文学如同谎言这一潮流的激进分子。我的书也是我想以艾尔梅斯·马拉纳这个角色进行表现的产物,他是一个反派角色,但他身上也有我自己的影子;书中我描绘了写作行为中存在的神秘乐趣。很久之前,我就已经意识到,讲述一个以我所不了解的环境为背景的故事,该故事卖弄着我所不具备的知识,这会给我带来极大满足感;这是一个极大的乐趣,一个魔术师的游戏。

人们的印象是,您想对战后的叙事经验做一个"全面"的总结,其隐喻就是那个您称之为"故事之父"[2] 的盲目性,即作家创造出象征性并以某种方式将他遗漏的题材放入作品中。

---

[1] 此处省略并非编者所为,而是原文如此。
[2] "……'故事之父',一位寿数不知几何的长寿盲人,他一字不识却能滔滔不绝地讲述他从未去过的地方、从未经历过的时代的种种故事。"(《如果在冬夜,一个旅人,小说与故事集》第 2 卷,第六章,第 724 页)

我不喜欢"全面"这个词,我们称之为一览表或百科全书……

是萨维尼奥那个意义上的吗?

是的,是整个"百科全书派"的作家这个大家庭的意义上的,从萨维尼奥到博尔赫斯,他们也是些充满了好奇心的人,当然他们并不打算把对世界的全面看法强加于人。我的这个叙事可能性的一览表不奢望详尽。我选择了十种类型的小说,但我本想介绍更多。该一览表还对应一系列对世界的态度。这个"故事之父"是超小说家,他置身于所有所写内容、作家所阐释的永恒且匿名的声音之后,这种声音是文学之声、神话故事之声,不仅是书面的也包括口语的神话故事……这是一个先于图书馆、演说者、行吟诗人的形象,也许是《一千零一夜》的一个形象。

# 阅读小说（1981年）

《伊塔洛·卡尔维诺（《树上的男爵》的作者为其最新小说找到了一个黄金主题：小说的阅读）》，由皮埃尔·蓬塞纳采访，《阅读》第68期，1981年4月，第125—135页。

在《如果在冬夜，一个旅人》中，我发现一句话："……最好不要认识作者本人，因为真实的人从来不会与读书时想象的作者形象吻合。"所以我是不是最好还是不要试图认识您，采访您？

实际上这取决于作者。普鲁斯特洋洋洒洒地写了很多来表达《追忆似水年华》的叙述者在见到他一直仰慕的贝尔戈特之后的失望。起初，作品中的形象与真人不符。但后来，叙述者重新回想他的失望，他意识到现实生活中的贝尔戈特真的就是书中的贝尔戈特。事实是，差别始终存在，很难将作品中的作家与作家本人对应起来。

但我认为，您不喜欢被采访。

我写作是因为我口头表达能力差。如果我谈话没有困难的话，也许我就不会写作了。而当我接受采访时，我经常是在问题提出的几个小时后才找到我想给的答案。

我明白了，如果您愿意，我可以现在提问，然后明天我再回来……

不用了，有时候我需要绞尽脑汁去表达。另一方面，您不要认为我只是讲话困难。对我而言，写作也很难。一句书面语始终是搜肠刮肚，不断接近，反复删改的结果。甚至可以说，越是看似自然的一句话，背后越是需要真正的工作，永无止境的工作。

您的小说本身完美结尾，但同时又似乎没有结束，仍然以某种方式在"工作"。《如果在冬夜，一个旅人》就是最鲜明的一个例子，它含有十个没有结束的故事，而这些故事之间又相互联系。

我力图创作有完整形式的作品。在这个意义上，《如果在冬夜，一个旅人》是一台自动机械，装有非常精确的齿轮。我认为，书中打开了一个内部空间，书自身内部有一个无限的空间，但从外部看，它呈现为一个封闭的形式。

今天我们在巴黎见面，您曾在这里住了很长时间，最近才回到意大利。您说您"从阳台"看世界，就像树上的男爵一样从一定距离之外看世界，那您怎么看巴黎？

有一段时间，我在意大利和巴黎之间往来，但最近我主要生活在意大利。我的情况取决于里拉和法郎之间的汇率。很少有人问我为什么在巴黎过得很好,这是一座几乎一切都在运转的城市,这对于一个意大利人来说不是一件易事。巴黎还是一座有历史底蕴的城市,随着时间的推移而不断发展的城市,而意大利主要是不同历史的重叠。然后,巴黎是一座我觉得能在其中自然生活的城市,尤其是对一个作家来说。不仅是因为法国现在的文化,也因为这是一个传统,似乎来自世界各地的作家都曾经在这个记忆中的地方自然地生活。我想补充一点,在巴黎这座城市,我的知名度没有在意大利高,所以我会很清静,不用接听电话。

法国现在的文化似乎并没有特别吸引您。

确实,比如说,我总是对盎格鲁-撒克逊文学更感兴趣。但是我非常欣赏比如列维-斯特劳斯、杜梅泽尔或语言学家格雷马斯等学者。我也非常欣赏巴特。

(在一期关于卡尔维诺的法国文化广播节目中,后来这期节目内容刊登在《世界报》上,巴特在分析了卡尔维诺的叙事文本的数学之美之后,他说:"在卡尔维诺的艺术中,在人流露出的情感中,在他所写的内容中,存在着——用一句老话说就是——感情。你也可以说它是人性,我想说它几乎是一种仁慈,如果这个术语不是太具约束力的话。在他的行文中始终有从不会受损也从不挑衅的讽刺,存在距离、微笑、同情。")

我尤其是雷蒙·格诺的忠实崇拜者和朋友,我将他的《蓝花》

翻译成了意大利语。①

您曾经还与他一起参加了乌力波，即潜在文学工场。

雷蒙·格诺向我介绍并让我加入了这个团体。该团体与其他几乎所有的文学团体都不同，此外我也从来没有参加过其他文学团体。乌力波并不古板，而是带着游戏精神去研究严肃的问题。我至今仍沿用乌力波的基本理念，即每部文学作品都建立在强制、自我强加的游戏规则的基础上。

例如，就像一个需要证明的定理一样。

是的，基本如此。自我强加一些强硬的强制条件，并且这是一场需要获胜的挑战。技术上的强制通常是艺术的源泉。

《如果在冬夜，一个旅人》中您写了十部小说，尽管这十部书都没有写完，但在阅读的时候，它有时会让我想到雷蒙·格诺的《风格练习》。

这真的是一个令我开心的对比。我们的两本书不一样。格诺用九十九种不同风格描写了发生在公共汽车上的一个日常生活情节，我写了十部看似完全不同的小说开头。尽管人们无法立即察觉，但这十部小说开头有一个共同的规则。我寻求一个典型的小说情境，并将其使用了十次。它始终是一个男人不得不面对一股神秘力量的

---

① 《蓝花》，都灵：埃伊纳乌迪出版社，1967年。

威胁。他处在由女性或女性形象造成的危险境地之中。我的十部未完成的小说中的每一部都是这种小说情境的变体，每一部都与女读者这一关键人物的想法对应。她通常说："是的，我想看的小说其实就是这一本，它符合对世界的态度，等等。"所以随后的那本小说就是女读者想要读的那本。

您写了这些小说的开头，有间谍的、色情的、形而上学的、比利时的、日本的、南美的等等，您乐在其中。

能够换上虚构作家的皮囊，成为这些小说的虚构作者，无疑是最为有趣的事。乐趣在于不断变换皮囊，从侦探小说到革命小说，然后再到日本小说，总之是伪装我自己。有时我很想写完已经开了头的故事，有时我又会很高兴不必继续写下去。我这十部小说的其中一部题目为《在线条交织的网中》，讲述的是一位男性认为所有电话都是找他的而苦恼的故事，另外这也是我酝酿很久的一个故事的开头。我从来没有下笔写过这个故事，因为我不知道故事情节该如何发展。

但对读者而言，这些小说有头无尾，阅读它们会有一种真正的挫折感。

我的观点是，每部小说的力量都集中在开头。我认为我的十个开头中的大部分都已经包含了一切。那么另外的二十页、一百页、两百页也讲不了更多的东西。为何还要继续？

在《如果在冬夜，一个旅人》的所有奇闻异事里，提到了能将任何小说从开头补充完整的计算机。这台计算机"编好了程序,能够以完全忠实于作者的观念和风格特点来展开文本的所有素材"。我说的不是令人不安的 oephlw,"文学作品均一化电子创作公司"。事实上,考虑到您对科幻的兴趣,我不知道您是否真的相信这样的发明,相信存在可以从开头将小说补充完整的计算机。

我觉得今天书店里的很多书都可以由计算机写出来。而且我还认为,也许电脑写出来的效果会更好。至于这些预言是否会成真……文学中不可预见的才是有趣的,不可预见的才不可能被编程。

《如果在冬夜,一个旅人》中会读到这样一句话:"作者开始卖弄现代作家的拙劣技巧。"对您自己的书的这种讽刺是不是也是对如今小说陷入困境,再也没人相信小说的这一局面的一种确认?

不管怎样,这对我而言都是真的。我总是希望遇到一位简单而纯真的作家,他能说些真正新颖的东西。但我在同龄人中没有遇到。即使是像奥地利的托马斯·伯恩哈德那样真才实学的叙述者的情况下,仍然可以看出他的叙事文本非常理智,结构复杂。

您常常提到"边界线",一方面是指写书之人的边界线,另一方面是读书人的边界线。您还说:"自从我成为写作的苦役之后,对我而言,阅读的乐趣就结束了。"

哦,是的,确实!有点怀念……我试图尽可能无偏见地阅读,但我必须建立我的独特空间。这是好事:一个人自从沉浸在出版行业的生活中，把文学作为职业的那一刻起，就走向了反方向，再也不以同样的方式看文本。所以，我时常对读者的情况有着深深的怀念，他无须因为要写书评、广告、封底文字、作品介绍等而去阅读一本书。

**但您可能会十分赞同萨特在《文字生涯》中的一句话："我生命的开始可能与我生命的终结一样：都是在书中。"**

无怨无悔。无论如何，鉴于我已经到达的位置，我觉得我很难改变方向了。

**您在埃伊纳乌迪出版社工作了很长时间。很明显《如果在冬夜，一个旅人》中有许多专业工作的回忆：十六开本的混乱、错误的封面、纸张的单面印刷等所有事件。更何况还有非凡的卡维达尼亚博士，他是一家出版社的勤杂工，从手稿到仓库，他"每天见证着书籍的诞生与死亡"。**

这本书的情节带我穿越了出版界，也就是我的经验。您说得对：卡维达尼亚博士是取自真实人物。他曾是我在埃伊纳乌迪出版社的一名同事，不幸的是他在我的小说出版前几个月去世了。在我们这个行业，这样的双重性极为罕见：既是编辑工作的强大从业者，同时又保留了大众阅读的纯真鉴赏力。他具备非知识分子阅读的能力。[1]

---

[1] 人物原型为达尼埃莱·彭克罗利（生于维亚达纳，1924—1979），在埃伊纳乌迪出版社做了很多年主编。

在您的编辑工作中,您是否想过将书稿混合,将 X 的书以 Y 的名字出版,颠倒十六开本,出版虚假之作?

您提的问题真令人尴尬。作为编辑,我具有一个编辑的良知,这不允许我想象这样的事情……

很明显我一点都不相信您的话,因为您是博尔赫斯的读者,而他是假书假序跋的发明者。

博尔赫斯为虚假参考书目的想法赋予了不凡的文学空间。但请记住,在博尔赫斯之前,就已经有一位作家有过这种想法:恰巧也是我最喜欢的法国作家之一,即马塞尔·施沃布。他是一位非凡的学者,对什么都好奇,无事不晓。在施沃布写的《想象的传记》中,通过他的文化修养,带领我们穿越了几个世纪,他也是一位虚构书籍的伟大发明者。

读您的书,让我想起了斯威夫特的《图书馆里的古今之战》。

是的,会让人想起在国王图书馆里发生的古代图书军队与现代图书军队之间的这场战争。斯威夫特是我最喜欢的作家之一,这并不是出于偶然。

《如果在冬夜,一个旅人》主要是书的物质性,书是对象。

我希望书被视为真正的物质对象。我常常谈到书的十六开本、装订、封面。我还会提及裁纸的乐趣。这是一种正在消失的乐趣,但我承认,在地铁上带着裁纸刀阅读口袋书不太方便。但毕竟我们可以想象地铁上满是裁书的人……这挺好……

您用了一个我非常喜欢的表达方式：您谈到一本刚刚出版的书的"恶魔之美"。

难道您不觉得真是这样吗？就像"恶魔之美"一样，新出版的书的美持续时间很短。正因如此它才更迷人。您知道在意大利人们将"la beauté du diable"（恶魔之美）称为"驴子之美"①吗？但即使是用过的、书页泛黄的书也有一种独特的魅力。

米歇尔·布托尔曾对书籍展开过研究，您对这种研究感兴趣吗？

虽然我没有一直关注米歇尔·布托尔，但我对他的工作很感兴趣。但是至于我，我对其他书籍形式的唯一尝试就是《命运交叉的城堡》中围绕塔罗牌游戏构建的内容。这里面既有用系列形象讲述的故事，也有用文本讲述的故事。通常来说，我不太相信像米歇尔·布托尔在新类型书籍的方向上做的那种研究。我非常喜欢图形艺术，但如果放任自流，书很快就变成了视觉艺术，在我看来不是这样。对我而言，书仍然是平面的纸。我不相信，例如三维立体的书或电视荧屏上的书。我唯一能做的已经在叙事结构上做过了，然后把这些经验投射在传统的页面上。

---

① 意大利语 la bellezza dell'asino，为了与法语的"恶魔之美"对应，此处为直译，意译应为"青春美"。——译者注

我注意到，您的书从第一段开始就带有读者的象征性动作：关掉电视。仿佛书和电视是完全对立的，不可兼容的。

我承认这个开头不是有意识要如此的。这是一个自发的反应，但与现实相吻合：电视和阅读每天晚上都在我的生活中竞争。如果电视上没有任何我想看的内容，我就会感到一种解脱，然后我就可以安安静静地读书了。我经常看电影和时事报道，但我不能不考虑它们占用了阅读的时间。我属于书籍文明，我无法以其他方式做出反应。如果与书籍竞争的有生活、旅行、结识他人，或许我不会将这些经验理解为对立的。但是电视和书籍之间是真正的对立，因为这涉及两种文化产品。它们之间没有等级划分，我必须承认，书籍是我的表达方式，是我的职业，而电视在我看来更像是一种消遣或消息的补充来源。我更喜欢通过看电视来准确认识巴西亚马孙雨林的新高速公路。但对于诗歌、文学，如果不通过书籍去了解，那么真的还有其他途径吗？

但不管怎样，文学无法忽视图像文明。

在《如果在冬夜，一个旅人》中，小说的读者变成了书中角色，我不知道其原因是不是需要从电视或电影院里去寻找。从外部去看一本书或许也是视听时代的产物。说实话，书籍在我的生活中有一个可怕的竞争对手——电影，这是我的爱好之一。一般情况下，电影和小说之间存在着危险的竞争，因为电影的叙事形式主要来自小说。危险恰恰是相信电影和小说的同质性。这就是为什么很多作家出版的只有电影小说。我认为他们迷失了方向。保护与电影相关的文学作品的特殊性，即使让人用文字去看，也不要混淆文字和图像，这些都是非常重要的。写作是想象的另一种句法。

但今天通俗小说、动作小说、剑侠小说或间谍小说都让位于电影。

很遗憾，确实如此。这就是我为什么要写具有双重力量的小说，要写超小说。在这之中我把小说中的男读者和女读者当作另一部小说的主题。我想这样就可以重新找到某种大众化的灵感，继续留在文学之中。

您至少有两次提到了《一千零一夜》。对您而言，舍赫拉查德的故事，这些将死亡无限期推迟的"悬疑"故事，也是文学的范例吗？

它至少是故事的完美典范。《一千零一夜》是一本非常神秘的书，开放了故事产生故事的这种潜力。故事增殖的这种想法一直让我着迷：《一千零一夜》中的增殖，与巴尔扎克、薄迦丘或西默农的作品中的增殖一样。我是一位写作十分费力的作家，作品很少，我真的很羡慕像他们这样的人。

您让我想起了《如果在冬夜，一个旅人》中的"故事大纲"，其中介绍了"一位多产的作家"和"一位苦闷的作家"。

您看，我从 1947 年发表《通向蜘蛛巢的小径》开始，到现在我刚刚达到十五本书，有时书还很薄。当我想到巴尔扎克或他同时代的其他作家，我就觉得我的创作微不足道。事实上，十九世纪的作家的工作节奏对我而言是一个真正的自然之谜。巴尔扎克写一部宏伟巨著所用的时间我只够写一个短篇。同样，司汤达发表的作品不多，但写作速度非常快。我对我所写的内容总是无法确定：我写了然后进行修改，然后再写再修改，直到我感到厌烦。如果不是因为要发表而停下来的话，我会因为犹豫不决而发疯。我的思维方式是执拗的怀疑。但在某些时候，必须决定不再怀疑，否则会发疯。

《如果在冬夜，一个旅人》于 1979 年出版，在意大利是真正的畅销书。

但是，当它出版时，我认为这是一本需要读者做出一定努力的书。但读者似乎并没有知而不言，而这本写给看小说的读者的书获得了一定的成功。喜欢阅读的人包括作家如约翰·勒卡雷或格雷厄姆·格林都做出了非常积极的反应。《如果在冬夜，一个旅人》是一本可争论的并且复杂的书，不过我希望它也有很多浪漫的方面，也是一本可以带来阅读乐趣的书。我力图在字里行间激发阅读兴趣，避免死角。读者指责先锋文学是有道理的，不是因为它很难，很复杂，而是它没有对注意力和想象力进行足够的激励。我认为这一点上《如果在冬夜，一个旅人》无可指责。至于"畅销书"一词，我认为不适用于我的情况。我应该属于出版行话里所定义的"长销书"的作家之一。

销量极为可观，但分散在很长一段时间里。

确实如此。在意大利几乎我所有的书每年都会再版。《树上的男爵》于 1957 年发表，已经超过一百万的发行量。《马可瓦尔多》亦是如此，它在学校里受到广泛阅读。我意识到，《如果在冬夜，一个旅人》虽然是一本很难的书,却取得了成功,有点出乎我的意料。它立即大受欢迎,受到了读者的热评,在六个月内就销售了十五万本。

还需要说的是记者,尤其是那些政客,他们对这本书做了大量的宣传,他们不断拙劣地模仿该书题目,比如有份报纸的文章标题:《酷暑夜议员》。

不仅是书的题目,包括对应十部小说开头的各章节的题目也遭到模仿和恶搞,《在马尔堡市郊外》或《从陡壁悬崖上探出身躯》或《不怕寒风与眩晕》,所有这些表达都被记者用来吸人眼球。我的题目经常被模仿和恶搞。有点简单,但有名气,不是吗?

您能接受用一个假的封面或用笔名发表作品吗?

我常常思考这个问题并问自己:如果我开始没用我的名字发表作品,而是每次变换一个笔名,那会怎样呢?我可能会更自由?但文学名气积累的影响就不存在了,它可以让一位作家变成众人熟知的作家。我认为,每一位作家都需要它。

您是否给出版社发过匿名手稿?

如果我发过,我也不会说!

可谁又能证明他刚刚读完的不是伊塔洛·卡尔维诺的虚假采访呢?

这很简单:伊塔洛·卡尔维诺的虚假采访会更加光彩夺目……

# 莫扎特的叙述者（1981年）

《因莫扎特未完成的作品，卡尔维诺变成了"歌剧编剧"》，由毛里奇奥·波罗采访，《晚邮报》，1981年6月20日，第25页。

卡尔维诺遇上莫扎特。这将会是什么？爱情联姻（就像伯格曼和洛塞在荧屏上用《魔笛》和《唐璜》进行庆祝的那样）还是兴趣联姻？

二者都不是。我喜欢莫扎特和十八世纪，仅此而已。要我说这是一场偶然的联姻，因为我的友人亚当·波洛克，英国布景师-制作人，此次事件的策划者，他要求我对这部戏剧进行假设重建，这部戏剧涉及更多的是戏剧而不是滑稽戏。

那么托斯卡纳-英国-莫扎特这三方协议是如何诞生的？

波洛克，这位经理出于热爱以及不确定是不是出于利益，若干年前购买了巴蒂尼亚诺的修道院废墟，如今已经修复，从1974年开始在这里举行高端、高深、高雅的夏季歌剧节，众多英国歌手和音乐人齐聚托斯卡纳的修道院，共度一段时光，并且只需付生活费即可。今年夏天，除了《扎伊德》，还将上演莫扎特的《虚伪的单身汉》，这是他早期为哥尔多尼的剧作谱曲的一部歌剧。

但是介入莫扎特的作品是不是过于鲁莽？

您看，我们讲清楚，不是我要介入莫扎特的作品。我只是写了朗诵部分，音乐文本仍然是德语，沙赫特纳写的。这部歌剧留有十五个音乐片段，事实上有咏叹调、二重唱、合唱、幕间插曲，但它是一部歌唱剧，所以应该有对话段落，而恰好缺少对话段落和结尾，我的任务就是在这种情况下进行的。

故事是什么？像《后宫诱逃》吗？

舞台布景是相似的，我们一直身处远东的芳香和服饰中，但这里的关键是戏剧，而不是谐歌剧。扎伊德是苏丹苏里曼的宠妃，她爱上了一名奴隶，他是西方人也是基督徒，他们一起试图逃跑。苏丹的心腹阿拉津介入到二人中，帮助他们实施他们的爱情逃跑计划。为什么？结局如何？

这就是您给出的答案？

不是，我不做任何评价也不做任何决定，我给出四个可能的结尾，以便让大众可以按自己的喜好进行选择。我不想特意"结束"故事。

这部歌剧曾经上演过吗？

是的，通常用莫扎特其他歌剧的段落将其补充完整。而在这里，我们遵照《扎伊德》的原始总谱，没做任何干涉。为此，我不得不写些连接的段落，也就是说，缺少的那些承上启下的段落。

请您具体说说。

实际上，我创作了一名外部人物，即一名叙述者，在舞台上将由一名意大利演员担任此角色，他的任务是连接戏剧中的各种活动。

对于像您这样一位作家来说，这一创作的风险是什么？

风险在于干涉太多，太深。因此我尽一切努力让虚伪仍为虚伪，环境仍为原环境，一切都尽量清晰。总之，我从未要代替莫扎特，也不是他的编剧。所以，我不会把今天我作为作家的个性置于其他人的个性之上。音乐素材和口语素材保持不变，我只是建造了一个盒子，一个容器，仿佛在寻找未完成的故事，因为正如我所说的，我也不能完成它。想说它是元故事？是的，我们可以这么说！

# 当代寓言家（1981年）

康斯坦斯·马基，《伊塔洛·卡尔维诺：当代寓言家》，《意大利季刊》第XXIII期，总第88期，1982年春，第77—85页。采访于1981年8月在洛卡马勒录制完成。

虽然您成为意大利和欧洲备受推崇的作家已经超过三十多年，但是在美国，您的作品只是在最近才开始受到赏识。以去年为例，您的《意大利童话》在美国受到一致好评。这本书一下子就吸引了美国读者的注意力，而您早期的小说如《分成两半的子爵》或《树上的男爵》则没有做到，您如何解释这件事？您如何解释《意大利童话》获得的巨大成功？

似乎今天的美国对童话产生了浓厚的兴趣。我不知道这种热情是不是部分程度上由目前对生态的关注和回到自然环境和人类自然本质的推动力造成的。如果让我说，民间传说在本质上是自发的、未受到现在文明污染的创造性行为。也许正是童话的这种简单、不复杂吸引了美国读者。但是我们也必须认识到这样一个事实，在最近几年它体现了英语读者的进一步倾向，清楚地反映在对被称为"幻想的"或"幻想文学"体裁的爱好者人数越来越多。也许是因为托尔金，我们第一次看到了当前"幻想浪潮"的表现。但是我早期的幻想类作品，包括《不存在的骑士》和您刚提到的那些，事实上先于最近这个幻想潮流，并且它们有着截然不同的促动因素；即使今天文学的前景迅速变化，我的这些早期作品已经开始迎接新的读者。

我们必须稍停片刻，对我的个人作品和《意大利童话》做一个准确的区分，因为它们之间没有任何联系。我的原创作品的价值取决于我的创作灵感；而《意大利童话》的价值在于作品忠实于传统，实际上不涉及我本人任何的创作。《意大利童话》基于十九世纪意大利学者的民俗收集。我真正的工作是选择故事，从各个地方方言翻译到意大利语，在保持忠实于讲故事的民间方式的同时，赋予它们一个更为流畅的风格。

至于我的小说，第一次在美国真正受到欢迎是在大约十年前，在《看不见的城市》出版后不久。这本书的成功让我感到惊喜。我没有想到，恰恰是《看不见的城市》能够获得这么多的读者，尤其这不是一本小说，而是一本散文集。我还应该感谢戈尔·维达尔在《纽约书评》上发表的一篇文章让美国读者认识了我。[1]

尽管《意大利童话》像您所说，从狭义上讲不是您的作品，但序言

---

[1] 《童话般的卡尔维诺》，《纽约书评》第XXI期，1974年5月30日，第13—21页（意大利语译本题目《卡尔维诺的小说》，收录在戈尔·维达尔的《金丝雀与煤矿——1956年至2000年文艺论集》中，罗马：法齐出版社，2003年，第252—269页）。这是一篇关于美国出版的以下书籍的英译本的一篇长文：《通向蜘蛛巢的小径》《树上的男爵》《不存在的骑士》《分成两半的子爵》《宇宙奇趣》《零时间》《观察者》《看不见的城市》。

肯定是您的作品。在序言中,您对童话和幻想文学做了不计其数的奇异的并且在智力上具有挑战性的评论。比如,您说童话故事都是"真实的"。您的意思是什么?

我指的是人类学家关于童话的说法:童话起源于蒙昧时代的古老的部落仪式,起源于那些步入成年并且以充分名义进入部落的仪式。但对我而言,更进一步讲,童话故事的基本真理取决于一个事实,即童话不可避免地代表了生命基本要素的目录,代表了生命从出生到死亡的一系列关键事件的传承。

当您谈到启发童话故事的人类事件目录时,您是否想暗示它与人类的无意识以及神话息息相关?它是否与荣格的集体无意识的概念有关?

当然,人类的集体无意识在童话创作中具有非常重要的作用。当然,与人类的天性和生活节奏也有一定关联。但是我们试图更加灵活。人类无意识不可避免地要经历改变:即使我们个人生命的历程极其短暂,我们也已经见证了人的习惯和思想发生了翻天覆地的变化。

美国精神分析学家布鲁诺·贝特尔海姆与您一样,也对童话表现出极大的兴趣。在他的书《魔法的用途:童话的意义与重要性》中,他认为童话可以在孩子的情感发展中发挥重要作用,提供某些方法来应对生活的残酷和忧虑。据贝特尔海姆看,在孩子的心灵中歧义的空间很小:因此,通过黑白色的童话世界,孩子在不经意间学会"推断""道德行为的优点",并意识到"犯罪不好"。您同意贝特尔海姆关于童话可以在孩子（以及后来的成人）的情感发展中发挥作用的理论吗？

事情并没有这么简单。童话故事描绘了一个残酷的世界，而且并没有提供一个适用于解决生活中的问题的方法。事实上，童话故事充满了矛盾和模糊性。童话中有很多误导性的人物，这些人物起初似乎是积极的，但随后证明并非如此。

比如，小红帽想去看望她的外婆，但外婆却是大灰狼伪装的。在《美女与野兽》中，情况却恰恰相反。贝儿以为她遇到了一头野兽，但后来才明白他是一名英俊的王子。这些故事到了结尾我们才明白谁好谁坏。只有到了结尾才能知道。

那么您不觉得童话的魅力在于它们可以教给我们某些隐含的教训或道德吗？难道您不认为，《奥德赛》和《埃涅阿斯纪》等伟大的史诗中所描述的神话，比如英雄的传统追求以及最后他战胜罪恶和逆境，这些都是为了给人类提供慰藉和重拾对自己的信心？

不一定。真正有价值且有效的道德是很难建立也很难遵循的。关于传统的英雄故事，有些故事是令人欣慰和鼓舞的，但还有一些故事并非如此。我们以浮士德的故事和帕西法尔的奋斗历程为例。自从他们的故事的任何结局都不能令人满意以来，诗人和作家们已经持续几个世纪都在讲这些故事了。

但是您也利用很多传统故事或神话作为您作品的基础。例如，您的新书《命运交叉的城堡》，在我看来也是最好的书之一，似乎明显以胜利的英雄神话为模型。虽然每个故事的组成不同，但所有故事都以非常传统且可以预见的方式开头：骑士受到冒险的召唤，进入威胁他的人生使命且疑点重重的黑暗森林，并很快面临各种危险和障碍，他必须去一一克服。

确实如此，其实我在我的作品中运用了传统元素、骑士和童话的主题。但这并不奇怪。很多当代文学都是从传统中汲取营养的。我们生活在一个由过去滋养的时代。也许出现在《命运交叉的城堡》的总体方案中的是传统的英雄神话。当然，我力图把我喜欢的很多英雄和他们的故事，包括帕西法尔、浮士德、哈姆雷特和李尔王放进我的作品中，这也是真的。所以我运用了惯常的森林作为背景或框架，以便可以将诸多个人故事结合在一起。

但您可能还记得，这些故事中没有一个是传统的完美结局。相反，结局都很糟糕，甚至是灾难性的。完美的结局并不总是英雄故事的标配，在现代文学中尤其如此。

《命运交叉的城堡》中那些故事的悲伤结局不可否认地传达了一种非常负面的消息。甚至看起来在这些故事中，您有意推翻或摧毁在文艺复兴时期的骑士小说中所描绘的勇敢的骑士形象。

对，确实如此。我从传统的背景或框架开始讲述故事，但只是为了使其具有讽刺意味。您看，尽管是骑士主题，但《命运交叉的城堡》确实是为今天而写的一本书。因为它里面没有伟大的英雄。作品里没有文艺复兴时期的自信的一席之地。毕竟我们生活在一个极度缺乏自信的时代。但我认为，即使在文艺复兴时期，英雄的想法已经被看作有点讽刺了。在许多方面,阿里奥斯托已经是一位现代作家。但是当然,真正的现代文学始于塞万提斯。

我们再次回到《命运交叉的城堡》。如果说我从未最终决定将道德加进我的作品中,那么这本我肯定是这样做了。为了找到我的"消息",如果我们确实想如此称呼它的话,我们就必须检查题为《我也试讲我的故事》那一章。① 在这之中我构建了一个结合了圣乔治和圣吉罗拉莫的生活元素的故事,正是以这种方式,我们看到了散落在世界各地的博物馆里的无数名画描绘的这两个人。

但如果我记得没错的话,这个故事没有任何"消息",或者至少没有一个明确的消息。事实上,在故事的末尾,中心人物做出最终结论的方式是非常令人不安和令人惶恐的:"这样,我使一切都归于正常了,至少在书面上归于正常了。而我内心的一切还同以前一样。"也许这种含糊的语句,正如《命运交叉的城堡》中许多其他类似语句一样,是想暗示一种道德?

好吧,我们可以说这是我能够建议的一个最好的道德。它对我有用,但我不能说它对其他人也有用。今天,我们就生活在这种不舒服的道德传统中。今天我们就处在这一点上。

如果对您而言,我们今天的社会所处的就是这一点的话,那么您的故事超越了所有微妙的幽默时刻,描绘出一个灰色的、矛盾的、

---

① 参见加塔诺·兰多做的采访。

满是无能的小人物的世界,也就不足为奇了。您所有的作品,尽管有很多传统体裁和人物,但无疑被构思为对现代人及其世界的讽刺。

确实是这样。毕竟,虽然我们谈了很多我的工作以及它与传统的关系,但我是一位现代作家。那么,什么是传统?它不仅仅是过去的一件事,它也是现在和未来的一部分。我确实写童话,但如今童话的含义不可避免地与它们所言说的当代情境紧密联系在一起。

而您对当代情境的看法似乎在您当前故事的新颖形式中得以体现。最近,您的风格以及写作方式与传统的叙事方式明显背离。我们再次回到《命运交叉的城堡》,所有的人物都失去了语言能力,因此他们被迫使用塔罗牌来讲述他们的阴郁的冒险故事。事实上,这本书揭示了一个巨大的纸牌游戏,读者和作品中的人物都参与其中,他们在纸牌人物形象上绞尽脑汁,并且破译生活中的事件如何才能对自己最为有利。《命运交叉的城堡》不仅仅是简单的当代讽刺文学,还是叙事形式的现代实验,一个用纸牌代替了语言的语言游戏。

是的,这本书是个实验,一个构建实验。我按照纸牌本身的类型和数量所施加的某些预定的且极为严格的规则进行创作。然而,尽管这本书的框架施加了限制,但我很高兴地发现,仍有空间来发挥极大的自由和展开各种故事。甚至可以说,与我的其他任何书相比,在《命运交叉的城堡》里我能更多地表达自己。

刚刚您谈到现代文学中文学传统的重要性。实际上您清楚地说过，今天的文学受过去的"滋养"。而现在，您刚刚清楚地自定义为一位现代作家，具有很大的实验性。您不觉得，在您先前表达的过去的重要性的想法和您刚刚对您写作的当代性的评论之间存在矛盾吗？

不，不矛盾。当我谈论过去的时候，我只是简单地想到了那些启迪了很多当代文学的古老故事。而当我谈现代的时候，我想到的是当代文学打破传统写作形式的趋势，比方说，"解构"传统小说。在今天的创作文学中，有着强烈的"解构"倾向，有时只是为了更加接近人类无意识。

甚至最近文学评论家的作品也对构建显示出新的兴趣。他们对结构展开研究，尤其是对小说的结构展开研究，试图重新评估构建良好叙事框架的重要性。

所以，从您刚刚的话可以看出，似乎约翰·巴斯不久前在《补充的文学》(1980 年 1 月发表于《大西洋月刊》) 一文中对您的看法恰恰是准确的。您还记得吗，他将您定义为"一只脚在过去的叙事中……一只脚……在巴黎的结构主义中；一只脚在幻想中，一只脚在客观现实中"的作家？

是的，我记得，我只能同意他的观点。在巴斯的文章中他表达了几个概念。一方面他谈到理论和实践，另一方面他谈到了幻想和现实。不管怎样他给了我可以站立的四条腿，这无疑是对我和我的工作更稳定的支持！

在同一篇文章中，巴斯提出一种他称之为"后现代主义"的文学流派，并且认为您与其他一些著名作家是该流派的代表人物。然后，他描绘了后现代主义的纲要。巴斯认为，"理想的后现代主义小说将以某种方式克服现实主义与非现实主义、形式主义与'内容主义'、纯文学与倾向文学、精英叙事与大众叙事之间的分歧"。他还补充说，后现代主义作家"或许不希望追上并改变詹姆斯·米切纳和欧文·华莱士的信徒，更不要说那些被大众传媒愚弄的文盲。但他应该希望到达，至少部分地到达高雅艺术职业的信徒的圈子，并且被他们爱戴。艾瑞卡·琼习惯将这些信徒称为'早期基督徒'"。您同意巴斯对后现代主义的描述吗？您真的是后现代主义作家吗？

我不知道。我还不完全肯定地知道什么是后现代主义。然而，能跻身如此杰出的团体，我感到十分高兴，也倍感受宠若惊。总的来说，作为作家，我从未将自己归于任何标签。有时候，我甚至羡慕法国作家将自己归入明确流派的能力。但对我而言，可能我总是根据我写的每一部新书自然地决定我身处何处。

关于巴斯提出的后现代主义的定义，我认为它描述了任何有价值的文学的情况，所以我不能不同意他的观点。

但巴斯提出将"被大众媒体愚弄的文盲"排除在后现代主义读者之外，您不觉得有点势利吗？在我看来，尤其因为电视，读者的数量每年都在减少。巴斯提出的方案，难道不是倾向于将读者群局限于精英个体吗？

要完整回答这个问题，也许需要对读者和阅读进行社会学分析,并且我并不认为这类科学研究已经完成。我只能说,文学不是大众传播的媒介,它从来都不是。无论一本书如何成功,其读者也只能用几万或几十万来衡量。在极少数情况下,可能会发生一本书的读者数量达到一百万的情况,但这种情况通常需要一定的时间。在相对较少的读者群体中,也许我们可以做进一步的分析,区分不同层次的阅读和读者。但这种研究的结果并不总是可靠的。

例如,在不久前,当我写完《如果在冬夜,一个旅人》时,出版商不确定这本书能否满足广大读者的口味。相反,在意大利,头三个月就售出了十万多本,完全出人意料地大获成功。

但是无论成功与否,作家首先必须对自己诚实。他应该写些看起来对他自己、他最感兴趣的特定读者群、他认为他所属的读者有用且有意义的作品。

以商业成功为唯一目的的畅销书很快就会被人遗忘。麻烦的是,在所有畅销书中,有很多出于恶意而撰写的东西,比如爱情故事和上流社会的故事,写作的唯一目的是利用人们的情感。更糟糕的是那些探测虚假心理深度的作品,这些作品完全没有实质内容,不诚实,最终成为空谈。

但请您不要误解我:我不是从整体上谈论通俗文学。我尊重我在每一个文本和场合所见到的扎实的文学功底。如果一本书呈现的是它的本来面目,没有蒙混过关,我就认可它的价值。例如,约翰·勒卡雷的作品具备很多国家和人民的大量信息、稳固和完善的情节以及我非常钦佩的严肃技巧。侦探作品、间谍和恐怖故事实现了它们设定的目的并满足了特定的受众。因此,它们的价值只能在文学体裁内部衡量。

但是您刚刚就文学的不同目的和不同类别所说的那些话并不能缩减当代写作方向上正在进行的争论范围。甚至,恰恰您的新书《如果在冬夜,一个旅人》只会重新开启后现代主义的争议。与《命运交叉的城堡》和《看不见的城市》一样,《如果在冬夜,一个旅人》是一部高度创新的作品。尤其跟《命运交叉的城堡》一样,它不是一部传统意义上的小说,而是各个故事间有着微妙联系的故事集。只是这一次,所有故事都没有结束。您能告诉我一部像这样的作品的目的是什么?您为什么开始了这些故事而不写完它们?

我没有写完这些故事只是因为没有任何完成它们的理由。每一个开头都已经包含了整体的希望,已经包含了它的结尾。因此,即使我写完它们,我也不能真的补充任何新的东西。然而,故事要有结尾无非是个文学惯例罢了。人生又何尝不是如此?

所以,在某种程度上,这本书代表了人生。

也许,在某种程度上是的。我生活在意大利这样一个国家,这里每天都有新的丑闻、新的谜团、新的罪行、新的调查和新的诉讼。所有这些故事开始了,但永远不会有哪个结束了。有很多生命的未解之谜,很多不同的人生结局和解决方法,只是我们从未发现。

然而美国的一些批评家对这本以小说开头组成的新书进行了大量研

究，表达了不同的意见。他们认为，《如果在冬夜，一个旅人》过于烦琐、杂乱、书卷气，并且对阅读问题过于担忧。您如何回应这些评论？

毫无疑问，这些评论是正确的。我的书是精心设计的、复杂的——如果您想说——也可以是书卷气的。如果他们想找一个实话实说的作家，他们不应该找我。但是，我认为我的这本新书显示出对叙事的热爱。书中，在书卷气和叙事的真正乐趣之间展开了一场战斗。最后，我无法说这两种因素之间谁占了上风。这应该由读者来决定。

然而很多对《如果在冬夜，一个旅人》不太有利的评论实际上与后现代主义评论家的刻薄话语相一致。他们确信，与写作内容相比，当今大部分文学作品过于注重写作技巧，并且后现代主义往往只不过是关于文学的文学。您的新书难道不是后现代主义批评家嘲笑的那种文学？似乎《如果在冬夜，一个旅人》跟您最近的所有作品一样，比起内容来更注重技巧。

我无法否认这一点。就像今天的大多数文学作品一样，《如果在冬夜，一个旅人》是关于文学的文学、关于图书的图书的一个例子。我确实非常注重技巧，注重我写作的结果。这是我的工作方式，是我所感兴趣的东西。

如果我没记错的话，《如果在冬夜，一个旅人》最后几章中有一章是专门对文学体裁的讨论。在这一章中，五位虚构的读者详细讨论了文学的微妙之处，并且在面对这种复杂性时他们坚信读者的作用。您真的认为这种类型的讨论属于虚构文学吗？是否这才应该是当今文学的核心？

我不知道您会怎么样，但我讨厌说文学应该是什么或者什么属于文学。我认为，关键点正是我在这本书末尾提出的关于阅读的讨论，但是这肯定没什么不妥，因为整本书都是关于阅读的。我想明确指出它是关于阅读的，而不是关于文学的。当我们谈到文学时，通常会从作家的视角考虑所呈现的作品类型。相反，我这本书的指导原则是它表达了不同类型的读者的观点。最后，为了完成这本关于阅读的"百科全书"，我将对最讲究和最有问题的阅读方式进行回顾。

但是这些细致的讨论，再加上最近对文学形式的追求大于对内容的追求，难道不是预示着一种新的巴洛克式的表达吗？

巴洛克是什么？这绝对不是一个否定的术语。巴洛克是一种品位，一种风格，这在二十世纪已经进行了认真的重新评价。它代表了在我们这个世界的多样性、复杂性和无限的差异性的方向上的努力。它是对人类内心深处的一种探索，这是当今许多作家（虽然不包括我）所追求的。我认为我真的不属于巴洛克风格的作家群体。

也许吧。但似乎如今在世的作家没有谁比您更能体现出对文学的复杂性和差异性的这种新趋势。您早期的作品，例如《通向蜘蛛巢的小径》,带有战争中意大利的原始真实性的特征。其他小说,例如《阿根廷蚂蚁》、《烟云》和《观察者》,与生态、政治和社会反思有关。还有一些作品,像《分成两半的子爵》,将幻想与对现代人的精神状态的幽默且辛辣的评论相结合。最近的作品,像我们刚刚谈到的那些,尝试了新的叙事形式,包括纸牌游戏和未完成的故事。鉴于您的作品千变万化且不断创新,您如何从整体上定义它们?

我不知道该如何从整体上定义我的作品。我尽量不去想这些事情。我把写的每一本书都当作第一本书,就好像它与其他任何作品没有半点关系。我把定义我作品的工作留给评论家去做。

至于我的工作目的真的非常简单。当我读到我喜欢的东西,我就很满足,很高兴。如果我写的东西,可以给其他人也带来这种快乐的体验,甚至是带来一点精神滋养,那么我的目的就达到了。

有没有其他在世的作家,让您觉得您在某种程度上与他相似?尤其是有没有可以与您做对比的美国作家?

您让我想想。马克·吐温是一位有趣的讽刺作家,当然我很乐意与他相比。至于在世的作家,有很多我喜欢和钦佩的,虽然他们往往与我大不相同。例如,博尔赫斯,对我来说非常重要——我非常喜欢他的想象力和他的语言,尽管他的写作成长经历和我的并不相似。我也很佩服塞缪尔·贝克特,尽管他的文章与我的完全无关。

我们还是回到美国和美国作家。考虑到您的教育和您早期与美国文学的关系，最近我读到您对美国作家没有多大兴趣时，我感到非常吃惊。

这肯定是对我的误解。也许我说过，近年来我们没有看到多少新的和有趣的美国作家。

无论是对我的写作发展还是对我的工作来说，美国文学于我始终有着巨大的亲切感和重要性。可能您知道，我在意大利的一家出版社做了很多年的编辑，因为这个角色，我读过数不胜数的美国作家的作品，审核过他们作品的译本。

关于我作为作家的个人成长经历，我属于对海明威、福克纳和菲茨杰拉德等作家充满崇拜且受其熏陶而长大的那一代意大利人。然后，切萨雷·帕韦塞和埃利奥·维托里尼不论在文学写作还是编辑工作上都是我的向导。正是他们二人最先翻译了美国三四十年代的小说家的作品，让意大利认识了这些小说家，并且他们二人将这些小说家作为我们那个时期作家的风格典范。您知道吗，比如，在四十年代初维托里尼已经翻译了威廉·萨洛扬的作品，并且把他作为意大利有志青年作家的导师。但如今，这已经是旧事了。

从那时起，我就一直密切关注美国文学，尤其是像维达尔、梅勒、贝娄和巴斯这样的作家。我可以很荣幸地说，这些作家中的很多人都是我的私人朋友。

考虑到我们今天在当代文学中所见的不断变化的状态，以及您不断对传统形式和态度的背离，据您看，今天文学的终极目标究竟是什么？

也不要问我有关终极目标的问题。我想说的是，当今文学的范围和目标比起昔日少了很多的奢望。如果要谈对广大读者的影响，不得不说文学受到其他媒体、电影和电视的巨大竞争。在任何试图建立一个新未来的蓝图里，我们的社会比起以往任何时候都更加自觉，以往从来没有能力控制历史和事件的进程。今天，在社会的各个层面，都很少有幻想。但极少的幻想比虚假的承诺要好很多。

说实话，我仍然认为，文学比大多数其他文化表现形式更守承诺，比如说比政治更守信。如果文学的真正目的只是为了提供观点、思想、语言和情感的模式，那么它已经实现了。如果文学要给阅读它欣赏它的人带来快乐的话，那么这就已绰绰有余了。

# 电影评审员（1981年）

列塔·托尔纳博尼，《卡尔维诺：不存在的电影（采访作者，即将举行的威尼斯电影节的评审员）》，《新闻报》，1981年8月23日，第3页；后收录在《一名观众的冒险。卡尔维诺和电影》中，洛伦佐·佩利泽里主编，贝尔加莫：鲁布里纳出版社，1990年，第127—134页。

乔万娜·格拉西，《一头狮子和其他野兽（威尼斯电影节）》，《星期日邮报》第39期，总第LXXXIII期，1981年9月26日，第12页和第14页。

我们现在身处洛卡马勒的松林。伊塔洛·卡尔维诺是下一届威尼斯电影节的评委，也许还会成为评委主席。他是对意大利电影直接贡献较少的作家之一，有几个合作的剧本，例如由莫尼切利导演的《伦佐和卢西亚娜》和《薄迦丘70年》的一个片段；安东尼奥尼的电影从未拍过的最美题材；选自他的《不存在的骑士》且由皮诺·萨克导演的动画电影；选自他的《一个士兵的奇遇》且由尼诺·曼弗雷德导演并主演的一部独幕剧。但也许他最早在自己的作品中预见了当代国际电影的幻想、魅力、发展趋势：重温具有讽刺意味的中世纪世界、童话故事中不断重复且充满魅力的魔法世界、科幻的宇宙起源说、梦想的东方和现代大都市之间的理想城市、叙事文是既有要素的组合过程、叙事如同国际象棋,是可以通过故事进行分解的完整形式。卡尔维诺自称是"普通的观众",却即将成为电影评委。我们现在来问问他与电影之间的关系。

在担任威尼斯电影节评委这件事情上,您最喜欢哪一点?

我一直喜欢去威尼斯。我喜欢看原版电影,这在意大利是不可能的事情:认为配音影片等同于原声影片是意大利野蛮行为的一个证明;认为电影只是由图像组成的,外部语言和虚拟声音的叠加不会改变其性质,这是一种审美偏见;看意大利语配音的电影,甚至是意大利语配音的日本电影,这是一种文化残割,因为原声电影中音响、音调、急促的呼吸、对话的节奏都是很重要的。我看电影喜欢从开始看到结束,与随时走进电影院的意大利荒唐习惯相悖。现在我在电视上重温一些电影,我真的从头看到尾,既不在叙述上进行解构,也不在情感上有所改变,并且我经常会记起我第一次去放映厅时看到的那一瞬间。

那么您喜欢电影院吗?您经常去吗?

不,我不经常去。我过去也曾去电影俱乐部,也曾在巴黎的电影资料馆度过了不少时日,但我认为他们邀请我做威尼斯电影节评委,是因为我对电影什么都不懂,因为我从来不对电影进行理论化。虽然我在一家出版社工作了多年,这家出版社出版了很多这样的书,我也连续多年为这些书写过封面折页或广告卡片,但我认为我从来没有读过电影故事或电影理论文章。尤其是我讨厌带有电影剧本的书，只有当他们提供了剧本演绎的各个阶段、一个场景或一个对话的所有后续重写、所有剪辑、删减、没有变成图像的那些话、没有被拍成影像的部分，那才会是有趣的。

您喜欢独自去电影院吗？

当我独自一人时，我马上对自己说"好吧，我已经明白了"，我起身离开，而如果还有其他人的话，我会一直待到电影结束。我跟我妻子一起去电影院，她拉我去，而我总是一拖再拖。

这意味着如今您在电影院里汲取不到特殊的营养？

我在节食，但这不意味着那里没有营养。

如果有人对您说，人们再也不去电影院了，电影院不再是当代的一种娱乐，电影已经死亡，您会作何反应？

我认为歌剧鲜活的生命力也就持续了两个世纪，但今年我的主要任务仍是致力于歌剧。一个帝国，就像拜占庭，即使暮景残光也可以维持上千年。

年轻时，电影对您而言是激情，神话，世界吗？

几乎跟所有人一样，我相信我真正代表了普通观众。小时候我受到了非常严格的教育：我母亲不准许我独自去电影院，并且只给我看教育片。家里有放映机，我父母从美国带回来的百代宝贝牌的，他们给我放映教育片，也有喜剧短片，但我母亲认为卓别林太没有教养了。她更喜欢哈罗德·劳埃德，因为他表现得更好，更规矩，因此家里有很多后者的电影。有时候她也带我去电影院。我对默片没有多少记忆，但我记得有声电影《非洲说》的开头，这是一部关于野兽的纪录片；或者《交易者的号角》，[①] 这也发生在非洲，但我认为可能其中有野兽袭击探险者的血腥场面，所以我母亲带我离开了，她说令人恐惧的场景会损害神经系统。

在您的幻想世界中，图书和电影哪个更重要？喜剧片还是那些冒险片？

我以前读的书不多，我在任何方面都没有表现出早慧，阅读方面也没有。我认为，冒险影片和喜剧影片都对应着相同的基本内在需求，即情感意外，它可以是激起大笑的情感，也可以是从一种危险压力中解脱出来的情感。

电影界哪些人曾经成为您的英雄、您的楷模？

少年时，我就定位于讽刺且反思的人物类型，比如卓越的莱斯利·霍华德或泰然自若的威廉·鲍威尔。或者弗雷德·阿斯泰尔，我也喜欢他，他过人的舞技使他属于超人类世界，但他又具备幽默和风度的人类个性。他当然也是我的奥林匹斯山的一员。他的电影有着完整的题材，绝对功能性的机制，在形式上也是如此完美，如

---

[①]《非洲说》（1930 年），由瓦尔特·富特导演，保罗·L.霍弗勒制片并主演；《交易者的号角》（1931 年），由 W.S. 范·戴克导演。

今重温他的电影仍是一大乐事。①

所有演员体现了优雅、轻盈、上流社会生活的从容、风度……

　　他们对应了一个时代,在那个时代里我的主要读物是伍德豪斯的小说。您看,这些问题将我重新带回了与今天的世界和与今天的电影都毫无关系的那个世界。

伍德豪斯的很多小说的主人公即那些英国的年轻人,比如伯特伦·伍斯特或珀史密斯,都是些傻瓜、糊涂虫……

　　但吉夫斯不是。我那无所不知、无所不能、自信满满、玩转世

---

①　几年后,在回答由科斯坦索·科斯塔蒂尼做的关于关闭电影院的调查时(《失落的仪式》,《罗马信使报》,1984年6月19日,第7页),伊塔洛·卡尔维诺说:"我们正在放弃我们的文化,我们的文明的一部分。电影是生活在放映厅,以公众参与为给养的某种东西。三四年前,当我应邀做威尼斯电影节的评委主席时,我建议评委们和观众一起看电影。观众的反应——大笑、冷笑、无聊等——是电影的一部分。电影是我的教育的主要来源之一。三四十年代在圣雷莫,我每天都去看电影,有时甚至一天两次。当时有五家影院,三家首映影院,有中心影院、超级影院和圣雷莫电影院,另外两家影院是二轮放映影院或规模更小。我主要看美国电影和法国电影。那是《孟加拉骑兵》、《叛舰喋血记》、玛娜·洛伊和威廉·鲍威尔的侦探爱情喜剧、弗雷德·阿斯泰尔和金格·罗杰斯的音乐剧、陈查理和鲍里斯·卡洛夫的侦探电影的时代。我见证了这一切直至珍·哈露的去世。多年后,在一个更能意识到所有符号的精神寄托的年代里,我又重新经历了这一切,比如玛丽莲·梦露的去世。/我是出于个人爱好,虽然那年代还没有如今的知识分子的迷影文化,但电影院是一个聚会场所,我在那里与同学、与其他少年见面。比起书籍,比起文学,电影院是一个有着更多的对话和讨论的所在。当然,就像今天,人们在黑暗中看电影,但黑暗有利于另一种类型的见面。在这方面我个人没有什么好说的,但在我的少时记忆中,仍然存留着这样的记忆:对于一个女孩而言,跟一个男孩去看电影已经是影响清誉的事了。因为交往不是在电影院,而是在其他地方,电影院里发生着别的事。电影是一种娱乐形式,因此,需要观众的参与。这种观众的参与是电影院从剧院那里继承来的。放映厅的关闭对电影而言是一场灾难。"

界的典范就是他,吉夫斯。

有没有一个肌肉发达、具有冒险精神的英雄或军事英雄作为电影人物典范?

加里·库珀就名列其中,他象征着冒险英雄主义或军事英雄主义,但总是带有讽刺意味,具有超凡的轻盈。同样名列其中的还有克拉克·盖博,哪怕是面对最粗野的男性化的女性,他都能饰演出风流快活。后来某个时候,在美国电影的几乎一维性中,加入了法国电影的不同维度,法国电影充满了气味、情绪、汗水,以及在《班德拉》的第一场景中让·迦本从盘子里抬起了沾满汤水的脏脸。①

您以前最喜欢哪位电影女演员?

电影女演员如满天星斗,构成了一个各种可能性的目录。有代表了尘世的具体性和铂金般的抽象性的结合体的珍·哈露,她在电影中有诸多化身,还有那震撼人心的玛丽莲·梦露。处在另一个抛物线的顶峰的女性最亲切最具讽刺性,有头脑有智慧,如米尔娜·洛伊,她的面孔是非物化女性类型的重要代表。另外还有一些极具魅力的女性,如格里塔、玛琳,以此类推,直至琼·克劳馥。

---

① 1935 年朱利安·迪维维耶执导的影片,主要演员有安娜贝拉、罗伯特·勒维冈、让·迦本、维维安·罗曼斯、皮埃尔·雷诺阿。

但您真正最喜欢的是谁?

米尔娜·洛伊。

意大利电影和演员,没有一个喜欢的吗?

我看了,我都看了,我还在电视上重看,唯一没有让我失望的是卡梅里尼执导的《我将给你一百万》。① 我记得很清楚,它是雷内·克莱尔的系列主题的完美发展,影片拍摄十分优美。

以前电影是不是也是一种行为教育?您有没有从电影中模仿人物态度、笑话、将雨衣的衣领保持直立的方法、点烟的方式、亲吻女孩的方式?

我曾经希望能做出"囧字眉"。所有美国演员都能做出来,我曾经以为我也能做到这一点,但从来没有成功过。每个人都有自己的能力局限。

后来,电影变成了别的东西?

青少年时的兴趣已经消失得无影无踪,形容起来就像是属于另一个人的生活似的。但是,谁知道呢,我也不知道。当我进入书籍的世界,我认识的那些人制作出的影片就再也无法给人带来如此深刻的印象了。再也没有距离感、神话的神秘感、现实边界

---

① 1935年的电影,主要演员有维托里奥·德·西卡、阿西娅·诺里斯、路易吉·阿尔米兰特。

的扩张感，为了找到这种感觉，我不得不看日本电影，因为那完全属于一个十分遥远的世界。人们失去了惊讶的情感，观众像孩子张大嘴巴的样子，这是曾经一段时间的特征，那时影像的范围还很局限，影像的沉思经验是不同寻常的、相当罕见的，不像如今这样习以为常。

您的叙事作品被电影忽略，您也很少为电影写作。为什么？

我这一代的作家当时大批涌向电影界，我看到他们争先恐后拼命钻营的样子，我就退出来了。曼弗雷德将我的短篇小说《一个士兵的奇遇》拍成一部完美的独幕剧，但我特别喜欢被电影选用，获利更少，但更令人喜欢。我的朋友弗里奥·斯卡尔佩利说，《圣母街上的大人物》的一个片段，即一群贼在他们要去偷窃的那栋公寓的厨房里开始吃东西，就是受到了我的小说《糕点店里的盗窃案》的启发。还是这部小说，多年前，布拉塞蒂想将它拍成一部独幕剧，但审查被卡，因为里面有一些警察不去追小偷，而是开始大吃糕点，就更不用说现在了。

意大利战后的电影，跟您早期的小说一样被定义为"新现实主义"，您怎么看？

我记得，那还是在法西斯主义统治时期，我看过维斯康蒂拍摄的《沉沦》，它给了我深刻的印象，并且我意识到它的诗学就是那时人们阅读的美国小说的诗学。意大利新现实主义的其他电影中，有些我非常喜欢，有些不怎么喜欢。

随后，最重要的现象是法国"新浪潮"的作者电影和美国大背景里的技术电影，您喜欢它们吗？

我对它们很感兴趣，同时与它们保持着距离，既不想被智慧造假控制也不想被独有技术的壮观性所控制。库布里克执导的《2001：太空漫游》是一部非常美且十分宏大的电影，科波拉导演的《现代启示录》在我看来非常好，但马龙·白兰度除外，但我不想上升到理论，不想发表一些关于电影品位或电影诗学的言论。

在"高端电影"的支持者和"低端电影"的支持者、在社会文化倾向的电影和逃避现实的电影之间的假想冲突中，总之在艺术和娱乐、历史和短暂之间的假想冲突中，您站在哪一方？

我曾经是大众化电影和手工业电影的支持者，直至知识分子将其理论化并将它变成了另一个虚假之物，变成了知识分子的标志。我尽量接受那些有价值的，不受各方限制，这不只是电影的规则，比起认为受到启发了的那种肤浅，我更喜欢专业精神。

一般说来，您喜欢电影人吗？

一般情况下，我不喜欢任何人。尤其是……

\* \* \*

米凯莱·普里斯科在报纸上发表的一篇影评中写道："看到银幕上虚构的生活并且遭受着他人的故事、幻想和图像的轰炸，这阻碍了我写作，阻碍了我在书页上创作我的故事并与我的读者分享。"您也有同样的想法吗？《观察者》的作者那张雪貂似的脸上露出了笑容，闪耀着智慧的光芒，说道——

一个月后，我会对这种在图像、电影、文档、梦想、噩梦的海洋中憋气下潜做一个总结。不过，我相信，看法是一回事，创作是另一回事。

作为像本届电影节这样的一位与众不同的国际评审团主席，是不是很累？

电影评审团主席和审查的工作比我想象的要累得多，要耗费精力。每次会议和观影之后，怀疑和确定性不断增加。评判总是非常困难，没有一个奖项是一致通过的（九票中要获得五票才能入围）。最后一次会议争论十分激烈：有人不愿意把金狮奖只颁给玛格丽特·冯·特洛塔的电影《德国姐妹》，还有人支持南尼·莫莱蒂的电影《金色的梦》。我想说的是，因为特洛塔的电影以恐怖主义为主题，并且表现主题时清醒透彻且富有情感，所以评审团的成员没有人对它持有异议。

美国的彼得·博格当维奇讨厌南尼·莫莱蒂的电影，并且这位导演兼评审在萨尔瓦托雷·皮希切利的电影《罗莎的机会》开演半小时之后就离开了，这是真的吗？

这是事实，一些意大利电影是关于国内问题，比如皮希切利的电影，还有关于复杂的本土现实，比如那不勒斯郊区的现实，这些让很多评审团成员感到困惑，尤其是一些外国评审。不过，不论哪个评判都有相反的看法，比如，法国的玛丽－克里斯汀·巴洛特就非常喜欢南尼·莫莱蒂的电影《金色的梦》，并且预测该电影在法国的年轻观众中将大获成功。

在您看过的电影中您最喜欢哪几部？

莫莱蒂的《金色的梦》因其包含的幽默智慧和微妙的忧郁气息而令我折服。然而，给我留下深刻印象的是评审团成员曼努埃尔·德·奥里维拉的没有参赛的电影《弗兰西斯卡》。该电影改编自葡萄牙人奥古斯蒂娜·贝莎－路易斯的小说《芬妮·欧文》，它应该很快会上映。故事设定在1850年富有浪漫色彩及贵族政治的葡萄牙，根据一个真实的事件改编，导演的家族曾被卷入该事件。该电影还明智地利用了电子音乐，面对像这样的作品，所谓的电影已死亡或失去活力的问题都失去了它存在的理由。[1]

---

[1] "此外，对我来说，能够结识奥里维拉……是电影节期间最有趣的人生经验。德·奥里维拉，执导过几部电影，评审团其他成员里最与众不同的一位老爷子，他来自一个像葡萄牙那样的相当孤立的世界，他总是赋予电影非常个人化的建议。他的差异也表现在道德和教育上。通过我能够跟他沟通的内容来看（我们之间的沟通是相当复杂的一件事，因为他也不是一个擅长言谈的人，而且我们二人还不得不用法语交流），我觉得德·奥里维拉是一个非常有趣的人，尽管我们的兴趣完全不一致：他的目光更多地瞄准了过去。然而，奇怪的是，在《弗兰西斯卡》这部完全以十九世纪为背景的（从节奏看似乎其内心也经历了十九世纪）深奥且严肃的影片中，有基于电子音乐的音乐评论。德·奥里维拉借此表示，在他的世界观里也有些深刻的现代的东西。这也说明了观众及其评论对他的电影的反应。没有人会说：'这部电影这么慢，真无聊。'"（《评论批评家》，由布鲁诺·布拉西采访，《全景周刊》，第XIX期，总第806期，1981年9月28日，第167页。）

当您住在巴黎或罗马的时候，在日常生活中，您有经常去电影院的习惯吗？

去的次数比较多，也就是说不是很多，也不是极少。当然，电视上的电影频道非常频繁地播出电影，这对电影院十分不利。

法国文化部长杰克·朗抵制在法国举行美国电影节，并且他表示，欧洲国家应该形成统一战线以对抗星条旗的电影殖民，您如何看待他的言论？伊塔洛·卡尔维诺带着一种能够证明年轻时近乎电影拍摄爱好者的冲动，立即做出回答。他面带微笑，用《宇宙奇趣》中的讽刺口吻说道：

我对电影的热爱有四分之三是源于美国电影，因此我不赞成限制观众自由选择电影的偏颇做法。美国电影始终制作优秀的引人入胜的影片，而作为观众和本届双年展的间接评审员，我的最秘密的也是最微妙的乐趣之一便是发现了伟大的霍华德·霍克斯（我对他做过特别的专题回顾）的几张签名影片，这些影片是我年轻时的最爱。

# 人的年龄（1981年）

伊塔洛·卡尔维诺，《人的年龄》，收录在阿尔贝托·西尼加利亚主编的《距2000年尚有二十年》中，这是一本对阿尔贝托·阿尔巴西诺、朱利奥·卡罗·阿根、诺贝尔托·博比奥、伊塔洛·卡尔维诺、翁贝托·艾柯、路易吉·菲尔波、塞雷娜·福利亚、丽塔·列维·蒙塔尔奇尼、锡罗·隆巴迪尼、切萨雷·穆萨蒂、奥雷利奥·佩切伊、米凯莱·佩莱格里诺、安德烈·赞佐托的访谈录，其中还包括一首普里莫·莱维的诗和乔治·曼加内利的序言，都灵：埃利出版社，1982年，第21—28页。这本书诞生于《距2000年尚有二十年》的文化节目（意大利电视广播公司第三电视网络，都灵制作中心），1981年播出并重播，由阿尔贝托·西尼加利亚主持、布鲁诺·甘巴罗塔导演、切萨雷·达皮诺监制。

2000年时还会有老年吗？

老年……2000年的老年当然是个有趣的话题……我跟其他人一样，如果一切正常的话，到2000年时，差不多走过了人生八十载。有数据显示：人类的平均寿命延长，老年人在人口中所占比例越来越大，医学的进步使得很多人的晚年更加惬意。但是我们在这里讨论的将是另一种变化：关于老年人和非老年人之间的关系、老年人和年轻人在社会中的作用。例如，如果在2000年老年人成为唯一的年轻人，而年轻人已经觉得自己老了，那么，这将使情况发生很大变化。

老年人与年轻人之间的区别，他们之间的关系是最能定义文明的方面之一。我认为，对于一个文明来说，老年人的含义是真正需要讨论的事。因为在我看来，毫无疑问如今老年人正在失去意义。在其他时代，老年人和年轻人之间反差是非常明显的，老年人的形象具有明显的特征，要么积极要么消极。他可以被视为智慧的仓库，受人崇敬的长辈，或者相反（或许同时兼有），脾气暴躁的老头，老守财奴，有待清除的阻碍年轻人成功的障碍。①

如今老年人不是有待清除，而是已经被清除。另一方面来说，没有人认为老年人还拥有需要传承的智慧，更不用说经验了。今天，我们倾向于将老年人与社会的其余部分分离。我们知道，在美国有退休城，只有老年人住在那里。我们这里也一样，在里维埃拉，有很多老年人过冬的城市，在海滨你看不到别的，只有老年人。这种分离当然对应着关系的缺失、意义的丧失。现在我不想过于简化这个问题。总有一些分析过的新数据：越来越多的老年人和孩子们住在大城市的中心，我听说其中有巴黎，而社会生产部分搬迁到郊区，人们结婚时就在郊区找住房。因此，在被排除在生产之

---

① "如果 2000 年我还活着，我将是个老头儿。所以我想知道老年人的生活是什么样的。可能已经更安逸，但如今老年人似乎已经被生活拒之门外。无论在美国还是在欧洲，人们倾向于把老年人送到阳光充足之地，在那儿他无事可做，只是待在那里直到去世。这种趋势将会加剧，人们越来越多地失去在过去社会中老年人的存在及其意义。也许这些老年人聚居的村落在某一刻会变成禁忌，如果不是最后一次去的话，没人敢靠近那里。于是就获得了古老的故事中老年人的房子的那种意义，即散发魔力⋯⋯也许不是儿子，而是孙子在对父亲的叛逆中，启程前往祖父母的城市⋯⋯"（《童话般的倾斜》，由格里斯克·马肖尼采访，收录在萨尔瓦托雷·玛利亚·法雷斯主编的《致伊塔洛·卡尔维诺》中，贝林佐纳：卡萨格兰德出版社，1985 年，第 25—26 页。）

外这一方面,这造成了年纪最大的人和年纪最小的人之间的均等,但他们之间没有真正的关系。

但我们说,城市情况的定义并不重要。重要的是不同年龄段之间的传承,价值、经验和能量如何传递。我们有很多疲惫的年轻人和充满活力的老年人的例子……

我们能不能走向一个老年人将是引导者的世界?

可如果这样的话,它不会是一件好事,不会是一个好兆头:如果老年人的活力用来创造一个年轻人在其中感觉没有多少活力的世界的话,那就意味着有什么地方错了。也许这才是关键:我们生活在一个再也没有经验积累的世界里。二十年后,我拿什么传下去?什么才智?我不得不说,直到今天,我能教给后来者的东西很少。当然如果每个老年人有足够能力去识别的话,他能够证明的是他犯过的一系列错误,自己经验的消极方面。但如何将它传递给那些根本不愿意听你说话的年轻人?年轻人需要犯下他们自己的错误,尽管这些错误是他们父辈同样犯过的,或是些类似的错误,考虑到已经发生改变的形势……

您不觉得自己也有积极的经验需要传递吗?

当然,每一代人都拥有过或认为自己拥有过正面的价值。不论是老年人还是年轻人,都觉得需要在一定数量的价值中自我确认。但这也很难传递。如果一个人开始说"嗯,我们年轻时非常能干!",那他立刻会成为一个非常令人讨厌的人,立即会遭到拒绝，没有人会继续听他说话。经验的积极性更难传递。另一方面，如果一个老年人试图讨好年轻人：啊，你们真能干！嗯，你们知道我多么欣赏你们的这些新面貌！立刻让一切变得虚假，变得毫无意义。

那么，如何才能让不同代人之间进行沟通？

能让不同代人之间靠得更近的事情可能是所犯错误的对比，但这是一项不能传递的经验，因为每代人都必须犯下自己的错误。最突出的是，每代人都具有的积极部分，由于它的本性，这是不能传递的，因为你一旦试图阐明它，它就变成了浮夸的说辞。

所以，未来老年人和年轻人之间会更加对立或更加联合？

谁知道最好的解决之道是不是要变成一个十分令人讨厌的老年人。我认为，我们可以毫不费力地做到，甚至还可以突出强调老年时的令人讨厌的特征，变成一个怨恨的、恶毒的、有点令人反感的、有点恶劣的老人。以这种方式我可以激起年轻人对美、对纯洁、对快乐的反应。或许这将是实现积极的社会结果的唯一方式，是任何教育方法做梦都达不到的。

但我们该如何去想象这些老年人之城？

时下，这些城市因其计划性的轻松氛围而有点险恶。它给老年人创造了一种特殊的消费，就像针对年轻人的消费一样。

将会有老年人食品吗？

为什么没有？给用假牙进行咀嚼的人的食物……但它突出了差异化，没有掩盖差异那么险恶。华丽的时装，年轻人的时尚，老年人的这种虚假青春毫无魅力。也许最好的办法是突出分离，并将其发挥到极致。例如，建造一些禁入的老年人之城，禁止非老年人出入。这样这些城市将获得象征性价值，就像是与另一个世界相连的边境之城，突出了它们是阴间接待室的特性。这就可能获得地狱或极乐世界的含义。例如，邪恶之城的极恶老人会冲到年轻人之城，捕捉年轻人为食，吸食他们的热血。或者神圣老人之城，他们白须飘飘，身着庄重的服装，举止庄严。或许会有年轻人离开年轻人之城，试图穿越障碍，进入老年人之城，来寻求他们认为有人守护的一种智慧，但可能这种智慧并不存在，但寻求它的过程已经是一件非常重要的事情了。

这是对未来老年的近乎魔幻的想象……

是的，但是注意！这个没有人宣布，没有人说"好了，见证奇迹的时刻到了！"，要不人们就会立刻意识到这是个把戏。

但您认为，老年人在社会上会有权力吗？

人们经常谈论大权掌控在老年人手里的这一事实，我们这里领导集团的更替也极端缓慢。但这只涉及有限的一部分老年人口，那部分掌握政权的老人。并不是一个人老了，到了某一刻，啪嗒！他们就把政权送到他手里了。不是这样，这需要他从年轻时起就尽一切可能成为有权力的人，他整整一生都要按照这种方式进行。但我觉得这不是一个有趣的问题。如果权力将变成一种事物，就像现在大部分情况下权力完全没有魅力，缺乏吸引力一样，只是一种吸引那些拥有有限的且不值得羡慕的志向的人的事物，那么就非常适合将政权交到老年人，特定类型的老年人的手里。

到目前为止，您谈了老年人和年轻人，但没有谈过孩子。孩子们将会怎样？

可以想到的是，老年人的分离和孩子们的分离是平行关系。孩子们在城里长大，因为他们大部分时候只能依靠自己，所以他们将面临越来越多的问题。

但谁来抚养他们？托儿所，幼儿园？

是的，这些机构将会越来越多，但也会有越来越多的后勤问题：如何让这些孩子上幼儿园？城市交通将越来越堵塞，而孩子们无法离开这些大型的住宅。他们将继续运用现在正在用的解决办法：一位女门房，一位老妇人，照看一群住在同一栋楼里的孩子。只要找到这些老太太，这是连日食都不懂的老太太们的一个作用。奶奶、阿姨、教母在 2000 年都将拥有决定性的社会重要性，但她们会非常罕见。需要照看的孩子群体不断增长，他们从一楼与二楼间的夹层、门房和庭院中溢出，淹没了街道。孩子们成群结队在交通繁忙的程式中横行。但交通总是会瘫痪，孩子们可以在停滞的车辆中穿行。所有种族的孩子都有，因为城市将有不同族群的人居住。①

他们之间如何沟通？

将会有语言的演变，这种演变将从底部开始发展，从西方那些有越来越多的非洲人和亚洲人居住的大都市里的孩童开始发展，所以将会出现完全不同语系的语言的混合。同时，将会有电视的统一化影响，即趋于一种标准化的语言，有点抽象，有点乏味，就像这一刻我们正在讲的一样。

音乐将会在沟通方面起到一定作用吗？

音乐就跟现在一样，当然不会是一种沟通工具，而是让人聚在一起的方式。也许大家聚在一起，但每个人都各自独处，通过自己的耳机听着自己的磁带。

---

① "孩子们的生活也将……有所不同，因为他们不是总能见到父母。所以孩子们不会有今天的神经症，而会有其他的神经症。但这些症状不是由父母传下来的。孩子们将去往何方？由于交通问题，去学校和幼儿园将会更加困难；他们将留在大型的住宅区里，然后成群结队拥上街道，爬上那些大多已经熄火的车辆的车顶，抢劫大型自助商店。他们可能在某种方式上受到音乐的陪护，受到乐器的陪护，这些乐器将包括摇铃、喇叭、手摇响板或长笛。音乐将会对这些不再与大自然有接触的孩子们起到决定性的引导作用。但我认为在城市中将会有动物重生；我们已经看到20世纪在人类和老鼠之间展开了城市大战，老鼠被毒死，但一部分存活下来并再次繁殖。于是有些非常顽强非常聪明的老鼠进入地下，并且成功地对其他一些动物施展一定的霸权，饲养它们，比如蛇、蜘蛛。整个动物群将削弱人类的力量。"（引自《童话般的倾斜》，由格里斯克·马肖尼采访。）

我生于美洲
Italo Calvino

在幼儿教育方面，音乐将不会取代语言吧？

也许那些照看孩子群的教母为了能够在城市的喧嚣中听到彼此，她们将会用喇叭、鼓和其他声音非常响亮的乐器进行沟通。可能就会诞生一种新的音乐。

在这些城市中，大自然将会有哪些作用？

在大规模的扩张中，有一个我们当然要考虑的自然因素，这就是老鼠。老鼠数量一直在增长，因为所有的灭鼠行动只会让老鼠优胜劣汰，留下那些对新型毒药耐受力更强、更聪明的老鼠，它们将以任何形式的斗争都不可能企及的速度繁衍。所以我们当然必须考虑城市将被这些大群的老鼠居住的情况，它们大白天从地窖、地下室和下水道里钻出来，它们混入市民生活，这将是最有特色的自然元素。

将会有另一个哈默尔恩的花衣魔笛手？

也许就是我前面说过的那些教母。孩子们和老鼠将会主宰城市，他们时而敌对时而结盟来对抗成年人。

父亲和儿子之间的关系如何？将会发生改变吗？

我认为两代人之间的这种不连续性危机将会继续，因为父辈们也越来越不确定他们该教什么，或者他们教了一些以后没用的东西。理想的做法是在每种教育都必须有的"压制力量"和应该为其结果的"解放力量"之间找到一个平衡点。压制不应该是让人窒息的，否则它的教育效果将为零或是灾难性的，但同样拒绝行使权力,拒绝担当向导的形象以及拒绝切实负起责任以提供有用的指导,也是有害的。正如我们在最近几年经历的,这种教育无能只能产生不幸。但谁知道权威形式和应该来自教育的解放力量之间的新剂量配比什么时候能够到来。当然,二十年后还为时过早,因为有些东西会变,我们希望至少两百年后情况会得到改善。

什么事情人类将会做得更多?或者什么事情将做得更少?手工劳动会更多吗?

直至今日,趋势一直是手工灵巧性逐渐缺失,但似乎今天在年轻人之间出现了手工技巧复苏的新趋势,哪怕是安装类型复杂的留声机、扬声器以及电子乐器,这至少可能是一个迹象。

人类还将会有幻想的能力吗?

好吧,让我们来看看,我对随处都可以感受到这种创造力的要求表示十分怀疑。教育,所有类型的工作,一切都必须有创意。现在我认为,我们需要以准确性、方法、具体性和现实感为基础。只有在平凡的可靠基础上,才能产生创意。幻想就像果酱,需要涂抹在一片坚实的面包上。否则,如果幻想是基础,那么一切都像一个没有形状的东西,就像果酱,在这之上我们无法建造任何东西。若干年前,有人说"让想象力夺权!",这是一个很美的口号,但最终恰恰相反:想象力从未能夺取权力,这个口号也没有变成口号和计划,从来没有正式化,没有变成强制性的。为了不失去其力量,想象力必须有东西与其相对。在一个满是牢固之物的世界中,哪怕以有限的、目光短浅的方式前行，你都能展开彩旗，挂上花彩，插上羽毛和蝴蝶翅膀；相反，如果一切都是羽毛和蝴蝶翅膀，你的想象力，你的创造力将无处可挂，你无法让它站起来，一切都变得像最灰暗的世界一样单调。

有没有抹杀美的危险？

重要的是具备看见美、发现美、恢复美、创造美的能力。必须是不断发现或是重新发现直至昨天还不觉得美的东西，不要用美的官方标准，在某一刻我们发觉它的美，首先是作为个人的闪耀的美，然后越来越多的是集体的美。所以，某一刻人们将会发现塑料的美，就如同重新发现了昨天很多东西的美，当时这些东西看起来很俗气，后来才变美。当然，美是一种价值，因为有美的需要而没有丑的需要。但重要的是发现真正的美的过程，也就是说在某种程度上是一种新的美，不仅仅是已经被定义的、被如此规定的那种美，这不需要你做出任何努力。

在 2000 年，爱情将是什么？

爱情有一些永恒的方面，也有一些随时代变化的方面。这些变化可能涉及占有欲。可能占有欲不能完全消除，因为可能占有欲是爱情的一部分，但是我希望，以迄今为止已实践的形式消除占有欲，而以另一种方式去体验占有欲。在一定程度上，在爱情中一直会出现压倒对方的本能，但是，如果在压倒对方中至少形成一种交替节奏，即使在相互伤害中也能以同等力量表现出来，这将会是一件好事。

还将会有嫉妒吗？

我希望，嫉妒越来越少，因为这种情感对嫉妒主体的伤害远比对嫉妒对象的伤害大。但是，我们必须说，在爱情里，有些嫉妒也许是不可避免的。为了在爱情的关系中能够做自己，做完全的自己，可以改变的就是体验嫉妒的方式。第一步将是摆脱男性行为和女性行为的固定模式，但同时又不能忘记二人是不同的角色，真正的快乐在于看对方如何行动。所有这一切都取决于我们神经质的程度：我们沉浸其中的神经症的这个范围有时以压倒性的方式反映在爱情关系中。我们必须学会以最佳方式管理我们的神经症，而不是完全把它发泄在男伴或女伴身上，不要让伴侣成为受害者或者出气筒。

我们常讲男女平等。我们可以有平等的爱吗？

也许在一些幸福的例子中是存在的。在爱情中应该有平等，它存在于差异性的快乐中，因为平等绝不能是均一性。爱情是不同人之间、不同个体之间的一种关系，一定要有与跟你不同的人在一起的好奇和快乐。

伟大的女权主义革命还会带来什么？

在所有运动、所有革命中，有价值的都是缓慢的影响，静默的影响，间接的影响。有一种缓慢的运动让女性在市民生活中就职于重大的岗位。也许在我们生活的这个神经质的世界上，如果一开始，女性感受到更多的影响，那么随着时间的推移，女性就越来越具备抵抗直面而来的神经症的技能。所以，在那些至今仍为男性主导的职业中，男性将更容易失去战斗力，而女性则耐久性更强。同时，男人将不得不承担很多到目前为止仍被认为是细腻的女性担负的很多职能。

在家庭生活中呢？

未来，不仅在烹饪能力，还包括在房屋维修和衣物修补上，男性和女性完全平等。但只有当这些活动不再被视为（就像目前被视为）压在女性身上的传统束缚，而是任何文明的一个重要方面时，这一切才会发生。事实上，一种不屑于表现在厨房里，在日复一日的让居所使人感到温馨的文化，或者忽视衣着的文化，将是一种在其他所有领域都需要警惕的文化。直到对两性在家务劳动上的争议将采取惩罚性措施，才会做出巨大的进步。它需要重新评估在所谓的家务劳动中数百年来由女性传承下来的精细化知识方面，并且推动男性竞争来适应它。

那关于我们的孩子和我们子孙的未来，有什么需要担忧的吗？

是的，我们必须始终做好最坏的打算。

在2000年，有文化的人将会是，将应该是什么样子的？

爱因斯坦说，他想做一名锡匠。我认为2000年时有文化的人应该是会做饭，会打扫家里的卫生，并且必须主动去做这些事的人；不管怎样，必须感到一定乐趣，必须明白文明是由所有这些事情组成的，一切都必须从生活的物质基础开始，还必须会烹饪，这件事我不会，但我可以学会做。甚至还要会毛线编织。

相较于明天，我们今天什么错得最离谱？

我们没有对哪些是不可逆的，哪些是可以更改的进行考虑。我认为，例如，很难想象我们离开大量的能源还能做什么，因此"能源问题"必须实事求是地面对，不要让其变成一个大自然的神话。我们今天可以享受，是因为我们背后有可以给我们提供很多保证的科技文明。如果我们像我们的前辈们一样把大自然当作敌人来打击的话，那么我们将来就无法享有今天我们所享有的大自然。

伊塔洛·卡尔维诺，为2000年说三个关键词，三个法宝。

啊！背诵诗歌，很多诗歌，不论你是儿童，还是青少年，还是老人。如果一个人在精神上不断重复这些诗歌，那么它们将伴其一生。然后记忆的发展是非常重要的。

其次，专注于困难的、需要发挥到极致的事情，需要努力的事情；警惕简单的、肤浅的、为了做而做的事情。反对现在各方面强加于语言的抽象性。不仅在语言上也包括在所做事情上，要专注于精确。第三，要知道我们现在所拥有的一切随时可能消失。这并不是说我们要放弃一切，相反，我们要比以往任何时候都更加享受其乐趣，但同时要知道我们现在所拥有的一切随时可能烟消云散。

# 我有两种字迹（1982 年）

《每天都是世界末日》，由科斯坦索·科斯塔蒂尼采访，《信使报》，1982 年 2 月 21 日，第 3 页。

"来吧，我们来谈谈这本书。"伊塔洛·卡尔维诺一边说着，一边给我递过来一本《小型袖珍本天体演化论》，诗歌有六个篇章，是灵活的亚历山大诗体，三十多年前雷蒙·格诺的第一稿发表于《现代杂志》(《小型袖珍本天体演化论》想以玩笑的方式成为现代版的卢克莱修的《物性论》)，现在埃伊纳乌迪出版社出版了塞尔吉奥·索米用十一音节诗翻译的意大利语版本，还附有卡尔维诺的评论。

可怜的索米央求我给他发送评论，但我拖延了很久。最后的草案是在他去世前不久才改好给他的。现在这本书终于带着我的评论问世了，从文学角度看，这很愚蠢，因为诗歌是另外一回事。这就像是用流派对但丁进行评论一样。但是，当一项工作对我呈现出纠缠不休的特性，我连晚上都想着它时，只有把它完成，我才能安心。不过，我很高兴参加了这样一项载有格诺和索米两人大名的工作，两人的名字代表了最具多样化趣味和用之不竭的好奇心的文学开端……

工作总是对您呈现纠缠不休的特点？

不是，只有《小型袖珍本天体演化论》呈现这种特点。这之中充满了晦涩点、谜题、拼图，在每一项上我都要花上一天甚至数天时间。这是一个我随身携带了多年的工作。我不记得是什么时候因为此事开始与索米通信联系的了。我想是四五年前吧。当然，同时我也在做其他事情。我总是同时做很多事情。我确实对此总是抱怨，但也许它符合我的某种需要。

在这很多事情中有没有新的小说？

也许有，但我现在还不能宣布。我的书都是一点点积累起来的，直到它们获得一种吸引一切的引力。但在这之前，都是篇章的自发且零星的沉淀。不是没有方法，而是因为所有借口都不错，下午之前我永远都不会坐在写字台前。晚饭后我想着如果我写作的话，晚上我就睡不着，所以我最好做点别的事情。

但当你坐在写字台前，你写起来是很容易还是很难，是很从容快乐还是很烦恼？

我写得非常费劲。对我而言，开头始终非常难，即使一篇文章也是如此。一篇文章我几个小时就可以写完了，但在开始写之前我要拖延数天，因为我会推迟动笔的时间。我的文章都是手写的。我写完第一稿,然后不断修改,总是用更小的字插入很多内容,字小到后来什么都看不明白了,我不得不拿了放大镜来辨认我所写的内容。可以说,我有两种字迹,它们对应了两种不同态度或情绪:一种字母写得很大,字母"a"和"o"都是漂亮的圆;另一种是非常小的字母,这时字母"a"和"o"几乎就是一些点。当然,在这两者之间存在着一系列的中间字体,它们根据我所写的东西、手稿对我表现出来的难易程度而变化。通过这些微小的字,我假装克服了困难,穿过了阻挡我前进的灌木丛。我几乎无法辨认我写的内容,虽然迟早我还是能认出来的。有时候我只能重建我所想的内容,于是我就会发现草稿中有些字母或整个音节都漏掉了。

但是战后,您做了一名记者,为《团结报》写一些关于工会斗争、占领工厂、罢工的文章。您自己曾在1960年说过,您的第一部小说《通向蜘蛛巢的小径》是在1946年的12月仅用了二十天时间完成的。

  我做记者的时间很短。我在埃伊纳乌迪出版社的新闻办公室工作了很长时间,当然这项工作需要另外一种节奏,因为有些书一个月就要出版。这份工作给了我一定的帮助,在写封面折页和广告卡片时可以得心应手。有时,即使是刚刚拿到手的书,我也可以做到这一点。学生时代我也做过书商,但记忆模糊了。我生于1923年,现在将近七十岁了,所以不太记得了。我觉得我是在银行卖书,但我的生意一直都不好。至于《通向蜘蛛巢的小径》,我记得第一章我写得极慢并且犹疑不决，然后我停了好几个月，之后我决定写完它，然后一鼓作气地完成了。但我不得不说，我拖了很长时间才确定我是一名作家。即使在我发表了第一批作品，并且一切进展顺利时，我仍不确定写作是我可以做的最重要的事情，或者当时我认为我首先必须"生活"。但这是一个绝对不切实际的想法，因为我在生活但我没有察觉，我在写作但我却不相信自己能写。我以为，与其说在写作，不如说我正在做一件与图书的次要方面有关的事情，后来我居然真的写书了。评论家的评价通常是积极的，但当一个人内心不确定时，即使他获得了奥运会金牌，他也会认为事出偶然，这就像一个抑郁症患者可能拥有世界上的所有好运，但他仍无法从他的抑郁症中摆脱出来。

您的这种情绪也许是受到了维托里尼不喜欢《通向蜘蛛巢的小径》这一事实的影响？

我并不是指的具体事件。维托里尼从一开始就认为，在我的小说中，一切都应该以叙事性描述进行表达，而不是在评论中或理性因素所决定的建构中进行表述，而理性因素是当时我们认为应该强加给自己的著名政治职责。在我的学徒期，维托里尼的评论，哪怕是负面的，都给了我很大帮助。而从《分成两半的子爵》之后，维托里尼就一直支持和鼓励我的工作。

您不理解帕韦塞的存在主义戏剧，导致作家自杀的戏剧，这是真的吗？

确实，我不理解。我当时认为，他快要疯了，是因为他在做一些从未做过的事，也就是说，我认为，他的这种奇怪言行正在发生改变。我是一个非常脆弱的年轻人，而我认为他是一个成熟而坚强的人。但他却不是。但我始终看人不太准，包括后来也一样。

在战后的岁月里，您充分参与政治：游击队员，加入意大利共产党，《团结报》的合作者，等等。然而，作为作家，您几乎完全逃向了新现实主义、所谓的"社会主义现实主义"、日丹诺夫主义。那些年这一立场在左翼阵营中绝对独树一帜。最影响这个立场的是什么？也许是从康拉德到史蒂文森，您早期的那些阅读？

时间上已经变得久远并且远离了意识形态上的那些问题，所以我不知道这是否符合事实。对于一个作家来说，经历和作品相吻合，所以毫无疑问，我作为作家，我认为，我非常认真地说，我成长于抵抗运动以及我经历过多年的政治工作。但是，如果我没有在二十岁遇上意大利的悲剧即内战以及随后把政治放在第一位的那种氛围，就算我成为作家，也许我作为一个作家的故事也会有所不同。我们受控于"如果"。正因为我天性反对法西斯主义，所以我年少时的第一个爱好就是，我在阅读和尽可能远离政治的项目中寻找自我。五十年代初，因为写作模式要么给我提议，要么无法劝服我，要么出离了我的能力范围，所以我让童话般的想象力复出，它已经存在于潜能中，并且我力图以某种方式将它与我在政治教育阶段获得的道德信念相调和。

您如何评价1968年？众所周知，很多人认为它是很多后续事件的导火索，是如今在意大利发生的各种运动和各种团体包括恐怖组织的起源。

所谓的"1968年"当然对思想和习惯的改变产生了巨大影响。它就像二十世纪的转折。至于产生的政治运动，也许受到对它们的理由的不准确理解的影响，哪怕这些运动对应的是完全不同的且极为复杂的推力，都无一例外地被阶级斗争的经典术语所定义。正因如此，恐怖主义，部分地，只是部分地肯定源自1968年运动，它成功地将极左运动一网打尽，并实施了任何镇压都不可能实现的反动行动。

在您看来，恐怖主义的其他原因有哪些，您之前提到的"完全不同的且极为复杂的推力"是什么？

我所说的"复杂的推力"，指的是意大利中产阶级的地方性侵略，由于缺乏前景和服务业的扩大而加剧。这些现象在意大利的历史上周期性出现，不具备我们在工人运动的最佳阶段认识的解放特性。但是，与这些相混杂的当然有解放性的推力和伴随着意大利从落后的（唉，现在还是落后）农业社会向大都市社会的混乱过渡的推力。在习惯上的变化，妇女的解放，思维主体的倍增，在这之中肯定有很多不好的主体，但幸好不是所有都是坏的，这些都是积极方面与消极推力的混合。

当您住在巴黎或现在住在罗马时，对意大利的事件是否有更清晰的视野或感知?

当我在巴黎时,我每天下午两点买《世界报》,而在意大利时,我第二天去买。事情并没有太大变化。当我正好在巴黎时,意大利这些年里发生了很多不尽如人意之事,让我有种世界末日的感觉,但是当我在意大利正赶上这不计其数的讨厌事,我跟所有人的体验一样,生活依旧如故,风风雨雨,跌宕起伏。

今天笼罩着意大利的这种气氛对您的写作是否有影响?

我认为有影响。我认为在一个稳定的时代写作与在一个世界末日成为稳定状态的时代写作不可能是一样的。

这是具有历史性质的稳定状态,还是在整个历史发展过程中稳定下来的状态,所呈现的时代是否并不比我们时代遭受的灾难和不幸少?

也许是从今往后的状态吧。在其他时代,也许状态都是一样的或者几乎一样,但人们很少体会到。当我年轻时,我从悲剧或屠杀的背景中获得一种对抗野蛮挑战的自豪。今天,我想也许生活在古典主义的顺境中会更好。但可以肯定的是,这在我青年和壮年时没能实现,在我老年时也不可能实现了。

# 《真正的故事》(1982 年)

尼科·奥伦戈,《卡尔维诺,游吟诗人的幽灵》,《图书总汇》第 VIII 期,总第 43 期,1982 年 2 月 27 日,第 1 页。

罗马。伊塔洛·卡尔维诺刚刚从威尼斯回来,周二他在那儿参加了在葛拉西宫的庭院里演出的莫扎特的《扎伊德》,撰写了约翰·安德列斯·沙赫特纳的残缺剧本缺失的部分。现在他要再次出发。米兰斯卡拉大剧院,卢恰诺·贝里奥的歌剧《真正的故事》的首演正在等他,歌词同样是卡尔维诺写的。

这不是您跟贝里奥的第一次合作吧?

我们之间是老交情了,我们是同乡。他来自奥内利亚,我来自圣雷莫。我们同属于能在世界上任何地方随遇而安的利古里亚人。我第一次与他共事是为了芭蕾舞剧《来吧,跳》。该剧于 1959 年在威尼斯的凤凰歌剧院演出。芭蕾舞剧的音乐部分已经就绪,只是需要写个剧情。①

对于《真正的故事》这部作品，你们是从一开始就一起计划吗？

不是。虽然不是所有的音乐都已经完成了，但舞台动作在作曲家的头脑中已经非常清楚了。其他人已经把剧本的意图写好了。所以我的创作空间更窄。

贝里奥"委托"您写一篇文章，他说应该写些什么了吗？

起初，贝里奥问了我一些要插入歌剧中的叙事曲用词。奇怪的是这些叙事曲大多进行了变调，而我的出发点只与其中几个相一致。不过我很快在合唱、咏叹调、二重唱的用词，总之在那些如同象征性绘画那样刻画《真正的故事》古老插曲中找到了满足贝里奥

---

① "我于1959年开始与贝里奥共事：他让我给一个芭蕾舞剧写个故事，这个芭蕾舞剧是威尼斯双年展音乐节委托他写的，那时他已经写好了三个非常有特点的音乐篇章。我记得这三篇中的一篇是一场战争，一场战斗，是一个音乐故事。于是我创作了一个跳蚤的故事，一个驯养跳蚤的人的故事，他的一只跳蚤逃跑了，有点像电影《聚光灯》中卓别林的节目。因此，这个驯养人在一个昏昏欲睡的世界和社会里表演着他的节目，所有人都很无聊。突然，跳蚤逃跑了，引起了很大的恐慌：整个社会变得非常激动，冲突不断，后来某一刻爆发了战争。我不记得接下来发生了什么，但后来某一刻驯养人抓住了跳蚤，生活又恢复了以前的单调无聊。[……]'来吧，跳'是跳蚤驯养人的国际通用命令语，我认为卢恰诺正是向他们咨询信息，然后他们告诉他，'来吧，跳'是时时处处让跳蚤跳起来的命令语。[……]《来吧，跳》在威尼斯上演，由雅克·勒科克执导，卡西·贝伯里安演唱了两首由我作词的歌曲《我现在起床》和《高速公路》。这是两首真正的情感歌曲，我非常喜欢卢恰诺，也喜欢他对流行音乐的爱，喜欢他在前卫音乐中插入另外一种音乐的能力。"（由伊万卡·斯托亚诺娃收集整理的1978年6月15日伊塔洛·卡尔维诺发表的声明，收录在《卢恰诺·贝里奥. 音乐之路》，《音乐杂志》第375、376、377期，1985年6月，第219—221页。）

的方法。

那么贝里奥给了您哪些创作说明?

呃……决定性的时刻是了解贝里奥想要什么。卢恰诺让我创作的是节日合唱,逐渐变成暴力的爆发、祭祀仪式、革命。这些节日合唱曲在第一节拍中重复了四次,是我首先写完的部分。贝里奥跟我谈了十九世纪的歌剧,比如《游吟诗人》。① 他的音乐世界因其复杂性和丰富性自然是与众不同的,但意大利传统的抒情交流对他来说并不陌生。

因此,《真正的故事》的背后有《游吟诗人》的影子?

二者相距甚远。但在《真正的故事》中也有儿子被绑架、兄弟反目、最后入狱的这些事件。这些都是获得当代世界暴力状况的象征性光环的原因。这些情况都稍微参考了浪漫情节剧,却没有任何

---

① 《真正的故事》进行了长期的酝酿,从上一篇尼科·奥伦戈做的采访就能看出来。问:"您正与贝里奥共事,真的吗?"伊塔洛·卡尔维诺回答:"是的,他的一部新的歌剧《真正的故事》本来应该于11月在斯卡拉大剧院上演,后来被挪到1980年春天。贝里奥已经把一部分写好了。就跟往常一样,他已经设定好了音乐和舞台动作,但没写剧本。于是,他向我求助,并且向我说明来意,即这是一部基于《游吟诗人》的结构的作品。起初我很费力,这不是一部《游吟诗人》的滑稽模仿,也不是它的现代版,而是一部分析性的作品,这其中歌剧的诸多元素是分离的、突出的,我想说,有点像某些象征派画家的作画步骤:合唱、二重唱、四重唱、咏叹调都想呈现最本质的模样。我想把歌剧剧情从偶然性中脱离出来。当乐曲是明确的,剧情就是含蓄的。还有很多叙事曲我还没有写。"(尼科·奥伦戈,《卡尔维诺:我正在写十五本书和一个歌剧剧本》,《图书总汇》第 IV 期,总第 35 期,1978 年 9 月 30 日,第 3 页。)

浪漫意象。

您使用了什么样的语言？

比起十九世纪，更多的是遵照十八世纪的意大利诗意语言的一种写诗技巧，我认为，这种技巧应该与贝里奥的音乐素材有反差。还有就是贝里奥极为重视的歌剧的第二部分，其中乐句和歌句相同，但曲调却不同。其结果就是完全不同的东西。这里总谱占绝对统治地位，远远超过了第一部分。

像您这样如此忠实于散文写作的人，写诗对您有什么影响？

当我开始写诗就会押韵，这是一个经典度量，尽管没有人会期望能在一部前卫的音乐作品中看到。很显然，当我写诗，我会用另外一种字体、另外一种语调去写。尽管有偏见，但它也取决于接近或摆脱在这里被重新审视的意大利情节剧传统的博弈。

# 我不是歌剧剧本作者（1982年）

《歌剧剧本作者伊塔洛·卡尔维诺》，洛伦佐·阿鲁加，《现场音乐》第 VI 期，1982 年 2 月，第 56—61 页。

所以，您是莫扎特和贝里奥的编剧。

呃，不是……这是两个完全不同的工作。在这两种情况下，那么，我的只是一个小任务：两个音乐故事突然需要填词，于是他们向一位字词工匠求助。

至于《扎伊德》，那是亚当·波洛克做出的一个选择，每年夏天他在巴蒂尼亚诺的圣十字修道院组织十七、十八世纪的歌剧表演。《扎伊德》关于沙赫特纳的剧本尚存十五篇曲谱；要将它搬上舞台，通常要尝试将其与宣叙调结合在一起，来弥补剧本的不完整性，尝试将其与莫扎特的其他作品相结合以弥补音乐的不完整性。而波洛克要找一位作家写一个散文文本，用于连接现有的部分原作，即已有了框架的一个叙事。他向我求助，我是《看不见的城市》和《命运交叉的城堡》的作者，其中前一个作品涉及的是神话般的东方，后一个作品是连接多个既定元素的故事的一个组合结构。表演时,一位演员朗诵我写的文本,暗示对遗失的剧本的推测,即我的假设;但是我不想制造一个已完结剧本的错觉,其实我想强调每部未完成的作品所传达的那种不安情绪。

于是就诞生了一个不同的完整性,我们,我想说的是我们与您一起创造的完整性……您调动演员展开行动,让我们每次都以不同的含义去想象它,我们的问题慢慢地重叠,变成了唯一一个问题,甚至变成了一个等待,听觉负担了诸多预兆,而莫扎特的音乐回应着,透露出令人振奋的含义。这是一个重要的贡献,一个完全内部的莫扎特式的事实……

您如此认为?我写了那段文字,并且看到它描绘了我一直持有的并且到现在仍然持有的疑问,我总是害怕辜负了什么。

我想起吉安弗朗科·孔蒂尼在他的二十世纪文学选集中谈到您时,说"十八世纪近乎启蒙主义的系统"。这对研究莫扎特有用吗?还是其他方面的意气相投在起作用?

啊,十八世纪的音乐,尤其是海顿,当然还有莫扎特,我都非常喜欢。关于我围绕《扎伊德》的工作,让我感到鼓舞的是,莫扎特也是一位运用组合技术的人。为了阐释清楚,我就应该是个音乐家,但是我知道,比如,存在一些音乐形象的发展,于是,某些主题转变为带有完全不同意义的、完全不同的创作时刻。总之,这是一个技术方面,它具有巨大的能量和强大的生命力,这使我感到被授以通过与言语技术相似的操作来为莫扎特伴奏的权利。虽然问题依然存在……

您不要这么谦虚。您定然有一些秘密技巧。

哦，没有，音乐的世界让我肃然起敬。

好吧，关于莫扎特就告一段落。那与贝里奥呢？

我与贝里奥是多年的老朋友了。1956年在威尼斯，他让我和他合作《来吧，跳》，这一作品是要通过舞台动作将三个既定片段连接起来。① 这些年来，从一个机场或另一个机场，他不断给我打来电话："你能不能给我写个……"于是我不断尝试。他是一位始终有着精准音乐构思的音乐家，他想要一个文本，只等着我写出与他的构思完全匹配的文字。包括《真实的故事》，他也从整体上有着他的剧作构思。他的想法是以某种方式呈现歌剧的某种特定功能的精髓；采用一种虽然不是自然主义的明确表达方式，但也是非常强烈的戏剧方式来创作歌剧，同时投入所有能让歌剧变成一种大众节目的兴奋情绪。

前一段时间，贝里奥跟我们提到了《游吟诗人》中的参照点。

是的，他跟我说的第一件要考虑的事情就是《游吟诗人》。但是我不知道现在卢恰诺是否……您有多久没跟他联系了？

---

① 参见尼科·奥伦戈的上一篇采访。

关于这个问题已经有几个月了。当时歌剧还在排练中,我们在《现场音乐》杂志上发表了一些未曾出版的内容,比如其中有一个人物充满感情地朗诵道"时间的碎片,消耗磨损:焦虑的枷锁尖叫着",此人恰恰与威尔第的《游吟诗人》中的女主角利奥诺拉同名。恰恰卢恰诺·贝里奥又为我们创造了一个必须承担所有罪责的女性阿苏塞纳……然后还有像曼里科和卢纳伯爵之类的同名人物……

有一位母亲,一个非常痛苦又充满力量的人物。有两个可能是兄弟的人物,其中一个很强大,另一个很反叛,还有一个夹在二人中间的女人,但这只是勾勒一个轮廓。有一场变成了死刑、革命的节日;这些东西在贝里奥的音乐和舞台想象中都十分清楚……他想要叙事曲。有监狱,有决斗,有一种概念化……

请原谅我的疑问:我们只能去看歌剧来了解这一切吗?

我是这么认为的。我不认为有更简便的方法。其中有对歌剧的分析,从而在第二部分中材料在不同的条件下重现。但这是一个真正的歌剧,其中单个元素体现在它们的本质中,剥去了……

伊塔洛·卡尔维诺继续慢条斯理且十分明确地讲着。但他在这停住了,顾虑重重。他在想"剥去了什么"。他没有给出答案,但也没有乱说,他又回到"体现在它们的本质中"。

但至于《游吟诗人》,您看,当今年秋天在威尼斯上演歌剧组曲时,我必须写个介绍说明,我把《游吟诗人》写进去了两行,但卢恰诺把它删掉了。

对于一位像您一样研究十八世纪的人来说，《游吟诗人》有什么影响？

啊，这是一本我非常喜欢的书。

您经常去看歌剧吗？

呃，我不是歌剧迷。但如果我去剧院，还是很高兴的。

您为什么很少写戏剧作品？

谁知道呢，我也经常在想这个问题。年少时，我梦想进行戏剧创作。二十岁时，我想我以后会写的。但是战后，叙事文学推动了……戏剧更多地成了导演的事，而不是作家的事。我就再也没有涉足了。

但是感觉会有剧作诞生。您在《尼安德特人》[1]的电台采访中的文章，打个比方……您总是有精准的、不可预知的兴趣，例如，对科学的重视。

我不知道。也许是因为我是科学家的儿子……年轻时我从来不愿意学习科学……我试图用文字对方法稍作弥补。但我无法胜任。

---

[1] 《尼安德特人》(1974年夏天在意大利广播电视公司第二套节目的系列广播节目的一部分)选自《不可能的采访》，作者为阿尔贝托·阿尔巴西诺等人，米兰：邦皮亚尼出版社，1975年，第5—12页。随后收录在《长篇小说与短篇小说集》，第3卷，第177—185页；还被收录在《不可能的采访。意大利国家广播电台播放的82位作家的会面（1974—1975）》，由洛伦佐·帕沃利尼主编的合集，罗马：唐泽利出版社，2006年，第3—10页。

例如，就在昨天我收到了来自加利福尼亚的一封信。一位非常热爱海洋动物的女画家非常愤慨，因为我将刺海胆说成软体动物，但实际它是棘皮动物。她告诉我说，她以为是翻译错误，但实际我就是这么写的。您看……

但我谈的不是诸多的概念，虽然也有概念在里面。我谈的是您看事物的技术细节的眼光。比如，工作的节奏，您抓住它并让它变得令我们十分熟悉，甚至是在离我们极其遥远的事情上……

　　在日常生活中，我时常无能为力。当我写作时，我感到必须具有模拟能力。这是我的一种爱的行为，我在爱的行为中进行模拟。

它是对当今生活节奏的关注的一部分吗，包括感觉、感知、文化、思想的所有交汇错杂，甚至您的那种错综复杂且层层重叠的结构的写作方式？您是否认为处在这种形式中也是我们读者的一种需求？

　　写作的人有这种需要。但您看，即使在一开始现实主义的小说中，即使我所描写的都是真实的，我仍要注意话题的可能性的详尽发展。

当然，在这一点上，您与卢恰诺·贝里奥非常接近，他让所有可能的形式和音乐结构合并、重叠、一起感知：对他而言，语言始终是语言的总和，在这之中他找到了直接的沟通方法……

　　嗯，是的，我认为，贝里奥具有很强的创造力和能力，能让与先锋音乐相距甚远的音乐形式融入他的主题。他是一位非常优秀的工作者。我非常佩服他的自然力量。

为什么在官方的左翼环境中，或者在最具政治倾向性的环境中，贝里奥经常被人们怀疑，就好像这种杂食性意愿是某种冷漠？

谈论这些事情是很危险的，也许因为他那时试图证明并非如此。当然，我不知道……我有几十年不关注意识形态了。

那您现在感觉好吗？

哦，很好，很好！

那么您现在相信什么？

呃，我相信那些相信自己所做之事的人，我相信由那些相信我们的人完成的事。

那您现在正在做些什么？

我正在劝我自己开始写一本长篇小说。

那音乐呢？

我始终认为，在某一刻，我将会把更多精力投入到音乐中。

您学过音乐，那您将致力于哪种音乐？

啊，我想首先是交响乐和室内乐，把歌剧当作一种乐趣。

但以哪种角色呢?

啊!对。为了了解,为了理解透彻,我想我应该会做作曲家。

同时做歌剧剧作家。

哦,不做。我不是歌剧剧作家。(他移动手臂,缓慢而重复地做着手势,仿佛在说:算了吧……他看着远方,仿佛陷入深深的羡慕之中)哦,不,歌剧剧作家有一种……我所没有的权威。您想拿我跟弗朗切斯科·玛利亚·皮亚维比吗?

# 我对深度表示深深怀疑
## （1982年）

由加塔诺·兰多采访，用意大利语发表在《昆士兰但丁评论》上，第1981期（1982年4月），第11—16页。

以下是在采访过程中，卡尔维诺对我们提出的众多问题的部分回答。

开场白。对他的信念和他的写作立场的问题的回答。

我不是演说家。我的表达方式是文字。文字意味着在纸上尝试着写下一个字，然后画掉它，用另一个字代替它，然后有时再次换回第一次的那个字。所有这些是讲话无法做到的。因此，讲话时我会觉得很弱势，我每说出一个词，我就想对它进行删改。每说出一句话我就想加一个括号，对我所想的内容加以解释。因此，总之，我希望不要有录音机录下我所说的话……所有录下来的东西都不作数。我不会承认，也不会签字。

我那一代意大利人，诗人比作家多……我所属的意大利文学是以诗歌为支柱，而不是以散文或写作时像诗人那样注意每个字的作家为支柱。正因如此，我对如今诗歌的散文性方面兴趣寥寥。蒙塔莱始终是我喜爱的诗人，但我无法原谅他的事情是在他的最后时光里为了写些朴实的散文体诗歌，他降低了从《萨图拉》(《萨图拉》还是一部不错的书，在这之中伟大的蒙塔莱的诗意强度一点不弱)之后的他的三部伟大著作的诗意张力。但是为了继续，他越来越降低基调，这非常消极，因为他鼓励了很多年轻和不太年轻的诗人用过于简单的谈话式语气写诗。我不是说诗歌必须是很难读懂的，但必须是难写的，必须承载着内心凝聚力的痕迹。总之，我喜欢叙述者就是叙述者，抒情诗人就是抒情诗人。所以，在年轻的诗人中，新秀中，我喜欢那些抒情性或概念性更集中的人。

写作通过特殊的方式承载着消息、内容：它不是单纯的信息沟通，而是涉及整个个人世界。一个人将个人的顽念、语言恶癖倾注在写作中，并且作用于读者的个人顽念。我认为这是一种其他交流方式无法侵入的统治。也许随着目前视听的发展壮大，书不再被供奉在圣坛之上，因为还有很多其他的思想传播手段。但是今天，图书也享有广泛的传播。这并不是说，人们读书读得更多更好了。我的意思是，我认为那些只一味地抱怨大众媒体万能的态度是错误的。相反的态度，即过于乐观地看待目前现状的态度，同样是错误的。相反，为了能更好地运用我们所拥有的工具，我们应该行动起来。

在文学批评一致给我贴上"启蒙主义者"标签的时代里，我也没有乐观主义的启蒙信念。即使有启蒙主义的根底，我也在我力图信任的历史背景下前行，但那时也已经有相当大的裂痕了。我认为，我的形象从最初到现在已经发生改变，但这些特性那时已经存在……然后我周围的世界也变了……但与其为一个名字、一面旗帜、一个标签而战斗，我更愿意因每一种态度、我所做的一切而被人评判。我不否认我从"启蒙主义"文化而来的思想演变。在意大利六十年代末，即从霍克海默和阿多诺的启蒙辩证法的译本出现之后，启蒙主义开始变为一个贬义词，我立刻意识到在这条道路上可以做出一些危险的总结。总之，将会有启蒙的进步主义的草率，但是我认为反启蒙的草率更糟糕。霍克海默和阿多诺让尤利西斯成为第一位启蒙主义者和第一位资产阶级——嗯，尤利西斯一直是并且仍然是我最喜欢的英雄，他们说出了他们想要说的。

我的一些活动对叙事结构、纯粹的设计有利，但是我认为它们在另一层面即哲学内容上也有意义，并且结构对应主题。比如说，人们说《命运交叉的城堡》是我的书中最抽象的一本，在这本书中，当我谈到卡尔帕乔的关于圣乔治和圣吉罗拉莫的一组画时，① 我写了一段最具自传性的（自传的-意识形态的）内容，一种我的职业道德信仰。如果那时我死了，我会把它看作我的遗嘱。我希望我还有时间写下另外一些遗嘱，也许它们之间是相互矛盾的，但那就是一份遗嘱，注明了日期但永久有效……

我认为"危机"是存在的。我想今天人们对"危机文学"的理

---

① 《我也试讲我的故事》一章的结尾。参见康斯坦斯·马基的采访。

解是有道理的。也许因为在意大利人们对这个话题谈论得太多了，所以我就没有谈论它，但是它是存在的。我做的关于描述和外表的话题与所有可以言说的和难以言表的问题，以及与文字危机都是息息相关的。这文字危机是由那些一谈到这些问题就会被人引证的作者洞察的，如霍夫曼斯塔尔和维特根斯坦。正因为我看到解决办法的建议越来越少，所以我力图创作一种成为有限而有效的行动模范的文学。

我很难定义自己的立场。您提及了维托里尼，这很重要，因为给我们引出了向自己提很多问题的必要性，无论是在维托里尼的理念中，还是在对生活和社会的每一个事实负责的文化理念中，我们都会问自己很多问题，这些问题看似与文学相距甚远。如今我很难同意维托里尼的某些立场，比如，他坚持绝对强硬地支持工业文化，将工业文化的所有罪恶看作还不够工业化的结果。维托里尼是一个有着坚定立场和绝对选择的人。如今（或许也是"危机文化"的结果）一些如此不容置辩的立场已无法再坚持下去了。

回答有关他的风格的问题。他对其他作家的意见。

我也是从一种我试图与口语捆绑的语言出发的：这种口语是意大利一个大区的口语，也就是利古里亚西部的口语。在我前期的写作尝试中，我试图使我写的每一句话都能在方言里找到对应。我不知道我有没有做到，有时我会偏离到文绉绉的意大利语中。

当然，想用这种语言写一本小说对于一个意大利北方人来说是个大问题。意大利语的叙事时间是远过去时，这在意大利北方的口语中是不存在的。在意大利北方人们说"我去过"时从来不用"io andai"，而是说"io sono andato"。在意大利北方没有人用远过去时，即使一个人的意大利语说得再好，他也不用。所以我写的第一部长篇小说就用现在时解决了这一障碍。因为如果我开始说"andò""fece"，我就是用了托斯卡纳地区的说法了，就与我最初的文艺思想相悖了。然而，后来我不再遵循这一原则，也是因为我渐渐地失去了这种地域根基，如您所知，对于意大利作家来说，这种地域根基一直非常重要，但它也可以成为局限，所以我开始用不同方式写作，但几乎一直用意大利文学语言写作。同时一种全国普及的意大利语口语诞生了，主要是随着人们看电视而应运而生的：在意大利语言统一的因素中，可能电视远远高于学校、军队、早期的意大利统一机构。是的，我认为，先生所说的是真的，我与格诺的风格非常不同，因为我没有那种语言的混合，而语言的混合是意大利文学的另一潮流的特点，其主要代表人物就是加达。通常，我的理想风格是更轻盈，简明快速的表达，而不是臃肿的词语。但在其他方面我与格诺相似：格诺也对几何构图感兴趣，为之痴迷。对从开始就根据精确设计来构建小说的热爱，对我而言是一种本能，随后它变成一种经过计算的因素，对我而言越来越重要。然后，总之，即使风格迥异的作家他们也可以相互欣赏，而那些与我相距甚远的作家也可以是我的有益参考。我认为英国文学是你们最熟悉的，要提及英国文学的作家，我一直在同时代的、虽然有着共同的元素但风格截然不同的两位作家之间摇摆，他们就是史蒂文森和康拉德。史蒂文森的创作特点是轻盈透彻的风格和线性的结构。但康拉德对人性有着强烈的兴趣，他围绕一个人物和一种情况打转，直至探索了所有的黑暗区域和深度。康拉德使用一种相当奢华的英文，一种超文学的英文，一种充满了拉丁语起源的词汇的奇怪英文。他说，他的文学使命的第一语言是法语，甚至痴迷到要找一个恰当的词他首先要在法语单词中寻找，然后才在英语单词中找。我不知道这是不是真的，因为后来在他的小说中他写过一些法语句子，但不是很优美的法语。他对英语语言的热爱促使他创建了一种丰富的语言，就像为数不多的盎格鲁-撒克逊作家一样。

我对澳大利亚文学并不是很了解。我读了帕特里克·怀特的几部小说，在这我要再次提一下我前面说过的关于康拉德的话，说过的关于贵族的、多样的以及非常诗意的语言的话。我认为帕特里克·怀特应该是最具代表性的澳大利亚作家，虽然我不能说我对这个话题非常了解。我认为一个国家的文学特异性不能是偏见，当然，作家必须表达自己的国家，自己的文学传统，但这些原生的品质要有助于滋养世界文学。一位伟大的意大利作家或是一位伟大的澳大利亚作家不会是那些只在意大利或澳大利亚的范围内有价值的作家，而是那些将他们的意大利性或澳大利亚性带进世界文学的作家。


回答有关《困难的爱》和《马可瓦尔多》系列故事的问题。

在我的文学活动之初，我写了很多短篇小说。甚至我原本会写更多，因为我的表达方式就是故事。但某一天帕韦塞——我记得就是他——对我说:"我们现在知道你有能力写短篇小说了,你现在必须开始写长篇小说。"于是我努力开始写我的第一部长篇小说。然后我又努力写些我未能写过的其他小说。我在尝试写长篇小说的时候浪费了一些时间,如果我能将当时我头脑里的一切、我的青春经历用短篇小说进行表达的话,我本可以写出很多东西的,但后来我再也没有能力写出来了。后来我想把这些故事收录在一个文集中,1958年,我尝试着将它们按系列归到一起,我称这些系列为:《艰难的田园诗》《艰难的记忆》《艰难的爱情》,因为在所有故事或几乎所有的故事中,都有交流困难的问题。

在那个时代,理论方面、我的文学立场,都不像后来那么有意识。但是我必须说,这些《困难的爱》也符合形式构建的标准,都以非常简单的对立为中心。一般情况下,当我开始写作时,我会从视觉形象出发,或是从一个作为机制而发挥作用的情况示意图出发。总之,一般情况下,我会将一系列经验翻译成示意性的机制,然后变成一个故事。

马可瓦尔多的系列故事最初发表在日报上。大约在1951年至1952年,它刊登在《团结报》的第三页。我受当时我工作的那家出版社的仓库管理员的形象启发而创作了这个角色。实际上,其中有一个故事,蘑菇的故事,是真实的。那个男人在路上找到了一些蘑菇,吃了这些蘑菇然后中毒了。由此,我又创作了这一类型的其他一些故事,于是我开始了这个系列。然后,我写了其他一些故事,它们变得更丰富多样了,在1958年的《短篇小说集》

中，我收录了一系列十个故事。然后，若干年后，当我编写《马可瓦尔多》的故事集时，我又加入了另外十个故事。现在，玛丽亚·科尔蒂在一篇文章中指出，前十篇故事在形式上一致，并且组成了她所谓的"宏文本"，而另外十篇的加入则让宏文本灰飞烟灭，因为这另外十篇不再符合同一形式。但我记得，当这篇文章发表后，我给她写了一封信，构建了一个更为复杂的方案，将所有的故事都涵盖其中……[①] 比起第一个十篇的系列，二十篇短篇小说这个系列的有趣之处在于，前十篇还处在一个新现实主义且非常贫穷的意大利，而后来写的那些则是在一个消费主义的意大利展开故事情节的。它们是我写过的最简单的东西之一，因为它们都是基于非常简单的冲突，即自然与城市之间的冲突。几乎都有一个季节性的出发点，都是基于城市没有农村的季节感强这一事实的经验。并且永远不会有一个快乐结局……我正是将它作为儿童书发表的，因为没有人规定孩子听的故事必须有美好的结局。孩子们也必须学会事情可能会变糟这一事实。总之，起初有人说它太悲了，不适合儿童阅读，但后来它却成为中小学的教科书。并且我还会不断收到孩子们的手工作品包裹，他们在学校用绘画创作马可瓦尔多的故事。我想，正是因为这本书在学校的推广，所以它在意大利应该已经达到了最大的批量生产。几乎可以与我的同乡爱德蒙多·德·亚米契斯相媲美。

---

[①] 这封写给玛丽亚·科尔蒂的信，于1975年9月16日在《书信集》中发表，第1279—1283页。

关于他的最新作品的一个问题的回答，即文学的描述。

当然，我可以预见，我想它将是我未来的一本书，它的一部分现在已经写好了。若干年来，我在《晚邮报》上写些随笔，写些豆腐块，这些文章不是以第一人称写的，但都有一个叫帕洛马尔先生的角色，这些文章通常都是以描述为基础。其基本思路是，我非常相信外表，相信从外面所看到的东西。我始终对深度表示深深怀疑。在一个文化全部面向深度的时代里，我认为，对所见所触、对事物形状的呼唤，我不知道我是否能够解释清楚，但是我认为，这种呼唤是我的思想基石之一。如今，人们来不及观察事物如何，就会有人跳出来，始终带着给某人定罪的表情说，这背后有无意识的动机，有历史动机、社会动机等等。这种态度使我们无法看到事情如何具体发展，如何使我们受苦或享受。当我正好要写一段与此思路一致的文字时，我会将它放入其中，因为此书将会把事物的视觉方面的描写作为主题路线之一。我被问及的关于罗马的椋鸟那一部分内容就是本书的一章。[①] 在那些日子里，椋鸟成为每日的谈资，因为看到它们如何铺天盖日真的是一件令人印象深刻的事情，而我对鸟类生活没有研究，但我想将它写出来："我只写我之所见。"我也是为了与我在《共和报》的文学版块所写的常用主题有所反差。整个文学版块都致力于文化（大写的文化），其中总是在谈论书籍、辩论和想法，而我对自己说"我迟早要谈一次鸟类"。

---

① 《帕洛马尔》中将以《椋鸟入侵》为章节题目。

# 二十世纪三十年代的电影
（1982年）

《伊塔洛·卡尔维诺与三十年代的电影》，由让·安托万·吉利采访，录制于1982年5月，《正片》第303期，1986年5月，第46—48页。此处的译文比在《正片》电影杂志上的文章内容更丰富翔实，收录在让·安托万·吉利的《法西斯阴影下的意大利电影（1922—1945）》一书中，佩皮尼昂：吉恩·维果研究所，1990年，第54—60页。

您在意大利法西斯统治下度过了童年和少年时期，为此，在由多人编写而成的文集《艰苦岁月中的一代人》中您为这一段时期做了见证，该书于1962年由拉泰尔扎出版社出版。

是的。整本书收录了我这一代的很多人的见证，六十年代初刊登在米兰的杂志《矛盾》上。他们准备了一份调查问卷，并发放给了很多人，我就是其中之一。然后当这些答卷收集成书时，我又写了另一篇文章，与第一次完全不同的一篇文章。在杂志中，我谈了我的童年，谈了一个孩子眼中的法西斯主义，尤其是三十年代和四十年代初那段时期。其实我想知道谈论这段史前史究竟有什么意义，因为一个小孩子不会去思考政治，对他而言重要的是有意识的生活。后来我就写了个后续，其中主要谈了战后我的政治经历。因此，这是两篇在某些方面互补的文章。[①] 在法西斯统治的"二十年"之后的至少二十年里，意大利除了回忆墨索里尼时代，没做任何其他事情。比如，有一本名为《世界》的期刊，这是马里奥·潘纳齐奥主编的一份文化周刊，十五年里，在意大利产生了重大作用，他频繁地刊出关于法西斯时期的回忆文章，很多了解法西斯时期的文化生活和政治生活的人有很多东西要讲。

您是什么时候开始向意大利共产党靠拢的？

在抵抗运动时期。那段时期一切都以极快的速度发生，一年快似一个月。抵抗运动的经验以及总体政治背景——美苏联合——使我走近意大利共产党。意大利共产党人在抵抗运动中发挥了巨大作用，远远高于任何其他政治组织。

在《一个观众的自传》中，您写道："有那么几年我几乎天天去看电影，甚至有时一天看两场，那是1936年至第二次世界大战之间的那几年，总之是我的青春时代。在那几年，电影对我而言就是世界。[……]我还没有说过，但我觉得这是不言自明的，电影对我来说就是美国电影，好莱坞的流行创作。'我的'时代大致是从加

---

[①] 《矛盾》杂志上四个问题的两个回答版本，即《法西斯统治下的童年（1960年）》和《艰苦岁月中的一代人》，结合为《青年政治家回忆录》，收录在《巴黎隐士》中以及《散文集》第2733—2759页。

里·库珀饰演的《孟加拉骑兵》以及查尔斯·劳顿和克拉克·盖博饰演的《叛舰喋血记》一直到饰演了多部喜剧［……］珍·哈露的去世。"相反，您说，虽然您几乎看了所有的意大利电影，但对您而言它毫无价值。为什么会有这种差别？

意大利电影没有什么重要性。那些谈其他国家、其他文化的电影更引人入胜。意大利电影不谈论任何事情。在那个时代，有很多以匈牙利或法国为背景的喜剧电影，但由于在意大利不能谈论通奸、离婚和其他很多东西，所以意大利电影没有什么重要性。

您在美国电影中寻找逃避现实的方式吗？

那时候我没有任何要逃避的问题或类似问题。我看电影是因为它们有趣，因为我喜欢那些演员，因为那个故事吸引我。我们尽量不要有智力万能主义……

在《一个观众的自传》中，您指出，好莱坞的电影传达了"生活的假象"。我们是否应该认为，美国电影的谎言比意大利电影赋予想象的空间更多？

我不知道我是否感知到了这个谎言……美国电影有伟大的真理的味道。今天，电影可能传达了一种更强烈的真实感，也许还混合了其他谎言；当时它自然有着极其强烈的真实感。如果我记得没错，我去看电影是因为我喜欢美国电影。今天的读者可能会提出美国电影的神秘化问题。也许在某些方面我也意识到了，但这可能更多的是对今天的异议的回答，而不是对那时问题的回答，在那时我没有给自己提出类似问题。在我的《一个观众的自传》中，我简要讲述了所有人的兴趣。全世界有数百万人去看美国电影。我的见证是一个普通人的见证，也是这段经历的守护，而不是自我批评："啊，我真白痴，竟然看那些电影！"不，我很高兴看这些电影。

法西斯政权的审查没有阻止美国电影的引入。那时的电影杂志铺天盖地全是美国电影、美国影星的信息，例如《电影院》杂志。

还有《电影》，它是那时最流行的杂志。《电影院》已经是一个较高水平的杂志了，我不知道它在报刊亭是不是有售，也许只有在书店才可以买到。相反，《电影》每个星期每个报刊亭都有售，是一份大版面、满是美国电影还有几篇关于好莱坞的文章的出版物。一些重要作家比如马西莫·邦泰佩利为它撰写文章。

直到 1938 年，法西斯政权没有给美国电影设置任何障碍。

1938 年的法律主要是针对美国电影的贸易保护主义的规定。从文化镇压的观点看，法西斯政权并没有清晰的想法，只是在最后几年，试图制定文化政策。法西斯主义是在外交政策、国内政策上的意识形态，但在文化领域仅限于禁止了很多东西，也有允许的东西，比如美国文学。出版了很多美国文学的译本，在战争前以及战争年间，美国文学是一种时尚。

福克纳的作品就是在那时翻译的，还有斯坦贝克，但他也许不是一位伟大的作家。法西斯政权没有禁止那些谈论社会斗争或者介绍那些被称为"财阀"的国家里的危机理念的书。相比之下，海明威因为几乎他所有的书都有公开反法西斯的内容，所以没有译本。

再回到电影上，在我看来，在您的《一个观众的自传》中，比起法西斯主义提出的技巧，您更喜欢美国电影的技巧。

电影是艺术技巧的图像。我喜欢这种流行艺术，就像我可以喜欢歌剧甚至杂耍一样。它是一种技巧，但人们有爱它的权利。而法西斯主义是生活的现实并且带有大量杂乱无章的虚假之物。

您以前住在远离罗马的圣雷莫这样的小镇，您如何感知到这种"大量杂乱无章的虚假之物"？

那时非常无聊，因为总是有节假日，你不得不穿上制服，参加集会，发表一些夸夸其谈的演讲……我生活在一种拥有极大自由的发言权、可以批判所有不论大小的法西斯党党魁的环境中，同时，法西斯主义是赢家。我看到我父母的世界处处失利：希特勒，西班牙内战，甚至是第二次世界大战的开始。所有这些都使我远离政治，寻求个人价值的实现。

在这种环境下，虽然没有什么令人兴奋之事，但也形成了一代优秀的知识分子，他们主要从 1945 年开始表达自己的看法。

之前他们也表达过自己的看法。战争结束后，我与比我大十岁的那一代人来往频繁，在三四十年代，他们也许经历了人生中最有趣的部分。意大利的那一代知识分子——1910年左右出生的那一代——往往都是著名作家。他们中的有些人，少数人，作为反法西斯积极分子经历过那个时代。其他大部分人，生活在法西斯统治的社会，利用那种同谋共处的氛围，因为他们不进行反法西斯的政治活动，从而让自己与这种氛围保持一定距离。当有人进行政治活动，不论是孤立的还是在法西斯党内部的，都会自动被发现并且被监禁。对于文学来说，存在审查的问题，最初是由民权机关执行的：省督拥有审查权，文学审查首先是道德审查。某个时候——您可能比我更清楚具体日期——成立了新闻宣传部，后来成为大众文化部。它开始制定文化政策。从某个角度来看，这是迈向真正的极权主义政权的一步，但也是试图保护被视为持异见人士的知识分子的一种手段。博塔伊，著名的国家教育部部长，对进行反对活动的知识分子进行保护。进行反对活动的知识分子在博塔伊主办的官方杂志《首要地位》上发表文章。

可以说，对意大利大众，法西斯更多地满足于一种冷漠的共识，而不是附庸的共识？

法西斯主义是一台创造附庸的机器，是建立在大众组织上的制度。话虽如此，但法西斯主义无法审查冷漠。如果有人加入了法西斯组织，违心地穿上了黑衬衫，那也是他自己的事（年轻一代加入这种组织是不得已而为之，比如要去上学，在节日期间就必须穿黑衬衫）。

法西斯主义几乎从来不用电影作为宣传手段。

但是每年，还是会出两三部重要的宣传影片。比如，您想想所有那些福斯科·贾凯蒂饰演的影片、战争片、大事件的影片，以及杰尼纳或亚力山德里尼导演的影片。整个意大利的创作都集中在那些影片上，例如《飞行员卢恰诺·塞拉》……

然而这些影片相较于整个意大利的电影创作而言是极少数的。

对，因为有普通电影创作。电影毕竟还是一个行业，需要创作观众喜欢的电影，并且尽力与美国电影抗衡。如今，在激情戏，在总是扮演严肃人物的福斯科·贾凯蒂饰演的所有影片中，或阿米德奥·纳扎里这一英雄气概的形象饰演的影片中还能找到意识形态……我想，即使在德国也有大量喜剧片，但在意大利没有普及，因为公众不喜欢德国电影。在德国每年也只有两三部大的宣传片，其余为喜剧片或冒险片。

在《一个观众的自传》中，您强调幽默新闻的重要性。您如何解释这种新闻在法西斯社会中的存在？

因为那时报纸不能谈论政治，所以它是一种有点特殊的幽默新闻。它是一种带有一些讽刺想法的言语幽默。这种情况引起了超现实主义幽默感，比如像周刊《马克·奥雷里奥》和《贝托尔托》里的幽默感。《贝托尔托》是由一群从罗马搬到米兰的《马克·奥雷里奥》的记者创办的。《贝托尔托》将高中生说话时使用的一种带有大量讽刺表达的语言流传开来。

意大利人是否在幽默新闻中找到了对更多知识自主性的支持?

不,我不这么认为。不论在哪种制度下,人们每天都需要生活,需要说话,需要笑……

# 讲述《疯狂的罗兰》(1982年)

米歇尔·奥塞尔,《采访伊塔洛·卡尔维诺(书籍)》,《时尚》第628期,1982年8月,第191页。

"讲述"《疯狂的罗兰》这一想法是如何产生的?

很简单,几年前,意大利电台让我选一首阿里奥斯托的诗介绍给观众。我的文章将由几位看过原著的演员配音。我立刻喜欢上这个构思,因为我喜欢受人之托的工作,由那次经历诞生了这本书,现在也有了法语译本。我唯一感到遗憾的是,向法国读者推荐的诗歌译本是十九世纪的散文体版本。①

在这浩瀚的文本中,您如何做出选择?是什么特别的东西吸引了您?

应该说,阿里奥斯托的故事结构是极其复杂和现代的。事实

---

① 伊塔洛·卡尔维诺介绍并讲述卢多维科·阿里奥斯托的作品《疯狂的罗兰》。其中《疯狂的罗兰》摘自塞莱斯廷·希彭的翻译(巴黎:卡尼尔出版社,1980年),卡尔维诺的讲述内容由尼诺·弗朗科翻译(巴黎:弗拉马里翁,1982年)。采访者米歇尔·奥塞尔,意大利经典作家和诗人的译者和学者,在2000年将出版《疯狂的罗兰》的新译本。

上，它的故事在几个层面上同时展开：作者通过连续且出其不意的事件、同时发生的若干短暂行动来进行陈述。这是一个真正的电影蒙太奇，像歌剧一样在不断运动中组织诗歌，所以伽利略对阿里奥斯托称赞不已并非出于偶然。其实，《疯狂的罗兰》是一个多中心的或离心的故事。此外，它承接另一部骑士诗（即博亚尔多的《热恋的罗兰》）的内容，这部骑士诗又与诞生于法国史诗传统的另一部诗歌相衔接，所以说，阿里奥斯托的"长篇小说"没有开头，甚至也可以说，它没有结尾。因此，它有着惊人的现代性。但我不得不进行选择，我意识到这种选择是围绕一座魔宫，贵妇和骑士们在魔宫中追逐、相遇、相爱、相互欺骗：这就是一个十六世纪的马里昂巴德！因此，相比几年前圣圭内蒂和隆科尼对文本进行编辑并将其搬上舞台，我选择了与他们完全相反的做法。① 他们坚持各种历险发生的同时性。

但除了这份工作委托和这本书之外，您还在很多方面对阿里奥斯托感兴趣，比方说，《不存在的骑士》就是"阿里奥斯托式的"精湛技艺的独特实例。它是对古典文学的一个讽喻，带有讽刺意味的一瞥吗？

不是，完全不是。故事的愉悦感动了我。因为我选择的话题是一个空的铠甲，所以把故事安放在骑士诗歌的神话般的框架中是很自然的事情。您知道，在意大利（也包括在西班牙，您想想《堂吉

---

① 由埃多阿尔多·圣圭内蒂改编，卢卡·隆科尼为戏剧导演（后来为电视导演）的《疯狂的罗兰》于1969年7月4日在斯波莱托第一次上演，随后几年中无论是在意大利还是在国外的观众和评论家中都取得了巨大的成功。

诃德》),这种文学形式和这种神话的主体一直是至关重要的,这是法国没有认识到的。在我们这里,这一传统一直延续到了我们今天的木偶戏,西西里的木偶戏里。

小说如何起作用的问题似乎一直吸引着您。《命运交叉的城堡》中塔罗牌的诸多形象暗示您构建无尽的新故事,如今您如何看待这一小说?

我觉得我应该再次体验那次经历,我感觉它还没有穷尽。如果我不再继续这一经验,那是因为在写作《命运交叉的城堡》时,我相信我真的疯了。但确实,可能性的游戏,诠释的无限性的游戏,以及塔罗牌形象的魅力,继续吸引着我。

在您的著作列表中,其中三部——《分成两半的子爵》、《不存在的骑士》和《树上的男爵》——构成了三部曲……

是的,尽管主题和写作内容存在差异性,但确实如此。实际上,第一本是封闭式文本,是一种寓言;第二本形式更自由,更具创造性;第三本源于十八世纪晚期的百科全书式小说,那是我非常喜欢的一个时代。在意大利,我将这三本书集合为一个题为《我们的祖先》的合集,就像想要绘制一幅当代人的寓言式家谱一样。

那么您如何定位您的作品的中心?

我通常从不从整体上去看我过去的作品。我作品的中心?它属于我的下一本书。它很快就要面世了……

# 我写作是因为我没有经商的天赋（1983年）

> 1983年5月11日在佩萨罗市吉安桑提实验剧场进行的采访，采访内容刊登在《当代人的情趣》，第三册：《伊塔洛·卡尔维诺》，佩萨罗：佩萨罗市人民银行，1987。除了脚注中的少数情况，我保留了《当代人的情趣》的编辑对录音转写的完整文本（很显然保留了讲话内容的所有方面），但我改动了很多标点符号。

亲爱的同学们，很久前就受到佩萨罗的邀请，现在我很高兴能和你们在一起，很高兴看到你们座无虚席，很高兴在墙上看到我的名字与一刀一叉一勺在一起，这些餐具很可爱。我拿到了你们的问题，大约有四十五个问题，如果要我全部回答，我要在这里待上一个星期才行。也有一些问题相当难，比如："您作品中的喜剧性向来是独创的，往往带有一丝苦涩的回味。为什么如此？"也许我要因此去做心理分析或解释一位作家写作的基调。喜剧性，苦涩：这非常难。每位作家都有他自己的基调，他的语气，有点像声音的音色，这是他的特点。

同类型的另一个问题："哪怕是面对人类生活最糟糕的方面仍

表现出的缓和语调、充斥在您所有小说中的古怪人物、《我们的祖先》三部曲所选用的虚幻的文学体裁，这些都是您的个性的反映，还是强加的某物，或是人为之事？关于这种体裁，您是否受到过去的某种模式的启发？"我想说的是，一个作家的语调是他区别于他人的东西，是很难界定的。有些作家看似受到逼迫，很虚假，可以看到他们为了矫饰而去做一件事，然而这只能由读者来说，只有你们才可以说"这个听起来很勉强"或是"这个很奇怪，非同寻常，但感觉其背后还有什么"。很多时候，甚至作家自己都不清楚：他感觉要这样写，通过这种语气他按他想象的方式表达自己，他以这种方式描写一个动作、温暖或寒冷，写出一个句子，表达自己。当然这也涉及文学传统。

我这里看到的第一个问题很有趣也很严肃："开始一本书的撰写，您需要几个阶段？您总是很满意吗？您有没有想过将来要重写？"我可以说，我从来不满足，这就是为什么我要继续写作。我总是试图做一些有意义的事，这些事能够代表我看世界的方式，而我通过故事、通过别人可以在其中认出自己的作品来看世界。我从不满意：写作是一项在写作时感受不到快乐的工作。画家在绘画的时候，在运用色彩的时候，感受到一定的美感。写作没有，写作是通过文字来工作，如果用手写，那么就会觉得自己的字迹丑陋，如果用打字机，那么它就是一件机械的事。至少对于我来说，在写作时没有身体上的幸福感。也许其他人会有，但我担心那些对写作过于满意的人是些书写狂，他们只为自己而写。而我在写作完成、做完某件事、看到作品完成时会感受到满足感，我体验着一个工匠建造好一件物品或一个可行的结构时的那种满足感。所以，我做完的事情，即使有时候并不是完全满意，但毕竟是我已经做过的事情，并且它们就将如此存在。这就是为什么我的很多作品不是有始有终的小说，而是很多拼在一起的部分，所以有时候我会想"那本书我还可以再补充点东西"，因为这样可以在我的作品中有所积累。我要工作很长时间，我写的每一部作品都经常多次加工，也就是说我有很多修改稿。有些作品是我一气呵成的，但更多的时候是我写了改，再写了再改——有时候，我再也看不明白我在纸上写的什么，因为我总是手写第一稿，然后不停地用一小再小的字体进行多次修改，插入很多用极小极小字体写的段落。最后我必须拿了放大镜才能看明白我写的内容。然后，我再手抄一遍，再用打字机打出来，然后可能我一边重读一边说："哦，这部分太沉闷了，什么也没有表达出来。"于是我觉得有必要再次进行修改，弄明白其中原因……弄明白为了赋予这个故事一个动作、节奏和张力，我需要添加什么进去。我认为，还有些东西就像一个音乐作品，它必须有一定的节奏，而且你必须赋予它节奏，有时候，它一下子就涌现出来，一气呵成，有时候你就不得不思索一下。

这个问题跟刚才那个问题也有关联："在写作过程中，您有没有遇到这种情况，就是找不到一个合适的词表达自己的感觉和感受？"有，我经常感觉我需要一个词来表达我想要表达的东西，但我却找不到那个词。于是我就开始思索，展开联想：是这样一个词而不是那样一个词，是必须有这种细腻意味的另一个词。有时候我需要求助于字典，比如术语大字典，包含所有词族的字典。

跟很多人一样,我用的字典不怎么美观,但很实用,帕拉齐编纂的字典,我查一个与我想要的词相近的词,然后我就可以看到所有其他相关的词。有时候,我也会用托马塞奥编纂的字典,那是最大的意大利语字典,不过它是十九世纪的一本字典,所以离我们现在的语言有点遥远。有时候,尤其涉及术语的时候,我也会用能在古玩店里找到的十九世纪末普雷莫利编纂的字典。这本字典有点杂乱无章,但在里面可以找到很多词。重要的不是被查找的词汇,而是词汇自然地呈现出来,帮助流畅地表达思想,而不是分散精力。

这个问题的第二部分:"您有没有创造过迄今尚未使用的新术语?"没有,我认为没有。有一些著名的作家,他们会发明新词,他们拥有巨大的语言想象空间。我要说的是,我使用的词都是已经在生活中使用的词,我不会脱离意大利当下太远。很多试图用意大利语阅读我的作品的外国人都会遇到一些问题,因为他们说,我使用的语言太丰富,我用了很多他们不认识的词汇。但我认为我没有脱离我们今天正在使用的意大利语,即使我在讲一些不是发生在我们这个时代的幻想故事时,我始终尽力确保我使用的意大利语是现代意大利语。

您有没有获得成功的秘密武器?

没有,我真的认为我没有这个秘密武器。我认为我没有想过成功的问题,我会写那些让我感兴趣的东西。通常我提出一个问题,我想写一本什么样什么样的书,它呈现出一定的困难,我会挑战我自己；这是一种我给自己发出的挑战："让我们看看我能不能写出这样的东西来。"这不是成功的问题，我始终想写有意义且能够进入现代文学发展的东西，因此是一种对自我也是对我同时代其他作家的挑战。可能会成功，也可能不会成功。有时候我们也会看到，有些书被视作很难，是少数人的书，然后它们就找到了它们自己的受众。我认为现在人们关于成功和销售谈论得过多。在你们的这些问题中，就有一个问题是关于《意大利式畅销书》①这本书的，我认为，这本书哪怕是构思都是非常令人不满意的：在像意大利这样一个阅读量很少的国家（即使有成功也是有限的成功），带有一种敌意去看那些他们的书受到读者青睐的作家——他们的书并不是一味迎合那些简单趣味，而是写些有难度的东西——而不是因读者关注作家的努力而高兴并将其视为利益淡泊的行为，这绝对是荒谬的，没有意义的。当然，也有纯粹的商业化作家，但他们是些追捧读者的低级趣味的人。比如，我发表的最新小说，我为之花了很大精力，其题目为《如果在冬夜，一个旅人》，据出版商的想法，这本书可能会有一万册的发行量。因为它看起来不像拥有广泛受众的一本书，所有我让看过这本书的业内人士都说，这是一本受众面较窄的书。但后来它取得了一定成绩，虽然不是非常可观，但已经达到了十万册的发行量，这是一件好事。由于这是一本我出于文学目的和表现目的而写的书，而读者接受这本书并参与其中这一事实让

---

① 吉安·卡罗·费雷蒂，《意大利式畅销书。高品质小说的成功与诀窍》，罗马-巴里：拉泰尔扎出版社，1983年。针对这本书，伊塔洛·卡尔维诺于1983年3月10日在《共和报》上发表过一篇题为《米诺斯的尾巴》的文章。

我感觉非常好；但这背后没有任何来自作家或出版商的干预。出版社一直持谨慎态度，永远不会大量发行，否则第二年就会看到这本书在廉价书店里以半价销售。这是一种图书和公众之间的对话，如果公众回应，那么就会印刷更多。

如果可以，我想知道您为什么写作。

这个问题问得好。我写作是因为我没有经商的天赋，我不擅长体育运动，我不擅长很多其他事情；用一句名言来说，我就是我们家族中那个"家庭的白痴"。萨特发表了一篇福楼拜的传记，题为《家庭白痴》。通常，写作的人是这样一个人，在他想做的很多事情之中，他把坐在书桌前并将头脑中所想之物付诸笔端视为一种实现自我和沟通的方式。可以说，我写作就是为了沟通，因为写作是一种方式，通过这种方式我可以传达一些东西，一些从我身处其中的文化、生活、经验和文学中产生的东西。文学是先行于我，而我赋予它很多个人的东西，赋予它通过人类传递并再次流传的经验。这就是我为什么写作：实现使我成为某事某物的工具，当然这一工具肯定比我强大，它是人类观察、判断、评价、表达世界的方式，让世界通过我进行传递并再次流传的方式。它是一种文明、一种文化、一个社会存在并吸收经验再让其流传的诸多方式之一。

您不觉得，树上的男爵应该从树上下来面对现实，而不能逃避现实带来的问题吗？

如果树上的男爵没有爬到树上或者爬上去了后来又下来了，那就不会有这本书了。通常来说，一本书讲述的是脱离一般情况或与一般事情发生方式不同的东西。

我如何写成这本书的？我写这本书是为了展开一个主题，也许这是来自我记忆中的一个主题；我想讲述我小时候爬到树上待几个小时的经历，然后我将它发挥到了极致，最终我让它成了一种符号。是什么的符号？符号往往是很多事物的象征：它可以是作家、诗人的符号，他们跳脱这个世界，在一定距离之外观察这个世界，他们忠实于别人并不理解的属于他们自己的严谨；它也可以是人类的最普遍的符号，为了看得明白而更喜欢远离尘世，与之保持一定距离同时又感到与尘世有关联，并没有与之完全隔离。于是就有了一个矛盾的故事，正是由于在树木和地面之间的这种关系的所有可能性中，男爵始终遵循既定规则，并坚持到底，所以故事才能成立。故事的严谨性存在于遵循自己严谨性的人的故事中。当然，我本来想让他从树上下来。在我看来，在几年前他们进行的戏剧改编中，最后树上的男爵回到了地面，这给故事赋予了道德上的寓意，但也许是一个有点简单的道德寓意。我更想让这个男孩自己制定的这个规则、这个绝对命令伴随他一生。书籍、文学创作也会因它们的矛盾方面而具有价值，因为它们甚至将一件难以忍受之事坚持到了最后，因为正是这个发人深省。给出一个令所有人高兴、让所有意识到位的解决方案，这不是我想做的事情。我想要的是不安。重要的文学是将你置于挑战常理的事情面前的文学，这也是我想做的。

在《分成两半的子爵》中，主人公被分成了善恶两半。这是否与您的人性概念相对应？如果是，您为什么让善恶双方在不同的时间出现？为什么先出场的是恶的一半，而不是善的一半？

当我开始写《分成两半的子爵》时，我首先是想写一个让我自己开心的故事，如果可能的话，也让其他人开心。我想到这个被劈成两半的男人形象，我认为这个被劈开的，分成两半的人的主题会是一个有意义的主题，具有当代意义：在某种程度上，我们都感觉自我并不完整，我们实现的都是自我的一部分，而不是另一部分。为了做到这点，我创作了一个站得住脚的对称的故事，它同时具有冒险故事的节奏和近乎芭蕾舞的节奏。为了区分这两半，我觉得让他们一善一恶应该是创造最大反差的方式。[①] 这是完全基于反差的叙事结构，因此故事建立在一系列令人惊讶的事实上：回到家乡的不是一个完整的子爵，而是半个非常残酷的子爵，我认为这会创造出极大的出其不意的效果。然后，突然有一天，人们发现一个绝对善良的子爵取代了那个残暴的子爵，这创造出另一个出其不意的效果。因为这两个一半，善的一半和恶的一半，同样让人无法忍受，这就是一个滑稽的效果，也是一个很有意义的效果，因为有时候好人，充满善意且过于程式化的好人也非常令人讨厌。在这样的事情中，重要的是创作一个如叙事技巧一样起作用，深深打动读者的故事。同时，我也始终非常注意其含义：

---

① 采访录音转写内容中写道："我觉得，区分这两半的方式就是让他们一善一恶以便造成最大反差。"

注意故事最终不要被人以违背我的想法的方式进行解读。虽然含义非常重要，但像这样的小说，我们要说，叙事功能方面和娱乐性方面也非常重要。我认为，娱乐性是一项社会功能，符合我的道德观。我始终要考虑那些必须忍受所有这些内容的读者，所以读者需要快乐，需要有奖励。这就是我的道德观：一个人买了一本书，他花了钱，花了时间，他就必须得到快乐。并不是只有我如此认为，比如还有一位非常注重内容的作家贝托尔德·布莱希特，他说过，戏剧作品的第一社会功能是娱乐。我认为娱乐是一件很严肃的事情。

我们想知道，据您看，作家和文学的功能是什么，为什么意大利文学几乎从来未能跨越国界？

这也是一个很长的问题。作家和文学的功能就是，他们一边发挥他们的功能，一边试图探究他们的功能究竟是什么。文学是人类文明的一个方面，是围绕着我们生活的方方面面，如果没有它，我相信生活会更差。我们可以说，文学丰富了生活，让生活多姿多彩，文学还反映生活，如果我们的生活没有了过去那些伟大的作家、那些伟大的诗人，将变得非常贫穷；当文学具有连续性，有人或好或坏地带它前行的时候，文学才能存活。因此我可以说，我写作是为了带动我认为非常重要的东西，以及文学的过去不断前行。也许会有一些困难时期，也许我们当代人不配做文学辉煌时期的接班人，但也许我们之后会有更好的接班人。意大利文学曾经是几个世纪的伟大文学，而那时其他欧洲文学几乎不存在。在十四世纪,在那个高度上的只有意大利文学。在十六世纪,意大利文学非常辉煌;还有十七世纪,也有一些充满好奇心的人物,如乔尔丹诺·布鲁诺、康帕内拉或像伽利略一样伟大的科学家,他们用美妙的散文进行写作;意大利文学在十九世纪初因莱奥帕尔迪和曼佐尼也有过辉煌的时期。今天对于我们来说文学中更重要的是小说,它是意大利文学中有点薄弱的环节,在十九世纪未曾有过小说家的传统。所以,意大利文学的研究,包括在学校,尽可能多地与阅读法国、英国、俄国的伟大小说家的作品相结合,以及与其他文学中的伟大诗歌相结合,这是非常重要的。我认为,今天我们必须在国际文学的范围内进行考量;或许我们所有人在很大程度上受到国外的伟大文学的影响,同时我觉得我也与意大利文学尤其是过去几个世纪的意大利文学密切相关。当下,任何国家阅读本国作家的作品都多于外国作家的作品。意大利文学在国外没有得到广泛阅读,但偶尔也会有某个作家因为这样或那样的原因,因内容原因或因形式创新的原因,创作出一些让人感兴趣的作品,于是其作品被翻译到国外,被人阅读,被引用,所以并不能说意大利文学完全被隔离在世界的圈子之外。我们需要对外国文学感兴趣,因为我们必须有全球性的眼光,必须通观世界,同时在写作时也要考虑到我们的作品不仅仅是在我们国家被阅读,它们也可以在世界范围内传播并参与全球性对话。

我们希望您能详述您关于时间的节段性观念,在您近期的两部作品《零时间》和《如果在冬夜,一个旅人》中这一观念让我们极度兴奋，我们还希望您能解释一下这一观念在小说的时空维度中产生的后果。

时间的概念。这是当代叙事的一个关键问题。什么是时间和这一维度的文学表现占据了二十世纪文学的很大一部分：从马塞尔·普鲁斯特的巨著《追忆似水年华》，在一个人的个人时间中看到循环往复，在一个人的记忆中按时间顺序分开的各个时间的交叠，到乔伊斯恢复内部时间、内部独白的时间的尝试。可以说，二十世纪叙事的所有伟大创新者都用自己的时间观念努力拼搏，同时相对论物理学和哲学也投入到时间概念的问题中去。《T零》（意思就是零时间）是《宇宙奇趣》的续集，在《T零》收录的作品中，我是从相对论物理的阅读出发对如何想象时间做出了一些建议。例如，一位非洲猎狮者的故事，在他掷出武器那一瞬间，我们想知道究竟是他会杀了狮子，还是狮子会杀了他。他看到了时间，时间到来了，就像各种可能性都同样存在，仿佛这个时间的每一秒都是所发生之事的空间具体化。我不知道我是否有时间的概念，有时候我开始思考，提出假设，一般情况下，我一边继续行动一边提出假设，也可能是这样。但并不是我来给你们说：你们看我是这样思考的，你们必须也这样思考，如果你们不这么想，你们就惨了。而是我说：我们来试试看，如果一个故事按这种方式讲述是否能站得住脚，这就是我前行的方式。可能在我的生命尽头，人们会看到，我没有教给人确定性，也许我教的是一些疑惑，也许我教的是一种提出问题的方式。我教的是……【更换胶片】……让人边做边思考，"好，我现在这么做"，但同时会考虑到事情也可以是别的样子，我认为这样比带着十足的确定性一往无前要更加牢靠。当然，当一个人行动时，需要他在一定程度上是确定的；但是一直要有这样一个想法，事情可以是别的样子，我认为这样可以避免撞得头破血流。这是一个普通的道德题外话，请你们相信它。所以，在时间概念的这件事情上，可能有一天，在最后，从我所写的内容和关于时间的内容中你们能够挖掘出我的时间哲学——但我一时还不知如何解释它。

在我现在正在写的这本书中，有些段落也有时间的问题，它是一个开放的哲学问题；如果我写的东西值得作为材料进行思考，我会很高兴。

作家卡尔维诺逃避由理性原则支配的现实的倾向与普通人卡尔维诺是否相符？

这个问题包含了几个问题。如果我理解得没错的话，首先，作为作家，我是否逃避理性的现实，然后作为普通人我是否逃避它，最后这两种行为是否相符。我想说的是，我不知道我是否逃避理性现实：我经常描述一些不真实的东西，但在它们背后是有道理的，有规律可循的，有一种也许可以应用到日常现实中的机制。一位数学家谈论一个根本不存在的实体，但他的计算，他的方程可以应用到世间的客观客体；所以一位阐述抽象观点的哲学家的工作亦是如此；所以一位作家想象的作品亦是如此，他的创作是非真的，不要奢望把它们视作真实的，但重要的是它们的机制，就像一个数学或逻辑推理的机制。我认为，在我写的所有东西中都存在逻辑。非理性的作家是另一种类型的，他们可以是非凡的，但跟现实的东西、存在的生理感觉的东西有更多联系的作家，他们是完全现实的，但他们是现实的是因为他们获取了精神力和无法用理性术语进行定义的生活各个方面。我认为我不属于这类作家，我并不认为我在心理和内省方面很有天赋。因为这两方面才会更偏向非理性。我认为，我更喜欢逻辑的-抽象的结构，因此我会很理性，也许相比现实，我是更理性的。关于我作为普通人和作为作家之间的区别，我不知道：多年来，我认为我自己越来越进入作家的角色，因为基本上我不做其他事，我完全通过我的写作来表达我自己。这个问题很难回答，我不知道我的答复是否能令你们满意。

我既不是学生，也不是老师，我是一个非常悲惨的亲身经历过抵抗运动的瓦尔塞西亚地区的皮埃蒙特人，在那个年代我也曾有过政治意识。我在都灵学习，第一个让我着迷的严肃读物就是帕韦塞的作品。在帕韦塞之后，我不知道出于何种关联，我首先看的是您的书，准确地说是《通向蜘蛛巢的小径》，它让我的政治意识更加成熟。因为我看过您所有的书，我都非常喜欢，我希望您能解释一下在您的三部曲《树上的男爵》《分成两半的子爵》和《不存在的骑士》中那种幻想意识。我不知道我这个问题提得是否恰当。

我认为，在您的问题中隐含了一种对立的意见，一种几乎矛盾的意见，即跟真实的历史经历相关的我的初期现实主义作品与我在幻想意义上的叙事发展之间的矛盾。对于我来说，就像对我们这一代的大多数人而言，战争、德国的占领、抵抗都是基本且悲惨的经验，这在某种方式上决定了我们的整个生活；《通向蜘蛛巢的小径》，关于这本书有很多书面讨论，这是我在那次经历之后写的书，讲述了一个虚构的故事，但描写了很多我认识的人，描写了在那几个月可怕的游击战争中给我留下深刻印象的人。我想赋予我的故事一种非庆祝性的特点——那时人们注定会以庆祝性的口吻来谈论刚刚结束的抵抗运动——因为我要面对它更残酷的现实，尤其是描绘充满活力的节奏与能量，以及我的经验中的苦涩味道。因此，我有一个文学计划，即以不同于那时我感觉人们会用的写作方式来写抵抗运动。这也是一个道德计划，创作一个非教诲性的文学作品，但能真正触及抵抗运动中人性问题的现实。此后，评论家们，从第一位阅读此书并写了评论还发表了的切萨雷·帕韦塞开始，谈及此书时，就指出其寓言性的一面，富有想象力，近乎童话般的一面。也就是说，我开始作为一个现实主义作家，也是因为那段可怕的战争时期给了我现实中的经验和我以后的人生中再也没有遇到的那种与人交往的经验，我的中产阶级的青年时期，在其余时间都有点像生活在温室里。但我自发赋予它的特性，我赋予它的腔调，就是寓言式的改头换面：这存在于那部小说中，以及早期的短篇小说中，甚至《最后来的是乌鸦》和其他一些故事在某种程度上也受到了游击战争时期的经验的启发。很快，评论家们开始说我是新现实主义作家，同时是富于幻想的、奇异的、童话般的作家。之后我多次尝试写现实主义小说，描写战后现实等，但都失败了，后来我尝试写了些完全幻想的故事，我就写得好多了。所以我就走上了这条道路，但没有说"现在我只写幻想小说,我再也不写现实小说了"。我还开发了一种知识分子-自传体叙事,谈论当代的现实,如《房产投机》《烟云》《观察者》。但我感觉需要给我的叙事赋予一定的能量、一定的冒险气息,所以我在幻想的事情上比现实会做得更好。我周围的现实如同梦境,与现实的接触有点沉闷,周围的事物有些压抑,有些悲伤,我想写些更具活力的东西。我试图挽救这种活力、这种笔调、这种冒险的气势,这与忠于我最初对那只杂牌军游击队的史诗叙事是相矛盾的。我写了一些幻想的东西,所以,这种对我早期的某些明显不忠,经常的不忠,其实是与另一个层面的忠诚形式的位置互换。①

您谈到游击战争的存在就像一个巨大的创伤。关于那段时期您还清楚地记得哪些事情?

那段时期,对现在而言已经是一段旧时光,它的很多经验在世界上、在世界的历史经验中汇集,可以说那是一个相当短暂的时期,但对我们这些经历过的人来说度日如年。这里,我再次与时间问题联系起来,与时间对于我们每个人而言是什么的问题联系起来。那段时期很长,所以很难简单地说那段时期到底是什么,它是我们生活的一个阶段,尤其是对那些曾经参与其中或不得不做出一些选择的人来说。在德国占领期间,发生了一些可怕的事

---

① 录音转写内容中写道:"我写了些幻想的东西,所以这是对我早期的一定程度上的明显不忠,频繁的不忠,其实这是转移到了另一个层面上的忠诚形式。"

情，家长被抓走代替那些不愿去参军以及当了游击队员的孩子，这也带来了可怕的道德问题。我母亲被党卫军抓去做了一个月的人质，我父亲做了另外两个月的人质，当我得知我父母有生命危险的时候，我不得不做出一些可怕的决定。这类事情留下了烙印。那个时候我二十岁，一个人在突然之间——我不知道可以不可以说是成熟（因为成熟一直是一个缓慢的过程）——从一个生命的阶段到了另一个阶段，也到了一个不同的世界观。说来话长，也许将来我会讲述它。我看到你们提的问题中有一个是，我是否会再回头写抵抗运动。很可惜有很多东西已经不记得了，我已经开始写的一个关于抵抗运动的文本，也许我会继续下去，并让它成为我正在准备的众多新书中某一本的组成部分。要回忆某个片段真是需要与自己的记忆缠斗，尤其是力图复原记忆中真实的样子。我向来担心如何去重现某段经历的真实情况，尤其是这段经历在某个历史、庆典、媒体或政治情境中被表述，而我又试图让其返璞归真的时候。

在小说《通向蜘蛛巢的小径》中，您与谁观点更一致，是知识分子和中产阶级的吉姆，还是用一个孩子的眼睛去看抵抗运动并饱受排斥的皮恩？

那时候，几乎所有写抵抗运动的人都用第一人称进行写作，讲述自己的经历。我做了一个不同的选择。我觉得我的经历也许充满了太多的苦闷，太杂乱无章——我觉得不够典型。于是我尝试以一个孩子为中心写一个客观的故事，他是我在游击队中非常熟识的一个孩子，我通过一个孩子的眼光来描写抵抗运动，这是一种保持距离感和陌生感的方式。你们中以后有谁深入文学研究，就会读到贝托尔德·布莱希特的理论，他认为，英雄史诗的描写必须以某种疏离的方式，必须从外部进行观察。二十世纪还有一些其他的文学理论，比如苏联人什克洛夫斯基的陌生化理论。在不知道这些理论的情况下，我本能地选择通过一个孩子的眼睛去观察抵抗运动，他逐渐意识到发生了什么，但又不完全明白。因此，在某种意义上，这是一种与众不同的经历；我作为一个年轻的中产阶级，作为一个生活在残酷恐怖世界中的宁静一隅的中产阶级学生，观察过抵抗运动，因此与一个无产阶级的孩子的故事完全不同。但距离是相等的，是对称的。后来，我要加进一些推理，所以我就在一章中加入了一个知识分子的形象，这有点出离这本书的故事，这就是吉姆存在的原因。并且这不是一种认同，不是自传，因为他是我的一个朋友，是一个真实存在的人，如今他在都灵做医生，并且他在职业健康问题方面居于非常重要的地位。① 当时，他是我所属编队的政治委员，那些推理大多都出自他。我既是那个贫民窟的野孩子也是那个发表评论的知识分子，他们二人没有一个是我，但在某种方式上，我与二人的观点一致。

依您看，在如今这个被媒体当作工具的社会中，书籍对年轻人来说具有什么样的重要性？

---

① 指的是伊瓦尔·奥多内，1923 年生于因佩利亚，2011 年卒于都灵。

书籍是不同的：书籍是那个你可以随时停下来，合上它的东西（电视你也可以关上），但书籍在那儿，你合上，你再翻开，你可以在某个句子上停下来，然后反复读很多遍，进行思考。我认为书的功能是无可替代的。我并不会像有些人痛诉电视、磁带、光盘的暴行；我们需要有自己的时间，我们需要运用我们所掌握的一切方法找出那些好的东西。但书籍是不可替代的，也许你只是下一点功夫，但然后你会发现这是值得的。一个人也可能不想读书，这也不是必须做的事情。这必须是你自己喜欢、你为之开心、你爱好的一件事，在这之中有其他地方没有的真相。当然，学校必须教阅读，并且我们希望在上学的年轻人这个巨大的群体中有人有读书的激情。对于其他人我们要有耐心，我们不能在这些事情上借题发挥。

如果可以重来，哪本书您不会去写，为什么？而您最喜欢的是哪一本？如今您还在写作，您为什么喜欢写作，或者为什么它现在成了您的职业？最后，今天读者都读您的作品，您认为他们为什么喜欢或者为什么他们成了卡尔维诺的读者？

这是好多个问题。曾经我写了永远不应该写的第一本书，但是这本书我是用现在我试图重建的那个背景写的。那是因为我在写作的同时，记忆中的素材就一点点被破坏了，第一本书就是在这些素材的基础上构建的，它被破坏了是因为它再也不是作为记忆，而是作为书面的东西存在了。但在某种意义上，它也被保存下来了，因为趁记忆犹新时写作也是一种非常重要的经验。如今我想，解放后，抵抗运动之后，我应该立刻创作更多的作品。那时，我是短篇小说作家，我应该写更多的短篇小说，因为通过短篇小说我可以挽留很多东西，这是我后来再也写不出来的东西。我不是一个每年，或每两年写一本书的人，有时我很多年都不动笔，所以我写的那些书，我很高兴我把它们写出来了，否则我的作品……有些东西，如果一个人在思考它们的时候没有把它们写出来，那么也就再也不会写了。我希望我写得更多，是因为有些东西是连接我的一部作品和另一部作品之间的桥梁，我打算写但最终却没写。所以，不存在我不去写的一本书，如果必须重来，没有我不会去写的书，该有的还是会有。

我最喜欢的并且我认为还相当成功的一本书是《看不见的城市》。这是与我相去甚远的一本书，同时我写的是别人没有写过的短篇小说或散文体诗歌。这本书谈城市之事，即社会之事，在绝对意义上，它不是我们这个时代的，但又是我们今天所生活的城市。这本书受到很多人的喜爱，奇怪的是甚至在国外也有读者，比如在美国这样一个我们认为他们喜欢完全不同类型的图书的国家。甚至，可以说我的书在美国更受欢迎。尤其是在特定范围内很受欢迎，比如在诗人中：这是对美国新生代诗人很重要的一本书，对建筑师和城市规划师而言，也很重要。在意大利和法国，人们也不断提及这本书，因为它其实是从世界上城市规划师和建筑师的一系列共同思考出发的。所以，我要说，这本书让我感到了更多的成就感，在这本书中我做到了我想做的事，这本书就是《看不见的城市》。

我为什么喜欢写作或写作为什么是我的职业？我该做什么？在我这个年龄已经无法换工作了，所以我只能继续写作。这里有个有趣的问题："起初您想过您能变得如此出名吗？如果您没有成功过，您还会继续当作家吗？"没有想过，一个人要去尝试，当时我并不确定我会成为作家，不过我不得不说我一直顺风顺水。我的第一本书在那时候获得了成功，似乎他们先印了三千册，后来又印了两千册。在1947年，五千册已经是一件了不起的事，随后受到所有评论家的好评。我觉得差评很少，因此是一个巨大的成功。但是我并没有意识到这一点，我当时想我太顺利了，但我可能写不出第二本书，所以多年来，我对我自己，对我的志向一直犹豫不决。以作家为职业，声明我的职业是作家，这是很久之后，当我看到其他人都把我看作作家时，我才确定的。我始终坚持写作，是因为我有此热情，有此爱好；比起做其他事，写作于我更容易，但我始终在尝试，最后我发现其他人认定我为作家。并不是说我一开始就自封为作家的。

最后，"今天读者读您的作品，您认为他们为什么喜欢或者为什么他们成了卡尔维诺的读者？"我希望他们之所以读是因为喜欢。此外，我也给我的读者带来了一些小小的失望：如果我写了某一类型的书，我没有兴趣再写一本相同类型的书，我想有新的创作。所以，那个读了卡尔维诺某本书的读者期待找到同类型的其他书，然而他找到的将是完全不同类型的。这与习惯性阅读既定作家作品的情况恰好相反，我希望人们读的每一本书都是因为对它感兴趣，或者因为对它不感兴趣而不读。

如果您遇到一个生无可恋的人，您会对他说什么来挽救他的生命，来证明值得活下去？

曼佐尼曾谈过他的二十五位读者，而您在《如果在冬夜，一个旅人》一书中谈到了一位男读者和一位女读者，我们想问，如果存在理想读者的话，它的内涵是什么？

我想问一个与戏剧有关的问题：您的文学作品与戏剧之间是什么关系？您之前谈到过《树上的男爵》的戏剧翻译。我是一个戏剧组的成员，尤其是您刚才提到的那本书，《看不见的城市》，给我们留下了深刻的印象，这本书富有这方面的见解。您认为将一部作品翻译成另一种语言的困难性和丰富性是什么？

在1964年版的《通向蜘蛛巢的小径》中，您对原文做了些改动。比如，开始您将南方人称为乡巴佬，后来改为"贫穷的边缘人"，起初称妇女为"讨厌的蠢货"，后来甚至通过母亲形象对她们进行赞扬。是什么导致了这些变化？也就是说，在第一版中，南方人被称作"乡巴佬"，而在第二版中您美化了这一形象；而被称为"讨厌的蠢货"的女性，在第二版中再也找不到这一表达，反而通过母亲形象对其大加赞扬。是什么导致了这些变化？

在1968年，您拒绝了维亚雷焦奖。您现在仍然持有这种态度吗，还是您对文学奖项的评判已经发生了改变？

在《零时间》中的很多地方，在列举很多术语时，您放弃使用逗号，这是在大部分其他作品如《最后来的是乌鸦》中没有出现过的情况。如果省略逗号是为了达到包括单个对象的整体形象，为了达到使用逗号就达不到的形象（因为逗号在书写上也中断了词语），那么您为什么不使用连字符号呢?

读《通向蜘蛛巢的小径》时,我注意到,除了沉浸在大人的世界和战争的残暴环境中的皮恩这一孩子形象,表兄的鲜明且更加人性的形象也跃然纸上,他与其他人的冷漠形成了强烈反差,至少我觉得如此。他帮助皮恩,在皮恩孤独和绝望的时候守护他,这一形象是与您记忆中某一亲近的人相关还是出于偶然的一个角色?

  问题好多。在读者就是主人公的那本书中,理想的读者没有外貌,没有个性,他的名字叫男读者并且他有点消极,而女读者却塑造得有点像具体的人物,我把她塑造成一个喜欢阅读的女性形象。我想说,有时候有人会想,他认识的一个人或另一个人看他正在写的作品,他会是什么反应。但受众没有具体的面孔,他们是我所不认识的受众。我想,我的受众肯定读过其他当代书籍。我的书进入了当代文学的语境。艾尔莎·莫兰特写《历史》的时候提出,让从来没有读过书的人读一本书,这是一个让我害怕的任务,写一本独一无二的书的雄心壮志让我震惊。我一向认为我所写的书是千万书籍中的一本,它面对的受众会将它与其他书进行对比。关于我的读者,我所能说的就是这些。

  关于戏剧。奇怪的是我作为作者跟戏剧从未有过交集。我在十六岁至二十岁时,梦想成为一名剧作家,也许是因为那时我就是通过那台播放很多喜剧的收音机与世界进行沟通,也因为我经常去剧院,我觉得剧院是最热闹的世界。然而后来,战争结束后,意大利戏剧在导演方面异彩纷呈,但却没有剧作家,而作家们则对叙事文学兴趣满满,所以我就定向为小说而不是戏剧。后来剧团寻找文

582   Italo Calvino 我生于美洲

本的时代到来了，我相信现在仍是如此，他们寻找不是为戏剧而写但又具有戏剧特性的文本。实际上，你刚提到的《看不见的城市》，我不知道它是否适合做剧本……【更换胶片】……在一个剧团中，导演对原本不是为戏剧而写的文本进行精心改编。但只有当我意识到文字和文本本身都有价值的作品成为必要时，我才会动笔写剧本。也许将来会实现，但我不知道是什么时候；其实对戏剧的爱好也可能为时已晚。

关于《通向蜘蛛巢的小径》的两个版本之间的变化。你提出了一些语言学方面的意见：是的，我认为，我在一定程度上做了一些改动，这是因为我原来写了一些我认为是太残忍太愤怒的东西。在《通向蜘蛛巢的小径》中，在各种事物之间，有一种让我自己都无法认识的神经质的东西。于是我试图缓和这些愤怒的，当然也是丑陋的东西，即使它们与人物，而不是与我的想法有关。这也许是因为，当我写这本书的时候，我以为，就像当时其他的意大利文学作品一样，它的读者可能只有几百人。然而现实却是读这本书的人很多，这本书在我眼前也就变了样。我一边重读一边想："我怎么会写这些东西？"所以我做了一些修改。当然，在这本书中也有一种愤怒：几乎是青少年阶段，是一个年轻人经历过的阶段。这是一本非常年轻的书。

关于维亚雷焦奖。现在我已经不记得了，那是那时候的一场论战，可见那时我的情绪很差。那是 1968 年，一个对各种奖项进行全面否定的时期，我的印象是他们给我颁发此奖项是为了还各种奖项一个清白。那时很多奖项的评比存在腐败现象，出版社背后施压加以操控。我在过去，在那之前几年也是这些暗箱操作的受害者，所以那是反对奖项的一种抗议行为；但此行为只在做出的那天有效。① 现在我对它不做评论。

关于逗号的研究。我认为，值得做一项关于逗号的研究，因为逗号是文本的组成部分。在列举时不使用逗号不只是我的习惯，也是二十世纪意大利文学大部分人的习惯，在这个问题上，我认为我的看法已经改变了很多次，但这要看情况而定：有时没有逗号很好，那列举时就不用逗号；然而有时候，逗号是用来润滑的，让表达流畅的。我应该进行充分的准备，以便在这里给你们展示我认为不可小视的逗号的哲理。当然这是很重要的，但现在我无法就逗号做一个专题。

在《通向蜘蛛巢的小径》一书中，表兄这一代表人性温暖的角色，在那样一个辛酸苦涩的故事中，是表现存在人性温暖的一种需要，与记忆无关……或许那个游击队员的角色在外貌上与我认识的某人契合，但内在性格上不是我认识的人，他是虚构的，他只有一个功能，就是几乎相当于那个没有父亲的孩子的父亲。他是一个父亲的形象。

现在我们到了最难的一个问题：您会给一个厌世的人说些什么来挽救他的生命？一个非常难的问题。我会给他说，生命对其他人来说丰富多彩，因此生活能够珍藏很多东西；明日永远不会与昨日相同；总有一些东西在期待着你；首先需要设法走出自我，去参

---

① 关于拒绝维亚雷焦奖，参见卡尔维诺在接受拉法埃莱·克罗维采访时所说内容。

与别人的生活，参与到周围的事物中去。文学本身就是一个关于价值、关于如何看待生命价值的文献；它可以从无价值的、满是消极性的东西中分辨出值得为之活下去的东西。我永远不会对一个悲观厌世的人说："啊，生活是如此美好！啊，期待你能看到，你能明白！"不，我会说，生活充满麻烦，布满荆棘。只要你向前走，你就始终会有麻烦，你拥有的任何快乐体验都会给你带来新的麻烦。如果你因为没有爱而感到悲伤，那么你看只要你一拥有爱，就会产生很多你意想不到的麻烦；任何积极的事物都会给你带来更多的麻烦。但这就是生活：在连绵不断的问题与麻烦的围墙上撞得头破血流，这就是生活。只有在这之中，在某些时候你会找到值得的东西，也许明天，在你最为沮丧的那天你就能找到它。一年之后，或者五年或十年之后，你还会记得它，你会觉得它给予你的那些东西实在非同寻常；那些给予你的东西也是通过痛苦、烦恼，通过所有这些事情给予你的。我会告诉他这些，并且不会试图给他唱《玫瑰人生》。人生不是玫瑰，但正因如此才成为我们的要素；因此遇到诸多问题的人才更贴近生活现实，才会更多地体验到生活，所以他会比一个完全冷漠或者万事顺风顺水的人更多地享受生活。我将这个问题与那个关于苦涩的问题联系起来，你们中有人在我的作品中品味出苦涩，并且问我为什么会这么苦。因为这就是生活的味道，我们不能只吃奶油蛋糕。我们还需要苦的、酸的、咸的食物，正是这些让生活有滋有味。在此，谢谢大家，再见！

# 眼睛与沉默（1983 年）

《卡尔维诺，眼睛与沉默》，列塔·托尔纳博尼就卡尔维诺的新书《帕洛马尔》对其进行采访，《新闻报》，1983 年 11 月 25 日，第 3 页。

我们就作家自身、他的新书以及帕洛马尔先生进行提问。

帕洛马尔是加利福尼亚州的一座山的名字，上面坐落着著名的天文台和世界上第二大望远镜。您如此命名您的主人公是出于象征，还是喜欢这个单词梦幻般的发音？

给一个人物选用这个名字来观察眼前事物，而不是观察那些从望远镜里窥探的遥远事物，这样让我乐在其中。[①] 在《零时间》和《宇宙奇趣》中有很多天文知识，那是能勾起我美好回忆的一部分小说。按计划这本书中应该有更多的天文学和宇宙学内容，

---

[①] "帕洛马尔山是一座天文台，上面有世界上最大的望远镜之一。而这个人物主要观察身边事物。可以说，这是一个看近处事物像远处事物，看远处事物如同近处事物的人物。"（1983 年 11 月，卡尔维诺在接受意大利国家电视台卡罗·卡瓦利亚采访时说。）

但是，鉴于我在这个领域的知识有限，于是我想描写我所不具备的知识。我喜欢帕洛马尔这个名字，既因为象征也因为发音。还有就是如何发音的问题，美国人说帕洛马，但作为源自西班牙语的术语，我觉得帕洛马尔更为准确。它的意思是鸽舍，此书与此无关。其实，跃入我脑海的第一个关联词是潜水员，这个人物就像潜下水面的潜水员。

您在写作的时候，脑海中是否有某个文学模型？

最初我想到了瓦莱里笔下的泰斯特先生，但他是一个纯粹的精神人物，而帕洛马尔只在具体经验的刺激下进行思考。我想到了布莱希特短篇故事的主人公科伊纳先生。还联系到我读过的穆齐尔的书，《没有个性的人》。书有着小说的架构，当然主人公形象十分饱满，但作为在哲学和心理层面的人物模型，没有个性的人乌尔里希也有一定影响。我犹豫不决，不知道我是否也该给帕洛马尔先生赋予厚重感，小说的厚重感。然而，我却越发使他朴实无华了。这只不过是一种体验的主题，除了人物的一些紧张和持续的情绪差之外，尽可能排除了文化评论和心理方面的内容。

帕洛马尔先生是您吗？

是我自己的一个投影。这是我写过最具自传性的一本书，一部用第三人称写的自传：帕洛马尔的所有经验都是我的经验。

您也选择沉默，"做出任何陈述之前先咬自己的舌头三次"，保持缄默吗？

这是生活在话语饱和的世界中的一个人的沉默，在这个世界中他淹没在已说之话中。帕洛马尔计算由他说的话或他的沉默能够引发多少话语，最后他得出了一个痛苦的结论：他以保持缄默告终。① 我讨厌话语无形的一面，以及很多时候当代闲谈的无用性，为了表明意见和判断而全力以赴的狂热。当然，我觉得沟通很有必要，但我与他人没有太多交往。对我来说交往不是一件易事。我向来不善于表达。我是利古里亚人，我母亲是撒丁岛人，我有着很多利古里亚人的言简意赅和撒丁岛人的沉默寡言，我是两个沉默的种族的结合。

在《帕洛马尔》中，沉默更像是一种知识分子的选择，也是政治上的选择。

"模式之模式"是本书关于政治那一章的题目。曾几何时，帕洛马尔想象着可以建立一种最完善的、最符合逻辑的、从几何学上说最有可能的社会模式。在经历了所有交替变化之后（现实应该适应模式，还是模式应该适应现实？），他力图再也没有模式和隔阂地直接看现实，并且力图根据每种情况所具有的价值尺度，由具体情况来决定每种情况，尽管他喜欢不对价值尺度进行定义以免其成为僵化的模式。

---

① "这几乎是一部关于沉默，关于沉默可以产生多少话语的书。"（来自卡罗·卡瓦利亚的采访，同上。）

这是对意识形态的放弃，对文化的不信任吗？

　　这是我所达到的境地。到了拥有这种认识的境地，帕洛马尔认为他无法拓展他的话语，因为他不认识自我。到了认识自我的境地，帕洛马尔环顾四周，发现世界比原来更加丑恶了，因为他自己与世界已经一致了。

这是一个痛苦的过程吗？

　　嗯，是的。我力图讲述所有那些真正的经验。没有外部事件，而是牵涉其中且留下印记的事件，因此这些事件带来了痛苦。

您写作很慢，对素材往往精雕细琢数年，您的作品有很长的酝酿期。将一本新书委托给一家处于危机之中的出版社，就像现在的埃伊纳乌迪出版社，难道不是很冒险吗？

　　我不希望这被解读为一个慈善的姿态。事实并非如此。我将《帕洛马尔》托付给埃伊纳乌迪出版社，是因为我确信出版社的出版时间仍然规律，与书籍有关的一切工作一如往常。我对这场危机感到非常难过，埃伊纳乌迪出版社在我的生平中占有极为重要的地位，它是我的大学。在我还是个一穷二白、身无一技之长的毛头小伙子的时候，我就开始在那儿工作。那是一个跨学科的、面向世界文化的环境，对我的成长起着至关重要的作用。所有出版社都有好书出版，但埃伊纳乌迪出版社曾是其他出版社学习的模范，比如萨加托雷出版社、费尔特里内利出版社，以及我们的前同事使其生机盎然的出版社（如博林吉耶里出版社和阿德菲出版社），这些几乎都是从我们这棵主干上分离出去的枝杈。我认为这是埃伊纳乌迪出版社的历史重要性：其当代重要性在于其他出版社所不具备的特性中。

比如哪些特性？

比如，保持图书目录的活力。埃伊纳乌迪出版社并不追逐畅销书，但大量的图书，其中也包括我的书，几乎每年都会再版，这样就避免了现在越来越普遍的一种现象，即图书一旦过了新鲜期就立刻从书店里消失，再也不会有人见到它。这是伟大的出版文明的标志。除却埃伊纳乌迪的神话和感伤的回忆，这些都是严肃的事情。

# 格诺，智慧的提议（1983年）

广播三台的纪录片栏目播放的保拉·德齐纳·隆巴蒂对卡尔维诺的电台采访内容，《雷蒙·格诺：关于存在的一个游戏》（1983年），并且以《卡尔维诺：他看似一个银行经理》为题发表在《图书总汇》第XV期，总第680期，1989年12月2日，第6页。

您不但是格诺的忠实读者和敏感的翻译者，还是他的朋友。您记忆中的他是什么样子的？

格诺不是一个很容易结识的人，因为虽然他很有礼貌，非常友好，但他不怎么爱说话；要么就是我不善于交际，要么两人见面时都不善于交际。总能在伽利玛出版社看到格诺坐在办公室里，他是"七星丛书"的负责人。他总是穿着深色西装，身材魁梧，戴着眼镜，一副教授或银行经理的样子，就像那一代法国男性常有的神情……从外表看，超现实主义者都穿着非常体面，表现十分正常。而在格诺身上体现出来的也许是过于……仪式感，过于友善，这就造成了一定的距离感，不过这种表象又时常被他爆发出嘲讽的笑声打断。最后几年，我相当有规律地见他，他这种矛盾的精神总是很适度，同时具有伟大的轻盈，伟大的谦虚：他不是……那种人，不是那种自己的作品就是世界的中心的那种作家；他具有价值的相对性的意识，这正是智慧所在。

格诺的功劳之一就是塑造了一批如皮埃罗、西德兰、扎齐这样古怪又富有人性的人物，这些人物说的完全不是文学语言，而是日常用语和俚语。他是一位伟大的文人，他如何做到降低身份与这些市井之人打成一片？

格诺是巴黎咖啡馆的一大常客；当然他靠在郊区一家咖啡馆的锌制吧台上度过了他人生中的很多时光。甚至，在他去世后出版的一个文集中，还有在酒吧里敏捷领悟出的语录集。当然，这种与民众的世界、俚语的世界的关系，在他身上再自然不过了。（还需要考虑他的生平细节，在我认识他之前，曾经有段时间他嗜酒如命。）

在格诺作品的人物身上有一种哲学，一种智慧的建议。虽然他从来没有写过，但他是一个相信智慧的人。提出这种说法的是一位哲学家，即柯瓦雷①，正是他将黑格尔哲学引进法国的大学，并且格诺一直关注他；他对黑格尔的看法很奇特，与意大利人的看法完全不同，对他而言，黑格尔的哲学是一所通往智慧的学校。在我们阅读的这些因其语言的轻率——当然，在意大利语中这种特点损失了百分之七十五——而被视为纯娱乐性的小说中，里面蕴藏着比想象中更多的东西，也就是说，不仅充满乐趣，也有人生的愿景，以

---

① 此处为口误，应为科耶夫。1979年弗朗切斯卡·萨尔韦米尼做的采访。柯瓦雷（1892—1964），科学史家、哲学家，他与科耶夫同为俄国血统，并且名字同为亚历山大。

及用极具讽刺口吻表达的智慧。

为什么叙事手法、诗歌的表现手法对格诺如此重要？

格诺的作品看似随意而作，为纯粹的娱乐而作，但在他的作品中始终，可以说是始终具有一个计划，一个方案。在那些实验性的作品中这一点尤为明显，比如在《风格练习》中同样的故事在不同的风格中重复了九十九次；在他的小说中可能也有一个方案，一个计划，只是他试图以某种方式隐藏，因为他的特点之一就是经常隐藏他作为出发点的观点。比如，他说，他的第一部小说《麻烦事》，[1] 是想成为笛卡尔的《方法论》的等价物。

必须遵守一定的规则，受一定的约束，这就是自由的系统，而非限制自由。他说过，艺术家、诗人，必须意识到自己应该遵循的规则和必须尊重的约束，否则他写作时会被自己所不知道的约束所约束。这是关键。作家和诗人，认为自己受到启发并且认为……对自己感情的纯粹表达，受制于他所不知道的限制。因此，很可能像古典诗人那样，他自己制定规则，并且在这一框架之内可以真正实话实说。

---

[1] 1948 年以《泥潭》为题由埃伊纳乌迪出版社出版；1992 年，由 G. 马格里尼主编，以直译标题《绊根草》由都灵埃伊纳乌迪出版社和巴黎伽利玛出版社联合出版。

# 帕洛马尔的视野（1984年）

《帕洛马尔先生的迷人世界》，由法布里齐亚·拉蒙蒂诺采访，《晨报》，1984年1月8日，第3页。

卡尔维诺教授，请允许我提几个关于帕洛马尔先生的问题以及其他几个关于您的问题。让我们先从帕洛马尔先生开始。他特别关注大自然：他阅读海浪、窥探月亮、观察星空，他研究壁虎、乌龟、鸽子、椋鸟的习惯。在我看来，帕洛马尔先生的自然观更接近于"残酷的自然"观，我们可以通过卢克莱修在蒙田和莱奥帕尔迪的作品中看出这种自然观，更接近于如今我们倡导的生态运动，而不是接近于田园诗的自然观。

是的，我认为您说的是对的。这是关于帕洛马尔先生的问题还是关于我的问题？我认为我的视野，我是说帕洛马尔的视野，从未对田园有过偏爱。他向来在简单中寻找复杂，在表面的平静中寻找紧张、痛苦与毁灭。帕洛马尔在自然中找不到安慰。我认为这是与我的其他作品和人物的一个共同之处。

在我看来，帕洛马尔先生不但是瓦莱里和穆齐尔的忠实读者，也是莱奥帕尔迪的细心读者，尤其是当帕洛马尔先生隐约意识到"人类社会那既无规则形状又无逻辑可言的生活现实"与宇宙现实之间的深刻且盲目的团结一致。我对这种与莱奥帕尔迪的相似性感到非常高兴，因为近百年来的意大利文化时而区域性时而集体性地试图清除莱奥帕尔迪。

莱奥帕尔迪始终以某种方式体现在我的作品中，这本书是建立在一些可以说是短诗的片段上的，所以与《歌集》的某些篇章在结构上有些类似，也就是说，有一个人物观察自然奇观、白天的某个时段、任何日常之事，并且以此为由头进行思考。除此之外，还有对《道德小品》的借鉴，这部作品一直是我的模范。清除莱奥帕尔迪？我要说的是，每一代意大利作家都会建立自己的莱奥帕尔迪，界定与莱奥帕尔迪的某一形象之间的关系。

伊塔洛·卡尔维诺，现在是关于您的问题。在您所有的书中，您表现出对自然的着迷，是自然的敏锐观察者。同样，帕洛马尔先生有时会因没有成为一位博物学家而感到遗憾。我知道您的父母都是著名的植物学家。这对您有影响吗？

影响就是使我脱离了家庭环境倾向于让我接受的那种文化。而这有得有失，其中的损失，我很早就意识到了，但我只能继续我的道路，并试图通过文学来弥补不同类型的知识。[1]

---

[1] "我的父母是植物学家，他们能在上百种植物中立刻认出某一种植物并说出（转下页）

帕洛马尔先生进行一项特殊工作："他在本来可以成为他绝对休息的地方和状态下进行工作……他觉得自己不能停止工作，即使在八月的早晨躺在树下也不能停止工作。"我们会吃惊地发现，在书中很多地方他都处于一种冥想或沉思的状态。此外，在日本旅游时，他抓住机会表达了对沉思技巧的礼貌批评，这些技巧是由各种大师和假圣人从东方朝圣归来时引入的，如今成为普及的时尚。然而帕洛马尔先生的冥想与沉思都是世俗的：他根本不希望自己迷失在他的冥想对象中，而是希望通过他的关注将他从渺小或微不足道的意义中拯救出来，并且寻找合适的词汇来为其命名。法国作家米歇尔·莱里斯的书中关于他童年的描述让我想起了同类型的世俗沉思，例如观察一盒多利是巧克力时得出关于无限的概念。现在，我想请您稍微介绍一下您的这个艺术实验室的秘密，即客体冥想和写作冥

(接上页) 它的拉丁学名。我父亲是一名优秀的猎手，只需一声鸟啼，他就能辨认出是什么鸟。我感觉被这种分类和术语的能力完全碾压。也许我成为作家就是为了逃避科学……后来，当然兜兜转转，我又回到了这里。我通过天文学开始接近科学。年少时读过一些爱丁顿（也许是《物理世界的本质》，巴里：拉泰尔扎出版社，1935年）的文章，但最系统的阅读开始于1959—1960年间，那时我去了美国。在波士顿，我认识了乔治·德·桑迪拉纳。我还记得他的一次讲座给我留下了非常深刻的印象，那场讲座是对后来的《哈姆雷特的磨坊》（1983年，米兰阿德菲出版社出版了译本）的一些主题的提前演讲。就是从那时起，我开始写《宇宙奇趣》。现在，我在美国一家杂志上读到一篇关于《宇宙奇趣》和《零时间》的文章，文章中说，这些书中体现了对知识的各种可能性的信任，体现了本质上的乐观。

那现在呢？

在《帕洛马尔》中，我力求不吹嘘，不要不懂装懂。对于真正的知识的不断需求给我划定了领域，让我越来越注重细节。最后这个研究证明用之不尽，取之不竭。"（对埃内斯托·费里罗提问的两个回答，收录在《如果作家知道科学也是幻想的话》，《图书总汇》第Ⅹ期，总第390期，1984年1月21日，第1页。）

想之间的关系。

在我书中题为"沙坛"[①]的那一章中，除了有对东方式沉思的讨论之外，还证实了在大众世界中进行冥思的困难。当帕洛马尔先生身处其中时，他想象自己是一名僧侣，或者说一名佛教徒，尽管他的一切都是建立在我们的文化基础，而非道听途说来的素材或拿来主义的素材之上的。您提到了莱里斯，我觉得您说得非常贴切。在那些部分里可以找到帕洛马尔的先例，比如我非常喜欢的一位作家弗朗西斯·蓬热对客体的描述，[②]或者像在阿兰的《谈话录》的某些篇章中，比如关于蚁狮的内容。

此刻，我想问伊塔洛·卡尔维诺，您的文学使命是如何以及何时表现出来的？

使命的故事总要追溯到过去。事实上，以前我从来没有百分百确定我那时的行为，我一直认为，我开始真正地写作时要写那些需要我去写的东西。这一点在今天仍然适用。

书的封面上是丢勒的一幅美丽且令人不安的版画：描绘了一个苦行僧般的画家，目光专注而锐利，他正准备在一张方格纸上描绘

---

[①] 在出版的书中题为"沙庭"。
[②] "描写是一种文学方法，它在20世纪的文学中有些没落，但近几年我一直对描写感兴趣，包括对知名作家作品中的描写感兴趣，比如法国诗人弗朗西斯·蓬热，《采取事物的立场》的作者。我试图构建描述使其成为故事，同时总是痴迷于完整性。"（《如今树上的男爵变成了方士》，沃尔特·毛罗进行的采访，《威尼托信使报》，1984年1月29日，第3页。）

一个体态丰满的半裸女人,女人以近乎淫荡的姿势躺在画家面前的工作台上,只用一个屏风或是栅栏分隔开来。这个女人就像是丰盛的奶酪和盛满鹅油的瓶子反射出的"肥厚而柔软的白色光泽",这是帕洛马尔先生在一家奶酪店和巴黎一家"熟食店"(《一公斤半鹅油》)里看到的样子。但对于性欲和食欲,帕洛马尔先生特别喜欢一种"思想上的、美学上的、象征性的"奢华与享受。所以帕洛马尔先生是这样总结他的思考的:"也许这是因为他真挚地喜欢肉冻,但肉冻却不爱他。这些肉冻感觉他的目光正把它们变成文明史的资料,变成博物馆的收藏品。帕洛马尔先生希望队伍能前进得快些。他知道,如果他在这家店再多待几分钟,他将变成一个无知者,局外人,被排斥的人。"现在,您能解释一下为什么他是被排斥的人?

我喜欢您对封面中丢勒的人物形象的解读,因为我曾对可能做出的解读有点担心。其实这幅画是我选的,我对编辑说:"请找个这种类型的。"而他却非常喜欢这幅画,以至于立刻就采用了。而问题是那个女人的形象是如此奢侈,富有文艺复兴时期的风格,如果要说她还有些淫荡的话,这是我的书中所没有的,因为我的书肯定是一本非常清心寡欲的书。您也援引了奶酪和肉冻为例。我比较认可的是右半部分的形象,也就是那目光和方格纸。

关于目录有一个简单的介绍,在这之中您将帕洛马尔的文本分为三类:描述性文本、倾向于叙事的文本、思辨-沉思的文本。我想问的是第二点:倾向于叙事的文本。同样您的倒数第二本书《如果在冬夜,一个旅人》不是一本小说,而是我们如今所说的元小说,在我看来它是关于小说的杂文。我想问您,为什么帕洛马尔先生不是真正的小说人物,或者说他为什么没有进入故事中?

有一段时间我曾经幻想帕洛马尔可以成为小说的主人公,但也许他获取经验的方式是零碎的,存在于点状的探索之中。也许他的悲剧就在于无法展开一个真正的故事,一个统一的话题。但也许这正是我进行并置和积累单独故事内容、个别经验的方式。本书是通过世界的和谐与杂乱、话语与沉默、唯一性与无限性的主题交织构成的。

# 肉眼辨识星座（1984年）

《伊塔洛·卡尔维诺的一周》，由尼科尔·博兰杰采访，《新观察家》第1004期，1984年2月3—9日，第3—4页。

通常，人们坐在沙发上期望得到宁静，能够无拘无束。但是您的坐姿很奇怪。可能您不喜欢接受采访？

当我写作时……我可以删除……修改……可以从头再来。如果我讲话的话，我注定要遵循时间顺序……

所以不需要讲话？那么，口语有何用处？

单词始终是个近似值：它可以做很多事情，尤其是发牢骚和嘟囔……咆哮……咳嗽。它就是如此表达的。噪声是重要的信息和媒介物；更多的话语，也许……

单词变成了问号、感叹号、省略号……

一个人写作时，他会寻找单词，因为单词调节句子的结构。但以什么样的速度……实际上给谈话内容赋予何种速度呢？

最后，就像《费加罗的婚礼》一样，斯特雷勒执导的这部歌剧（在巴黎歌剧院上演的莫扎特的《后宫诱逃》）会收到不同的评论声音。

但表演是非常精彩的……有一种独特的韵味。斯特雷勒的十八世纪是恰到好处与一丝忧郁的结合体……就像他执导的《明娜·冯·巴恩赫姆》。这是我喜欢的斯特雷勒的特点之一。他还将布莱希特和德国的表现主义介绍到意大利，因此获得了很多荣誉……

五十法郎的《利特雷词典》（再版的 10/18 系列袖珍版《利特雷词典》）非常好。

我会去买，因为我喜欢在我的住处拥有很多不同语言的字典。字典就像冰箱和洗碗机……它们是一栋房子的基础设施。我的住所要有很多字典。我已经有一本《利特雷词典》了……是那个只有一卷而没有图解的经典版。我还需要词汇，能让我找到我想写的所有东西的词汇列表……比方说，关于木工的词汇。我非常喜欢拉鲁斯的那些老字典，它们的彩色插图，世界财富的图像。唯一真正的财富也许就是那些术语……

总之，就像别人洗牌一样，您对这些图像和这些单词运用自如。

我寻找能够展示牛身上各个部位的图解。这是我在不久前意大利出版的那本书中所做的事。我本打算写一个泰斯特先生那种类型的人……但后来完全不同。泰斯特先生就像是一个纯粹的精神动物，而我的帕洛马尔先生总是对所见事物进行思考。最后，它就变成了一本描述性的书……所以我需要大量的词汇。如果我要描述帕洛马尔先生去肉店买东西……我就需要炫耀与肉店相关的所有词汇。

一本满是从字典里攫取而来的词的书,这保险吗?

当我年轻时……我写作从来不用字典。我给自己制定了这一规矩是因为我想我不能被扰乱思绪,所以我就只用我脑海里自发出现的那些词汇。我想避免所有的"博学"干扰。后来我变了……或许是因为我的记忆枯竭了?现在我主要用同义词词典。意大利语的……但有时候我脑海里会冒出一个法语单词或英语单词……我必须用意大利语描绘出它们的细微差别。

塞伊出版社再版了伊塔洛·斯维沃的三部短篇小说,并且以第一部小说的题目《好心老头和漂亮女孩》为题。①

这部作品是他去世后才发表的……是斯维沃最优秀的作品之一。作品人物有一个花心老头,一个做电车司机的女孩……故事发生在硝烟弥漫的世界大战期间。存在战争,但与他们无关。另一部《成功的玩笑》,讲述的是一位失败的作家,通过创作童话……鸟的故事……来表达自己的情绪……

---

① 意大利语题目为 *La novella del buon vecchio e della bella fanciulla*,斯维沃去世后,该作品与其他作品一起出版,主编是埃乌杰尼奥·蒙塔莱(米兰:莫莱利出版社,1929 年)。

这篇优秀的短文，在1963年就已经来到了法国，但它几乎被忽视了！

译作的命运是不可预料的……有时候翻译会让一部作品成名……而大多有名的作品继续被人遗忘。昨天我在桅楼书店买了刚刚由咖啡休闲出版社出版的詹巴蒂斯塔·维柯的一本极为罕见的书，题为《诗歌与法律的起源》，[①] 让-路易·舍费尔为本书题写了序言。这本书是从拉丁语翻译过来的……我从未读过，但我看到它预言了一些新科学的主题，是一本彻底改变了十八世纪思想的书。维柯不仅是哲学家，也是一位非凡的作家：他在他的意大利语作品中使用一种充满虚构的原始语言……

罗西里尼《一九五一年的欧洲》的拍摄将我们带回了战后的意大利……

记忆悠远：1951年，冷战最黑暗的时期……如果我记得没错的话，这是一部对左翼知识分子有争议的电影。英格丽·褒曼饰演的是一位资产阶级女性，为了抗议她身边的知识分子的抽象性，她去工厂做了工人。这种情况很容易与西蒙娜·韦伊的《工作条件》中的经历引发共鸣。是的，我认为正是这部电影，我特别记得它激起了我心中的苦闷……罗西里尼也许是意大利第一个对很多人认为承载了普世价值的问题提出了疑问的人……我当时知道他是对的，

---

[①] 这是 De constantia jurisprudentis（1722年）的法语译本。桅楼书店是巴黎著名的书店，位于巴黎第六区的中心圣日耳曼大道。

但是我不敢承认这一点……我还会去重新观看这部影片吗？我认为不会……我不想再回到那个年代。

在《宇宙奇趣》中您创造了一个天空的文学。玛莱文化中心正在举办卡斯帕·大卫·弗里德里希的一个画展，他对大自然和行星情有独钟。

在他的绘画作品中，人物渺小，风景无垠……我对此一直很感兴趣。我喜欢的正是弗里德里希的这种夸张过度。我记得一个男人赏月的那幅画：男人站在一个小山头上……月亮挂在树林之间，但看起来像从地下升起。所以，我不禁想起莱奥帕尔迪的诗歌《致月亮》。莱奥帕尔迪非常喜欢月亮，他多次对月吟咏。伽利略亦是如此……月亮对他来说从来都不只是一个科学研究的对象……

您还研究行星？

最近可以看到所有呈线状排列的行星。有时，天气晴朗，我就像曾经的牧羊人和水手一样，尝试用肉眼辨识星座，而不用望远镜。

# 寻找复杂性（1984年）

格雷戈里·L.卢森特，《伊塔洛·卡尔维诺访谈》，美国《当代文学》杂志第XXVI期，1985年，第245—253页。由马里奥·博塞利翻译的意大利语版本于1987年发表在《新潮流》杂志第XXXIV期，第375—386页。

这里"重建"的文本基本上符合伊塔洛·卡尔维诺的资料中保存的意大利谈话的内容，此次采访由卢森特于1984年3月12日录制于罗马，录音内容转写也很可能由卢森特完成，在对某些问题的回答中还包括卡尔维诺的亲笔修改稿。尽管卡尔维诺的修改是不完整的，但我认为它比《新潮流》上的文本更可取，因为那是从英译本翻译过来的意大利语译本。

此次关于卡尔维诺的最新小说《如果在冬夜，一个旅人》（1979年）和《帕洛马尔》（1983年）的采访是1984年3月12日在罗马作者的家中进行的。讨论的出发点：卡尔维诺写作的文学的自我意识，自我反思和文本的自我认识。

我觉得可以说，您作品的自我意识差不多始于《我们的祖先》三部曲。

可能是的，因为《树上的男爵》的结尾——在此，写作、写作的实质性行为凸显出来，手写稿占据了整个篇幅，成为小说的创作空间——标志着在那一刻我开始意识到写作这一事实、写作所使用的方法是非常重要的。也许还有第一人称的使用,在《分成两半的子爵》中——第一人称并不是主人公,而是起到叙事者作用的次要人物——已经成为将叙事安放到整个对话内部的方法;并且这一方面在《不存在的骑士》中获得了极大的重要性。现在我不知道伴随这种新型意识的读物有哪些,但肯定的是,五十年代尤其是越来越接近六十年代的时候,国际批评以及意大利的批评越来越意识到表达工具的重要性。

这与结构主义的开端相接吗?

是的。结构主义,我了解得比较晚,到六十年代才有所了解,我立刻感觉到它可以满足我的需求,满足我所知道的写作需求。起初在意大利,人们对文体批评感兴趣,例如批评家吉安弗朗科·孔蒂尼,一个无所不知的人,但他从不宣传这些东西,他自己保留着这些东西,并在他的评论中间接地加以体现。但他关注文体批评,关注语言素材。另一位在意大利具有极大影响力的批评家是斯皮策。

有些人认为,不仅您的作品也包括其他人的作品都意识到这种"自恋情结",从文学意义上来说,这种立场实际上是一种对社会的拒绝,尤其是与战后的现实主义文学相比,它对社会描述缺乏兴趣。我不知道是否可以说这是一种拒绝。也许这反而表明了对文学其他方面的兴趣,对社会价值的兴趣,但这些价值与传统表现形式没有直接关系。

我认为这是拒绝将所谓的社会"客观"描述认同为社会方面，因为我们很清楚，那不是客观的。但客观描述这一观点从来都不是意大利文学的主导方面，因为起初，在两次世界大战之间，占据主导地位的是抒情诗，是情绪的表达；而后，在战争期间，出于历史需要，出于了解意大利的需要，出现了现实主义，甚至是自然主义的复苏。我采用了新现实主义，是因为在战争期间我曾有过大众生活的经历；但是我先前的文学训练——如果要说战争之前，我年少时的文学训练的话——那是与意大利文学密切相关的，因此没有太多的现实主义根基。我们不能说，在两次世界大战期间的意大利文学是非常现实的，因此有非常深厚的渊源。

也许审查也……

对，还有文学审查。但幸运的是，我是在相对自由的年代里开始发表作品的。在经历了我相信客观现实主义的第一阶段之后，我很快意识到，要表达一些东西，一些关于意大利社会的东西，社会的历史，就需要——要么在自身寻找要么通过在传统意义上并非现实主义的表现方式——来突出机制。例如，布莱希特的方法非常重要，它让人明白，要描述社会道德、特定的历史进程，最重要的是描述机制……

位于下面，最深层次的那个……

是的，正是运行中各方力量的示意图。当然，完美的社会纪实也有很大价值，但需要有人真正了解环境。普拉托利尼，一个在佛罗伦萨贫民窟里长大的男人，他当然可以忠实地表现那个世界，而不像一个资产阶级作家需要像探险者一样去探索那片陌生的未知的土地。

因此，布莱希特在一定时期内影响了您。布莱希特的理论不仅涉及文学和戏剧自身，还涉及观看并参与其中的观众。

布莱希特的史诗戏剧理论是，戏剧不应该让人相信那是现实，但必须表明戏剧正是以唤醒公众的批判精神为己任……

为了制造距离感？

为了制造距离感，这对于我而言是非常重要的，但我对卢卡奇的镜像理论并不感兴趣。

因为与社会事实联系过于紧密？

因为我不喜欢镜子里的图像。那是一种过于被动的图像。所以我不相信镜像文学。我的主题是干预现实的文学。现在这些都已经离我远去，对我来说布莱希特或卢卡奇都不重要了。但在那个时期，在布莱希特和卢卡奇之间，我选择了布莱希特。

在您 1979 年出版的小说《如果在冬夜，一个旅人》中，文学的自我意识不论是对文学还是对读者，即阅读此书的读者来说，都是很有趣的。我在《帕洛马尔》中也看到了这一方面，但是没有那么明显。

是的,《帕洛马尔》是一部完全不同的作品,并且不能说它晚于《如果在冬夜,一个旅人》,因为我于 1975 年就开始写作《帕洛马尔》的片段了,因此我基本上是同时写作这两部作品的。但是《帕洛马尔》回答了另一个问题,尤其是非语言性的问题:也就是说,如何阅读一些非文字的东西,比如海浪。

《如果在冬夜,一个旅人》之后,读者主题和阅读活动的主题还会继续出现在您的作品中吗?

我不知道,目前我觉得这个主题结束了,因为我觉得我已经穷尽了阅读这个主题,但是可能会找到一种新的表达方式。

这正是我想问您的。从某种意义上来说,《如果在冬夜,一个旅人》似乎,即使没有找到所有答案,也至少提出了所有的问题。

有时候,我仍然有很多关于阅读、阅读类型的问题,于是我将它们全都积累到关于图书馆那一章,所以我写了一个关于阅读艺术的百科全书。

我想问您一个特别的问题,也许是个过于特别的问题。《如果在冬夜,一个旅人》的开头,小说中的小说似乎先是波兰的,然后是辛梅里亚的。从荷马起,"辛梅里亚"的内涵为黑暗。我不知道在某种意义上来说您是否指的是这种意思。您是如何选择了这个独立于世界之外的一个民族?

因为我不想指明具体的民族。已经有很多批评者力求明确指明,这部小说是这位作家所写,那部小说是另外一位作家所写。这部小说不是这样,除了涉及多位作家,它还涉及多种风格、更多一般性的建议。小说的开头"从陡壁悬崖上探出身躯"可能是德国的,风景应该是——我记得靠近吕贝克的大海——但作为情感,它与奥地利文学中的情绪相近。

因此这是一种隐藏方式,或者,至少对您来说,是一种迷惑任何试图评论的……

有些小说的开头是有明确地点的。很明显有一部是拉美的小说,虽然无法确定究竟是南美洲还是美洲中部。还有最后一部小说,故事发生在一条名为展望路的马路上,会让人立刻想到果戈理,想到俄国小说的传统。不过参引仍然非常笼统。

因此,跟您的其他小说一样,这部小说也不涉及寓言解读,不涉及符号和对象之间的密切关系。

但我寻找与世界的关系的类型,叙事的类型。镜像小说的构成有点像爱伦·坡的一些小说,通常由学术引证开头,这种引用会带着小说走向"悬疑"或恐怖小说。博尔赫斯也用同样方式创作过一些小说。所以,这些才是真正的叙事类型,其中事例可以发生在这个国家也可以发生在那个国家,因为它们可以从这片大陆传播到另一片大陆。日本小说可能会让人想起川端康成或谷崎润一郎的小说,但其中的色情内容又可能是典型的法国小说——比如我会想到克罗索夫斯基。

总之这涉及人与人之间的关系,而不是具体与某一位作家相关。也许所有这一切显示出人类解读的需要、我们解读的需要,或者至少是我们试图解读的需要,也许是为了对这个混乱的世界进行重组,使其井然有序。在《帕洛马尔》中就有这一现象的绝佳示例。让我感到震惊的场景是在墨西哥参观托尔特克人的古都图拉遗址:当陪伴帕洛马尔的墨西哥朋友给他解释说遗址有一种寓意,也就是说这些物品存在并且有或至少曾经有一种意义,一位带队老师认为已经没有人知道这些东西的意义了。帕洛马尔的朋友认为,废墟的意义在于生死相接,连绵不断。帕洛马尔先生"尽管深深地为朋友解释的神话故事的丰富内涵所吸引……但他也被那位老师的截然相反的态度所吸引"。

这是两种不同的态度,我承认双方的力量。我们不禁要解读,要问这是什么意思,试图获得解释。同时,我们知道任何解释——关于但丁的一首十四行诗或中世纪的一幅寓言画甚至是一个遥远文明的民族物品的解释——都不完全,缺失了太多东西,因为我们缺乏整个环境。即使我们能准确地判断出其含义,但在我们这个时代环境中,这些含义是完全不同的。

即使假设我们确切地了解它们,即使这样,因为时间和文化的距离……

知道一个特定的符号意味着"死亡",对我们来说这仍不能解释一切。那么死亡在那个文化中意味着什么?

问题的另一面:在图拉的废墟中,它意味着生命的延续。

因此纯粹描述性的批评有它的作用。比如,即使是结构主义也不奢望解读,而只是尝试建立某些特定符号之间的对立:有这个符号也有另外一个符号,比如低和高之间的对立。结构主义试图描述一个文本,一种现象,但这不是解释。

这是对可能导致解释的差异体系的描述,但这样描述自身不会产生解释。

在我的小故事[①]中我没有表明立场,我只是阐述了这两种立场,两种对立的立场,突出了这位墨西哥老师敢于不断地说"不知道它有什么含义"的毅力。

他信心十足,也是因为是用西班牙语表达的("No se sabe qué quiere decir"):当地的真实感会对读者的反应产生很大影响。但书的最后还有另外一样东西让我感到震撼,即叙事情节。虽然《帕洛马尔》一书中似乎每个情节的想法都是次要的,但在最后,当帕洛马尔先生决定"开始着手描写自己一生中的每个瞬间",每个时刻,但就在这个时候他突然去世了。此时,情节就变得很重要,但书却已经结束了。

至少,这是所有故事的高潮……也就是死亡。

这使我想到——但仅从这个意义上来说——加达的《品味悲哀》的

---

① 《蛇与人头骨》。

结论，因为在这种情况下，这本书似乎直到最后都没有情节，而在那一刻情节便爆发了。

那儿是有情节的，必须有情节，必须是他母亲去世，必须有谋杀。情节在他的脑海中。

难道不正是因为《帕洛马尔》如此出人意料的结局，读者必须回过头来沿着情节线索去重建整个叙事？

但也许对每个瞬间的描写就是……我所写的这本书，我发表的这本书……

我们稍微拓展一下讨论，我有两个关于美国当代文学和意大利当代文学的问题。您曾多次表达您对某些美国作家和英语的兴趣。您现在还有这种兴趣吗？

是的，我认为兴趣依旧。例如，我认为在《如果在冬夜，一个旅人》中可以感受到纳博科夫的影响。我的文学成长期正发生在意大利对所谓的"垮掉的一代"崇拜的时期：海明威，福克纳，菲茨杰拉德……于是我觉得美国文学可以作为一个有共同历史的整体去关注。之后，单个的作家吸引了我。例如，对我而言，真正发现写作乐趣的一位作家是厄普代克。其他作家，如约翰·巴斯，他们吸引我的是批评的想象力，新形式的创作。因此还包括唐纳德·巴塞尔姆。戈尔·维达尔的《德卢斯》成为我最近的心头爱，其中既有阅读乐趣又有新颖的形式。

如果我没记错的话，在1959年的一篇文章中，您将意大利当代文学分为三个流派。第一，史诗-挽歌体流派（比如，卡索拉、巴萨尼、托马西·迪·兰佩杜萨以及其他人）；第二，以语言张力和方言研究为重点的流派（比如，帕索里尼、加达）；第三，（包括您的作品）以幻想的转化力量为特征。这第三种流派，依照您的观点，并不代表对社会生活的逃避，而主要是以不同的方式对待人类与社会的美德和恶习。我不知道您出于对表现类型的兴趣，是否仍然属于这第三种流派，其中这种表现类型是非传统的，间接调查的，它以间接的以及可能自觉的方式来处理文学内部问题。我不仅在思考您的作品，还在思考最近的著作，例如费迪南多·卡蒙和卡梅洛·萨莫纳的著作。①

我不知道今天是否可以谈论路线问题，因为这些东西只能在事后，当三四本相似的书可以放在一起的时候才可以评说。也许今天我们还不能说意大利文学走的什么路线。现在没有一个大趋势。也许今天我们发现意大利文学不再由偏离中心的、边缘化的人物，而是由核心人物构成。比如阿尔贝托·萨维尼奥曾经一度被认为是一位偏离中心的作家，而现在我们可以看到，他是一位非常具有代表性的作家。从这个角度看，像兰多尔菲或德尔菲尼这样的作家如今变得比其他大多数作家重要得多。

因此，我们无法轻易地总结出意大利文学的路线，但这并不意味着意大利文学整个处于混乱状态。

---

① 也许卢森特指的是卡蒙的《该疾病名为男人》（米兰：加尔赞蒂出版社，1981年）和萨莫纳的《守护者》（都灵：埃伊纳乌迪出版社，1983年）。

因为没有杂志，没有非常明确的中心，没有任何运动，所以也许个人工作复兴，变得比集体工作更为重要。唯一的运动就是六三学社运动，但如果认真说来的话，六三学社也是一个名人团体。今天最有趣的一个作家就是乔治·曼加内利，甚至从他的视角来看也很有趣，他是典型的偏离中心的作家。

最后一个问题是关于作家的职业。我必须说，即使是对我的学生来说，您的语言也总是很清晰，但也很复杂。表述了一系列困难——它们没有被否认也没有被简化——但表述得非常清楚。您的这种风格、清晰性与复杂性的结合，是来自上帝的馈赠还是您必须有意识地以此风格来创作？

应该说这是一种工作计划。我所感兴趣的就是寻找复杂性。如果需要澄清这种复杂性，至少要描述它。我感兴趣的东西是复杂的、混乱的、难以描述的，我力求尽可能清晰地对它加以表述。我的这一路线肯定与其他作家不同，他们希望通过像一口沸腾的大锅一样的语言，本身就很复杂的描述来模仿复杂性，比如加达或圣圭内蒂……

是不是可以认为福克纳也是如此，比如……

这是福克纳的路线，乔伊斯的路线。我非常尊重和佩服这些具有很强语言密度的作家。但是我的情况不同，因为我试图深化看似线性的经典语句和非常复杂的现实之间的反差。实际上，我认为，所有作家在描述最为混乱的现实时，都做过这种基本的尝试。写作这件事本身就牵扯到秩序。

# 对象的丰富性（1984年）

《卡尔维诺十五问》，由科斯坦索·科斯塔蒂尼采访，《花花公子（意大利语版）》第XIII期，总第8期，1984年8月，第94—96页（一些问题和答案与科斯坦索·科斯塔蒂尼的另一次采访内容非常相似，有些地方完全一致，即《仔细审视世界之混乱》，发表在1983年12月31日的《信使报》，第3页）。

您离开巴黎定居罗马差不多三年了。您如何看待今天的罗马？如今对首都的指责比以往更多更严重。您同意这些指责吗？

说实话，我从未离开过罗马，十五年来我一直往返于巴黎和罗马之间。在我的新书《帕洛马尔》中，我写了我对罗马的看法。罗马是一座低处受老鼠侵害、高处受鸽子侵袭的城市，并且人们没有用以前抵抗野蛮人入侵的行为来抵抗这种破坏性活动。此外，罗马与意大利以及世界上大部分地区一样，受控于普遍的神经衰弱，是一个充满不必要的麻烦和各种含糊不清的地方，是一个人人争先恐后发表观点和判断，却没人知道沉默的艺术要比言说更难的地方。

从帕洛马尔的言语或文学观点来看，很明显他是您的另一个自我。现在，帕洛马尔认为除了虚无本身，世界上再也没有确定的、稳定的事物；他看到自然世界与人类世界受屠杀和混乱所苦，就像是坟墓大陆的垃圾浴场上翻滚的各种残骸和死尸。您如何确定这种虚无主义，这种彻底的怀疑主义？

我不知道我和帕洛马尔之间是否有这种对应关系。当然，在我的书中也有对世界景象表现出的各种形式的强烈热爱。这也就意味着，我不是完全的虚无主义者，也不是完全的怀疑论者。

对形式的热爱是一种艺术秩序的信仰，而不是哲学秩序的信仰。您仍然是一位虚无主义者，一位怀疑论者。

通常情况下，我引起大部人关注的形象是寓言的形象、叙事想象的形象。但这里我选择了在所见事物面前以谦虚、谦卑为前提的描写。我开始以初级词汇，小学的初级词汇做描述类型的练习。

说实话，这种练习其他人已经做过了，没有取得显著成效。帕里塞在《识字课本》中做过此类练习，金兹伯格在她的一些书中也做过。

这些作家捕捉人的情感中简单而又直接的元素，到目前为止我还没有做到这一点——为了谈论人类世界，我就不得不编造故事。我认为对事物的详细描述是最为复杂的操作，而不是最简单的操作，这是一项艰巨的任务。我在《帕洛马尔》中尝试过这种做法，而这一做法的守护神之一就是法国散文体诗人蓬热，他是事物的伟大描述者，他将事物转化为景致。①

除了蓬热，似乎《帕洛马尔》还重新追寻六十年代时非常走红的"新小说派"的足迹。

关于观察的争论有一段完整的历史。萨特在《恶心》中观察一棵树的根或在镜子中看自己的脸，由此引发迷失感，产生痛苦感。罗伯-格里耶观察事物从不用任何拟人化比喻，而是将其变为可衡量的客观数据。我的做法不是归纳改写。我写作时会介入我所掌握的所有语言手段。包括在我的最新小说中，我尝试使用精准的语言，以便创作一本严谨之作。就个人而言，只要有风格，无论是刻意的还是自发的，我会认可所有的写作类型。于我一切皆可，除了含糊近似和草率拙劣。不管怎样，事物本身蕴藏着财富，世界不只是思想或语言。

如果真是这样，那我不明白您为什么感到如此泄气，如此困惑。

"困惑"这一术语在《帕洛马尔》中出现多次，但我并不是从困惑出发，而是从质问出发，从渴望捕捉那些无以言表之事物出发。可以这么说，我的目的是从一系列个人意见、点状经验中得出一种世界观，一种哲学。

---

① 在1983年接受科斯塔蒂尼的采访中，有如下文字："在出版商里奇出版的关于画家多梅尼科·尼奥利的一书中，我描写了四个对象：一个纽扣，一件熨烫过的男式衬衫，一只女鞋和一个枕头。我在描述枕头、将枕头转化为风景时遇到了最大的困难。"

现在已经得出了这一哲学，但这是一种放弃权利的哲学。什么因素促使您确立了如此消极的世界观？是国际形势还是越来越严峻的意大利局势？那家与您密切相关的出版社，埃伊纳乌迪出版社的危机对您有多大影响？

当我开始写作时，就一直通过埃伊纳乌迪出版社发表作品，因此现在的这场危机不会影响我。但是埃伊纳乌迪的危机反映了范围更为广泛的危机，影响了所有人的生活：通货膨胀，更高的银行贷款利率，无法制订长期计划。

对于未来您看到了哪些前景？

缺乏管理能力和计划能力，这是如今意大利的写照，我认为这是一个普遍现象。在我看来，那些负责规划经济生活走向的人不具备这项规划能力。如果我们要经历战争的话，前景将变得更加危险。

您认为世界将毁于核战争吗？

现在，和平受制于核威胁的平衡。如果失去平衡，核战争的危险就会增加。我跟所有人一样希望，西方能够重建与对方的力量制衡。只有那时才能考虑逐渐减少核武器。但是，即使这样，前景仍将一直很危险。

为什么即使两个超级大国逐渐均等地减少核武器，前景仍将一直很危险？

因为在两个超级大国决定逐渐削减并放弃核武器的那一天,战争会变得比如今更有可能发生。常规武器,随着技术的发展而倍增,变得更加有效或破坏性更大,这会使一场可能发生的战争没有核战争带来的灾难巨大,但仍然令人恐惧。

因此没有一种可能的解决之道?

似乎没有。

您有没有试想过可能的核战争是什么样子的?

跟所有人一样,我想象的画面就是我们历史记忆中的画面,广岛、长崎的画面,当然是这个画面的数倍。但正是因为这些画面让人们产生了恐惧,所以到目前为止核战争并未爆发。"核威慑力量"的逻辑是可怕且危险的,到目前为止没有其他逻辑。和平主义者应该考虑,如果欧洲赤手空拳,那它将先遭苏联入侵而后遭美国轰炸,其后果可想而知。

但是,在您的内心,在您的个人想法中,在您的隐秘想法中,您认为核战争真的会爆发吗?

我认为,如果达到核武器的平衡,灾难就应该不会发生,但是可能随时会出现变数或狂热分子。

# 我的城市是纽约（1984年）

《我的城市是纽约》，收录在乌戈·鲁贝奥的《美国之恶，从神话到现实》一书中，这本书是对米凯兰杰罗·安东尼奥尼、丹特·德拉·特尔萨、保罗·瓦莱斯奥、弗朗科·费鲁奇、路易吉·巴勒里尼、马里奥·索达提、费尔南达·皮瓦诺、皮耶·玛利亚·帕西内蒂、阿戈斯蒂诺·隆巴多、安东尼奥·波尔塔、伊塔洛·卡尔维诺、阿尔贝托·莫拉维亚、鲁杰罗·奥兰多、亚历山大·波尔特利和路易吉·斯夸齐纳的采访，罗马：里尤尼蒂出版社，1987年，第157—162页。此次采访于1984年9月在巴勒莫完成。

从海明威到福克纳，您与美国文化尤其是与美国文学的第一次接触是怎样的？

我的文学训练发端于四十年代，我首先是作为一名普通读者接触了美国叙事文学，这在那个年代的意大利着实不易，令我眼界大开。因此，当我年轻时，美国文学非常重要，我自然而然地阅读了那时引进到意大利的所有美国小说。但是，起初，我是乡野之人，住在圣雷莫，缺乏文学知识，因为我那时是农学专业的学生。后来我与帕韦塞和维托里尼成为朋友；可惜我没能认识平托尔，因为他在战争中丧生了。而我是一个新人，我在战后才开始游历世界。

海明威确实是我的早期典范之一，也许是因为他的风格与福克纳相比更简单。并且我起初写的那些作品，肯定受到了海明威的影响；甚至，我还去斯特雷萨酒店找过他，我记得那应该是 1948 年，我们还一起去湖上划船，垂钓。①

在您如此广博且复杂的文学创作面前，想要找出并阐明与这位或那位作家之间可能存在的联系或渊源不是一件易事；就美国文学而言，您最喜爱和赞赏的文学大家是谁？

我主要是一名短篇小说作家，而不是长篇小说作家，所以对我肯定有影响的读物，可以说是从少年时就有的影响，就是爱伦·坡的短篇小说；今天，如果要说哪位作家对我影响最大，不只是美国范围内的，而是绝对意义上的，我还是会说埃德加·爱伦·坡，因为在短篇小说的领域里，他无所不能。在短篇小说的环境里，他是一位有着无限可能的作家；然后在我看来，他就像是文学英雄、文化英雄的神话形象，是后续发展的各类叙事文学的创始人。

由此可以找出一些可以联想到爱伦·坡的其他作家，比如博尔赫斯或卡夫卡等等，并且可以无穷无尽地说下去。即使像乔治·曼加内利这样如此与众不同的作家——当然他是近年来意大利最为著名的作家之一——即使他与爱伦·坡截然不同，但他仍然是爱

---

① 伊塔洛·卡尔维诺在 1979 年 7 月 30 日接受玛利亚·路易佳·帕切的采访时还回忆起与海明威的此次见面。

伦·坡的译者，并且与爱伦·坡建立了真正的联系。也正因如此，我认为爱伦·坡是一个非常现实的存在。① 还是在与美国经典作家之间的关系这个主题上，我还可以指出几个作家的名字，比如霍桑或者马克·吐温，当然，马克·吐温是我觉得比较亲近的一位作家，我们这样说吧，尤其是他不拘小节和"坦率"的一面。

我们继续回到您与社会、文学的关系的演变，比起那些曾经激励了二十世纪三十年代和四十年代的那一代人的道路和经验来说，社会和文学开始发生改变并开创了新的道路，有了新的体验。

当然，在五十年代左右，在帕韦塞去世后，美国文学也变得有所不同；但是在四十年代末期就已经能感受到这种变化。我记得当帕韦塞开始阅读那些战后传到意大利的新书——其中有索尔·贝娄的第一部长篇小说《晃来晃去的人》②——我还记得维托里尼，他说："这些家伙都像欧洲作家，更具知识分子的特点，我们对此不感兴趣。"

美国文学走上一条完全不同的道路，当 1959 年我成年后第一

---

① 在同一天的另一个采访中，在谈到爱伦·坡时，伊塔洛·卡尔维诺说："所有人都源自他。所有类型的幻想叙事都是从他的作品出发的：卡夫卡、博尔赫斯、曼加内利。至于乔治·佩雷克，你知道，我认为他的作品就是'世界财产总录'。《帕洛马尔》是对佩雷克的《生活的使用指南》的回应。我们本来要写一部交叉错结的书信体长篇小说，但佩雷克去世了。所以，你看，我的结构主义也有其局限性。对我而言，不只有语言存在，还有世界存在。"（乌戈·隆法尼，《与 1984 年蒙德罗奖获得者卡尔维诺的对话。在梦想与现实之间徘徊》，《意大利日报》，1984 年 9 月 30 日，第 18 页。）
② 该书发表于 1944 年，意大利语译本题为 *L'uomo in bilico*，米兰：蒙达多利出版社，1953 年。

次到达美国时,关于当年所谓的"垮掉的一代",即第一次世界大战之后的那些作家,那种神秘的画面都已经不复存在。那时已经是亨利·米勒比海明威更为重要,而海明威再也无人问津的时代。因此,事情已经发生了很大变化。如今需要看到我这一代的意大利作家和美国作家之间的关系,可以进行一些对比。比如说,在意大利与诺曼·梅勒相对应的是谁?就煽情角度看,也许可以是帕索里尼,虽然梅勒看起来更像海明威,与他那个类型的作家密切相关。

转眼到了当前的形势,这些年来,再也不能以未开化这类字眼来看待美国,也不再可能将美国作家视为粗鲁的、多血质的、经常不自觉的现实阐释者。

这是一个需要全面讨论的话题:野蛮且充满生机与活力的这一美国形象现在肯定已经不存在了。美国作家,与意大利发生的或曾经发生的不同——因为这里现在也正朝着那个方向发展——如果他是在大学工作,他的小说就是关于校园生活、教授们之间通奸的流言蜚语,世界并不大,也不怎么令人兴奋,但这是事实:美国的社会生活就是这样的。

您觉得美国当代文坛的哪些方面最有意义,哪些人物最为出类拔萃?

如今的美国文学,有时我会羡慕这些知道如何立即把握当代生活的作家,他们具备健谈的才能且文风讽刺,比如索尔·贝娄;当然,我不擅长这种事情。美国叙事文学中,有些小说家可以每年写一本长篇小说，他们能让时代绽放异彩。我非常羡慕他们。

在我的同龄人中，我发现一位作家的文风极佳——我说的是约翰·厄普代克——他刚在文坛崭露头角就是重量级作家。之后他也写得有点过多，不过他始终聪颖且才华横溢，有时可以看出如今美国作家下笔成章。如果要说近些年来我最喜欢，并且多少影响过我的作家，我想说那就是弗拉基米尔·纳博科夫：伟大的俄裔英语作家，他发明了一种极为丰富多彩的英语，他实在是一位伟大的天才，二十世纪最伟大的作家之一，也是我最为认同的作家。当然，他极为玩世不恭，极其冷酷，但真的是最伟大的作家之一。

从您最近的小说——《如果在冬夜，一个旅人》和《帕洛马尔》——的一些发展来看，人们会想到您与所谓的"后现代主义"发起者之间存在着某种联系。

当然，我也与所谓的美国"新先锋派"有些联系：我时不时会去美国讲授创意写作课，所以我跟约翰·巴斯是朋友，他的第一部长篇小说《路的尽头》非常优美。[1] 从这第一本可以被定义为"存在主义的"小说来看，巴斯越发复杂，作品结构也越发盘根错节。尽管他除了英文之外不读其他语言作品，却是欧洲新文学的美国使者。除了巴斯、唐纳德·巴塞尔姆和托马斯·品钦之外，还有一些作家，我不但关注他们的作品，还与他们建立了友谊。

---

[1] 发表于 1958 年，意大利语译本题为 *La fine della strada*，米兰：里佐利出版社，1966 年。之后，2004 年，由罗马的米尼穆法克斯出版社再版。

最后，我想请问您，您与作为实体的美国接触的个人感受。很多电影以及小说中介绍的众城之国，以及真正的城市，都是当今美国的象征。

在文学上，我差不多算自学成才，我很晚才开始；当然我曾多年是电影院的常客，当一天看两场电影时，那些电影都是美国电影。我作为观众与美国电影关系密切，所以对我来说，电影基本上就是指美国电影。

与美国的实际接触真的是一场美妙的经历：纽约是我的城市之一，实际上，还是在六十年代时，在《宇宙奇趣》以及《零时间》中，有些故事就是以纽约为背景的。在大西洋彼岸，我感受到自己就是那些义无反顾地前往美国的大多数意大利人——如今在美国的意大利人已是数以百万计——中的一员，而不是留在意大利的少数人。也许这是因为我年仅一岁时就跟父母去过美国。当我成年后第一次返回美国时，我得到了福特基金会的资助，得以游历整个美国，而无须承担任何义务。当然我周游了美国南部，也游历了加州，但是我还是觉得我是纽约人——纽约是我的城市。

# 我有点厌倦了做卡尔维诺
## （1984年）

《我有点厌倦了做卡尔维诺》（《新老宇宙奇趣》出版之际与作者的对话），由朱利奥·纳欣贝尼采访，《晚邮报》，1984年12月5日，第3页。

罗马。伊塔洛·卡尔维诺的家中，我数了数一共有五张工作桌。它们没有特定的用途，纸张和木制隔板之间也没有神秘的对称性。比如，靠近我的这张桌子，不一定在此诞生了 **Qfwfq**（《宇宙奇趣》中那个名字无法拼读的人物）的故事，那边那张也不一定是为报纸文章和各种读物而预留的。卡尔维诺只是想避免书籍和文章的堆积。就像一位玩家换了棋盘，留下了悬而未决的残局。他将在一个小时、一天甚至一个月之后再次回到这张桌子上。

这幢房子位于罗马市中心，房子很高，光线充足，几乎让人忘了那陡峭而黑暗的楼梯。即使下着雨，藤蔓也光秃秃的，但露台还是会让人想起有朋友陪伴的那些安静的春夜或夏夜。现在加尔赞蒂出版社出版了《新老宇宙奇趣》，我妄图围绕卡尔维诺寻找能够帮我找到他偏爱遥远时代和空间的理由的蛛丝马迹。Qfwfq 说他曾经是恐龙。所以我曾期待墙上会有些奇怪的画，或至少有一幅星云图。

第一个问题也是我若干年前问博尔赫斯的问题：您为什么要试图想象出与您的生命形式所不同的其他生命形式？难道因为您在某种意义上也曾想"与晨曦中的野牛为伍"？①

**博尔赫斯怎么回答您的？**

他之所以追逐幻想，是因为他有点厌倦了做博尔赫斯。

这是一个从中我也可以认可自己的回答。我向来不满足。我试图想象另一条道路，我没有选择的那条路将会把我带向何方。所以，与其想着那些我自然会写的书，我还不如想那些我不会写和不能写的书，想那些别人可能会写的书。这一假设对我具有激励作用。我要说，这样一本书我永远不知道该怎么写，所以我必须想象它可以怎么做，于是既定写作的设置过程就开始了。在我看来，这个系统是找到真实自我的唯一方法。

**难道您不觉得，这也意味着对现实的拒绝和厌倦？或者不愿在当今时代的形式中认可自我？**

---

① 此处指收录在 1972 年出版的豪尔赫·路易斯·博尔赫斯的诗集《老虎的金黄》中的诗歌《人之初》中最后一句。

我承认我并不在明显且可预见的形式中认可自我。但是也有以更发人深省的方式来解读我们这个时代并预测未来所谓的"时代精神"的欲望和必要。现在，并不是我非常在乎这些东西，也就是说我并不企图去追逐这个"时代精神"。但是我认为，当一个人对此期望越少的时候，它就越容易发生。

本周，依旧是加尔赞蒂出版社，与《新老宇宙奇趣》一起出版的还有您的另外一本书《收藏沙子的旅人》。超过一半的篇幅被以不寻常、"异常之事"为规则的展览报道所占据：是关于古怪收藏的展览，涉及"绳结和连接点"、蜡像、地图、显现字迹的小木板的展览。您为什么要尝试这种靠稀奇古怪来吸人眼球的东西呢？

等一下，我也去参观所有大型展览。几天前我还在纽约参观了梵高的精彩展览。但是这些事件自有艺术评论家们去追踪，我尊重他们的专长。所以，我的偏好在于那些正常的专业展览之外的展览。

但是，很明显您喜欢这一选择，您与那些收集装满巴拉顿湖灰色沙子或泰国湾洁白沙子小瓶子的人打成一片。

我对所有跨学科的东西感兴趣，尤其是当我察觉到人类学因素或科学史的回响时。我生活在一个理论和抽象话语过于饱和的时代，几乎作为反应，我试图以我见到的东西、对象、图像作为自己的基础。

如果您这样认为，那您为什么没有更多地在新闻业中加以实践？

新闻业于我，像是一份错失的爱，但却并不一定是我的使命。我曾经想过的一种生活是成为特派记者，成为记录事实并传递事实的眼睛。

您是否做出过尝试？

1952 年的赫尔辛基的奥运会。我与大师级人物保罗·莫内利共度了一些时日。我们各有"派别"：他为《新闻报》工作，而我为《团结报》效命。我们一起在赫尔辛基的街道上闲逛。莫内利近视得很厉害，我就说：你看这儿，你看那儿。第二天我打开《新闻报》，我发现他把我给他指的全都写了，而我却做不到这一点。为此，我放弃成为记者。

在《收藏沙子的旅人》的一章中，您说您从未感受到"探索心理内在的强劲动力"。这是您的另一个拒绝吗？

这是我常说的，但也许我在心底默默希望有人能够这样反驳我：不是这样的，你的心里渗透力也很高。但是这从来没有发生过，也就是说从来没有人这样反驳过我。事实上，作为作家，我并不着迷于内省，我希望心理感悟来自事实，来自叙事节奏或者来自我的散文唤起的情绪。也许这里也体现了对我们这个心理分析已经饱和的时代的反应。

您认为您被您所见的对象、事物所吸引。您如何调和您的这种可支配性与《宇宙奇趣》的世界中 Qfwfq 的冒险？

《宇宙奇趣》属于另一个研究方向，但它也与视觉想象有关。第一批《宇宙奇趣》的故事写于二十年前，那时现代科学、物理学、宇宙学、分子生物学不提供视觉图像，只能从概念上抽象地理解，我就是从这一事实出发的。在阅读科学信息的某一文本或文章时，我脑海里时常会浮现出一幅图像。我尝试着将这些图像关联发展，构建出一些与宇宙空间、星系爆炸、光年、原子和细胞相关的故事。

这个研究方向还没有枯竭吗？

绝对没有，最新出版的《宇宙奇趣》包含了我今年写的一些故事，它们就是以最新的天体物理学研究发现为背景的："类星体""脉冲星""黑洞"。

我想问您也问我自己：怎样才可能将写早期的长篇小说和短篇小说的卡尔维诺与那个写《意大利童话》的卡尔维诺，写《我们的祖先》三部曲的那个卡尔维诺和那个沉迷于宇宙起源的卡尔维诺联系在一起？

您是想告诉我，至少有四个卡尔维诺？如果我们只考虑我所写作品的分类的话，这可能是真的。我补充一点，如果我按阶段来写这些作品，事情也许会简单些。问题在于这些不同的卡尔维诺在相同的时期内相互交织，相互重叠。

对您或是对评论者而言这是一个问题?

对于那些要理出头绪的评论者而言是个问题。至于我,我是从语言用途的多样性出发的,而这可能是所有作家的特点。我承认,有时候,我感觉我应该羡慕那些总是围绕同样基调,从来不改变自己的语调而进行写作的作家。

但您并没有试图去超越这一简单的羡慕……

在性格方面,我总是倾向于尝试新的工作设想,我对我已经探讨了其可能性的所有文体形式都感到不满且无法忍受。如果最终证明我所写的每一部作品都具有统一感,那很好。否则,我希望至少有些可以作为独立的尝试:《分成两半的子爵》、《宇宙奇趣》、《意大利童话》和我的其他作品,我希望每一部都能被单独理解,而无须将它们与其他作品联系在一起。

您的下一本书是关于五感的,这是真的吗?

一段时间以来,我一直在问自己关于感官衰退的问题。现代人感知到一些东西,但却没感知到另外一些:嗅觉衰退,味觉被局限在一个有限的感觉范围内。至于视觉,人们已经习惯于阅读和阐释人工图像,不再像部落氏族成员那样具备区分细节、痕迹、线索的能力。我想解决这些问题,但我还不知道具体会怎么做。[1]

---

[1] 三篇关于五感的短篇小说(《名字,鼻子》《美洲豹阳光下》《国王在听》)收录在《美洲豹阳光下》中,于1986年在卡尔维诺去世后由米兰的加尔赞蒂出版社出版。

来您家之前，我问了自己一个小问题：卡尔维诺有没有电脑？我承认，考虑到您对科学成就和科学猜想感兴趣，我就给出了一个肯定的答案。但是在您的房间我没有看到电脑。

我还没有电脑，但是我感觉需要一台。我认为，它可以将头脑从很多低级琐碎的职责中解放出来，并为更高级的任务打开存储空间。

所以没有任何禁忌？

我也会想，在家里多了一个新设备——它只会加重我的神经衰弱。事实上，每个人都会对自己所支配的工具紧张不安。我们执念的机械部分可以通过史前工具破碎的燧石或个人电脑的按键以同样的方式来倾诉发泄。

# 文学和历史中的时间（1985年）

《伊塔洛·卡尔维诺：珍惜每一秒以战胜惨烈的变化》，由米凯莱·内利采访，《全景月刊》第1期，总第IV期，1985年1月，第71—74页。

我们概括一下：为了使我停在$t_0$，我就必须建立$t_0$的客观形态；为了建立$t_0$的客观形态，我就必须移动到$t_1$；为了移动到$t_1$，我就必须采用任意主观视角，所以我还是保持我的视角也是一样的。再次概括：为了让我在时间里停驻，我就必须随时间移动，为了变得客观，我就必须保持主观［……］但是我需要冒的风险是，$t_1$的内容，宇宙瞬间$t_1$的内容，远比$t_0$更加丰富，在情感和惊喜上亦胜负未分，以至于我全身心倾注于$t_1$，转身离$t_0$而去，而忘记了我来到$t_1$只是为了更好地了解$t_0$。

这是《零时间》的那个犹豫不决的主人公的结论。《零时间》是伊塔洛·卡尔维诺的短篇小说，现在再版并收录在《新老宇宙奇趣》中。距首次出版过去了十七年，您现在怎么想？为什么用科学计数法来形容那一刻？

在《零时间》中，我力图用看空间的那种具体性去看时间。在小说中，每一秒，时间的每一部分都是一个世界。我去除了所有之前和之后的部分，只关注那一瞬间，力图发现其无穷的丰富性。体验时间，体验那一秒钟，体现了一种试图摆脱变化的悲剧性的意图。我们能够成功地体验那一秒始终是极其紧张的一件事，它不考虑未来的预期和过去的记忆，终于从记忆的持续存在中解放出来。《零时间》包含了对从所有剩余部分中脱离出来的单独经验片段的绝对价值的肯定。

所以这是一部表达时间的"幸福"观点的小说，还是一部极端的悲剧？

《零时间》是试图找到体验悲剧的最好方法所做的努力。这显然也是一个克服悲剧的最好办法——给变化赋予一种形式。但要做到这一点，我们就必须相信赋予自己生活任意形式，创造一个完整意义的故事的可能性。但我觉得，这种可能带来更大幸福感的可能性越来越少。

普鲁斯特和乔伊斯，博尔赫斯与瓦莱里，波德莱尔和穆齐尔：现代文学似乎在人类与时间，宇宙时间、历史时间和社会时间的认知与心理时间的体验之间架起了一座感性与理性的桥梁。伊塔洛·卡尔维诺是对文学的时间问题最为敏锐的意大利作家，他最善于寻找时间和写作之间的联系点。

时间以不同的方式介入文学。有些作家把时间看作一个问题——时间是他们的小说的唯一话题。一个突出的例子就是博尔赫斯的小说《小径分岔的花园》，其中，在非同寻常的惊险小说外表下，作者提出了时间的启发性理论，据此理论，时间是复数的，生命的每一刻都展开了两条不同的时间轨迹，也就是，分岔了。就像直觉所印证的一样，时间是一个日益复杂的存在物。这一类别包括赫伯特·乔治·韦尔斯的长篇小说《时间机器》，我的短篇小说《零时间》，或者雷蒙·格诺的长篇小说《蓝花》。在最后这一部小说中故事被视为梦境，我们无意识的有形存储。格诺进行了长时间的分析，而分析的时间和无意识的时间才是这本书的真正主角。格诺进行微妙讽刺，运用完美的静态智慧来反对大屠杀，反对历史的动荡，但同样充满了变化的多愁善感。还有人在流动、模糊和无边无际中表现时间，比如马塞尔·普鲁斯特的《追忆似水年华》。

普鲁斯特的小说最大的魅力是什么？

最大魅力在于，小说中的一切，每一个单独动作，都自然而然地趋向于结尾，如同潮流一般朝着寻找时间的方向发展。这是一本绝对最接近能描绘那种无以言表的感觉的书，这种感觉也是我们用来体验时间的方式。第三种类型我想应该是那些在叙事形式中应对时间的作家。比如，乔伊斯用内心独白来做到这一点。或者约瑟夫·康拉德，通过持续颠覆的视角来观察现实，这得益于不同叙述者的介入，并且每人都有自己的时间和空间。

在多种情况下呈现自己的情况是时间的典型特征，始终占据比预期更重要的地位。时间不仅仅是题材，还是永恒运动的背景和文学作品的策略。通过承载节奏的形式，时间还是写作的核心。卡尔维诺，您从来没有发表过诗歌，是因为节奏问题吗？

从某种意义上说，确实如此。我更喜欢散文是因为散文比诗歌更富有节奏。诗歌可以依靠或明显或含蓄的格律，但散文必须不断创造时间，创造音乐性。节奏的性能至关重要：如果不能给读者传达必要的时间，一个精彩的情节就可能从文章中消失了。传达速度感或停顿感，使写作缓慢喘息，变成一个柔板、缓慢的音乐旋律，实际上就是对时间进行加工，因为速度不一定要用简短的词语或句子，而需要用风格变化来体现，使人感觉就像是时间节奏的自然加速。

您的节奏是如何诞生的？

对我而言，寻找正确的节奏是一项非常复杂的工作。这往往意味着写了又写，直到那个词找到正确的震动频率。有时，所期望的节奏可能是自发而来，但这些都是特殊情况。我并不相信固有的、即刻的节奏。最终的效果应该是自发且必不可少的。背后总要付出诸多艰辛。

通过调整机体的循环运作，用不可知且不可更改的规则来管理智力表现的跌宕起伏，时间便熟知了与写作的另一个接触点：人体。比如，生物钟确定最佳的创作时间为早上的第一时间段，从六点半到八点半至九点之间。所以很多作家刚一睡醒就立刻投入工作。保罗·瓦莱里就是一个众所周知的例子。每天从五点到八点,他雷打不动地奋笔疾书。关于这一点他写道:"八点。五点前醒来,八点的时候,我觉得我已经用了一整天的脑子,直到晚上我有权当一个傻瓜。"您也是早起的人吗?

不,我每天都有诸多事宜来消磨时间,来尽可能延迟坐在写字台前的时间。我肯定不是早起的人,我总是什么时候能写了什么时候写,总是将写作的时间与当天的其他活动时间交替进行。另外,我的工作和休息没有明显分离。我没有空闲时间。

《帕洛马尔》,《零时间》,持之以恒地对科学的精确与不足以及最新研究成果保持关注……卡尔维诺,您自认为是一位面向明天面向未来的理论研究的作家吗?

是的,因为即使我谈论过去的时候也始终有一种走向梦幻般未来的强烈张力。不过,过去和记忆依然对我具有诱惑力,在我已经开始写但未能继续的很多书中,还有一部自传。但是因为我是在记忆文学和普鲁斯特的范例都非常流行的时候接受的文学教育,所以我总是试图忽略这条道路,因为已经有那么多的作家走过这条路了。但我毫不怀疑,总有一天,在我的过去彻底从我的视线中消失之前,我也要跟我的自传来个了断。但是有一本书,《看不见的城市》,在这之中我力图表达时间在物体中结晶以及被包含在我们身边事物中的那种感觉。因为我们进行活动的现在,其自身始终包含一个过去的时间。城市只不过是时间的形式。我在《收藏沙子的旅人》的"时间的形式"那一章中谈到了这一点,在那里我寻找时间的视觉图像。例如,一棵再也无法区分树枝和树根的千年古树,或者拜火教仪式上那长明不熄的火。

但是这种记忆涉及的不是您的时间,而是属于事物的一种过去。您有没有写日记以保存"您的"过去的内容?

我没有写过真正的日记。但是近年来我感觉有必要在笔记本上记下我度过的那些时光。其实也就是些日常琐事,比如晚餐、表演甚至税收。我不禁要标记下这些事情,否则我就觉得我所做的事情失去了所有意义。回首我尚未决定这么做的那些年,就像是浩瀚无际的大海上仅仅随意涌现了几座小岛。

您在《帕洛马尔》中写道:"死亡对帕洛马尔来说,意味着习惯于失望,失望地发现自己与原来一样而且再也没有希望改变。"所以生活是持续不断地改变自己?

当然:重要的是通过对现在的不断修正以赋予过去一种意义的可能性。生活就像一页手稿,始终需要修改、补充、添加脚注。死亡介入其中,打断了这一进程,一切就尘埃落定了。

这种变化意味着,宇宙的创造力量将卡尔维诺的时间哲学向俄国-比利时科学家伊利亚·普里高津的理论靠拢。而当1980年,《新的联盟》一书在法国面世,卡尔维诺是第一批在意大利报纸上称赞此书的人。① 普里高津的时间哲学对人类也有反映吗？

从某种意义上来说确实如此，我感兴趣的是，普里高津看待人类的立场与雅克·莫诺的立场截然相反，莫诺认为人类是完全孤独的，在偶然性和宇宙绝对冷漠的需要之间忧虑不安。而普里高津则提出了一个伟大的自然机体的图景，而我们也是其中一部分。通过斗转星移形成的密切关系，人类与宇宙结合在一起。我对这种共融特别敏感。虽然我没有勇气建立一种理念，但我喜欢一个统一的宇宙形象，我们所有人受其召唤，为之奋斗。在马赫的理论上我也感受到了同样的魅力，他认为在遥远星球上发生的事情会影响我们这里发生的事情。基于惯性理论，如果公交车突然刹车我就会撞到旁边的人，这一事实取决于宇宙中物质的量。普里高津这样理解并解释：比起在亚原子世界的无形或持续振动的宇宙中，时间在这个时刻影响着我们的宇宙中拥有更丰富的意义。

没有办法：将人类的时间和自然的时间分离开来的愿望太强了。然而，直觉告诉我们，有一个地点，一个时刻，这两种时间永远地交汇在一起。这难道不是罗伯特·穆齐尔的书《没有个性的人》中的内容吗？"随时等待下一刻只是一种习惯；你关闭水坝，时间就会像湖泊一样溢流。时光流逝，这是事实，但它们的宽度大于长度。

---

① 卡尔维诺发表的文章题为《不，我们不孤独》，《共和报》，1980年5月3日，第18—19页。之后又发表了以《伊利亚·普里高津和伊莎贝拉·斯坦格，〈新的联盟〉》为题的文章，收录在《散文集》，第2038—2044页，后又收录在马里奥·巴伦吉主编的《文字世界和非文字世界》，米兰：蒙达多利出版社，2002年，第277—284页。

已是晚上,但时间还没有过去。"

这句话确实将我们置于时间的两种含义问题的核心。一种是由我们的生命和历史丈量的以白天、夜晚、分钟为单位的时间,另一种时间在其无限的且不可控的流动中,对我们的时间经验视若无睹,我们的经验只不过是沙漠中的细小沙粒。在时间的不可计量中尽可能接近它的意义,这是所有"智慧"尝试的基础。随着年龄的增长,我意识到这也适用于历史范畴:所有妄图在短时间内强迫历史加快进程,都是一种幻觉。只有非常缓慢地变化才有价值。

在收录《零时间》的那本书中还有一篇致力于空间主题的短篇小说,即《追杀》。那么时间和空间,哪一个谈论起来更难?

思考空间然后表述空间无疑更容易些,因为空间,如果有的话,那就很好办了。而时间,我们都知道,它永不停歇……

# 我喜欢尝试新的形式（1985年）

亚历山大·斯蒂尔，《对伊塔洛·卡尔维诺的采访》，《星期六评论》第 XI 期，1985 年 3—4 月刊，第 37—39 页。采访录制于纽约。

众所周知，您首先是一位幻想小说作家，这些小说与日常生活的现实毫不相干，但您的新书《帕洛马尔》，跟之前的《马可瓦尔多》一样，关注自然以及人与自然的关系。这种兴趣从何而来？

我在大自然的怀抱中度过了童年和少年时期。我的父亲是一位农学家，他的工作就是做农业实验。我的母亲是一位植物学家和遗传学家。那时我们住在圣雷莫一幢长满奇花异草的别墅里，我们还有一个小农场。

我父亲，曾在墨西哥和古巴待了很多年，他是将牛油果和葡萄柚引进到意大利的第一人。他刚到墨西哥就把牛油果种子寄回了圣雷莫。如今，这些水果在意大利已是众所周知，但在那个时代，在二三十年代，吃这些异域水果似乎是卡尔维诺家族特有的古怪行为。

您父母的科学兴趣在您的某些书中也有体现：《宇宙奇趣》涉及诸

如宇宙大爆炸和弯曲空间的主题。

我的家族里全是科学家，我一直是家族里的"败类"。我的两位舅舅是化学家，两位舅母也是化学家。相反，我却与科学界背道而驰。如果我的工作与大自然有某种关系，那就是因为我对失去了的那个世界的留恋，我试图通过文学来进行修复。

但是，即使在您的关于自然的作品中，您的观察也是疏离的、科学的且焦躁不安的。

《帕洛马尔》是一本写生集。我始终在已经积累的某种类型的素材基础上进行创作。当我碰巧看到我想描述的现实生活中的某样东西，我就随手写两行，将其记录下来。我试图通过《帕洛马尔》让"描写"这种已经名存实亡的文学体裁重整旗鼓。描写这一行为有时很令人沮丧，因为即使你达到了非常详尽的程度，总会有更加详尽的细节可以继续深入。我的书传达的，是现实的那种取之不尽，用之不竭的感觉。每一章既是反思又是描写，并且涉及认识的过程。

您的写作生涯在第二次世界大战后即刻起步，您早期的小说正是关于战争经历的。您是在那之前就已经决定要写作了，还是战争推动您去写作的？

战争与抵抗运动的经历对我具有非常重要的影响。在那之前我想过写作，但是我觉得我做不到，因为我毫无经验。相反，在德国占领意大利期间，局势将我置于一个充满冒险和悲剧的世界中，这给我提供了写作的理由。我了解并且体验了当时正在阅读的美国作家，例如海明威和多斯·帕索斯，他们笔下描绘的那个世界。

您参加过抵抗运动？

萨洛法西斯政府要求我入伍的时候，我二十岁。起初，我躲到乡下，住在那些为我父亲工作的农民家中——这是我与普通大众的第一次真正接触。后来，法西斯分子张贴海报宣布对不肯入伍的人执行死刑。我就去了一座军营，但几天后我就逃跑了，加入了游击队。我母亲和父亲被法西斯分子抓去做了纳粹党卫军数月的人质。

那时，我和我弟弟加入了游击队，我们所在区域的所有城市都被德国人或法西斯分子占领。所以我过了几个月非常艰苦的日子，但是它让我意识到我体验了我们国家的悲剧，并且我多次面临生命危险。这种经历决定了我的政治倾向是为国家的彻底民族复兴而奋斗。

战后，占主导地位的文学传统是新现实主义。它是如何影响您的？

虽然我的自然倾向是幻想和虚构，但我早期的作品是现实主义的。从一开始，批评家们就说我倾向于将现实改写成童话作品。所以我感觉我被授权发展这一幻想的倾向。当时创造性的工作只是意大利文化复兴的总体愿景中的要素之一。所以，我个人文学生涯的开端受到更为开阔的哲学和政治视野的影响。

在那个年代，这就意味着与意大利共产党站在同一战线。

是的。美国人很想了解为什么有那么多意大利知识分子在那个时期加入了共产党。也许这只是一个术语问题：我们在意大利经历的"共产主义"与今天美国人所说的共产主义，换句话说就是与苏俄毫不相干。当时，所有这些都存在，但就像遥不可及的神话。

您给人的印象是，如今您是一位不关心政治的作家。

确实如此。我很高兴我能在我年轻的时候经历了我的极端主义阶段，因为当我看到后来被政治化的作家们，我觉得这种事情似乎更加没有价值。这使我远离了1968年激进主义的新浪潮，从而置身事外。后来，我看到第三世界的革命让很多明智之人深陷其中，我感到非常悲伤。所以，我越来越强烈地意识到不要属于任何政治派别。

至少通过粗略观察，从现实主义短篇小说到后来的幻想式长篇小说与短篇小说，您的书发生了巨大的变化。作为作家，您身上有没有什么没有发生改变？

不变的是我对所写作品的要求。我想与读者保持一种关系，我希望读者能够开心，我不想成为一个无聊的作家。同时我希望我的书有意义，并且在我们这个时代的文化中有意义，希望它们能够表达一些尚未表达过的东西，能够只通过文学表述的方式来表达这些东西。我越来越相信，文学就像一种语言，可以表达其他语言所不能表达的东西,文学作为一种知识形式占据其应有的地位。

**是否有一个标志着您从现实主义小说过渡到幻想小说的突破点?**

出于天性,我总是对我所做的任何事情都不满意,所以当我刚解决一个问题,我就会给自己提出另一个问题,因此,变化是循序渐进且持续不断的。但对我而言,一个重要的时刻就是我写《宇宙奇趣》的时候。在那一刻,我觉得我向前迈出了重要的一步,并且为我的先锋文学经历,从博尔赫斯到贝克特的经历,画上了完美的句号。这是我现在还在探索的一个方向。即使在发表了《宇宙奇趣》和《零时间》之后,我还在继续写这个类型的短篇小说。

**《宇宙奇趣》的主人公是谁?**

从那个很难发音的名字,我们很难得知主人公是谁,因为它们在人类出现之前就已经存在。在宇宙大爆炸时期 Qfwfq 就已经存在,在进化过程中它以动物的形态存在。它不过是一个声音或者两只眼睛,两只人类的眼睛,是一种拟人化的生物体。

我力图用现代科学去做原始人类用自然力量去做的事:用介于人类和动物之间的形象来体现它们。这些故事是科学世界的传说和神话。科学离图像世界越来越远,变得越来越抽象,因此要进入科学领域,我们就必须用具体且可见的影像对其加以填充。

**在您的书中,有没有一本是您最喜欢的?**

我觉得我最好的作品中有《宇宙奇趣》和《零时间》。我认为,它们将越来越受到人们的赏识。但是《看不见的城市》可能是最成功且最完美的。

有些人批评您最近的这些作品，说它们变得让人无法接受，过于费脑。您对这些评论有何看法？

我并不这么认为。我认为甚至连《如果在冬夜，一个旅人》都是一本通俗易懂的书，能够吸引很多读者。最近在意大利进行的一次采访中，索尔·贝娄说，他曾习惯于读我的书，但现在他觉得这些书很无聊。我对索尔·贝娄感到很抱歉，因为他是我非常喜欢的一位作家，但我与他不同，我喜欢不断尝试新的形式。

您是否感觉在美国和意大利人们看待您的方式有所不同？

主要的区别在于时代。我认为，在美国，人们真正感兴趣的是《看不见的城市》，但在知名度方面，最成功的是《意大利童话》。[1] 我收到很多普通读者的来信，其中很多人是意大利裔美国人，有时候是第三代或第四代移民。他们来信告诉我，他们从他们父母或祖父母那里听到的童话跟我的书里的那些童话很像。

美国有您非常感兴趣的作家吗？

当我看到那些个性已经被完全定义的、我这一代的作家做出

---

[1] 《看不见的城市》译本出版于1976年；由乔治·马丁主编的完整版《意大利童话》，于1980年由企鹅出版社出版。

一些创新，一些意想不到之事时，我总是很开心。例如，我觉得约翰·厄普代克的最新小说《东镇女巫》内容极为丰富多彩，为他的作品增添了新的内涵。我还非常喜欢戈尔·维达尔的《德卢斯》。在那些具有实验精神的作家中，我怀着极大的兴趣和乐趣一直关注的是唐纳德·巴塞尔姆。

现在您在这里寻找什么样的灵感？

我认为，美国总是预示着若干年后在欧洲社会将会发生什么。

# 世界不是一本书,但我们照读不误(1985年)

> 海伦·哈斯、伯克哈特·克罗伯、乌尔里希·威斯,《世界不可阅读,但我们仍必须设法破译它。伊塔洛·卡尔维诺访谈》,《杂谈录》第1期,1986年4月,第5—17页。访谈于1985年4月录制于罗马,由海伦·哈斯翻译成德文。在卡尔维诺的文件中保留着采访的意大利语文本,与采访者的转录内容十分相似,但包含很多卡尔维诺的亲笔校正,题目为《世界不是一本书,但我们照读不误。采访伊塔洛·卡尔维诺》。

哈斯:让我们先从一个具体的技术问题开始。我很想知道伯克哈特·克罗伯在翻译《帕洛马尔》时遇到的最大困难是什么。

克罗伯:最难的是那些描述性的文字,尤其是像小说开头那样的描述性文字,即帕洛马尔面朝大海,观察海浪的时候。此时文本只是在描述他的所见,也就是波浪。这类翻译的难度也许可以解释为,在描写性语言上,罗曼语族的表达方式与德语的表达方式差异非常大。我相信,英语译者不会遇到这样的困难,因为英语的语法结构甚至连单词的词根都能与意大利语完美对应。我们以此书的最后一句为例:"这个时候他(帕洛马尔)死了。"在德语里,为了让强调的词放在句子最后，只好翻译成"in diesem Augenblick ist er tot"。还有，文本总体内容非常翔实丰富。这种诗歌一般的微型散文比那种富有叙事气息的文本更难翻译。

我认为，这些描写恰恰是这本书的精神所在。我力图在描写方面挽救声名狼藉的文学体裁。我的所有努力是不断接近用一个词语去创建对象的等价物，创建非书面化的某物的等价物。这始终是一个令人沮丧的工作，因为这个词语可以达到某一程度，但永远无法得到一个完全令人满意的结果。通过这个词语可以表现出认识过程的努力。这个词语想要尽量限定在可见的、事物表面的描写，每次在理解所有那些赋予我们情感，作为象征价值、文化价值、情感价值和心理价值唤醒我们的事物，又不得不用这个词时，它就会遇到困难。

在我的书中，我借鉴了一些法国文学的经验，尤其是弗朗西斯·蓬热的经验。我特别钦佩他，在二十世纪的文学中，在对团结、关注和尊重最不起眼的日常物品方面，他具有非常独特的经验。蓬热远远超出了描述的范围，达到了与对象成为一体的地步。[①] 在将对象作为文学、哲学以及现象学的创作进行渲染的研究领域，他具有独特的地位。这种创作从写《恶心》的萨特（其中远观的事物是痛苦的载体），一直到罗伯-格里耶的严格方法（他用几何和数量的术语进行简单的描述）。通过我的研究，我试图尽可能接近弗朗西斯·蓬热的经验，或者接近美国意象派诗歌的经验，尤其是威

---

① 参见法布里齐亚·拉蒙蒂诺的采访，《帕洛马尔的视野》的注释。

廉·卡洛斯·威廉姆斯和玛丽安·穆尔的经验。如果我是诗人,玛丽安·穆尔将是我的模范。①

哈斯:对我来说,《帕洛马尔》中描写的神秘性不仅在于严谨,而且在某种程度上,还有系统规律,而且也很感性。但在罗伯-格里耶那里我们永远看不到,也想象不到描写的物体或空间,因为描述性用语的几何精度变得令人目眩,可见之物被隐藏,无法显现。

相比于我可能被指责为折衷主义,罗伯-格里耶则不会,因为他有一套严格的方法。不过我做的是另一件事。也许我的方案与东方诗歌的某些东西相衔接,虽然有些远——我想,与日本文学的性质有一定关系。

哈斯:很显然《帕洛马尔》和绘画的某些传统之间也有关联。在书的封面上刊印着阿尔布雷特·丢勒的著名画作《画家画卧妇》,这提醒人们这样一个事实:在文艺复兴时期,绘画艺术变成一门科学,因为它运用严格的科学方法来再现可见的世界。

对于丢勒,尤其是对于达·芬奇而言,艺术是一门哲学,它通过视觉、图像的组合来表达,而不是通过文字来表达。

---

① 参见卡尔维诺的文章《玛丽安和独角兽》,发表在1981年5月19日的《共和报》上,第20页;后来,以《玛丽安·穆尔》为题,收录在《散文集》中,第1343—1349页。

克罗伯：那个时代的音乐也是如此。事实上，我觉得《帕洛马尔》中的音乐时刻非常重要。前一段时间，在给翰思出版社写的一篇观点中，我将此书定义为一门文学赋格曲的艺术。

意大利最重要的音乐评论家，马西莫·米拉，也是我的好朋友，他知道我对音乐一窍不通，所以他写了一篇关于《帕洛马尔》的文章，以此说明我的很多描述中有音乐的比喻或者也有适用于音乐的表达。[①] 如果他这样说……

克罗伯：《帕洛马尔》不只有单独的描写或沉思片段，还表现出复杂多变的结构和组成。构建的各个部件和元素以非常和谐的方式结合在一起，这恰恰让人想起赋格曲。

我相信任何话题的叙事性。描写也是叙事。有一次，我试图对我所写内容按故事、沉思或描写进行分类，但或许这种"三分法"在每个单独的片段中会再次出现。每一处描写也是故事，是沉思，每一处沉思同时也是描写或故事，同样地，故事也是如此。理想的状态是将三者合为一体。关于《帕洛马尔》我所说的所有这些，是我近年来为之努力的诸多方向之一。它不是唯一的，当然，它也可能与我以前的和未来的书完全不同。我做出这一打算是因为我意识到，我以前写的东西缺少了些什么，因此我尽力朝这个方向努力。在写这些片段时遇到的问题是，每次我首

---

[①]《〈帕洛马尔〉之声（卡尔维诺的新作中的音乐）》，《新闻报》，1984年1月31日，第3页。

先必须有所体验，拥有一技之长。在坐下写作之前，我必须确保自己能够准确表达出自己的理想风格，也就是，我首先必须准确观察。而这就意味着，我首先必须以某种方式来改变自己，因为从性格上来说，我不擅长观察。观察需要一种特殊的心态、特殊的注意力和专注度。在这个意义上说，观测星辰的那一章相当典型，因为它描述了我为获取自己想写的东西而做出的努力。同样，帕洛马尔在肉店或奶酪店的章节也是如此。我没有的技能不会假装我有。

那些最伟大的作家作品向我们传递了生活技能，我们因此而钦佩他们，也许在他们那里，技能完全包含在字里行间。也许除了所写内容之外，他们并没有丰富的知识和经验。也许一切都是为了那一页内容而专门创造的。

但是，我努力描写《帕洛马尔》的内容，展示技能，这是对技能的敬意和钦佩，也是对世界存在的一种认可行为。此刻，文学和哲学在两个极端之间摇摆不定，要么认为只存在语言，不存在世界，要么认为世界是存在的，但不可言喻，不能被翻译成语言。我看到了这两种立场的魅力，但我不同意其中任何一方。我认为，世界是存在的，不是书面的，不是口头的，独立于语言而存在，我还认为，语言可以接近于表达世界，但不要奢望取代它，可以通过不断接近而尝试了解它。

哈斯：第一章，《阅读海浪》，隐含了一个对伟大历史财富的古老隐喻，即"世界之书"的隐喻，最近德国哲学家汉斯·布鲁门伯格对此做了一项非常有趣的历史研究。

事实上，前不久我读过布鲁门伯格的这部优秀作品。[1] 意大利语译本读来相当费劲：那些复合句的语法错综复杂，往往晦涩难懂，但我抓住了此书的主线，积极参与其中，并且爱不释手。这本书引经据典，非同凡响！我以极大的热情看完了这本书，但我是在写完《帕洛马尔》之后，今年才看的。如果布鲁门伯格能够阅读我的这本书，我将会很高兴，因为我认为这本书多多少少与他的话题相符。

哈斯：我觉得《帕洛马尔》恰恰拓展了这一问题，因为这本书让读者了解了各种现象对语言的抵制，事物对书面内容的象征秩序的不情愿。

事实上，我觉得我们现在置身于这个故事的新篇章：当今世界的阅读表现为持续不断的挑战，并经常要面对挫折。我们可以得出的结论是，世界不会听凭人们阅读，但我们照样必须力图阅读它。

哈斯：我认为，还有另外一种观察相当有意义，即帕洛马尔的所有学术冲动，为了认识世界而做出的所有努力，所有这些都是由杂乱无序和不和谐引起的。《一只不配对的布鞋》那一章就是一个很好

---

[1] 汉斯·布鲁门伯格，《世界的可读性：大自然的比喻之书》，意大利语译本由雷莫·博德伊主编，博洛尼亚：穆利诺出版社，1981年。

的例子。另一个例子是，对文森纳动物园里的长颈鹿和它们先天的不和谐的沉思。

我认为，和谐与不和谐的对立是本书的关键词之一。帕洛马尔是生活在不和谐中、忍受着不和谐的痛苦的一个人。当然，他渴望和谐，同时又非常清楚，实际上和谐难以企及。但是，对和谐的渴望仍然是表达美学和形而上学的需要的基本要求。我认为，我刚提到的马西莫·米拉的文章坚持的正是我对"和谐"一词的运用。我经常使用的另外一词是"几何"（我不知道《帕洛马尔》中是否也是这样）。当然，几何、简化、精神秩序的需要始终是对认识的巨大激励。但是我想说，无须将它变成一个神话，就像无须将它变成对相反的、无形的、混乱的崇拜，这将同样是错误的。帕洛马尔并不欣赏不和谐，他遭受着不和谐的折磨，但他知道他必须在生命中的每时每刻去应对不和谐。

哈斯：粗略地一看，帕洛马尔这个角色给我的感觉是泰斯特先生的再现。

确实。可能，我在刻画这个人物的时候，我的脑海中也想着泰斯特先生。但是，泰斯特先生是纯粹的精神，因此是完全相反的类型。帕洛马尔完全倾注于外部世界，倾注于万事万物，他在像泰斯特先生那样的才智方面没有十足的信心。同时，泰斯特先生也非常人性化，也许比帕洛马尔更加人性化。与帕洛马尔不同，泰斯特先生是遭受身体上的痛苦的一个人，而我认为帕洛马尔从来没有提到他的身体。然后，通过他妻子对他无条件的钦佩，泰斯特先生可以是一个崇高的崇拜对象。然而，如果不通过持续不断的讽刺，帕洛马尔就是不可以想象的。

威斯：我想知道帕洛马尔与您笔下的另一个人物，窃听的国王，您最近与卢恰诺·贝里奥合作的同名歌剧里的主人公，有什么关系。窃听的国王也是一位力图听见、倾听世上万物的人；但同时他没有那种疏离、讽刺、严谨的知识方法，而是一种近乎神秘的倾向让他自己沉浸在聆听的体验中；而另外，他还要面对痛苦和死亡。

《国王在听》最初是我的一部短篇小说。在歌剧首演之后，我在《共和报》上发表了这篇小说。那个人物完全倾注于倾听，也许他跟帕洛马尔有某种关系，这回到了感知的首要地位。窃听的国王是一位通过声音，那些对他而言有意义的声音来重建整个世界的人。但最后，他在一个声音独立于他而存在的世界中找到自我，在那个世界中他的声音就如同他人的声音，是世界的一部分。终点是与世界以及与他人的一种充满恐慌的融合。

克罗伯：可惜的是，剧本与您故事的初衷相差甚远。贝里奥对它做了相当大的修改。

剧本确实有一部分是由贝里奥写的。最初是我构思的，之后，贝里奥喜欢对戏剧的隐喻，我也同意了他的建议。在最后一部分，他加入了《暴风雨》，一个十八世纪的关于莎士比亚的《暴风雨》的剧本。我故事的主人公是一个国王和一个关押在地牢里的囚犯。

我认为，尽管引入了与我的初衷相差甚远的表现主义戏剧，但我最初故事的核心仍然是清晰可辨的。

哈斯：为了再次回到《帕洛马尔》和这本书的有序和无序之间的对立这一话题上，我想做一个小小的评论。表面上，《帕洛马尔》的结构非常严谨，并且作者在文章末尾做出了明确的解释，对此加以强调。通过最后的解释，作者建议我们进行一种教科书式的阅读，也就是写作的、"文字的"、"历史的"、"神秘解释的"等所有语义层次的系统开发。另一方面，更详细深入地研究文本，我们会立刻看到秩序被暗藏的无序巧妙地消解。因为实际上并不是所有的篇章都按预期进行了分类。

最后的数字分类说明也可能是多余的。但是其中有我的一方面原因，随着年龄的增长，做些有条理的事情的需求也随之增长。这是我的一种执念，你们如此理解就行。一个规则在某种程度上能够给我一种做了一台完全理性的机器的错觉，如果哪一次我没有制定规则，我就会闷闷不乐。文本是另一回事。虽然我不能严格按照计划进行，但在某种程度上，做一件非常规律的且架构完整的事情的需求对我而言是一种具有约束力的纪律。也许我违反了我自己定下规矩的最明显的例子就是《命运交叉的城堡》，在第二部分，最开始我做出了一个涉及各方面的精确设计，但后来变得一塌糊涂。

哈斯：您与福楼拜的《布瓦尔与佩居榭》有什么样的关系？似乎有些重要的共同点，例如，在方法上和科学上适应世界的需要，还有对整体性、对百科全书知识的渴望。但同时也有非常显著的差异。

福楼拜也是一位想对自己所写内容有所体验的人，因此他阅读了大量的书籍，储备了整个百科全书的知识。他先成了布瓦尔和佩居榭，然后再动笔；他与他的主人公保持着统一步调。

哈斯：但后来，在精心完成的文本中，叙事者讽刺般地与他的人物分离开来。《帕洛马尔》中也存在讽刺，但是方式截然不同。

福楼拜嘲笑他笔下的角色完全缺乏讽刺。然而我的人物会带着嘲讽的眼光看待自己。我觉得这是根本的区别。在看待人类的愚蠢时，我没有福楼拜式的嘲讽态度。我不知道我是否到了真正的人类团结、怜悯或仁慈的地步，但取笑那些有着某些缺陷的人不是我的本性。然而我可以戏弄那些某些方面有富余的人。

克罗伯：我正在思考《帕洛马尔》是如何诞生的。可能您开始写了某些篇章，然后，因为这一切的增长，只缺乏一个框架，一个结构要素，也许帕洛马尔先生的创作正好填补了这一空白。

我于1975年开始在《晚邮报》上写这些篇章，每次发表两三个小故事；在《晚邮报》发表的这些片段中，我只选了十几篇编入了此书；其他的只是为了结构而写。用第三人称而不是第一人称来写帕洛马尔这个人物，营造了一种特殊的距离感。我还记得，刚开始在《晚邮报》上发表的一些篇章还引起了一些小的争议：福尔蒂尼指责我的故事理念屈从于自然，其他一些人说我退回到了艺术散文。这促使我也写了一些文章来捍卫自己的想法。但是，我在文集中保留的文本是那些我在其中遵循了具有某种连贯性,具有所有视觉的、描述性的、近乎缩影的、微观的体验方法的文本,是通过那些不起眼的场合来完成全面反思的文本。①

实际上,这些篇章的结构也可能是一首诗的结构。诗人们总是以这样的方式写诗:他们观察景致,体验情感,进行反思。《帕洛马尔》也因我对诗人的嫉妒而生,因为我无法以抒情诗的方式将我的感性和表达能力进行专业化,因而感到遗憾。

克罗伯:翻译文本时我意识到,许多语句可以轻易转化为真正的诗歌。

这与意大利文学的传统完美对应。我们的文学一直以诗歌为轴心。它不像其他国家的文学,小说有很大的发展。也许德国文学也有点类似,但德国文学中小说比我们的多。在我们这个世纪,散文领域意大利最重要的作家是那些接近诗人的作家。有些人既是叙事文学家又是诗人,比如阿尔多·帕拉泽斯基,我一直很喜欢的一位作家。帕韦塞的做法与其他人还不同,他的诗歌的路线与小说和散文相关,尤其与当代美国文学息息相关。但同时,他的小说写得

---

① "这就像是我一直随身携带的一个写生本,当我有机会的时候,也就是当有些东西需要以那种既定的方式被观察时,我就一点一点地进行填充。可以说在这一点上,《帕洛马尔》是《宇宙奇趣》的补充,在《宇宙奇趣》中我谈论的是宇宙的无限性,是抽象和想象力的结合。而在《帕洛马尔》中,我基于直接且密切的经验对周遭的细微事物进行观察,也许这两种经验之间的联系恰恰是主人公的名字赋予的,他的名字对应的正是一座天文台,它的望远镜是近距离而不是远距离观测。"(《如今树上的男爵变成了方士》,由沃尔特·毛罗采访,《威尼托信使报》,1984年1月29日,第3页。)

像诗歌,也就是说那些重要的东西是带有节奏感的语句,是他的词语发明,是他的简洁明了。对于小说的传统而言,凝练且令人难忘的表达并不重要,这与意大利的传统有点格格不入。只要想想,我们的第一部长篇小说,《约婚夫妇》,这部小说中满是令人难忘的语句,这些语句都已经变成了格言。意大利作家的野心是让人牢记于心。我必须说,让人深铭肺腑的不仅有《约婚夫妇》,还有《木偶奇遇记》。《木偶奇遇记》是第一本所有意大利人都读过的书,它的许多表达都成了格言。

阿尔贝托·莫拉维亚强烈反对意大利文学的这一形象,他认为小说家是另外一回事。在他的访谈和他的理论著作中,他总是说,作家和小说家是两个不同的类别,作家致力于片段和语句,小说家只管讲一个故事。莫拉维亚自称小说家,他认为,意大利文学所缺乏的正是小说家,因为作家一直有很多。从他的观点看,他是正确的,并且他的说法让我意识到,也许我永远成为不了小说家,因为我对"如何"写作过于感兴趣。

哈斯:《帕洛马尔》的德译本什么时候面世?

可能今年秋天,几乎与英译本同时出版。

# 无声胜有声（1985年）

《卡尔维诺天文台》，由帕特里克·莫里斯采访，《解放报》，1985年5月22日，第29—30页。

我们从《如果在冬夜，一个旅人》和《帕洛马尔》之间的关系开始。这是否涉及风格的改变以及对一种风格充分利用之后又对另一种风格进行发掘？

《如果在冬夜，一个旅人》很显然是一部关于小说的小说，而《帕洛马尔》中的问题则完全不同的。我总是不断积累：我围绕不同主题收集材料，《帕洛马尔》的主题是描述。我想让这种已经废弃不用的文学类型、文学方法重整旗鼓。我还想用置身事外的第三人称来写作，第三人称只代表我的一部分……因此，这本书是一点一点诞生的。十几年前，我在《晚邮报》和《共和报》上发表了一部分文本。当要编辑成书的时候，我决定，我必须只考虑那些与细微经验相关的文章，在这之中呈现出尽可能少的文化数据。或者可以说，就是一位写生、写实的画家所做的那样。总之，《帕洛马尔》是应模仿的愿望而生的，出于对那些从现实中选取主题的画家的羡慕而生的。另外，一些文章写于自然……

这个世界反对详尽的描述是本书的另一大中心……

可以说，每一个文本都试图阅读那些非书面的东西，同时也是一种对非书面的世界和语言之间关系的质问。在这本书中，与上一本不同，问题从来都不是写作：帕洛马尔对有东西可看感到满足；在这方面的一切努力都是朝着始终以失败告终的知识而做出的努力，因为事物的视觉方面是取之不尽，用之不竭的。

因此您是否感觉您属于新的"新小说派"？

其实这本书遵循关于以下主题的研究路线，尤其是法国的研究路线：首先是蓬热以及他对对象的定义，他的忠实，他对事物含义的透彻理解。还有萨特以及他在《恶心》中的一些描述，这种现象学的注视也将日常生活变成了一种怪异之事。然后还有格里耶以及他对对象的客观特征，几乎是几何特征的描述——无疑他是最严格的。我们真的无法超越他所做的关于番茄切成四块……

那么您在这种传统中置身何处？

我力图通过文字穷尽所言对象，我知道在文字和事物之间是虚空，知道事物不只是多维度的实体，也是现实意义、文化数据的载体。对我而言，始终有位观察者在观察，在自我提问。如果我必须在我给您举的三个例子中找到一个位置的话，我想我最接近蓬热。

您刚谈到了法国的研究路线。在意大利是否也有这样的路线？

如您所知，我们曾经有达·芬奇……我认为，这样的做法在诗人身上更为明显。诗人按传统方式观察景致并按自己的心态对其进行还原；我重拾这种模式，并将其置于不同的问题中，即通常的语言和文字的问题中，也包括缄默的问题中。近十年间，我们在意大利目睹了诸如维特根斯坦和霍夫曼斯塔尔之类的思想家和作家的复兴，而霍夫曼斯塔尔在他的《钱多斯勋爵的信件》中得出了这样一个结论：语言不再具有任何意义。至于我，我力图继续这个话题的时候，一方面，在巴黎有人认为只有话语；另一方面，维也纳的"世纪末"文化认为世界是不可言喻的，语言无法解释它。我努力使语言精练，使之更加灵活，以便让它具有附着力并尽可能接近事物的表象。

对于像您这样一位被认为是"严格遵守条文"的作家来说，这有点自相矛盾。这是一种与文化背景的转型相关的新需求吗？

不是，回到事物本身是我始终所具有的愿望，这种愿望推动我克服种种障碍。我必须承认，在本质上，我不是一位观察家。每一个描述都耗费了我巨大的努力。比如，我去植物园散步，等我回到家我就什么都不记得了；我忘记了一切，我连那些最突出的地方都不记得了。而这些文章对我来说，是作为学习的检查练习。事实上，每位作家的真正职责在于始终做些超出自己能力的事情。如果说，在《如果在冬夜，一个旅人》中我试图写了所有我从未写过的小说，或者是别人的小说，在《帕洛马尔》中，我的目的则是展示我以前所不具备的技能：首先是法国奶酪，我对它们一无所知，所以我不得不去发现和认识它们。我重申一遍，因为每次描述同时都是对获取知识的必要过程的描述。

这是天文知识对您施展魅力的象征化过程吗？

从《宇宙奇趣》到《零时间》，我对天文学，甚至是作为书本知识的天文学，有着浓厚的兴趣。这本书中，谈论的是当今在宇宙中挣扎，难以自我定位的普通人与行星之间的关系。

他的名字呢？

是一座天文台的名字，因为帕洛马尔先生看周遭事物就像看遥远的光年，看极为遥远的事物就像看触手可及的事物一样。

这种观察的托词是让人感到奇怪的一系列动物（乌龟、乌鸫、壁虎、长颈鹿、白化症猩猩）和地方（罗马、巴塞罗那、巴黎、京都、墨西哥城）：您以什么样的方式选择了它们？它们有特定的功能吗？

这完全是随机的，是我曾经有过的机会和经验的偶然性。

因此是一本自传？

当然，是一种自传。

但是为什么这种无情的三元体系的进程贯穿了全书？

其实这本书的顺序是后来排的。我必须对我的材料进行组织，我要思索最为合理也最为简单的秩序。三元体系，是因为我有三种写作可能，三种不同风格，它们表明了一个进程。在末尾，我趋向于更为理论的文本，因为我觉得有必要解释本书的某些理念。现在我想，其实我可以不写这一部分，因为《帕洛马尔》的所有理念都已经包含在描述中。但由于这本书也是一本关于沉默的书，我想写一个真正的沉默理论……

将言语与事物相分离的那个沉默？

我并不以纯粹否定的方式看待它。我考虑更多的是那些在沉默中由沉默来表述的事物，或者通过沉默而被识别的事物。如您所知，无声胜有声……

# 我通常以图像为出发点
# （1985年）

《我与幻想》，由桑德拉·彼得里尼亚尼采访，《信使报》，1985年6月13日，第5页；随后收录在桑德拉·彼得里尼亚尼主编的《幻想与幻想的，与阿金图、卡尔维诺、卡尔皮、克莱里奇、孔索洛、德·格雷戈里、多塞纳、达里奥·福、弗拉齐、朱迪西、阿克、马莱尔巴、曼加内利、沃尔波尼的对话》，米兰：卡穆尼亚出版社，1985年，第15—22页。最后的五个问答是在采访过程中录制的，但没有用在书中，后来于卡尔维诺逝世一周年之际，以《出发点为图像》为题发表在1986年9月19日的《信使报》第5页。

伊塔洛·卡尔维诺回忆起《炼狱》中一句非常美的诗句："然后落入崇高的想象中……"因此，幻想是落入之处，是上天的图像落下之处。对但丁而言，艺术灵感来自上帝，正如在传统理念中艺术灵感来自缪斯一样。

缪斯作为记忆的守护者，是记忆女神的女儿，是集体记忆。缪斯代表所有可叙述的、所有可言说的积淀。知道如何利用这种潜在的成分是诗人的天赋。

落入您幻想中的是什么,落入了多少,是如何落入的?

图像与言语一起落入。我以混合过程为基础,往往是视觉形象先于言语形象跃入我的脑海。但是决定性的时刻是当我开始写作时。然后初衷发生改变,也可能完全改变,完全抛诸脑后。也有时候会保持初衷不变。比如,初始形象是一个被分成两半的人?是一个爬到树上再也不下来的男孩?是一个没有身体支撑,能够靠意志力行动的空的盔甲?我对这些人物形象进行加工。我穷尽所有可能的情况,我不知道会发生什么……

在几年前的一次采访中您说:"我相信世界的存在。"因此,您并不怀疑所谓的"现实"。幻想是现实的一部分还是与之相对立?

我从来记不住我在之前接受采访时说过的话,通常我会试图对它的反面加以肯定;如果一件事情在我说的时候是真的,可能在其他时候它就不再正确了。但是我认为,那种说法是与那些认为只存在语言或者认为我们只能理解语言的人进行的辩论。然而,我相信,还存在非语言的,不可说的,不可写的,写作恰恰是不断追赶这个没有被写的,也许也不可写的世界。从这个意义上说,世界也是由图像和思想构成的,是因自身形象和自身变化而倍增的世界。所以,世界上将永远发散着一种幻想,一种幻想氛围,这是由我们的世界图像所创造的氛围。我们需要这些图像来展开行动、成长、操作、判断。所以,在这个意义上,如果幻想是图像的集合,那么我既相信现实也相信幻想。

智慧是什么？

这不公平。您起初告诉我，您想就幻想对我进行采访，然后您现在问我智慧……您让我措手不及……让我们来看看……智慧是根据获取的经验在生活中进行决定和判断的能力。它是在单个案例中运用在其他完全不同的单个案例中学到的知识的能力。它是几乎不可能的某种东西或者需要同时具有抽象和附着于细节的独特天赋。

幻想无关智慧？

不，幻想与智慧有某种关系。因为幻想是想象可能或不可能的速度，是头脑中有种电子设备，它可以做出所有可能的组合，并选择那些符合目标的，或简单来说，选择那些最有趣的、令人愉悦的、令人开心的组合。因此，它也是以抽象同时附着于细节为基础的。

幻想和理性之间存在矛盾吗？

不存在。幻想跳过了一些步骤。没有幻想的理性会带来巨大的时间损失。因为它必须把那些之后废弃无用的步骤和情况也全部历经一遍。

您写第一个童话是什么时候？

小时候我经常看《儿童邮报》，并且每次在仔细阅读之前，我会先浏览一遍，并且我利用那些人物形象给自己讲故事。我会讲出尽可能多的不同的故事。我认为，那是一所想象力和图像的逻辑性相结合的学校。因为这仍然涉及逻辑,尤其是在童话中。童话是一种非常简单的叙事类型,其中任何事物都有自己的功能。

儿时的伊塔洛是什么样子的?

不太聪明,不太早慧,不是非常有天赋,不怎么灵活。

幻想让您处于孤立状态还是经常与人交流?

啊,完全的孤立状态,是的。确实如此。一直持续到现在的一种孤立状态。真的是这样,也许这是我第一次与人谈起此事。

所以丰富的想象力会让孩子们更加孤独吗?

当然,孩子们不希望与别人不同。如果那时我与众不同,我会拒绝接受,事实上,所有孩子都充满想象力,因此我的大部分想象力跟别人是一样的……但成年人很难评论自己的童年,尤其是已经过了六十年。我想,他们只能讲讲对自己童年的幻想。不,我认为我的记忆是不可靠的……

您母亲是一位什么样的人?

她是一位非常严厉的女性。也很温柔。但她是一位非常严厉的女性……这有什么关系呢?

这时卡尔维诺罕见地投来正面一瞥。当我问他房间尽头摆放的三张桌子哪一张是他的时,他又投来正面一瞥。

三张都是。我一会儿在这儿工作,一会儿在那儿工作。

这座现代装饰风格房子的主色调是白色。摆放着一些绿植。这间小客厅不仅是书房也是入口,作家的妻子和他二十多岁的女儿来回走动,接电话,开门。但是他没有注意她们,她们也没有注意他。房子周围的街道嘈杂喧闹而富有生机。

您相信有仙女、巫婆、精灵、地精吗?

哦,这是什么问题!在文艺复兴时期的物理学中,仙女、精灵、地精,还有字母 L 被称为"元素之灵",就是这样。我相信所有生物、植物、物体、石头组成的社会。我想,如果我有灵魂的话,那些所谓的无生命物体也有。

您喜欢玩吗?

不喜欢,我什么都不玩。

您现在想玩吗?

现在玩?玩什么?

我给您说一些形象,根据您的作品来看,它们都很受您的喜爱。然后您告诉我您脑海中浮现出的幻想。我们先从骨架开始。

在我看来,骨骼是必不可少的。它是我们内在的东西,是普遍的象征。尤其是它拥有自己的快乐,自己的功能性和清洁度。它是一个令人愉快的形象。它具有一种风格,始终具有一种伟大的风格。

您更喜欢瘦子，而不喜欢胖子？

啊！有时候我想，我内心是个胖子。现在几乎没有胖子了，这意味着几乎见不到胖子了。但是肯定还有。有些胖子隐藏在瘦子之中。我非常喜欢苗条以及灵活。我很瘦，但我不灵敏。所以不妨说我是胖子。

回到我们的游戏。现在是迷宫。

这是另一个普遍的象征。在任何空间，我们都可以碰到迷宫。我们不要忘了，迷宫是一部为了走出去的机器，可以说它是一扇有点复杂的门，是我们必须要穿越的某种东西。

但这扇门朝着哪儿？

门始终是朝内和朝外的。真正的迷宫让我们选择什么是内什么是外。所有的外都可以转化为内，反之，所有的内都可以转化为外，因此，我们可以认为我们所处的房间是唯一可能的自由之处。

现在是鸡蛋。

鸡蛋。这是一个伟大的设计，是通用容器，是需要被放飞在空间的某物，因为它无法站立。并且，与迷宫和门不同，它的内部和外部完全对立，无法进行任何转化。内就是内，外就是外。因此，它始终涉及外部的问题。如果宇宙是一个鸡蛋，它就被非宇宙包围。除非有一个蛋杯或盛宇宙的杯子，否则，它总是会提出哪里是顶部哪里是底部的问题。

那母鸡没有什么功劳吗?

看,我刚说到设计,您就立刻想到了一位米兰建筑师。但我也想到了母鸡以及所有卵生物种,甚至包括男女情侣。因为在让卵变成蛋的过程中,男性也发挥了自己的作用。

如果一个吉卜赛女人猜测您的过去和未来,您是选择怀疑还是相信?

不,我不会表示怀疑。我认为这是一种思维敏捷的情况:在同一时间内可以描述所有可能性并且逐步排除不可能。但是,只有在这种思维敏捷的情况下,类似事件才可能与幻想有关。一般情况下,所谓超自然现象的例子属于众所周知并且可以预测的节目,并且可能的无限性的很多方面不再令我兴奋,因为这些方面在所谓的正常经验中也有体现。

您是否认为,作家的经历具有某种通灵性?

不,我不这么认为,我不知道。确实,这种经验始终与多样性相关。每次都力图在浩瀚如海的词汇中,在用法的列表中寻找合适的表达。然而,始终涉及缩小自己的选择范围。在这个意义上,我不具备通灵能力,因为我写得非常慢。超灵敏性会使写作毫不费力。我不是这样,我像牛马一样累死累活。可以说,我是靠额头的汗水挣口饭吃。

在您的小说和您的理论著作中,感觉在幻想和理性之间保持着一种稳定的平衡状态,仿佛划定界限、限定写作范围的意图不断受到幻想的越界威胁。是这样吗?

是的，我觉得这是对作家工作的一个绝妙比喻。我也对此表示认同。想象的动力来源于我们面临的约束。我们建立游戏规则，并且在此规则内进行大量的组合，实现自己的自由，到一定时刻就可以打破规则。但是如果没有规则，就不可能打破它。文学中的规则一直是想象力的巨大推动力。诗歌中的韵律是写诗的推动力。当自由诗的运用开始盛行，没有人会说诗歌变得更加富有想象力。此外，即使是自由诗，也有隐含的、不言而喻的韵律。

*爱情作为生活的组成部分，与幻想具有特殊的联系……*

在爱情中，被精神分析学家称为幽灵的角色起着重要作用：始终有一个形象或多个无形的形象介入恋人之间。似乎是弗洛伊德说过，每次性接触都至少是四个人之间的接触：两个伴侣以及他们的幽灵。这些幽灵可以或多或少与现实类似；如果完全与现实脱离，我认为不是一件好事。我们可以说，性接触发生在现实中，同时在幻想中伴随着成千上万种可能的变化。

*但是，正如您的一本书的题目所说，爱情总是"困难"的？*

啊！一切皆困难，凡事有可能。您看看，我这说的什么话……

\* \* \*

*请您谈谈政治和想象力。*

政权想象力是六十年代的一个口号，但是没有真正流传开来。

在这个意义上来说，那些脑子里对政权有着根深蒂固想法的人正是那些没有想象力的人。他们只能重复那些不仅远离现实而且远离自己感情投入的理论机制。对人们的生活带来直接影响的决策首先要求知识，所以政治是"权力的知识"……想象力绝对不能成为不知道的借口。我们必须能够想象会发生什么，现实的任何变化的后果是什么。我们必须了解社会的各个方面，并且知道哪些是可以改变的，哪些是不可以改变的，哪些是需要改变的，哪些是需要保留的。还要知道任何变化的后果，因为即使细小的变化也可以引起巨变。当然，这还需要一部分想象力。但是想象力不仅仅是追求实现各种愿望，也可以设想最坏的后果。

请您谈谈世界，战争。

我相信，即使不做任何预测，世界也会向前发展。政客们往往不知道，他们甚至不具备认识和想象未来的心态。但是，不只是政客，还包括实业家、"技术人员"，他们根据当前需要向前发展。在经济繁荣年代他们制造了不受控制的移民潮，这让城市变得不宜居住且残酷粗俗，之后就如何处理后续带来的剩余劳动力，他们却没有明确的思路……我们甚至还没有用来设想世界上正在发生的伟大技术变革的形象。因此可以这样说，目前在这个世界上，真正的想象力并不多。也许主要军事大国被迫继续设想可能的战争情景，至今这种想象让我们避免了第三次世界大战。

但是一些荒唐的局部战争，比如伊朗和伊拉克或越南和柬埔寨之间的战争，不知道与谁的想象力有关，也不知道是否有人曾经专门想象过此类事情。

请您谈谈创作过程。

对于作家而言，想象的问题是：是否存在视觉想象或言语想象？我要说的是，我依靠的是二者的混合过程。往往首先跃入我脑海的是视觉图像。但部分图像可能（或者也可能没有）伴有短语或句子。然而真正的决定性时刻在于我开始写作时，并且根据我如何写出那些词句，最初的见解和初衷会发生改变，也可能完全改变，通常忘记了初衷，完全被我在字里行间积淀的想象所取代。有时候，可能会在视觉想象和言语想象之前出现概念想象。那我需要创造一个具有特定目的的形象（例如，我想在故事情节或故事提纲中讲述某些特定事情）。但我要重申的是：我通常以图像为出发点。例如，我首先想象一个男孩爬上了树，再也没有下来，于是我开始想他会发生什么事，然后我创作出整个故事，写出所有可能的情况……

请您谈谈文学中的规则。乌力波。

比起不规则的散文，在一部构建完美并且遵循某些特定规则的小说中，可能会有更多幻想的爆发。雷蒙·鲁塞尔，提出了一些非常奇怪的规则，展开了我们二十世纪最扑朔迷离也最不可控的想象。例如，以一句话开始一部小说，然后只改变几个字母，构成完全不同的另一句话，作为小说的结局。在这两点之间，他会让所有他想到的事情发生，但始终关注着那个结局。义务可以成为想象力的推动，在这一理念中，由雷蒙·格诺建立、乔治·佩雷克和我都参与其中的团体建立了一种独特的诗学理论。这一团体被称为"潜在文学工场"，即乌力波。这是一种反对超现实主义诗学，它相信无意识写作，相信偶然性。但我不崇拜偶然性。我认为在偶然情况下不会得出什么好东西。

请您谈谈爱情。

在每一段关系中都有两个同样必要的方面：需要接受对方本来的样子，同时每个人都试图或多或少地改变对方，反过来自己也被改变了。接受对方和改变与被改变的这两种需要决定了每段关系的故事。作家也逃脱不了这一过程。一位作家，就像其他任何一个人一样，根据每天在每次相遇中的经历，不论是恋爱的还是非恋爱的相遇中的经历，发生着改变。或多或少地发生着改变。

# 练习簿（1985年）

《伊塔洛·卡尔维诺：练习簿》，由保罗·富尔内尔采访，《文学杂志》第220期，1985年6月，第84—89页。由多梅尼科·斯卡尔帕翻译的意大利语版本收录在安娜·波塔和多梅尼科·斯卡尔帕共同主编的《纽约客伊塔洛·卡尔维诺》中，卡瓦-德蒂雷尼：阿瓦利亚诺出版社，2002年，第15—25页。

伊塔洛·卡尔维诺，我们已经见识过您的历史才华、地理才华和语言才华。《帕洛马尔》的出版标志着您的哲学才华初露锋芒。

我最喜欢的两本书是卢克莱修的《物性论》和奥维德的《变形记》。我希望我所写的一切作品都能再现两者之一或者兼而有之。《帕洛马尔》是坚决地站在卢克莱修这一边的；我的梦想是在事物本体即将消散于无形的瞬间抓住它，达到对事物本质的细致入微的认识。多年来，我力图关注每一件我认为是"知识"的经历。知识必须始于表面：抓住一个对象，对其进行描述。这些对象都会通过一个话题提出一个阅读和翻译的问题，在这个话题中，对象超出了任何语言所能描述的范围。《帕洛马尔》是对事物阅读的一种尝试。

您笔下的这一人物有原型吗？

文中人物都有为作者的反思做代言的传统：保罗·瓦莱里有泰斯特先生，布莱希特有 K 先生的系列故事。就连穆齐尔的乌尔里希或者瓦莱里·拉尔博的巴纳布特都属于这一类，但更具小说性。我还想提一下亨利·米修的《羽毛》，因为我非常喜欢，但我们转移到另一种创作类型上了。我自然首先想到了泰斯特先生。我非常钦佩思想家和散文家瓦莱里。不过，这两个人物之间只是表面相似，其实泰斯特先生是纯粹精神的，而帕洛马尔则沉浸于他所见的事物。[①] 泰斯特先生研究自己的精神，而帕洛马尔只知道怀疑和讽刺。他的所有努力都以失败告终，他的梦想是取消自己的主体地位，成为世界看世界的工具。

这位帕洛马尔先生给人的印象是具有很大的自传性。

是的，每一个简短的章节都与我的日常经验相对应。这是一种只反映细微事件，以及具有观察者气质但仍然努力进行观察的一个人的私人日记。正如帕洛马尔仰望星空一样，我必须不断努力获取技能。

然后到了写作的时刻……

这是所见之物与用来表达的语言之间的纠缠，用语言来穷尽对对象的描述的一种愿望。然而对象永远不是完全"客观的"，它仅

---

[①] 卡尔维诺在接受列塔·托尔纳博尼的采访时说过与此几乎相同的话："最初我想到了瓦莱里笔下的泰斯特先生，但他是一个纯粹的精神人物，而帕洛马尔只在具体经验的刺激下进行思考。"

仅在它引起的感受和想法中被感知。在本书中，我从来不谈写作。这并不是说帕洛马尔是作家。他只是愿意阅读世界，只是最后决定用一种无限的，当然也是不可能的自传来描述世界的一个人。

这种进展方式中表现出了绝望。

　　写作始终力图达到经验的无限多样性，但永远也达不到。就有点像一个人试图描写一个梦境时，却发现短短几秒钟的梦境花费数页纸张也难以描述。我的这本书提供了帕洛马尔先生无法做到的这种描述性故事的一些样本；我们可以把它看作我的一个"练习簿"，专门用于现在已经废弃不用的描述这一文学类型的练习簿。自从布勒东在《娜嘉》中用图片取代了描述开始，人们就认为描述已经无用。《帕洛马尔》希望能让描述重整旗鼓。我力图表明，在每一个描述中有一个故事，相反，每一个故事需要一个或者多个描述。

帕洛马尔先生与您创作的另外几个人物有一个共同点：相当固执。

　　确实如此。我的人物往往都很固执，甚至痴狂。他们都有一个极其简单的目标并且将其发挥到了极致。或者，他们从某一点出发去探索所有的可能性。帕洛马尔执念于阅读那些非书面的文本，比如椋鸟的飞行或壁虎的腹部。因为他从来没有动过笔，所以我不能说他坚持写作，而是我通过他的思想来展开写作这项任务。然而，当我们看到帕洛马尔拿着笔和本子在奶酪店里徘徊的时候，我们可以得出这样一个结论：他的头脑中有一个书面的文本。正因为作者是他的替身，帮他在本子上记下奶酪的名字，所以有时候，在抄写笔记的时候就会犯错：第 76 页，不是 Chabicholi，而应该是 Chabichou。①

因此有一种教育学的意愿。

这是观察和反思的教育学。读者必须学会观察，并且要永不满足于他所见到的。也许正是在这个意义上，我的作品与三十年前的"新小说派"不同。而对我具有教育意义的是弗朗西斯·蓬热的《采取事物的立场》，以及蓬热后续的所有作品。

通过目录之前的一篇短文，您告知读者，您的文本有着严谨的结构。

与我的其他新书相比，《帕洛马尔》的设计非常简单。这是一本主题有一定连贯性并按照一定顺序排列的短文集。确实，我痴迷于将我的作品按照顺序、对称，甚至是按照数字命理学结构组合在一起。这与我是乌力波成员毫无关系。我以多年来积累的材料为基础完成了对此书的创作。《帕洛马尔》的第一批文本十年前出现在《晚邮报》上，但是后来才对最终成书有了明确想法，所以我不得不重写了几个文本，以便其符合整个方案：最初这个方案范围非常宽泛，后来逐渐缩减。最后我专注于三元结构，而但丁是这种结构的权威。《神曲》共分三部，每部 33 篇，为三行体诗。跟所有意大

---

① 见 1983 年都灵埃伊纳乌迪出版社出版的《帕洛马尔》中的《奶酪博物馆》。这一错误在所有版本以及后续的再版中继续出现。

利人一样——或者至少跟我这个年龄的所有意大利人一样——我在高中学习了三年但丁,而这让我受益终身。自从我决定我的书将采用3×3×3的形式,我就摒弃了那些不符合这种结构的文章,又写了一些新文章,也就是说,我重写了这本书。但是让我最烦恼的问题是,如何对帕洛马尔先生的经验做出一个结论,或者多个结论。因此最后我写出了极为消极的内容。

*我想说,比起消极,结尾更悲观……*

重读《宇宙奇趣》和《零时间》,我发现,二十年前我的认知非常乐观,而在《帕洛马尔》中这种乐观荡然无存。但是始终有自我嘲讽,这是所有救赎的首要条件,并且还有我刚刚说过的固执。帕洛马尔先生不断碰壁,但这阻挡不了他前进的脚步。

*这本书在意大利受到怎样的评价?*

有各种非常有趣的评论,甚至还有一篇精彩的漫画式评论。有些评论人士认为这本书过于"困惑",但年轻人和"哲学家"喜欢。在意大利的七十年代,以沉默、危机和否定为基础,追随着维特根斯坦和霍夫曼斯塔尔足迹的哲学派别站稳了脚跟;八十年代,经历了从否定思维向反对权威的"弱势"思维的转变。在这种背景下,这本书受到了赞誉。但是,不用说,我没有表明任何哲学信仰。

*如您所知,政治曾经在您的青年时代和您早期的作品中发挥了重要作用。但在《帕洛马尔》中政治完全不存在。*

不过，末尾一章《模式之模式》，可以解读为政治自传：最初，相信政权社会合理化的可能性，后来每个社会运用的理论框架变成一座牢笼，监狱。我想，这段话是我所能表达出的最清晰的观点了："帕洛马尔对政权和其他非官方权力形式从来不抱任何希望，他深信，最重要的是真真切切所发生的事，诸如人类社会所采取的形态，不论是慢慢地、不声不响地产生的形态，还是名不见经传的形态，不论是生活习惯中的形态，还是思想方法中的形态，也不论是行为方式中的形态，还是价值观念中的形态。如果问题就是这样，那么帕洛马尔先生极力称赞的模式之模式就应该有助于获得一种透明的、极薄的、纤细如蜘蛛网的模式，它能吸收别的模式却不会解体。"

帕洛马尔先生对政治毫不关心，但是他会用某种方式来讲述他所生活的这个世界。在题为《壁虎的肚子》的篇章中，他和他的妻子不看电视，而是一直观察壁虎捕捉夜间活动的昆虫。

那也是一个大屠杀的故事。完全没有脱离世界问题，只是试图用另一种方式观察世界，试图将宇宙和我们的历史现实纳入唯一的对话中。

帕洛马尔先生的名字也是精心选择的结果。

在加利福尼亚州的帕洛马尔山坐落着世界上最大的天文观测台。起初我打算写一个热衷于宇宙问题的人，但后来却远离了《宇宙奇趣》的路线。《宇宙奇趣》(以及它的续集《零时间》)的方案同时受到卢克莱修和奥维德的启发。或者，您也可以说，它一方面受到格诺的《小型袖珍本天体演化论》(20世纪的《物性论》)的启发，另一方面受到原始宇宙论神话的某些人种学资料的启发。《帕洛马尔》的方式有所不同，它没有《变形记》的神话视角。帕洛马尔质疑世界的方式就像持怀疑态度的卢克莱修，不具备任何体系，而是从日常经验的非常基本的数据出发。此外，这种新方式并不排斥其他方式，因为我还在继续写宇宙故事。去年夏天我写了两篇，其中一篇受到宇宙膨胀说这一新理论的启发，根据这一理论，宇宙诞生于虚无。[①]

对您而言，重新回到您以前的文章的话题上，这正常吗？

我一直想回到《宇宙奇趣》的话题上。当出版新版本的机会出现，我就抓住机会写了几篇新文章。目前的科学一直在提示我，《宇宙奇趣》的主人公 Qfwfq 有新的冒险可能。

那么，《帕洛马尔》会有续集吗？

我从来没打算结束我那些短篇集。每一部短篇集都代表一个我正在挖掘的工地。也许有一天我会写一部《帕洛马尔2》。此外，我还有一个名为"看不见的城市"的文件夹。每次我有些想法的时候，我就写一点，这样我的文章即使在发表之后，还可以继续存

---

[①] 《无与少》，刊登在1984年9月2—3日的《共和报》第18—19页。之后收录在克劳迪奥·米拉尼尼主编的《宇宙奇趣全集》中，米兰：蒙达多利出版社，1997年，第363—371页。

活,继续成长。

**随着《如果在冬夜,一个旅人》的发表,您成为享誉全球的作家。围绕这本书有哪些故事?**

在美国,我的名字经常与那些"后现代主义"作家的名字相提并论。我不知道为什么,但最终为什么不呢?事实上,在美国,对我的书的兴趣始于《看不见的城市》。这本看似与美国的品位差异很大的书,在诗人和建筑家中,在大学里,找到了它的第一批读者,然后一发而不可收。《帕洛马尔》在美国的译本将于秋天出版;但无法就美国读者对这样一本不寻常的书的反应做出预测。如果说《如果在冬夜,一个旅人》是对小说的赞扬,那么《帕洛马尔》正好相反:它是于无小说处发现小说。这是一本应该与《看不见的城市》放在同一个书架上的书。

**此外,二者在形式上也很像。**

我向来不是"长篇"作家。也许我是个不成功的诗人。我的模式始终是具备诗歌的简洁,并且寥寥数行饱含深情。对我而言,写作并不容易,总要耗费心神。我的稿纸上也满是删改的痕迹。

**我想这给您的译者造成了诸多困难,尤其是您精通法语、西班牙语和英语。**

对于这三种语言,我会和我的译者进行讨论。最近我开始在德语翻译中也这么做，我只会一点德语，但我后悔没有早点这么做，因为这是一项可以使很多方面得到丰富的工作，并且我认为作者的介入是至关重要的。作者的工作是强化语言，解说一些目前的语言没有表达出的东西。译者必须明白这种努力。翻译往往只还原出作者作品的一个相当微弱的形象。由此可以得出两个结论：要么只读原文作品，要么努力翻译，表达出比直译更丰富的内容。我选择第二种解决方案。翻译是阅读一本书，了解作者真正想做什么的最佳方法。我的编辑出版经验告诉我，翻译校对是阅读一个文本并对其进行讨论的最有效途径。

您有没有想过自己翻译自己的作品？

没有。我不能这么做，否则我会陷入思想枯竭的境地。我的翻译会比一名优秀译者的翻译差很多。重要的是译者与语言之间的那种紧张的关系，而我只有和意大利语之间才有这种关系。

您是否有过直接用某种外语进行写作？

写过，但只是写过一些文章。比如，我用法语回复《解放报》最近做的调查，"您为什么写作"？[1] 我现在正在直接用英文准备美国一系列会议的发言稿。但是除了母语，我无法用别的语言写

---

[1] 《您为什么写作？400名作家的回答》，玛丽安娜·阿尔方主编，《解放报》特刊，1985年3月22日，第83页；意大利语译本为《我说过……》，《共和报》，1985年3月31日—4月1日，第20页；之后以《您为什么写作？》为题，收录在《散文集》中，第1861—1864页。

书。说实话，我不善于表达，无论用哪种语言我都会表达困难。我用母语表达也磕磕巴巴，对于我而言，写作意味着首先表达含糊，然后删改，摸索前进。这是一场与语言的战斗，在这场战斗中，我必须了解敌人的实力，瞬间抓住它，而我只能在意大利语中做到这一点。

# 叙事产生理性（1985年）

《叙事？我相信您》，由卢卡·丰塔纳为伦敦的周刊《城市极限》而进行的采访；1985年7月底完成采访，于1985年9月19日发表在《记者杂志》第1期，总第170期，第30页。

读完《帕洛马尔》，我的脑海中留下一幅图像。我想到了喜多川歌麿、歌川广重和其他画家的日本版画，这种绘画在日本被称为浮世绘，字面意思就是"虚浮世界的绘画"。

您会这么想我感到很奇怪。在某些情况下，二者有一种类似的关系，一种直接演变的关系，比如在《沙坛》中，①帕洛马尔先生在日本观察一个禅宗花园。帕洛马尔先生面对虚浮世界，力图达到逻辑-数学上的某种精度，但总是徒劳。我自己离理性结果中的绝对确定性也非常遥远。对于帕洛马尔先生而言，斗争存在于语言和非书面世界之间。语言作为知识的工具，我相信它，并且我也相信叙事——它产生理性。

---

① 此处在《记者杂志》的文章中为《沙庭》。

在意大利,有人说,《帕洛马尔》似乎是一个没成名的哲学家的作品。

哲学需要专业性,这是我所不具备的。这本书可能需要哲学家的合作。但是我脑子里想做的是另一回事。我关心的是如何恢复一种已经废弃不用的文学类型:描述。

就像认知过程一样?

对,正是如此。这是一个剪贴簿,是多年来的写真集。在一定程度上,这是一本私人留言簿,尽管是用第三人称写的,但这是一本日记。我相信,如果您试图观察我的思想,您绝对什么都看不到。您只能看到事物。书的方案原本非常宽泛。结局是为了跟其他人进行对比——这在布鞋的故事①中有提示。但是与他人比较是小说的主题,也是戏剧的主题。这是文学中不再存在的。我想起芭芭拉·皮姆,她作为最后一位代表,知道如何在人物怪诞且可怕的方面中描述与他人的关系,知道通过这个来表达孤独。

《帕洛马尔》的语言非常清晰,甚至简单。

这是一种通俗易懂的语言。有些片段具有新闻目的性,实际上,这些都在《共和报》上发表过。然后,正如我前面说过,我的目的是让描述重整旗鼓。对我来说,重要的是细致入微的精确,语言搭配是次要的。

---

① 《一只不配对的布鞋》。

在英国，几乎是自动将您定义为"最国际化的意大利作家"。

我是在阅读了大量各类文学作品的基础上成长起来的，并且我始终不间断地关注着欧洲文学。在意大利，他们都说法国哲理小说的传统对我影响极大，但他们总是忘了斯威夫特和斯特恩。我与您谈过描述。在此我要提一部我非常喜欢的英文作品：艾萨克·沃尔顿的《垂钓大全》。我的英语水平还不错，于我而言，英语一向是方便灵活的典范。我认为，如今的意大利语，如果人们知道如何运用它的话，它也同样方便灵活。与法语不同，我们的语言有一段由许多平行故事构成的历史。我们有很多成语、谚语，有很多细微的差别，有很多词汇。英语能将所有这些把握得非常好。

正因如此，卡尔维诺作品的英译本才翻译得这么好？

是的。但也因为我有幸遇到威廉·韦弗这么杰出的译者，他也是优秀的意大利语言文学的研究专家。

我们有约在先，我不能提问任何个人问题。但是有一个问题我无法回避。在英国，众所周知，您参加抵抗运动的时候非常年轻，几乎还是个孩子。之后，您又加入了共产党，一直到1957年，苏联武装干涉匈牙利几个月之后，您没有发表任何公开声明，您就退出了……［他打断了我的话］

您想让我告诉您我现在的政治观点？我再也没有一个模式……模式之模式……我是第二次世界大战的孩子：我是在那个年代里成长起来的。在我的前半生，政治活动非常重要……后来，我离政治越来越远。我不再对外部给社会施加的社会模式进行思考。我现在更关心政治模式的灵活性,其目的必须是纠正……我不同意那些导致灾难的规划政策。它们是为了……限制权力,限制滥用职权,任何权力……也包括任何反官方权力的反向权力。

这是唯一一个他回答起来有些吃力,中间因犹豫而长时间停顿的问题。这一次,他字斟句酌,十分慎重。

# 意大利文学与我很投契
## （1985年）

《伊塔洛·卡尔维诺》，由玛丽亚·科尔蒂采访，《手稿杂志》第II期，总第6期，1985年10月，第47—53页；之后收入《巴黎隐士》，以及《散文集》的第2920—2929页。这是最后一次采访，也是"书面"回答最深思熟虑的一次。伊塔洛·卡尔维诺在洛卡马勒的家中完成了回答手稿，于1985年7月29日将其寄给玛丽亚·科尔蒂，并随此附信："亲爱的玛丽亚：/不要以为我忘了采访的事儿。这是我在这个度假住宅逗留期间的一项保留工作，圣诞节期间我已经完成了大部分。现在我重新拾起将它写完。尽管我认为并且我也希望你也在度假，但我还是把它寄给你，这样你回来时就能看到它了。我回答了你的所有七个问题，我力图做到回答尽量新颖。/我希望今年秋天我们能在美国再见。祝你夏日愉快/你的伊塔洛·卡尔维诺。"几周后，卡尔维诺突发中风。

在你成为作家的成长过程中，哪些作家对你来说举足轻重？你阅读的作品之间是否有共同点，某种统一的东西？

我首先要提几本青少年时读过，后来对我的作品产生了影响的书。伊波利托·涅沃的《八旬翁的自白》，这是唯一一本可以与当时外国文学中卷帙浩繁的小说相媲美的十九世纪意大利小说。我的第一部小说《通向蜘蛛巢的小径》，其中一段的灵感正是来自卡利诺与斯帕卡富莫的相遇。《分成两半的子爵》中的模糊氛围让人想起弗拉塔城堡。而《树上的男爵》模仿涅沃的小说，主人公也生活在十八、十九世纪的同一历史时期，有着相同的社会背景，甚至，女性角色也是以皮萨娜为原型。

当我开始写作时，我还是一个文学阅历尚浅的年轻人，要想编一套图书"谱系"的话，立刻就追溯到了童年读过的书：我想，每份清单都会从《木偶奇遇记》开始吧，我始终认为它是叙事文学的典范，每一个主题的出现和回溯都带有典范式的节奏和明晰，每一个情节在一波三折的主旋律中都有其作用和必要性，每一个人物都形象鲜明，语言也极具个性。如果说在我的作家成长过程的第一阶段——从六岁到二十三岁之间——有一个可辨的连续性的话，那就是从《木偶奇遇记》到卡夫卡的《美国》，这是我生命中另一本具有决定性意义的书，我一直将其视为二十世纪世界文学的杰出小说，甚至不止于此。[1] 其统一要素可以如此定义：迷失在大千世界里的一个人的冒险与孤独，寻找启发和内心的自我建设。

但是有助于构建诗意世界的要素很多，其中每一个要素都可以在某些青少年读物中找到准确出处。近日我重读《圣朱利安传奇》中的打猎场景，又真真切切地重温了《最后来的是乌鸦》和同期以及之后的其他作品中哥特–动物主义的风格于我心中形成的时刻。

---

[1] 从1985年4月6日和7月7日分别写给罗伯特·切拉蒂和埃内斯托·费里罗的两封信（《书信集》，第1532—1533页以及第1535页）中可以看出，当时伊塔洛·卡尔维诺已经接下了埃伊纳乌迪出版社交给他的为1986年2月出版的卡夫卡的《美国》写序言的任务。

你的作品创作路线从来不见重复，这是非常积极的做法。就这一点来看，在你的叙事创作活动中，你更偏向于惯性发展的演进还是随性发展的演进？或者换句话说，是否因为每一个阶段你都已经达到了且贴切地表达了你认为的本质所在，所以你更偏向于改变方向？还是有第三种可能性，你也属于那些认为自己一生只写了一本书的人？

我倾向于第二种假设：我改变方向以便说出在先前设定下无法说出的东西。这并不意味着我认为先前的研究方向已经穷尽，也可能即便我现在关心的完全是其他东西，但我仍继续数年写出其他文章来加入先前我已经写完的作品中；事实上，只有在我赋予作品一个我认为有明确的意义和结构时，我才会认为任务结束。

几乎我写的所有作品都非常适合插入到"宏文本"中去；玛丽亚·科尔蒂，这正是你研究马可瓦尔多系列故事的方法。包括我认为已经"完成"的"马可瓦尔多"系列故事，我仍可以继续写下去，可以将叙事机制放到接下来几年城市面临的科技和社会变迁中去；但就像你曾指出的那样，不久之后，特定类型的写作的自发性就会日渐衰退。所以，有很多系列的作品我写了开头，却又丢在一旁，半途而废。

《房产投机》《观察者》，以及我只写了几页的《可怕的夏天》，是同在1955年构思的"五十年代专题报道"的三部曲，以知识分子对现实的消极反应为主题。但是等我写完《观察者》，已经过去很久了，我们已经进入六十年代了，我觉得必须寻找新的形式，所以那个系列的作品就有始无终了。

其间我也写了《烟云》,我当时认为它是一篇非常不同的文章,因为它是根据经验转换的另一关键而创作的,甚至它完全可以当作三部曲中的第三部。但是它却在结构和观念上与我十年前写的《阿根廷蚂蚁》如此相似,二者就像二连画一样完美契合。

蒙塔莱说过,一个艺术家的语言是"历史化的语言,一个报告。因为它与其他语言相对立或相异而具有价值"。从这个角度而言,你如何评价你的语言身份?

这个问题应该反问你们评论家。我只能说,我尽力对抗精神怠惰,因为这一点我的很多小说家同行们使用的语言毫无新意且乏味无比。我认为,散文需要投入所有的语言资源,因为它就像诗歌一样:捕捉和选用精准的词语,在使用和策略上要考虑如何安排、多重含义和创新性,句子的爆发力、流动性和张力,风格以及节奏变换时的灵活性和延展性。比如,有些作家使用过于强烈或者无用的形容词,意思是若非如此就达不到效果,这样的人要么是天真要么是不诚实,总归不是可以信赖的人。

说到这一点,我要补充的是,我也不主张句子负荷太多意图、暗示和色彩,显得造作、朦胧、混杂、态度多变。我同意,我们必须始终力争达到最佳结果,但我们也必须确保,即使不是通过最精简的方式,至少通过与实现的目标相称的方式来获得这一结果。

当我开始思考如何写作这个问题的时候,也就是四十年代初,当时有一种道理理念,认为应该塑造风格,而这也许是时隔多年之后,当时的意大利文学风气仍然让我记忆犹新的东西了。如果通过例子来定义我的理想写作,我手头有一本刚刚出版(1984年)的书,但收录的是四十年代的作品:乔治·卡普罗尼的《迷宫》。我想选的是第十七页的这一段:

> 我们在光秃秃的格拉蒙德山脊上露营。尽管天空阴沉沉的,西方还送来一阵狂风暴雨,因第一次急行军而发烫但尚且娇嫩的双脚得以解放,这种欣喜让我忘记了想要支起帐篷立刻钻进去的强烈愿望。然而仍然有个莽撞小伙子,尽管疲劳,然而仍有力气搞怪:只见他大咧咧地站在山脊上,不像其他人都站在几米之下的掩体内,而对面就是法军。这不是勇敢,是无知。当他活该被一名军官训斥,指出他可能把我们全都暴露的危险时,我明白,或者更确切地说,我意识到,我是真正到了前线,开火只是几个小时的问题,甚至是几分钟的问题。[①]

我将两个类似问题合二为一。你的文本创作过程是否经过很多道再加工的工序?有人说,你非常重视虚构的"诸多可能的世界",也就是说,你非常重视你所选择的、用到文本中的和必须排除的这三者之间的关系,并且时刻牢记。你能就这一点跟我们说点什么吗?

通常,在我动笔之前,脑海中对作品的构思已有数年,有时候这个构思在等待中就无疾而终了。甚至有时当我决定下笔写的时候,那个构思还是会枯萎。从那一刻起,只剩下想要实现它的企

---

① 伊塔洛·卡尔维诺引用的这一段出自短篇小说《不设防的日子》。

图,接近它,与我的表达方式缠斗。每次要动笔,我都需要坚强的意志力,因为我知道,等待我的是疲劳和各种不满意,需要尝试、再尝试、不断修改、重写。

自发性也会在不同时刻介入:有时在开头,这种情况通常不会维持很久,有时候它就像冲力,推你不断向前,有时则像最后的冲刺。那么自发性有没有价值?对于写作的人来说,当然有价值,因为这样工作起来就会少费些力气,不会时时陷入麻烦;但这也并不是说它始终对作品有利。重要的是,自发性是作品传达出的一种感觉,但并不意味着是以自发性作为手段达到这一结果的:很多情况下,它只是耐心地加工以便得到更为完满且看似"自发"的结果。

每个文本都有自己的故事,自己的方法。有些书是通过删减得来的:首先要积累大量材料,我指的是写好的篇章;然后进行选择,慢慢找出哪些可以放进设计方案、计划中去,哪些是要剔除的。《帕洛马尔》就是经过多次这种工序得来的,其中"剔除"比"放入"更重要。

在你生活过的都灵、罗马、巴黎,自然环境和文化环境是否全都合乎你的志趣并对你有所促进,还是有些地方你更愿意独处?

比其他任何地方更能让我有家的感觉的城市是纽约。甚至有一次,我还模仿司汤达,我写下我想在我的墓碑上刻上"纽约客"。这是 1960 年的事。这种想法一直没有改变,尽管从那之后我大部分时间一直住在巴黎,即使其间离开也是短暂的,如果可以选择,我会老死于此。但是我每次去纽约,我都会觉得它更加漂亮了,更加接近理想城市的样子了。可能也是因为它是一个几何的、水晶般的、没有历史的厚重感、没有深度、表面看起来没有秘密的城市，所以它不会让人心生畏惧，我可以幻想我能用思想主宰它，瞬间就能将它整个思考透彻。

说了这么多，但你看到纽约在我写的故事中出现过多少次？屈指可数。也许只有《零时间》中有两篇，其他零零散散的几篇。（现在我来找一下，《命运交叉的城堡》第八十页）那么巴黎呢？也不会多多少。事实上，我的很多小说中的地点都是架空的。也许正因如此，回答这个问题，我花了一些工夫，对我而言，想象的过程所遵循的路线并不总是与生活中的路线相契合。

作为自然景观，我们无法拒绝或隐藏的是故乡的景观，圣雷莫不断出现在我的作品中，以不同比例缩小、透视，尤其是鸟瞰，特别是出现在《看不见的城市》的很多篇章中。自然我谈到的是三十年或三十五年前的圣雷莫，尤其是五六十年前我小时候的圣雷莫。每项研究都只能从那个发展出想象力、心理和语言的核心出发；这种坚持在我身上是如此强烈，就像年少时的向心力那么强烈，但很快就发现它没有回头路，因为那些地方很快就不复存在了。

战争结束后，我迫不及待地反抗那世代相传风貌的一成不变，一心向往大城市的景观。在米兰和都灵两地来回奔波了一段时间之后，我终于在都灵找到一份工作，并且还找到好些个理由（现在已经想不起来了）来证明我的选择是一种文化选择。因此，当时我是想在米兰和都灵的对立中找到我的立足点？可能是，但又有一种强烈愿望，想将两点衔接起来。事实上，那些年我已经差不多定居都灵了（时间也不短，大约十五年），我尽可能将两城生活过得像是一城生活。两座城市不仅相隔127公里的高速公路，并且一座方城一座圆城，互不相容，对奢望同时居于这两地的人造成了心理障碍和地形障碍。

战后初期，文化生产力的普遍热情在欢欣且外向的米兰和有条不紊且小心谨慎的都灵呈现出不同的风貌，这将意大利文学的磁场移到了北方，对于两次世界大战期间文化首府一直是佛罗伦萨来说实在是一则新闻。但如果那时将其定义为与之前"佛罗伦萨路线"相对抗的"北方路线"就是牵强附会了，原因很简单，两边的人其实是同一拨人（时间不同但未曾中断）。

所以后来，当大量的来自天南海北的不同流派的作家齐聚罗马，也很难找到一个通用的名称来定义"罗马路线"以便与其他路线相抗衡。总之。我觉得，今天意大利文学的地图完全独立于地理地图，这究竟是好是坏，就留与他人评说吧。

至于我，只要我不问自己"我为什么在这里？"这个问题，就一切都好。在一个文化结构如此丰富且复杂，文山书海足以让那些还想写作的人望而却步的城市，这个问题可以撇开不谈。例如，两个世纪以来，在罗马生活着来自全球各地的作家，他们并没有特别的理由非要待在罗马而不去别的地方，他们中有的人是好奇且与罗马的精神相契合的探险家（果戈理最为明显），其他一些人则是利用外来者这种身份优势。

与其他作家不同，你的创作活动从未妨碍你对理论、元叙事和元诗歌的平行反思。举个例子,来看这篇最新的文章就够了:《我的书是如何写成的》,刊登在《符号学学报-档案》第VI期,总第51期,1984年(社会科学高等研究学院"符号-语言学研究小组")。并且符号学家和文学理论家也总是从你的作品中得到启发,这一点也能证实上述观点,不过在你的作品中却没有具体方案体现。您如何解释这一明显的密切关系?

我受到当下的思想影响,这很正常,只不过有时很及时,有时会延迟。重要的是要提前思考一些对他人亦有帮助的东西。当我研究民间故事的时候,没有人关注它们的神秘结构,这让我在十年后当结构主义问题引起普遍关注的时候,能够毫不费力地接受这一问题。但我并不认为我真正肩负理论使命。实验一种思考方式的乐趣,就像有着严格且复杂规则的小玩意一样,可以与潜在的不可知论和经验主义并存;我认为诗人和艺术家的思想几乎都是以这种方式发挥作用的。另一种乐趣就是在理论方面或方法论方面(就像在哲学或意识形态方面一样)投入自己的所有期望,以求达到真相。我一向非常赞赏且热爱哲学和科学的严谨,但我始终保持远观。

你身处今天的意大利文学之中,对其有何看法?在我们当下的这个时代,在庄重得体的背后,你有没有看到别的东西?另外,今天不止一份杂志提出"文学的意义"这个问题,你认为这个问题有意义吗?

要了解当今的意大利文学——并且在此光环下重绘二十世纪文学史——就需要考虑诸多事情。在四十年前我还是个新手的时候,这些事情就是真的，如今再次变得显而易见，所以这些事情始终千真万确：1）作为价值承载的诗歌的主导地位，是散文家以及小说家通过各种方式孜孜以求的共同目标；2）在叙事文学中，短篇小说和其他类型的虚构作品占据了主导地位，相比之下，长篇小说的成功作品极少，但都非常出色；3）最终证明，不守规则、特立独行、非典型的作家成为他们时代的最具代表性的人物。

　　了解了这一点，再从整体上重新考虑我做过的、说过的和想过的，不论好坏，我必须得出这样一个结论：意大利文学与我很投契，如果没有它做背景，我不知道该如何想象我自己。

# 人名索引

阿贝托·阿索·罗萨　282
阿道夫·切萨　50，83
阿多诺　214，215，356，543
阿尔贝托·阿尔巴西诺　246，270，282，404，509，537
阿尔贝托·莫拉维亚　16，17，23，26，27，85，95，235，283，285，338，342，398，621，660
阿尔贝托·萨维尼奥　403，404，441，464，614
阿尔贝托·西尼加利亚　509
阿尔布雷特·丢勒　442，597，598，651

阿尔多·卡梅里诺　297
阿尔多·帕拉泽斯基　17，659
阿尔弗雷德·雅里　210
阿尔弗雷多·巴尔贝里斯　121，123
阿尔吉达斯·朱利安·格雷马斯　209，432，450，467
阿尔诺多·福阿　168
阿尔奇德·保利尼　153
阿赫玛托娃　264
阿金图　666
阿克　666
阿兰　597
阿兰·罗伯-格里耶　48

阿里戈·莱维 284

阿里加塔 267

阿涅利 289

阿普列尤斯 141

阿斯托尔福 270

阿西娅·诺里斯 503

埃德加·爱伦·坡 249，610，622，623

埃多阿尔多·圣圭内蒂 117，146，195，246，282，402，404，559，615

埃里克·诺伊霍夫 325

埃利奥·菲利波·阿克罗卡 20

埃利奥·维托里尼 4，16，17，20，23，26—28，41，44，49—51，122，135，146，196，202—205，207，210，211，246，265，273，305—308，378，440，495，525，544，621，623

埃米利奥·切基 21，34，297

埃米利奥·塞雷尼 266

埃内斯托·巴塔利亚 66

埃内斯托·费里罗 415，596，692

埃乌杰尼奥·蒙塔莱 26，27，143，259，282，283，308，542，602，694

艾尔索普 69

艾瑞卡·琼 352，489

艾萨克·沃尔顿 689

爱丁顿 596

安布罗焦·多尼尼 267

安德烈·巴尔巴托 100，102

安德烈·博南尼 338

安德烈·菲多拉 144

安德烈·赞佐托 444，509

安东内洛·特隆巴多里 267，282

安东尼奥·波尔塔 402，621

安东尼奥·德尔菲尼 404，408，614

安东尼奥·葛兰西 4，207，266，309

安东尼切利 83

安东·朱利奥·马亚诺 302

安杰罗·斯泰拉  185

安娜·班蒂  153

安娜贝拉  502

安娜·波塔  677

安娜·玛利亚·奥尔泰塞  251

奥蒂耶罗·奥蒂耶里  153

奥古斯蒂娜·贝莎-路易斯  507

奥拉齐奥·雷蒙多  20

奥雷利奥·佩切伊  509

奥维德  433，677，683

巴尔扎克  49，50，138，206，383，410，450，452，475

巴莱斯特里尼  402

巴勒斯  408

巴塔耶  210，352，425

芭芭拉·皮姆  688

拜伦  297，298，302，384

保罗·富尔内尔  677

保罗·杰里尼  434

保罗·曼努埃尔·吉斯芒迪  243

保罗·毛里  356

保罗·莫内利  75，630

保罗·斯普利亚诺  109，282

保罗·瓦莱里  239，383，396，421，587，595，635，638，678

鲍里斯·卡洛夫  501

贝尔纳多·瓦利  249，263，278，295，302，324，325，327

贝卡利亚  357

贝内代托·克罗齐  84，90，267，337，392

贝佩·费诺利奥  183—186，231

贝托尔德·布莱希特  33，239，461，569，577，587，601，607，608，678

比安卡·加鲁菲  46

彼得·博格当维奇  506

彼得·汉德克  411

彼得罗·奇奥迪  186

彼得罗·韦里  358

彼得罗·西塔提  117，183，392，394，406

毕加索  33，35，50，264

别林斯基　266

波德莱尔　427，635

波切利　21

伯克哈特·克罗伯　649

勃鲁盖尔　126

博塔伊　555

博亚尔多　559

薄迦丘　428，475，497

布拉塞蒂　504

布朗肖　210，385

布勒东　178，679

布里涅蒂　42

布里亚-萨瓦兰　423

布鲁诺·安戈莱塔　182

布鲁诺·贝特尔海姆　483

布鲁诺·布拉西　507

布鲁诺·甘巴罗塔　509

布鲁诺·穆纳里　182

查尔斯·布考斯基　408，411

查尔斯·劳顿　552

查理·卓别林　168，499，530

车尔尼雪夫斯基　266

陈查理　501

川端康成　422，610

达里奥·普契尼　40

达里奥·扎内利　275

达尼埃莱·德尔·朱迪切　270，383，424

达尼埃莱·彭克罗利　471

丹尼尔·笛福　425

但丁　250，325，379，522，611，666，680，681

德·格雷戈里　666

德里达　209

德罗伯蒂斯　21

德桑克蒂斯　263，265—267

狄兰·托马斯　95

迪迪·佩雷戈　168

迪亚纳·吕埃施　244

蒂尔盖尔　7

杜勃罗留波夫　266

杜鲁门·卡波特　68

杜梅泽尔　467

多梅尼科·雷亚　17，24，41，42

多梅尼科·斯卡尔帕　677

多纳泰拉·齐廖托　300

多塞纳　666

多斯·帕索斯　254，644

恩岑斯贝格尔　445

恩格斯　177，236

恩里卡·巴塞维　166，173

恩里科·菲利皮尼　290

恩佐·贾基诺　21

恩佐·马伊扎　37

恩佐·西西利亚诺　220，308

法尔奎　21，432

菲茨杰拉德　97，254，495，613

斐利亚·福克　280

费德里科·费里尼　87

费迪南多·卡蒙　166，195，197，362，614

费迪南多·希安纳　226

弗拉基米尔·纳博科夫　331，422，613，625

弗拉齐　666

弗朗科·福尔蒂尼　117，240，276，406，658

弗朗科·马塔科塔　96

弗朗科·帕尔米耶里　121

弗朗切斯卡·萨尔韦米尼　334，592

弗朗切斯科·玛利亚·皮亚维　540

弗朗索瓦·瓦格纳　164

弗朗西斯·蓬热　597，617，618，650，662，680

弗雷德·阿斯泰尔　500，501

弗里奥·斯卡尔佩利　504

弗洛拉·特里斯坦　178

弗洛伊德　89，297，299，673

伏尔泰　33，132，290—293，360，453

福克纳　68，495，554，613，615，621，622

福伦戈　246

福斯科·贾凯蒂　556

福斯科洛　244，245

福斯托·梅洛蒂　189，192

福田赳夫　289

伽利略　250，251，432，433，

559，570，604

高吉　245

戈尔·维达尔　482，495，613，648

哥尔多尼　6，245，479

歌川广重　687

格兰威尔　122

格雷厄姆·格林　296，476

格雷戈里·L.卢森特　605，614

格里斯克·马肖尼　394，510，515

格里塔　502

古图索　267

谷崎润一郎　610

圭多·阿尔贝蒂　168

圭多·阿尔曼西　244

圭多·切罗内蒂　406

果戈理　33，610，698

哈罗德·劳埃德　500

海伦·哈斯　649

海明威　24，26，33，91，107，131，248，342，495，554，613，621，622，624，644

汉斯·布鲁门伯格　653，654

豪尔赫·路易斯·博尔赫斯　95，122，296，331，336，337，395，396，410，421，444，445，457，464，472，494，610，622，623，628，635，636，646

赫尔曼·黑塞　425

黑泽明　413

亨利·格林　48

亨利·米勒　93，271，310，624

亨利·米修　678

胡安·戈伊蒂索洛　48

霍布斯　293

霍夫曼斯塔尔　544，663，681

霍华德·霍克斯　508

霍加斯　126

霍克海默　214，356，543

吉安弗朗科·孔蒂尼　246，534，606

吉安·卡罗·费雷蒂　565

加达　246，308，309，404，545，

612，614，615

加里·库珀　502，552

加塔诺·兰多　486，541

加西亚·马尔克斯　411

贾尼·罗大里　389，390

贾伊迈·平托尔　393，621

杰克·凯鲁亚克　97

杰克·朗　508

杰尼纳　556

杰诺·潘帕洛尼　21，26，282，333

金格·罗杰斯　501

金赛　90

居斯塔夫·福楼拜　31，49，50，254，394，566，657，658

君特·格拉斯　445

卡尔·马克思　95，176-178，202，215，267，297

卡尔帕乔　442，543

卡尔皮　666

卡夫卡　33，93，622，623，692

卡罗·阿尔贝托　386

卡罗·弗鲁泰罗　43

卡罗·卡索拉　17，24，41，153，614

卡罗·穆谢塔　20，267

卡洛·博　3，72，83，338，397

卡洛·莱维　18，23，26，27，44，47

卡洛斯·巴拉尔　48

卡梅里尼　503

卡梅洛·萨莫纳　614

卡米洛·何塞·塞拉　48

卡斯帕·大卫·弗里德里希　604

卡特　289

卡尤米　21

康拉德　20，33，296，526，545，546，636

柯瓦雷　592

科波拉　505

科拉多·格拉西　240

科斯坦索·科斯塔蒂尼　501，522，616，618

克拉克·盖博　502，552

克莱里奇　666

克劳德·奥利耶　136

克劳德·库丰　131

克劳迪奥·马格里斯　408

克劳迪奥·马拉比尼　230，345

克劳迪奥·米拉尼尼　683

克里斯蒂安·德拉康帕涅　361

克利　318

克洛代尔·博纳富瓦　114

孔索洛　666

库布里克　505

拉布里奥拉　265

拉迪亚德·吉卜林　444

拉法埃莱·克罗维　155，584

拉康　209，408

拉瓦特尔　138

莱昂纳多·夏侠　226—229，231，262，282—285，326，359，405，417，418

莱奥内蒂　204

莱奥帕尔迪　38，46，73，122，250—253，396，570，594，595，604

莱布尼茨　292

莱斯利·菲德勒　255

莱斯利·霍华德　500

兰波　178

朗松　292

劳伦斯　91，425

劳伦斯·斯特恩　244，245，331，460，689

雷·布莱伯利　43

雷蒙·格诺　162，163，210，331，335，363，421，467，468，522，545，591—593，636，676，683

雷蒙·鲁塞尔　210，260，359，410，427，675

雷莫·博德伊　654

雷纳托·莫里诺　94

雷斯顿　69

莉莉亚娜·费尔德曼　168

李普曼　69

丽塔·列维·蒙塔尔奇尼　509

利贝罗·比贾雷蒂　153

列塔·托尔纳博尼　371，497，

586，678
列维-斯特劳斯 209，467
刘易斯·卡罗尔 122
卢多维卡·里帕·迪·麦阿纳 412
卢多维科·阿里奥斯托 245，249，251，453，486，558，559
卢卡·巴拉内利 415
卢卡奇 84，608
卢克莱修 522，594，677，683
卢恰诺·贝里奥 354，355，529—533，535，536，538，539，656
卢恰诺·卡普里尔 454
卢梭 290—294，384，425
卢赞特 252
鲁道夫·比安吉 168
鲁杰罗·瓜里尼 217
鲁奇诺·维斯康蒂 83—85，504
路易吉·阿尔米兰特 503
路易吉·菲尔波 509

路易吉·拉莫妮卡 302
路易吉·平托尔 282
露琪亚·博尔佐尼 300
伦佐·蒂昂 63
伦佐·克雷曼特 185
罗伯特·德·蒙蒂切利 44
罗伯特·勒维冈 502
罗伯特·龙基 406
罗伯特·路易斯·史蒂文森 55，248—250，295—299，302，303，429，444，526，545，546
罗伯特·穆齐尔 434，587，595，635，640，678
罗伯特·切拉蒂 692
罗兰·巴特 178，209，290，312，313，430，450，467
罗萨娜·罗桑达 268
罗塞莉娜·阿尔钦托 180
罗维西 405
罗西 141
罗西里尼 603
洛伦佐·阿鲁加 533

洛伦佐·蒙多 183，184
洛伦佐·帕沃利尼 537
洛伦佐·佩利泽里 497
马德琳·桑茨奇 143
马尔科·德拉莫 305，362
马尔库塞 173
马克斯·弗里施 271
马克斯·韦伯 443
马克·吐温 494，623
马拉戈蒂 111
马莱尔巴 404，666
马里奥·巴伦吉 32，254，640
马里奥·波塞利 244
马里奥·里戈尼·斯特恩 394
马里奥·米奇内西 183
马里奥·普拉茨 406
马里奥·索达提 243，296，621
马里奥·索科拉特 40
马龙·白兰度 505
马塞尔·普鲁斯特 465，571，635，636，638
马塞尔·施沃布 472

马塔 122
马西莫·邦泰佩利 553
马西莫·米拉 265，652，655
马雅可夫斯基 263
马约拉纳 359
玛格丽特·冯·特洛塔 506
玛丽安·穆尔 651
玛丽安娜·阿尔方 685
玛丽-克里斯汀·巴洛特 507
玛丽莲·梦露 501，502
玛丽亚·科尔蒂 183，185，548，691，693
玛利亚·克雷波 52
玛利亚·路易佳·帕切 340，622
玛琳 502
玛娜·洛伊 501
麦克斯·施蒂纳 372，374
曼加内利 180，182，246，332，404，406，453，463，509，615，622，623，666
曼略·斯卡尔佩利 170
曼努埃尔·德·奥里维拉 507

曼佐尼 38，427，570，581

米尔娜·洛伊 502，503

米凯莱·甘丁 136

米凯莱·内利 147，634

米凯莱·佩莱格里诺 509

米凯莱·普里斯科 505

米凯兰杰罗·安东尼奥尼 85，86，497，621

米歇尔·奥塞尔 558

米歇尔·布托尔 44，48，49，179，473

米歇尔·莱里斯 596，597

莫罗 283，289，359

莫扎特 478—480，529，533—535，601

穆拉多利 358

纳尼·洛伊 168，169

纳撒尼尔·霍桑 623

娜塔莉亚·金兹伯格 180，282，342，617

南尼·莫莱蒂 506，507

尼采 53，383

尼科·奥伦戈 296，300，325，327，333，382，387，409，529，531，535

尼诺·弗朗科 558

诺贝尔托·博比奥 265，282，509

诺曼·梅勒 495，624

欧仁·尤内斯库 180

欧文 175

欧文·华莱士 489

帕尔米罗·陶里亚蒂 263，265—268

帕拉齐 564

帕兰德里 403

帕里塞 42，617

帕里亚拉尼 402

帕斯捷尔纳克 43

帕索里尼 24，41，42，98，217—219，235，241，308，405，407，417，418，445，446，614，624

帕特里克·怀特 546

帕特里克·莫里斯 661

帕韦塞 4，14，17，20，23，

26，27，44—46，72—74，76，83，135，146，196，246，249，265，297，305，307，308，393，415，495，525，546，573，574，621，623，659

潘农齐奥　267

皮埃尔·克罗索夫斯基　93，610

皮埃尔·雷诺阿　502

皮埃尔·蓬塞纳　465

皮耶尔·乔治·马尔泰利尼　167

皮耶罗·比亚努奇　382，387，388

普拉托利尼　607

普雷莫利　564

普里高津　434，639，640

普里莫·莱维　405，509

乔尔丹诺·布鲁诺　122，570

乔纳森·斯威夫特　33，250，256，280，291，472，689

乔万尼·博廖洛　363

乔万尼·卡内帕　20

乔万尼·马基亚　406

乔伊斯　247，259，571，615，635，636

乔治·阿门多拉　282，426

乔治·巴萨尼　17，24，41，614

乔治·波卡　60

乔治·德·桑迪拉纳　596

乔治·凡蒂　173，213，282，284，323，375

乔治·加伯　426

乔治·卡普罗尼　695

乔治·蒙泰福斯基　121

乔治·佩雷克　210，260，410，623，676

乔治·索阿维　296

切萨雷·达皮诺　509

切萨雷·卡塞斯　53，282，406

切萨雷·穆萨蒂　338，509

切斯特顿　444

钦齐亚·德·卡罗利斯　168

琼·克劳馥　502

让-安德烈·菲耶斯基　136

让-保罗·萨特 52，138，209，292，310，336，394，471，566，618，650，662

让·迦本 502

让-路易·舍费尔 603

让-吕克·戈达尔 141

日丹诺夫 263—266，268，526

荣格尔 425

儒勒·凡尔纳 278—281

萨巴 26

萨德 337，425

萨尔瓦托雷·玛利亚·法雷斯 394，510

萨尔瓦托雷·皮希切利 506

萨利纳里 267

萨韦里奥·韦尔托内 283

塞尔吉奥·索米 43，522，523

塞莱斯廷·希彭 558

塞雷娜·福利亚 509

塞林格 97

塞缪尔·贝克特 122，254，255，405，494，646

塞万提斯 486

桑德拉·彼得里尼亚尼 666

桑德罗·孔蒂嫩扎 170

圣西门 175，212，215

什克洛夫斯基 577

司汤达 23，33，38，50，53，205，374，383—386，476，696

斯蒂芬·泰莫森 255

斯帕尼奥莱蒂 309

斯皮策 606

斯坦伯格 387

斯特雷勒 601

索尔·贝娄 271，495，623，624，647

塔索 251，252

唐纳德·巴塞尔姆 613，625，648

田纳西·威廉斯 68

通德利 403

托比诺 23，41

托尔金 481

托尔斯泰 31—33

托马塞奥 564

托马斯·伯恩哈德　470

托马索·兰多尔菲　122，276，404，408，614

瓦莱里奥·马格雷利　410

瓦莱里·拉尔博　678

瓦莱丽·吉恩·索拉纳斯　354

威廉·鲍威尔　500，501

威廉·卡洛斯·威廉姆斯　651

威廉·萨洛扬　495

威廉·泰恩　43

维尔吉利奥·莱维　338

维尔加　38

维姆·文德斯　411，426

维特根斯坦　433，544，663，681

维托里奥·埃曼努尔二世　386

维托里奥·德·西卡　83，503

维托里奥·内瓦诺　300

维维安·罗曼斯　502

翁贝托·艾柯　286，332，404，434，509

翁贝托·博斯科　240

沃尔波尼　405，666

沃尔特·毛罗　597，659

沃尔特·司各特　38

乌尔里希·威斯　649

乌戈·拉·马尔法　282，284

西尔维奥·米凯利　342

西哈诺　280

西蒙娜·德·波伏娃　310

西默农　475

锡罗·隆巴迪尼　509

喜多川歌麿　687

夏尔·傅立叶　166，173—179，213，214，351，352，375，452

肖斯塔科维奇　264

雅克·勒科克　530

雅克·莫诺　640

雅耶　17

亚当·波洛克　478，533

亚力山德里尼　556

亚历山大·贝克　266

亚历山大·斯蒂尔　642

伊波利托·涅沃　691，692

伊曼努尔·康德　122，347，358

伊尼塞罗·克雷马斯基 40

伊塔洛·阿里吉耶罗·基乌萨诺 269

伊塔洛·斯维沃 16，17，253，602

伊沃·普兰丁 150

英格丽·褒曼 603

约翰·安德列斯·沙赫特纳 479，529，553

约翰·巴斯 488，489，495，613，625

约翰·厄普代克 613，625，648

约翰·菲茨杰拉德·肯尼迪 58，59，110

约翰·勒卡雷 476，490

约翰尼·哈特 122

詹安东尼奥·奇博托 11

詹巴蒂斯塔·维柯 603

詹卡罗·博纳齐纳 144

詹卡罗·维戈雷利 86

詹姆斯·米切纳 489

詹尼·切拉蒂 206，207，404，405

珍·哈露 501，502，552

朱迪西 666

朱丽亚娜·布罗吉 144

朱利安·迪维维耶 502

朱利奥·埃伊纳乌迪 342

朱利奥·卡罗·阿根 509

朱利奥·纳欣贝尼 282，338，627

朱利亚尼 402

朱塞佩·贝尔蒂 267

朱塞佩·贝纳蒂 168，169

朱塞佩·德尔科尔 97

朱塞佩·康特 410

朱塞佩·马扎利亚 31

朱塞佩·潘比耶里 302

左拉 38

# 作者生平

1991年,米兰蒙达多利出版社的"子午线"丛书出版了伊塔洛·卡尔维诺的《长篇小说与短篇小说集》,马里奥·巴伦吉与布鲁诺·法尔切托为该书编写了这篇生平。

我依然与克罗齐一样,相信对作者来说只有作品才是最重要的(当然,它们要真的有价值)。因此,我不会提供自己的生平资料,要么我会提供虚假信息,或者我会一改再改。请问您想知道什么,我会告诉您。但您要相信,我永远不会告诉您真相。

卡尔维诺写给杰尔马纳·佩希奥·伯蒂诺的信,<br>1964年6月9日

每当回首我那被文字凝固、平铺直叙的一生,我就感到极度苦闷,尤其是当涉及我提供的一些信息时〔……〕所说内容

> 总是换汤不换药，我总是希望回避我与自传之间的神经质般的关系。
>
> 卡尔维诺写给克劳迪奥·米拉尼尼的信，
> 1985 年 7 月 27 日

1923 年

伊塔洛·卡尔维诺于 10 月 15 日生于哈瓦那附近的小城圣地亚哥·德·拉斯维加斯。父亲马里奥是一位来自圣雷莫古老家族的农学家，在墨西哥生活了二十多年后迁到古巴，管理一个农业实验站和一所农业学校。母亲埃娃（埃维莉娜）·马梅利来自萨萨里，自然科学专业毕业后在帕维亚大学担任植物学专业的助教。

"我的母亲是一位非常严格的女性，无论大事小事都固守自己的想法。我的父亲也很严格，脾气粗暴，但他的严厉表现为时不时地大声叫嚷和易怒。无论是作为深深扎根于故乡的老派利古里亚人，还是作为曾周游世界并经历过潘乔·比利亚时代的墨西哥革命的人，这两种非常鲜明和强烈的个性特点使得我父亲更像故事里的人物。［……］对于孩子而言，为了不遭受［……］'碾压'，唯一的方法就是建立自己的防御体系。但这也会带来损失：所有本可以由父辈传给孩子的知识就失传了。"［RdM 80］

1925 年

卡尔维诺一家回到意大利。返乡计划已久，只因长子的出生而推迟了。对于伊塔洛·卡尔维诺而言，出生地只剩下纯粹且有些烦琐的户籍资料，因此，他总是自称利古里亚人，或者更确切地说，圣雷莫人。

"我成长于一个小城，在我的孩提时代，那是一个与意大利其他地方截然不同的世界：那时，圣雷莫依旧遍地都是老派英国人、俄国大公、其他国家各种稀奇古怪的人。而我的家人无论是在圣雷莫还是在当时的意大利都非同寻常：[……] 科学家，自然崇拜者，自由思想家［……］。我的父亲来自一个加入了共济会、反对教权、拥护共和政体、马志尼派的家族，他年轻时曾是一名克鲁泡特金式的无政府主义者，后来又成为一名改革派的社会主义者［……］；我的母亲［……］来自一个非宗教家庭，在她的成长中，公民义务与科学才是真正的信仰。1915年她成为一名主张国家干预经济的社会主义者，同时心怀坚定的和平主义信念。"［Par 60］

卡尔维诺一家有两处住所，一处是梅里迪纳别墅，另一处是圣约翰·巴蒂斯塔的乡下祖产。父亲领导着奥拉齐奥·雷蒙多花卉实验站，许多国家包括非欧洲国家的年轻人经常到访此地。在圣雷莫的加里波第银行破产之后，他将自家别墅的花园作为继续进行教学与研究活动的场地。"在我的家族中，只有做科学研究才是光耀门楣。我的一个舅舅是化学家，大学教授，他的夫人也是化学家；其实我有两位化学家舅舅，并且两位舅母也都是化学家［……］只有我是家族的败类，唯一的文学家。"［Accr 60］

1926 年

"我人生的初次记忆是法西斯行动队棒打一名社会主义者

[……]这次记忆可能要追溯到1926年,刺杀墨索里尼事件之后,法西斯行动队最后一次使用短棍。[……]不过自从这童年第一次记忆之后,生活中的一切所见所闻,就都成为我写作的文学诱因了。"[Par 60]

父母反对法西斯;然而,他们对极权制度的批判逐渐变成对政治的普遍谴责。"在对批判法西斯主义与加入反法西斯的政治斗争之间曾经存在一道鸿沟,这在今天简直是匪夷所思的。"[Par 60]

1927年

卡尔维诺在圣乔治学院上幼儿园。他的弟弟弗洛里亚诺降生了,后来成为享誉全球的地质学家、热那亚大学教授。

1929—1933年

卡尔维诺在瓦尔德西教会学校上小学。他在小学毕业前成为法西斯少年先锋队队员,此时这种强制性要求已经蔓延至私立学校。

"我的童年没有什么悲惨的经历,我的生活环境优渥舒适,宁静祥和。当时我对世界的所有印象就是:色彩斑斓,百家争鸣,但并没有意识到什么激烈的冲突。"[Par 60]

1934年

卡尔维诺通过入学考试,进入乔凡尼·多美尼科·卡西尼中学学习。他的父母从不对孩子进行宗教教育,而在公立学校里,要求免修宗教课程以及不参加礼拜的请求绝对是特立独行的。这使得伊塔洛有时感觉自己与其他孩子有些不同："我不认为这对我有负面影响：我习惯于坚持自己的习惯，因正当理由而孤立自己，并承受由此带来的不便，也习惯于寻找正确的方式来坚持自己不被大多数人接受的立场。长大后，我对他人的意见一向持宽容态度，尤其在宗教方面［……］。同时，我也完全没有那种在神父堆中长大的人常有的反教权主义倾向。"［Par 60］

1935—1938 年

"我第一次真正体会到阅读一本真正的书的乐趣是很晚的事情，那时我已经十二三岁了，读的是鲁德亚德·吉卜林的《丛林之书》的前两册，尤其是第二册，让我受益颇深。我已经记不清那本书从何而来，究竟是我从学校图书馆借来的还是别人赠我的礼物。从那时起，我就在书本中寻觅一些东西：我想看看是否能够再次体验阅读吉卜林时的乐趣。"［未发表的手稿］

除了文学作品之外，年轻的伊塔洛还喜欢看幽默杂志（《贝托尔多》《马克·奥雷利奥》《七美》），其中脱离了政治话语修辞的"系统性的反讽精神"［Rep 84］深深地吸引着他。他还创作漫画和连环画，喜欢电影。"有那么几年我几乎天天去看电影，甚至有时一天看两场，那是 1936 年至第二次世界大战之间的那几年，总之是我的青春时代。"［As 74］

但是，对于卡尔维诺那一代人来说，青春时代注定要以最戏剧性的方式提前落幕。"1938 年夏天，我开始享受青春、团体、爱情和书籍，这一切最终以张伯伦、希特勒和墨索里尼在慕尼黑的会谈而告终。里维埃拉的'美好时代'结束了。[……]因为战争，圣雷莫失去了一个世纪以来国际化都市的地位（它永远地失去了这一地位，战后圣雷莫变成了米兰-都灵的郊区），而利古里亚省的古镇风貌再次独占鳌头。不知不觉中，视野也随之发生改变。"[Par 60]

1939—1940 年

卡尔维诺的意识形态立场尚未定性，在粗暴的地方性"方言"身份和含糊的无政府主义之间徘徊。"直到第二次世界大战爆发前，在我看来，世界是由不同层次的道德和风俗组成的一道拱门，层层相接但并不冲突。[……]在今天看来，人们必须做出阶层选择，但当时的情形并没有迫使人们这么做。"[Par 60]

他创作了一些短篇小说、诗歌和剧本："在十六岁至二十岁时，我梦想成为一名剧作家。"[Pes 83]他培养出对绘画、讽刺画、插画的爱好并展露才华：1940 年春夏之交，乔万尼·瓜雷斯基负责的《贝托尔多》杂志的《纸篓》专栏发表了卡尔维诺的几幅漫画，署名为雅各。

1941—1942 年

高中毕业后（高中毕业考试因战争而取消），卡尔维诺进入都灵大学农学系就读，他父亲曾经在该系教授热带农业课程。第一年他通过了四门考试，但是他并没有融入大都市圈子与大学环境；甚至，当时在"法西斯大学团体"中产生了种种焦虑不安，他也丝毫没有受到影响。

出于对电影的热爱,他还撰写了若干电影评论;1941年夏天,《热那亚日报》出版了其中几篇(其中包括对托托主演的《被斩首的施洗者圣约翰》的评论)。

1942年5月,他把他的手稿《我疯癫还是他人疯癫》投给埃伊纳乌迪出版社,但未能被录用。该手稿收录了他初期的短篇小说,大部分写于1941年。1942年他以《人民的喜剧》参加佛罗伦萨国家剧院"法西斯大学团体"举办的比赛,同年11月,评委会评审通过,将其列入获胜名单,上报给"法西斯大学团体"的戏剧公司。

在人际关系中,尤其是在与(他的高中同学)埃乌杰尼奥·斯卡尔法里的友谊中,他找到了文化和政治兴趣的动力,这些兴趣尚不成熟,但充满活力。"通过与埃乌杰尼奥的通信以及在夏日的讨论,我渐渐地注意到反法西斯主义的觉醒,并在阅读上找到了方向:赫伊津哈、蒙塔莱、维托里尼、皮萨卡内;那些年出版的新书标志着我们接受的混乱的伦理文学教育的不同阶段。"[Par 60]

1943年

1月,卡尔维诺转到佛罗伦萨皇家大学农林系,参加了三门考试。在佛罗伦萨的数月中,他是维约瑟索斯图书馆的常客。他的政治选择越来越明确。7月25日,彼得罗·巴多利奥被任命组建新政府(随后墨索里尼被废黜并逮捕)的消息传到他的耳中,他当时正在(佛罗伦萨)韦尔尼奥的梅尔卡达勒军营;8月9日,他返回圣雷莫。9月8日之后，为了逃避萨罗共和国的征兵，他躲藏了数月。根据他个人的证实，这是一段孤独但博览群书的时期，这将对他的作家生涯产生重大影响。

1944年

在获知年轻的共产党员医生费利切·卡肖内在战斗中牺牲的消息之后，卡尔维诺请求朋友介绍他加入共产党；之后，他与十六岁的弟弟一起加入了以卡肖内命名的加里波第突击部队第二师，该师主要在滨海阿尔卑斯山脉作战，游击队员与纳粹法西斯分子之间展开了长达二十个月的激烈冲突。其父母被德国人绑架被长时间扣为人质，但他们在扣留期间表现出无比坚定的信念。"我选择共产主义并没有任何意识形态的支持。我觉得有必要从一张'白板'开始，因此我将自己定义为无政府主义者。[……]但最重要的是，我认为那个时期行动才是关键，而共产党正是最活跃、最有组织的力量。"[Par 60]

游击战的经历对他的人生精神的形成具有决定性意义，甚至排在政治方面成长之前。实际上，在他看来，鼓舞参加抵抗运动的士兵的那种精神具有模范作用：那种精神就是"一种克服危险与突发困难的态度，一种战士的自傲以及对此种自傲的自嘲，力图建立合法当局，又对自身处境极尽自我嘲讽，有时看似自吹自擂、咋咋呼呼，但永远慷慨豪爽，急于投身到每一件慷慨之事中。多年之后，我不得不说，这种精神成就游击队员们做出那些非凡之事，成为一种无可比拟的人生态度，让他们能够在充满矛盾的现实世界中前

行，直至今日，这种精神依然熠熠发光"。［Gad 62］

游击队时期在卡尔维诺人生中很短暂，但方方面面都留下深刻的印记。"去年，我经历了一系列难以言喻的危险与艰辛；我体验了牢狱与逃脱，我数次濒临死亡。但是我对我所做的一切感到满意，我积累了丰富的经验，不过，我希望我做得更多。"［写给斯卡尔法里的信，1945 年 7 月 6 日］

1945 年

3 月 17 日，卡尔维诺参加了巴亚尔多战役，这是该地区游击队员第一次得到盟军歼击机支援而进行的战斗。1974 年他在《一场战争的回忆》中对这场战斗进行了追忆。

解放后，卡尔维诺的思想进入了"意识觉醒"阶段。即使在意大利共产党内活动时期，其个人意识继续在共产主义和无政府主义之间摇摆不定。这两个术语并没有勾勒出精确的意识形态观点，而是提出了两个相辅相成的理想要求："生活的真理应超越制度带来的弊病坏死，以其全部的丰富性发展起来"，并且"世界的财富不应被浪费，而应被组织起来，使之结出硕果，以造福于所有在世和未来的人类"。［Par 60］

他是因佩利亚省意大利共产党的积极分子，在多家期刊上撰文，其中包括《民主之声》(圣雷莫国家解放委员会的机关报)、《我们的斗争》(意大利共产党圣雷莫支部的机关报)、《加里波第报》(费利切·卡肖内师部的机关报)。

利用退伍军人享有的福利，他于 9 月份进入都灵文学院三年级就读,并在那里定居。"于我而言,都灵[……]的工人运动与思想运动促成了一种似乎蕴含着优良传统和美好前景的氛围,那时它也确实是这样一座城市。"[Gad 62]

他成为切萨雷·帕韦塞的朋友,在接下来的几年中帕韦塞不仅是他作品的第一位读者——"当时我写完一篇短篇小说,就跑去送给他看。当他去世,我觉得没有了那位理想读者的标杆指引,我将不再擅长写作。"[DeM 59]——也是认真严谨、道德高尚的模范,卡尔维诺将以此为范式尝试探索自己的风格,甚至是自己的行为。幸得帕韦塞的推荐,卡罗·穆谢塔主办的《阿瑞梭莎》杂志12月份刊出了他的小说《军营中的苦闷》。12月,他还开始与埃利奥·维托里尼主办的《综合科技》杂志展开合作,发表了《瘦骨嶙峋的利古里亚》。

"当我开始写作时,我还是一个肚子里没多少墨水的人,用书面语来说我是一个自学成才的人,我的'受教育之路'尚待开启。我的整个教育都是在战争年代完成的。当时我读了一些意大利出版社出版的书,还有《索拉利亚》杂志推出的书。"[D'Er 79]

1946 年

卡尔维诺"开始围着埃伊纳乌迪出版社打转",最初是对分期付款书进行推广营销。[Accr 60] 他在期刊上(《团结报》《综合科技》)发表了许多短篇小说,后来这些小说都收录在《最后来的是乌鸦》中。从 5 月开始,他开始负责都灵《团结报》的《时代人物》专栏。在切萨雷·帕韦塞和詹西罗·费拉塔的鼓励下,他开始专心写作长篇小说，12月底完成。这就是他的第一部长篇小说《通向蜘蛛巢的小径》。

"但是，如今写作是最贫寒、最像苦行僧的职业：我住在都灵寒冷的阁楼上，仅靠每周通过合作赚取的几千里拉生活，实在苦不聊生，我只能束紧腰带，等待我父亲寄来的汇票。"［写给斯卡尔法里的信，1947年1月3日］

12月底，他因短篇小说《矿场》获得热那亚《团结报》颁发的文学奖（与马尔切洛·文图里并列）。

## 1947年

"一段甜蜜而又令人尴尬的三角恋"是那时卡尔维诺生活中允许的唯一奢侈，除此之外，他的生活"真的只有工作和各种目标"。［写给斯卡尔法里的信，1947年1月3日］他的目标中还包括学位，他以一篇关于约瑟夫·康拉德的论文毕业。

他以《通向蜘蛛巢的小径》参加蒙达多利出版社的青年作家大奖赛，但詹西罗·费拉塔将他淘汰了。与此同时，帕韦塞将小说推荐给埃伊纳乌迪出版社，出版社将其列入"珊瑚"系列丛书，于10月出版。该书大卖，并获得了里乔内文学奖。

此时，卡尔维诺在埃伊纳乌迪出版社负责广告与新闻办公室的工作。在都灵的出版环境中，受不同政治和意识形态倾向的支持者之间不断争论的影响，他不仅与诸多文学家（除了前面已经提到的帕韦塞和维托里尼，还有娜塔莉亚·金兹伯格），还与历史学家（德里奥·坎蒂莫里、弗朗科·文图里）以及哲学家（如诺贝尔托·博比奥和费利切·巴尔博）建立了牢固的友谊，他们之间产生了激烈的知识碰撞。

夏天，他作为出版社代表参加了在布拉格举行的世界青年节。

1948 年

4月底，卡尔维诺离开埃伊纳乌迪出版社，进入《团结报》都灵分社工作。自此直至1949年9月，他担任报纸第三版的编辑。同时，他开始在意大利共产党主办的月刊《重生》上发表短篇小说和文学笔记。

他与娜塔莉亚·金兹伯格一起去斯特雷萨拜访了正在当地度假的海明威。

1949 年

4月，卡尔维诺参加了在巴黎举行的世界保卫和平大会，因此他被法国禁止入境多年。7月，由于对都灵《团结报》的工作不满意，他去罗马并考察了两份新闻业工作，但最终并没有应聘。8月，他参加了布达佩斯青年节，并为《团结报》撰写了一系列文章。接连几个月，他还负责戏剧专栏（"卡里尼亚诺剧院首演"）的编辑工作。9月，他回到埃伊纳乌迪出版社工作，主要负责新闻办公室的工作，以及"科学与文学的小小图书馆"丛书的文学部分。正如朱利奥·埃伊纳乌迪回忆所说："正是他、维托里尼以及帕韦塞设计的封面折页和卡片，创造了意大利出版界新的风格。"

短篇小说集《最后来的是乌鸦》问世。但长篇小说《白帆》未能发表,维托里尼对该小说给予了负面评价。

1950 年

8月27日,帕韦塞自杀。卡尔维诺对此感到震惊:"在我认识他的那些年里,他没有自杀倾向,而他的老朋友们都知道他曾有过这样的想法。所以他在我眼中是一个完全不同的形象。我认为他是一个坚毅且顽强的人,一个工作狂,一个非常可靠的人。因此,他的自杀、日记中深情和无奈的呼喊体现出来的帕韦塞的形象,我是在他去世后才发现的。"[D'Er 79] 十年后,他发表纪念文章《帕韦塞:本性与行动》,对他留下的精神与文学财富进行了总结。另外,(卡尔维诺的一些文件显示)他还计划整理编辑一本关于帕韦塞及其作品的评论文集,只是计划并未实现。

这一年出版社迎来了一个转折点:巴尔博辞职后,随着五十年代初朱利奥·博拉蒂、保罗·博林吉耶里、达尼埃莱·庞奇洛里、雷纳托·索尔米、卢恰诺·福阿和切萨雷·卡斯的到来,埃伊纳乌迪集团迎来了新发展。"我生命中的大部分时间都献给了别人的书,而不是我自己的书。对此我很开心,因为出版业在我们所生活的意大利是很重要的,并且在一个曾是意大利出版界的楷模的出版环境中工作过,这不是一件小事。"[D'Er 79]

他与《文化与现实》杂志展开合作。该杂志是由费利切·巴尔博与其他几位前"基督教左翼政党"的代表人物(费代莱·达米科、马里奥·莫塔、弗朗科·罗达诺、乌巴尔多·斯卡塞拉提)共同创办的。

1951 年

卡尔维诺历尽艰辛完成了一部现实主义社会性长篇小说《波河两岸的青年》，后来仅在杂志（1957 年 1 月至 1958 年 4 月间的《工场》杂志）上发表过，成为他中断了的一条探索之路的证明。夏天，他一气呵成地完成了小说《分成两半的子爵》。

10 月至 11 月间，他前往苏联（"从高加索到列宁格勒"）旅行，历时约五十天。旅行报告（《伊塔洛·卡尔维诺到苏联的旅行笔记》）于次年的 2 月至 3 月在《团结报》上发表，共约 20 篇，并因此获得了圣文森特奖。他回避了普遍的意识形态评价，从日常生活的细节反映苏联的现实，即使有些方面言不尽意，但展现了一幅积极乐观的画面。（"在这里，社会犹如巨大的水泵，吸引着各种各样的志向：每个人都或多或少地拥有最美好的方面，无论多少都会以某种方式展现出来。"）

在他离家期间（10 月 25 日），他的父亲去世了。十年后，他在自传体短篇小说《圣约翰之路》中对父亲进行追忆。

1952 年

《分成两半的子爵》在维托里尼主办的丛书"筹码"中发表，大获成功，但在左派评论界中引起了截然不同的反应。

5 月，第一期《埃伊纳乌迪简报》面世，由卡尔维诺编撰，并且自同年第 7 期起，他成为该杂志总编。

夏天，他与《新闻报》记者保罗·莫内利一起去了赫尔辛基奥运会，并为《团结报》撰写了若干带有政治倾向的新闻报道。"莫内利近视得很厉害,我就对他说:你看这儿,你看那儿。第二天我打开《新闻报》,我发现他把我给他指的全都写了,而我却做不到这一点。为此,我放弃当记者。"[Nasc 84]

他在《暗店》(这是由巴西亚诺公主玛格丽特·卡埃塔尼领导,乔治·巴萨尼主编的一份国际文学杂志)上发表了短篇小说《阿根廷蚂蚁》。他继续保持与《团结报》的合作,撰写各类文章(但从未收录成册),主要包括叙事小说、报道文学和社会寓言故事;同年末,他完成了《马可瓦尔多》的第一批故事。

1953 年

继《白帆》与《波河两岸的青年》之后,卡尔维诺进行了长达数年的第三次尝试,创作出一部形式多样而又重要的作品《王后的项链》,这是一部"现实主义的、社会性的、怪诞讽刺的、果戈理式的"长篇小说,反映了都灵工人阶级的生活,但也未曾出版。他还在罗马杂志《新话题》上发表了短篇小说《青年先锋队员在芒通》。

1954 年

卡尔维诺开始在罗马诺·比伦基、卡罗·萨利纳里和安东内洛·特隆巴多里领导的周刊《当代》上发表文章,该合作一直持续了将近三年。

他在"筹码"丛书中发表了《进入战争》。

他开始计划编写《意大利童话》,从意大利各个地区的十九世纪民间传说中精选和改写了两百个民间故事，并配有简介和注释。在筹备工作中，卡尔维诺得到了民族学家朱塞佩·科基亚拉的大力帮助。科基亚拉也是童话经典之作"千年"系列丛书的发起者。从第十五届威尼斯电影节的一篇新闻报道开始，他与杂志《新电影》展开了长达数年的合作。从那时起，他经常前往罗马，并且在罗马度过了很长一段时间。

1955 年

从 1 月 1 日起，一直到 1961 年 6 月 30 日，卡尔维诺成为埃伊纳乌迪出版社的主管，之后，他担任该出版社的编辑顾问。

他在《比较》杂志文学版上发表了《狮子的骨髓》，这是一系列重要杂文中的第一篇。这些杂文旨在根据当时的主要文化趋势来定义自己的文学理念。

在最具经验且最权威的对话者中，卡尔维诺将以下几位称为黑格尔-马克思主义者：切萨雷·卡斯、雷纳托·索尔米、弗朗科·福尔蒂尼。

他与女演员艾尔莎·德·吉奥吉建立了一段持续数年的感情关系。

1956 年

1 月，意大利共产党秘书处任命卡尔维诺为国家文化委员会委员。

卡尔维诺在《社会》杂志上致信瓦斯科·普拉托利尼，由此加入了对后者的小说《梅泰洛》的讨论中。

苏共第二十次代表大会为实现真正的社会主义改革带来了短暂的希望。"我们意大利共产党员都是精神分裂症患者。真的，我认为这是最为贴切的定义。一方面，我们曾经成为也希望成为真理的见证者、弱者与被压迫者所受冤屈的复仇者、反对一切压迫的正义捍卫者。而另一方面，我们以共产主义事业的名义为意大利共产党和斯大林的错误、压迫与暴政进行辩解。一群精神分裂症患者。一群神经错乱者。我清楚记得，当我游历某些社会主义国家时，我感到非常不自在、陌生、敌对。但是当火车载着我驶向意大利，穿过边境时，我问自己：但是在这里，在意大利，在这个意大利，如果不是共产党员，我还能做什么？这就是为什么关系解冻以及斯大林主义的终结减轻了压在我们心头的重负：因为我们的道德形象，我们分裂的人格，终于可以重新构建，革命与真理终于可以再次相遇。在那时，这就是我们许多人的梦想和希望。"［Rep 80］考虑到意大利共产党可能进行的改革，卡尔维诺将安东尼奥·焦利蒂视为参照点。他参加了3月至7月间在《当代》上展开的激烈的"关于马克思主义文化的辩论"，并质疑意大利共产党的文化路线。后来（7月24日），在意大利中央文化委员会的一次会议上，他与阿利卡塔进行了辩论，并表示"对当前在意共文化机构中担任行政职务的所有同志不信任"。［《团结报》，1990年6月13日］他对意共高层的政治选择的不满情绪日益强烈：10月26日，卡尔维诺向埃伊纳乌迪出版社的党组织——贾伊迈·平托尔党支部——提交了一项议事日程，谴责《团结报》在报道波兹南和布达佩斯事件时"所捏造的事实令人无法接受"，并严厉批判了意大利共产党无法根据苏共第二十次代表大会和东欧的发展进程进行自我革新。三天后，该党支部通过了《告共产党员书》，其中要求"否认领导机构的工作"，并且"公开宣布我们充分支持波兰和匈牙利的人民运动，也充分支持那些革新工作方法、在推动全人类的改革中没有脱离群众的共产党员"。

他将发表在《当代》上的最新一篇讲稿献给皮埃尔·保罗·帕索里尼，与一部分左翼批评家展开辩论。

他创作了独幕剧《长椅》，由塞尔焦·利贝罗维奇配乐，并于10月在贝加莫的多尼采蒂剧院上演。

11月，《意大利童话》面世。这部作品大获成功，巩固了卡尔维诺"寓言家"的形象（一些批评家的观点则截然相反，他们认为卡尔维诺是一位撰写理论性文章且带有明显政治倾向的知识分子）。

1957年

《树上的男爵》面世，同时，卡尔维诺在杂志《暗店》第XX期上发表了《房产投机》。

他在《开放的城市》（这是一份由持不同政见的罗马共产主义知识分子创办的期刊）上发表了寓言式短篇小说《安的列斯群岛的绝对静止》，以此嘲讽意大利共产党的僵化。

在安东尼奥·焦利蒂离开意大利共产党之后，卡尔维诺于8月1日给他所属的都灵联合委员会递交了一封书信，言辞沉痛，辞去党内所有职务，该信于8月7日在《团结报》上发表。信中除了说明政治异议的原因，肯定了他对国际社会主义民主前景的信心之外,他还回顾了共产主义斗争在他的知识和人格形成上具有的决定性意义。

但是,这些事件在他的态度中留下了深刻的印记:"这些事件让我与政治渐行渐远,因为从某种意义上来说,政治在我内心占据的空间较之以前小了很多。从那时起,我不再认为它是一项包罗万象的活动,我也不再相信它。如今,我认为政治在记载社会通过其他渠道表现出来的事物时总是蜗行牛步,同时,我认为政治时常会实施一些过度和欺瞒的行为。"[ Rep 80 ]

1958 年

卡尔维诺从尚未出版的长篇小说《王后的项链》中截取出片段,以《车间里的母鸡》为题发表在《新潮流》杂志上。还在《新话题》上发表了《烟云》。大部头《短篇小说集》出版,次年因此获得巴古塔奖。

他与周刊《意大利之明天》、安东尼奥·焦利蒂创建的杂志《过去与现在》展开合作,并就社会主义新左派的问题展开了一段时间的讨论。

他与都灵的"新闻演唱"乐队合作了若干年,于 1958 年至 1959 年间为利贝罗维奇的四首歌曲(《悲伤的歌》《秃鹫飞起的地方》《桥的那一边》《世界之主》)填词,还为菲奥伦佐·卡尔皮的《绿色的波河上》填词。后来还为劳拉·贝蒂的歌曲《老虎》以及由皮耶罗·桑蒂谱曲的《都灵之夜》填词。

1959 年

《不存在的骑士》出版。

《埃伊纳乌迪简报》在刊出第八年第 3 期之后停止发行。《梅那坡》第一期发行:"当时维托里尼在米兰的蒙达多利出版社工作,而我在都灵的埃伊纳乌迪出版社工作。由于在'筹码'的整个发行期间,都是我代表都灵的编辑部与他保持联系,因此维托里尼希望我的名字能够和他的名字一起作为《梅那坡》的共同主编出现在杂志上。实际上,这本杂志是由他构思并创办的,由他决定每期的版面,并与受邀合作的朋友一起进行讨论,大部分文章也是由他筛选的。"[ Men 73 ]

他拒绝了与社会主义日报《前进!》合作的提议。

6 月底,在斯波莱托举办的"两个世界的艺术节"上,在戏剧《集物册》的演出中,插入了改编自他的短篇小说《一张过渡床》的短剧。

9 月,他的滑稽剧《来吧,跳》,由卢恰诺·贝里奥配乐,在威尼斯的凤凰歌剧院上演。实际上,在小说和非小说创作以及新闻与出版活动之外,卡尔维诺在他的整个职业生涯中都对戏剧、音乐和表演有着浓厚的兴趣,并取得了一些零星的成果。

11 月,在福特基金会的资助下,他前往美国旅行,走访了美国的一些主要城市。这次旅行持续了六个月,而他在纽约就待了四个月。这座城市以及他所接触的各种环境都深深地影响了他。多年后,他说,比起其他任何城市,纽约才是真正属于他的城市。在为周刊《ABC》撰写的第一篇稿件中,他写道:"我爱纽约,爱是盲目的，也是无声的：我不知道该如何用我的理由来反驳那些仇恨者的理由。[……]毕竟，谁也不清楚司汤达为什么如此热爱米兰。要不将来在我的墓碑上，在我的名字下方写上'纽约客'几个字？"（1960年6月11日）

1960年

卡尔维诺将"纹章三部曲"收录在《我们的祖先》中，并题有一篇重要序言。

杂文《物质世界的海洋》在《梅那坡》第2期上发表。

1961年

卡尔维诺的声望越来越高。面对邀约的增加，他似乎在好奇心与专注力之间左右为难："一段时间以来，来自各方（报纸、周刊、电影院、剧院、广播、电视）的合作请求是如此之多，又如此迫切，在酬劳和共鸣方面，一个比一个诱惑，以至于我愁肠百结，患得患失，一方面害怕自己在那些昙花一现的事物中浪费精力，有些作家既百样玲珑又著作等身，有时让我渴望模仿他们，但随后取而代之的是，我为了不像他们而宁愿缄默不语，渴望全神贯注地思考'书籍'；同时另一方面，我又怀疑即使开始写些东西，甚至是'日复一日'不停地写，最终也不过是些陈词滥调。简而言之，有时，我既不是为报纸写作，也不是为外在机遇或自己写作，并且这种情况时有发生。"［写给埃米利奥·切基的信，11月3日］在被他推掉的邀约中，包括与《晚邮报》的合作。他将美国之行的见闻与印象结集成册,是为《一个乐观主义者在美国》,书稿已经到了出校样的阶段,他却决定取消出版。

4月,他前往斯堪的纳维亚半岛进行了为期十五天的旅行,他在哥本哈根、奥斯陆和斯德哥尔摩(的意大利文化学院)举行了数次演讲。

4月底5月初,他到马略卡岛出席福门托尔国际文学奖颁奖仪式。

9月,他与埃伊纳乌迪出版社和"新闻演唱"乐队的同事及朋友一起参加了由阿尔多·卡皮蒂尼发起的从佩鲁贾到阿西西的第一次和平进军运动。

10月,他去了慕尼黑,还去法兰克福参加了书展。

## 1962年

4月,卡尔维诺在巴黎遇到了埃丝特·朱迪思·辛格,又名奇奇塔,她是为联合国教科文组织和国际原子能机构等国际组织工作的阿根廷翻译(这项工作一直持续到1984年,身份是自由职业者)。在此期间,卡尔维诺说他患有"漂泊癖",他经常在罗马(他在那里租了一个临时寓所)、都灵、巴黎和圣雷莫之间奔波。

"利古里亚人分为两类:一类是依恋自己的家乡,就像礁石上的帽贝一样,你永远无法移开它们;一类是以世界为家,随遇而安。但即使是后者,我就是后者,[……]他们也会定期回乡,他们对家乡的依恋并不亚于前者。"[Bo 60]

他开始与米兰《日报》展开持续数年的零星合作。

他在《梅那坡》第 5 期上发表了《挑战迷宫》，在杂志《此与彼》第 1 期上发表了短篇小说《圣约翰之路》。

**1963 年**

在这一年，所谓的新先锋主义运动在意大利初具规模。卡尔维诺即使没有认同他们的要求，也怀着极大的兴趣关注其发展。在《挑战迷宫》发表后，与安杰罗·古列尔米的争论成为卡尔维诺对六三学社既保持关注又保持距离的重要证明。

《马可瓦尔多》出版，收录在"青少年读物"系列丛书中。塞尔焦·托法诺为该书设计了二十三幅插图（这是卡尔维诺一直引以为豪的事情）。此外，《观察者》问世，《房产投机》独立发行。

3 月中旬，他前往利比亚，在的黎波里的意大利文化学院，他举办了一场关于"昨天和今天的长篇小说中的自然与历史"的会议。

5 月，他作为福门托尔文学奖评审团成员在科孚岛逗留了一个星期。5 月 18 日，他因《观察者》而在洛桑获得国际夏尔·韦永文学奖。

他长期旅居法国。

**1964 年**

2 月 19 日，卡尔维诺和奇奇塔在哈瓦那完婚。

"在我的生命中，我遇到过许多力量强大的女性。离开女性我就活不下去。我只是那个具有两颗头颅和两种性别的生物的一部分，这种生物才是真正的生物机体和思维机体。"

古巴之旅让他有机会参观他幼年待过的一些地方以及他父母住过的房子。他还进行了若干会面，包括与埃内斯托·切·格瓦拉进行了私下交谈。

他为新版《通向蜘蛛巢的小径》撰写了一篇极为重要的序言。

夏天过后，他与妻子定居罗马，住在蒙特布里安佐路的一栋公寓里。这个家庭还包括马尔切洛·韦尔，这是奇奇塔与第一任丈夫所生的十六岁的儿子。卡尔维诺每两周去一次都灵，参加埃伊纳乌迪出版社的各种会议并处理信函。

他在《梅那坡》第7期上发表《作为对立面的工人阶级》，但反响不大。在1980年出版的作品集《文学机器》中，卡尔维诺将其描述为"试图对这个话题的进一步阐释"，"（我先前在《梅那坡》上发表的文章）当中，加入对工人阶级的历史作用的各种评价，实际上也是对那些年左翼所有问题的评价［……］也许这是我最后一次尝试在一篇和谐统一的文章中构建最多样化的元素"。他在11月份的杂志《咖啡》上发表了《宇宙奇趣》中的前四个故事：《月亮的距离》《天亮的时候》《太空中的一个标志》《一切于一点》。

1965年

他以两篇文章（1月30日杂志《重生》上的一篇和2月3日《日报》上的一篇）加入了皮尔·保罗·帕索里尼发起的新型"技术性"意大利语的辩论。

4月,他的女儿乔瓦娜在罗马出生。"四十年来第一次做父亲的经历让我激动万分,这也是意想不到的乐趣。"[写给汉斯·马格努斯·恩岑斯伯格的信,11月24日]

《宇宙奇趣》出版。他以笔名托尼奥·卡维拉编辑了在中学系列读物中出版的精简注解版《树上的男爵》。《烟云》和《阿根廷蚂蚁》的合集出版(先前这两篇小说都收录在《短篇小说集》中)。

1966年

2月12日,维托里尼去世。"很难将死亡,甚至直到昨天也很难将疾病与维托里尼的形象联系起来。存在的消极性形象是当代文学的基础,但不是他的:维托里尼一直在寻找生活的新形象。而且他还知道如何激发他人的感情。"[Conf 66]一年后,在《梅那坡》纪念这位西西里作家的专刊中,卡尔维诺发表长文《维托里尼:设计与文学》对他进行悼念。维托里尼去世后,卡尔维诺对时事的立场发生了改变:正如他后来所言,他产生了疏离感,节奏也发生了改变。"我必须说的是,我以前一直无法实现书虫的爱好,[……]现在这种爱好占了上风,我很满意。并非我对时事的兴趣减弱了,而是我不再感到要亲临其中的那种冲动。尤其是我不再年轻了,您懂的。司汤达主义,那是我青春时期的实践哲学,在某一刻它已经结束了。也许只是一个新陈代谢的过程,一个随着年龄增长而出现的事物,我曾经年轻了很长一段时间,也许太长了,突然之间我感到我应该开始老年了,是的,就是老年,也许是希望延长老年时期,所以就提前开始进入老年了。"[Cam 73]

但是，疏远外界并不是与世隔绝。5月，卡尔维诺接受让·路易·巴罗的邀约，为他撰写剧本。6月初，他参加了在拉斯佩齐亚举行的六三学社的会议。9月，他给一名英国出版商主编的《作家们支持越南》一书投了一份文稿，反对美国插手越南事务。（"没有人可以对自己满意，没有人可以问心无愧，没有任何国家或机构可以妄称体现了普遍观念甚至是特定的真理，在这样一个世界里，越南人民的存在就是唯一能够发光的存在。"）

1967年

6月的下半月，卡尔维诺举家迁往巴黎，住在沙蒂永广场的一栋小别墅里，本打算在此居住五年。但他一直住到1980年，不过他经常往返意大利，并在意大利度夏。

他完成了对雷蒙·格诺的《蓝花》的翻译。这位古怪的法国作家的多面性与成熟的卡尔维诺的很多方面都极为相似：天马行空和自相矛盾的喜剧风格（并非总是以娱乐性为特征），对科学和组合游戏的兴趣，实验主义和古典主义并存的工匠文学思想。

通过一次主题为"控制论与幽灵"的会议，他写出了《关于作为组合式过程的叙事文学的笔记》的文章，发表在《新潮流》上。另外，在杂志《新潮流》和《论文集》上分别发表了《有丝分裂》和《血，海》，后来两篇文章都收录在《零时间》里。

年末，在萨利纳里和四位老师的合作下，他与扎尼凯利出版社的乔万尼·恩里克斯共同设计并编辑了一本面向中学生的文学选集，该书于1969年以《阅读》为题发行。

1968 年

卡尔维诺对符号学产生了新的兴趣,他参加了罗兰·巴特在索邦的法国高等研究实践学院主持的关于巴尔扎克的《萨拉金》的两次研讨会,以及在乌尔比诺大学进行的为期一周的符号学研讨会,阿尔吉达斯·朱利安·格雷马斯在此次研讨会上发言。

在巴黎,他与雷蒙·格诺往来密切,格诺为他引荐乌力波(潜在文学工场,阿尔弗雷德·雅里创立的荒诞玄学学院的分支机构)的成员,其余成员包括乔治·佩雷克、弗朗索瓦·勒利奥内、雅克·鲁博、保罗·富尔内尔。除此之外,他在法国首都的社交和文化交往并不频繁:"也许我缺乏与地方建立个人关系的天分,我总是浮光掠影,成为各个城市的过客。我的书桌如同一座岛:可以在这里也可以在别处[……]写作是我工作的一部分,我可以在孤独中完成,在哪里都不重要,可以在乡间一栋孤零零的房子里,也可以在一座岛上,而我这处乡间宅院在巴黎市区。因此,尽管与工作相关的生活完全在意大利,但我能够或需要独处的时候,我就会来巴黎。"[EP 74]

与二十世纪六十年代初期关注青年抗议活动一样,他依旧兴致勃勃地关注着学生否定一切的运动,但并不认同他们的态度与意识形态。

他"关于近几年思想动荡的论文"[Cam 73]主要与对乌托邦主题的反思有关。于是,重读傅立叶的提议应运而生,并且随着1971 年一部见解独到的著作集的出版而落到实处:"我真正感到骄傲的是书的目录:那才是我对傅立叶的真正评论。"[Four 71]

他拒绝了因《零时间》而颁发给他的维亚雷焦奖("考虑到文学奖时代的彻底终结,我放弃该奖项,因为我不想继续支持现在已经毫无意义的机制。请不要在获奖名单中宣布我的名字,同时我也希望避免引起新闻界的任何关注。你们的朋友");但两年后,他接受了阿斯蒂文学奖,1972年又接受了林琴科学院颁发的费尔特里内利文学奖,以及后来尼斯市颁发的文学奖、蒙德罗国际文学奖和其他奖项。在这一年中,他集中精力编写了三卷中学读物《阅读》;扎尼凯利出版社负责与他合作的是德尔菲诺·因索莱拉与詹尼·索弗里。

他在米兰出版商俱乐部出版了《世界的记忆和宇宙奇趣的其他故事》。

在1968年至1972年之间,他与一些朋友(圭多·内利、卡罗·金兹伯格、恩佐·梅兰德里,尤其是詹尼·切拉蒂)当面或通过书信探讨创办杂志(《阿里巴巴》)的可能性。在他看来,亟待解决的问题是"新的受众,他们尚未想到阅读可以在日常所需中占据一席之地";因此,这一计划尚未实现,即"一本发行量很大的杂志,会在报刊亭出售,是一种'莱纳斯',但不是连环画,是配有大量插图,以及引人入胜的拼版的长篇连载小说。有很多体现叙事策略、人物类型、阅读方式、文体原则、诗学功能和人类学功能的专栏,但是一切要读起来妙趣横生才行。总之,这本杂志是一种利用各种传播工具而完成的研究探讨"。[Cam 73]

1969年

卡尔维诺在弗朗科·玛丽亚·里奇主办的《塔罗牌:贝加

莫与纽约的子爵纸牌》上发表了《命运交叉的城堡》。他开始修订《最后来的是乌鸦》的第二版。他在杂志《咖啡》上发表了《斩首》。

《阅读》于春季出版。完全由卡尔维诺构思的章节是"观察与描述",其中他提出这样一个观点:描述作为一种认知经验,是一个"需要解决的问题"。("描述意味着力求近似,而近似让我们不断接近我们想要表达的意思,与此同时,它又总是让我们有些不满意,因此我们必须不断观察,不断寻求如何更好地表达我们所观察的内容"。[Let 69])

1970 年

在埃伊纳乌迪出版社发行的新丛书"鸵鸟集"中,6月发表了卡尔维诺的《艰难的爱情》,这是卡尔维诺《短篇小说集》中的第一卷。该书以他未署名的生平简介开篇。

通过对一系列广播节目的材料进行重新整理,他出版了阿里奥斯托的诗歌选段,题为《伊塔洛·卡尔维诺讲述的卢多维科·阿里奥斯托的〈疯狂的罗兰〉》。

七十年代,他多次重拾童话工作,其中包括为著名的新版本(兰札、巴西莱、格林、佩罗、皮特雷)童话撰写序言。

1971 年

埃伊纳乌迪出版社委任卡尔维诺为"百页"丛书系列的主编,他为此忙碌了几年。在出版的作家作品中,除了他最喜欢的经典著作（史蒂文森、康拉德、詹姆斯、司汤达、霍夫曼、巴尔扎克、托尔斯泰的作品）之外，还出现了十九世纪末和二十世纪初的部分知名度不高的意大利作家的作品。

他在文集《阿德菲亚纳》上发表了《昏暗中》。

1972 年

3 月，美国作家约翰·巴斯邀请卡尔维诺到纽约州立大学布法罗分校艺术与文学学院，代替他教授 1972—1973 学年的小说写作课程。4 月底，卡尔维诺不情愿地放弃了邀请。

6 月，林琴科学院授予他 1972 年度安东尼奥·费尔特里内利文学奖；12 月该奖项进行颁奖。

《看不见的城市》出版。

11 月，他首次参加了乌力波的一次午宴，次年 2 月他成为该团体的外籍会员。同样在 11 月，意大利版《花花公子》的第一期刊出了他的作品《名字，鼻子》。

1973 年

《命运交叉的城堡》的最终版本发行。

在回复《新话题》杂志关于极端主义的问卷时，卡尔维诺宣称："我相信对局势的严重性有一个极端主义的认识是正确的，而且这种严重性需要我们具备分析精神、现实意识、对所有行为言语思想的后果负责的责任感，简而言之，需要常规意义上的非极端主义特质。"［NA 73］

卡尔维诺在洛卡马勒的松林中建造的房子已经完工，此处住所位于佩斯卡亚堡附近，之后每个夏天卡尔维诺都到此居住。来往频繁的朋友有卡罗·弗鲁泰罗和彼得罗·西塔提。

1974 年

1 月 8 日，卡尔维诺凭借《看不见的城市》入围第二十三届波扎勒文学奖，并且参加了在恩波利市雷纳托·富奇尼图书馆举行的关于战后意大利叙事文学的讨论。

他开始在《晚邮报》上发表短篇小说、游记以及有关意大利政治和社会现实的一系列评论文章。该合作一直持续到 1979 年，其中最早的一篇文章是 4 月 25 日发表的《一场战争的回忆》。同年，另一篇自传体性质的作品《一个观众的自传》作为费德里科·费里尼《四部电影》的前言刊出。

他还为广播节目《不可能的采访》撰写了对话体文章《蒙特祖玛》和《尼安德特人》。

1975 年

5 月下半月，卡尔维诺受意大利国家广播电视公司委托前往伊朗进行实地调研，考察未来制作《波斯城市》节目的可能性。

8 月 1 日，在《晚邮报》上刊出《长颈鹿奔跑》，拉开了帕洛马尔先生的系列故事的序幕。

在埃伊纳乌迪出版社的青少年图书系列中再版《世界的记忆和宇宙奇趣的其他故事》。

1976 年

2 月底至 3 月中旬，卡尔维诺在美国：先是成为（马萨诸塞州）阿默斯特学院的座上宾，然后前往巴尔的摩参加为期一个星期的约翰·霍普金斯大学写作研讨会（在那里，他举行了关于《宇宙奇趣》与《塔罗牌》的数场研讨会，以及关于《看不见的城市》的一场报告会和一场公共讲座），之后在纽约逗留一周。最后，他与妻子奇奇塔前往墨西哥，并逗留了十几天。

墨西哥之行以及后来 11 月的日本之行为他提供了灵感，他在《晚邮报》上发表了一系列相关文章。

1977 年

2 月 8 日，奥地利联邦教育艺术部在维也纳授予卡尔维诺欧洲文学奖。

他在《比较》杂志文学版上发表《可爱的垃圾桶》。

《以第一人称叙述的笔（论索尔·斯坦伯格的绘画作品）》发表。该作品是一系列短文中的一篇，这些短文大多是短篇小说和评论文章，其灵感来自具象艺术（涉及面广泛，囊括了福斯托·梅洛蒂、朱利奥·保利尼、卢乔·德尔·佩佐、切萨雷·佩韦雷利、瓦莱里奥·阿达米、阿尔贝托·马涅利、路易吉·塞拉菲尼、多梅尼科·格诺利、乔治·德·基里科、恩里科·巴伊、荒川修作等人的作品）。

在 12 月份的《文学靠岸》杂志上，他以《帕洛马尔先生在日本》为题，发表了受前一年旅行启发的完整系列作品。

1978 年

在 1 月 31 日写给圭多·内利的信中,卡尔维诺写道,《可爱的垃圾桶》是"一系列自传性文章的组成部分,这些文章多为评论,而不是叙事,大部分尚在我的构思中,一部分尚且无法令人满意,还在编辑中,或许有一天它们将结集成册,题目可能为《必经之路》"。

4 月份,他的母亲去世,享年九十二岁。不久后梅里迪纳别墅被出售。

1979 年

长篇小说《如果在冬夜,一个旅人》发表。

以(12 月 16 日至 17 日的)文章《我也是斯大林主义者吗?》为发端,卡尔维诺与《共和报》展开密切合作,其文章内容多为对书籍、展览以及其他文化事件的反思。相较之前他与《晚邮报》的合作,关于社会和政治主题的文章几乎注定要消失(例外情况是 1980 年 3 月 15 日发表的《腐败之地的诚实寓言》)。

1980 年

《文学机器——文学与社会演讲》结集成册。该书收录了自 1955 年开始卡尔维诺最重要的评论文章。

9 月,他与家人搬到罗马,住在马尔齐奥广场的一幢带露台的房子里,距万神殿仅一步之遥。

他接受了里佐利出版社委托他主编托马索·兰多尔菲文选的任务。

1981 年

卡尔维诺获得退伍军人荣誉奖章。

他主编了格诺的文集《杠杠、数字和字母》。

他在杂志《特洛伊木马》上刊出了《巴格达之门》，这是为托蒂·夏洛亚的素描而创作的舞台剧剧本。应亚当·波洛克的请求（每年夏天，波洛克都会在格罗塞托省的巴蒂尼亚诺小镇组织十七、十八世纪的歌剧表演），卡尔维诺以组合式技巧创作了一部剧本，用作莫扎特的未竟之作《扎伊德》的框架。他担任第二十九届威尼斯国际电影节的评委主席，为玛格丽特·冯·特洛塔的电影《德国姐妹》和南尼·莫莱蒂的电影《金色的梦》颁了奖。

1982 年

年初，埃伊纳乌迪出版社出版了由塞尔吉奥·索米翻译的雷蒙·格诺的《小型袖珍本天体演化论》；诗歌最后附有卡尔维诺在 1978 年至 1981 年之间创作的《小型天体演化论的小型指南》，通过与索米不间断地书信交流，讨论并解决了文本翻译与渲染方面的艰巨问题。

3 月初，由贝里奥和卡尔维诺共同撰写的两幕歌剧《真正的故事》在米兰斯卡拉大剧院上演。这一年，卡尔维诺还与贝里奥联手创作了音乐剧《二重唱》，这也是后来的《国王在听》的核心部分。

在杂志《FMR》上刊出了短篇小说《味道，知道》。

10 月，里佐利出版社出版了《伊塔洛·卡尔维诺选编的托马索·兰多尔菲的最美篇章》，书的最后是由卡尔维诺撰写的题为

《精确与偶然》的评注。

12月,埃伊纳乌迪出版社出版了老普林尼的《自然史》,卡尔维诺为该书作序,题为《天空,人,大象》。

1983年

卡尔维诺被任命为法国高等研究实践学院的研究主任,为期一个月。1月25日,他在格雷马斯主持的研讨会上发表了关于"伽利略的科学与隐喻"的演讲。他在纽约大学("詹姆斯讲席")用英语发表了题为《文字世界和非文字世界》的演讲。

11月,《帕洛马尔》由埃伊纳乌迪出版社出版,此时也是埃伊纳乌迪出版社遭受严重危机的时候。

1984年

4月,应布宜诺斯艾利斯国际书展的邀请,卡尔维诺与妻子奇奇塔一起前往阿根廷。他还与几个月前当选的总统劳尔·阿方辛进行了会面。

8月,他没有参加《国王在听》的首演;在9月给克劳迪奥·瓦雷泽的一封信中,他写道:"贝里奥在萨尔茨堡上演的作品,除了题目出自我之手,与我再无任何关系。"

9月,他去了塞维利亚,应邀与博尔赫斯一起参加了关于奇幻文学的会议。

鉴于埃伊纳乌迪出版社持续的财务危机,他决定接受米兰加尔赞蒂出版社抛来的橄榄枝。同年秋天,《收藏沙子的旅人》和《新老宇宙奇趣》由该出版社出版。

1985 年

卡尔维诺为埃伊纳乌迪出版社出版的卡夫卡的《美国》撰写序言。

整个夏天他都在洛卡马勒的家中孜孜不倦地工作着：他翻译了格诺的《苯乙烯的圣歌》（在卡尔维诺去世后，该作品作为蒙特爱迪生公司的非商业性出版物，由谢威勒出版社出版）；他完成了玛丽亚·科尔蒂书面采访的回复终稿，此次访谈内容于10月在《手稿杂志》上发表；尤为重要的是，他为1985—1986学年在哈佛大学举行的讲座（诺顿讲座）准备了演讲稿（《新千年文学备忘录》，即《美国讲稿》）。

9月6日，他突发中风，在锡耶纳的圣玛丽亚·德拉·斯卡拉医院住院并接受了手术。18日夜间至19日凌晨，卡尔维诺因脑出血去世。

# 书　　目

作者生平中使用的书目缩写如下：

Accr 60 =《意大利作家的精准肖像》，埃利奥·菲利波·阿克罗卡主编，威尼斯：索达利齐奥出版社，1960年。

As 74 =《一个观众的自传》，1974年都灵埃伊纳乌迪出版社出版的费德里科·费里尼的《四部电影》的前言；后收录在1990年米兰蒙达多利出版社出版的《圣约翰之路》。

Bo 60 =《分成两半的共产党员》，由卡洛·博采访，《欧洲》，1960 年 8 月 28 日。

Cam 73 =1973 年米兰加尔赞蒂出版社出版的《作家的职业》，作者：费迪南多·卡蒙，主要内容是与巴萨尼、卡尔维诺、卡罗·卡索拉、莫拉维亚、奥蒂耶罗·奥蒂耶里、帕索里尼、普拉托利尼、罗维西、沃尔波尼的对话。

Conf 66 =《比较》第 II 期，总第 10 期，1966 年 7—9 月。

DeM 59 =《帕韦塞是我的理想读者》，罗伯特·德·蒙蒂切利采访，《意大利日报》，1959 年 8 月 18 日。

D'Er 79 =《伊塔洛·卡尔维诺》，马尔科·德拉莫采访，《工人世界》第 6 期，1979 年，第 133—138 页。

EP 74 =《巴黎隐士》，卢加诺：庞塔雷出版社，1974 年。

Four 71 =《卡尔维诺谈傅立叶》，《国家图书晚报》，1971 年 5 月 28 日。

Gad 62=《艰苦岁月中的一代人》之问答，埃托雷·阿达尔贝托·阿尔贝托尼、埃齐奥·安东尼尼、雷纳托·帕尔米耶里主编，巴里：拉泰尔扎出版社，1962 年。

Let 69 =《对客观事物的描述》，选自《阅读：中学文选》，伊塔洛·卡尔维诺与詹巴蒂斯塔·萨利纳里主编，玛丽亚·丹焦利尼、梅利娜·因索莱拉、米耶塔·佩纳蒂、伊莎·维奥兰特编著，第一卷，博洛尼亚：扎尼凯利出版社，1969 年。

Men 73 =《〈梅那坡〉介绍》（1959—1967），多纳泰拉·菲亚卡

里尼·马尔基,罗马:大学出版社,1973年。

NA 73 =《关于极端主义的四个回答》,《新话题》,特刊,总第31期,1973年1—2月。

Nasc 84 =《我有点厌倦了做卡尔维诺》,由朱利奥·纳欣贝尼采访,《晚邮报》,1984年12月5日。

Par 60 = 对米兰青年杂志《矛盾》的问卷的答复,第23—24期,1960年9—12月,第11—18页。

Pes 83 =《当代人的情趣》第三册:《伊塔洛·卡尔维诺》,佩萨罗:佩萨罗市人民银行,1987年。

RdM 80 =《如果在秋夜,一位作家》,由卢多维卡·里帕·迪·麦阿纳采访,《欧洲》,1980年11月17日,第84—91页。

Rep 80 =《那天坦克毁灭了我们的希望》,《共和报》,1980年12月13日。

Rep 84 =《一个目瞪口呆的诗人不可抗拒的讽刺》,《共和报》,1984年3月6日。